사도행전
속로

제7권 이방인에게로 향하노라

사도행전 속으로
Into the Acts 7. We Now Turn to the Gentiles

지은이 이재철
펴낸곳 주식회사 홍성사
펴낸이 정애주
국효숙 김의연 박혜란 손상범
송민규 오민택 임영주 차길환

2013. 2. 26. 초판 발행   2024. 2. 20. 6쇄 발행

등록번호 제1-499호 1977. 8. 1.
주소 (04084) 서울시 마포구 양화진4길 3 전화 02) 333-5161 팩스 02) 333-5165
홈페이지 hongsungsa.com   이메일 hsbooks@hongsungsa.com   페이스북 facebook.com/hongsungsa
양화진책방 02) 333-5161

ⓒ 이재철, 2013

• 잘못된 책은 바꿔 드립니다.   • 책값은 뒤표지에 있습니다.

ISBN 978-89-365-0962-0 (04230)
ISBN 978-89-365-0531-8 (세트)

7 이방인에게로 향하노라

사도행전 13장

이재철

서문

참된 교회를 그리며

저는 주일예배 시간에 늘 '순서설교'를 합니다. 순서설교는 제가 만든 용어로, 문자 그대로 성경을 순서대로 설교하는 것입니다. 강해설교도 성경의 순서를 따르지만 일반적으로 본문을 넓게 잡기에 각 구절에 대한 비중이 떨어지기 쉽습니다. 그러나 순서설교는 본문을 한두 구절씩 짧게 잡는 것이 특징입니다. 그러다 보니 성경 가운데 책 한 권의 설교를 끝내기 위해서는 상당한 햇수가 필요합니다. 그런데도 제가 목회를 시작한 이래 20여 년 동안 계속 순서설교를 해온 까닭이 있습니다. 1년에 주일은 52일밖에 없습니다. 그러므로 목회자가 한 교회에서 평생 목회해도 주일예배 시간에 성경 66권의 내용을 모두 심도 있게 설교하는 것은 물리적으로 불가능합니다. 주일예배는 물론이고 새벽 기도회, 수요 성경공부, 구역 성경공부 등에 빠짐없이 참석하는 교인은 예외겠지만, 주일예배에만 참석하는 대다수 교인은 결국 일주일에 한 번 설교자가 선호하거나 의도하는 구절에 대한 설교만 듣게 됩니다. 그렇게 해서는 하나님의 말씀이신 성경 전체를 바르게 이해하고 세상에서 하나님의 말씀을 좇아 사는 것은 지극히 어려운 일입니다. 그와 같은 단점을 보완하기 위해 매 주일 본문 구절의 깊이와 성경 전체의 넓이를 동시에 추구하자는 것이 순서설교입니다. 다시 말해 주일마다 각 구절을 깊이 있게 다루면서, 그 깊이만큼 해당 구절을 창으로 삼아 성경 전체를 들여다보고, 예배가 끝난 뒤에는 그 구절을 안경으로 쓰고 일주일 동안 세상에서 살자는 것입니다.

성경은 창세기부터 요한계시록까지 거미줄보다 더 정교하고 치밀하게 얽혀 있습니다. 그리고 성경 각 구절은 그 전체를 들여다보는 신비로운 창입니다. 똑같은 풍경도 창의 모양과 색깔에 따라 다르게 보이듯이, 성경을 들여다보는 창이 많고 다양할수록 성경 전체에 대한 이해가 더 깊어지고 넓어지기 마련입니다. 제가 순서설교를 선호하는 까닭이 여기에 있습니다. 구약성경의 초점이 '오실 예수'에, 신약성경의 초점이 '오신 예수'에 맞추어져 있기에, 즉 성경 전체의 초점이 '오직 예수' 한 분이시기에 순서설교와 절기설교는 상충하지 않습니다. 성경의 모든 구절이 예수님을 들여다보기 위한 창이기 때문입니다. 특정 절기와는 무관해 보이는 구절로 그 절기를 묵상함으로써 오히려 성경의 오묘함을 더 깊이 확인할 수 있습니다.

100주년기념교회 주일예배 설교 텍스트로 사도행전을 선택한 데엔 두 가지 이유가 있습니다. 저의 첫 목회지였던 '주님의교회'에서 요한복음 순서설교를 끝으로 10년 임기를 마친 것이 첫 번째 이유입니다. 목회의 장소와 형태 그리고 목적은 달라져도 목회의 영속성이 단절되는 것은 아니기에 요한복음에 이어 사도행전을 선택하였습니다. 두 번째 이유는 100주년기념교회로 저를 불러내신 주님께서 제게 부여하신 소명이 한국 교회의 출발점인 양화진외국인선교사묘원 묘지기이기 때문입니다. 이미 출판된 요한복음 설교집 〈요한과 더불어〉의 주제가 '주님과 동행'이라면 〈사도행전 속으로〉의 주제는 복음의 결과인 '교회 되기'이므로, 한국 교회의 출발점인 양화진에서 사도행전을 통해 참된 교회의 의미를 되새기기 위함입니다. 2005년 7월 10일 100주년기념교회 창립과 동시에 사도행전 1장 1절부터 순서설교를 시작한 이래 만 5년을 맞는 현재에도 사도행전을 계속 설교하고 있습니다. 주님께서 제 건강과 여건을 허락하신다면, 100주년기념교회에서 목회하는 동안 사도행전 순서설교를 끝내는 것이 제 소박한 바람입니다.

부족하기 짝이 없는 사람을 늘 변함없이 당신의 도구로 사용해 주시는 주님께 감사드릴 뿐입니다.

2010년 7월 양화진에서

이재철

차례

서문_ 참된 교회를 그리며 5

사도행전 13장

1. 안디옥교회 I (행 13:1-3) 13
2. 안디옥교회 II 종교개혁 주일 25
3. 안디옥교회 III 37
4. 안디옥교회 IV 49
5. 안디옥교회 V 감사 주일 61
6. 실루기아에서 배 타고 (행 13:4-5) 74
7. 유대인의 회당에서 I 대림절 둘째 주일 86
8. 유대인의 회당에서 II 대림절 셋째 주일 98
9. 바울이 성령이 충만하여 (행 13:4-12) 대림절 넷째 주일 110
10. 바울과 및 동행하는 사람들 I (행 13:13-14) 송년 주일 123
11. 바울과 및 동행하는 사람들 II 신년 주일 137
12. 요한은 돌아가고 152
13. 비시디아 안디옥에 164
14. 하나님이 I (행 13:14-23) 176
15. 하나님이 II 189
16. 하나님이 III 사순절 첫째 주일 202
17. 하나님이 IV 사순절 둘째 주일 215
18. 하나님이 V 사순절 셋째 주일 228
19. 하나님이 VI 사순절 넷째 주일 242
20. 달려갈 길을 마칠 때 (행 13:24-25) 사순절 다섯째 주일 255
21. 죽여 달라 하였으니 (행 13:26-30) 고난 주일 267

22. 하나님이 살리신지라 부활 주일 280
23. 보이셨으니 Ⅰ (행 13:26-31) 293
24. 보이셨으니 Ⅱ 306
25. 조상들에게 주신 약속 (행 13:32-35) 가정 주일 318
26. 썩음을 당하지 않게 (행 13:34-39) 331
27. 이 사람을 힘입어 343
28. 은혜 가운데 있으라 (행 13:40-43) 성령강림 주일 356
29. 시기가 가득하여 (행 13:44-52) 368
30. 이방인에게로 향하노라 381
31. 영생을 주시기로 작정된 자 394
32. 다 믿더라 407
33. 선동하여 Ⅰ 419
34. 선동하여 Ⅱ 431
35. 기쁨과 성령이 충만하니라 Ⅰ 100주년기념교회 창립 5주년 기념 주일 443
36. 기쁨과 성령이 충만하니라 Ⅱ 456

부록

임마누엘 성탄 축하 예배 471
함께 신년 0시 예배 483

일러두기

* 〈사도행전 속으로〉 제7권은 2009년 10월 18일부터 2010년 7월 18일까지 100주년기념교회 이재철 목사가 주일예배에서 설교한 내용을 묶어 낸 것입니다.
* 2009년 11월 29일 대림절 첫째 주일은 저자의 사정으로 설교하지 않았습니다.
* 본문에 인용한 성경 구절은 개역개정판 성경을 기본으로 하였고, 그 외의 역본을 따랐을 경우 별도 표기 하였습니다.
* 본문에 인용한 찬송가는 새찬송가를 기본으로 하였습니다.

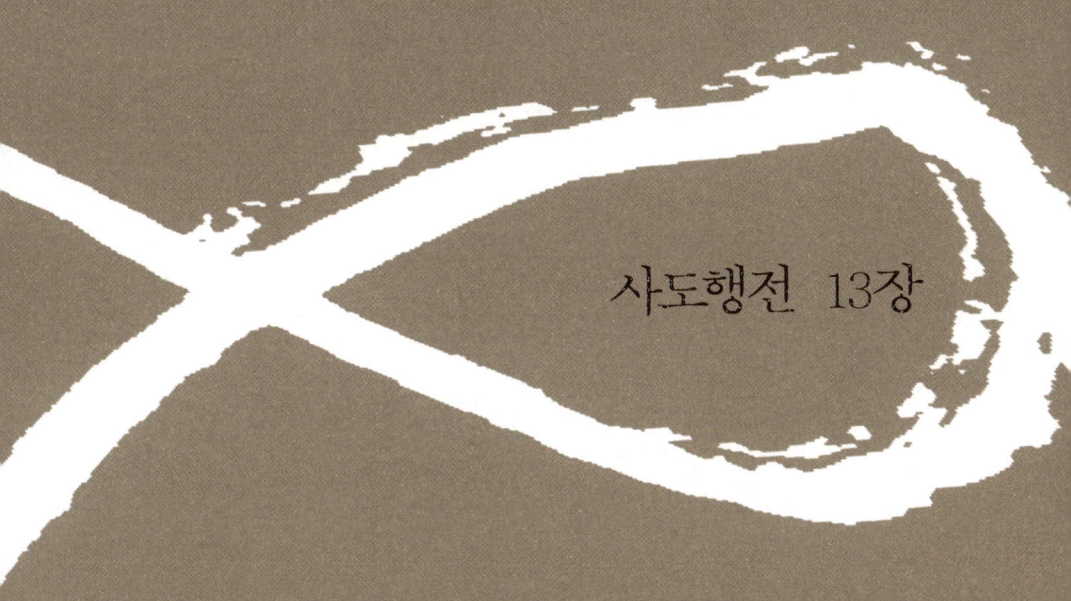

사도행전 13장

비시디아 안디옥의 유대교 지도자 무리에게
'우리가 이방인에게로 향한다'고 한 바울의 선언은,
자신은 앞으로 이방인만 상대하겠다는 의미가 아니라,
유대인을 위한 주님의 도구인 동시에
이방인을 위한 주님의 도구이기도 한
자기 정체성에 대한 자기 확인이었습니다.

1. 안디옥교회 I

사도행전 13장 1-3절
안디옥 교회에 선지자들과 교사들이 있으니 곧 바나바와 니게르라 하는 시므온과 구레네 사람 루기오와 분봉 왕 헤롯의 젖동생 마나엔과 및 사울이라 주를 섬겨 금식할 때에 성령이 이르시되 내가 불러 시키는 일을 위하여 바나바와 사울을 따로 세우라 하시니 이에 금식하며 기도하고 두 사람에게 안수하여 보내니라

주후 381년에 확정된 니케아 콘스탄티노플 신조Niceno-Constantinopolitan Creed는 교회를 '하나의 교회', '거룩한 교회', '사도적 교회', '보편적 교회'로 정의하였습니다.

교회가 '하나의 교회'여야 하는 것은 에베소서 4장 5-6절의 증언처럼, 우리 믿음의 대상이신 하나님께서 한 분이시기 때문입니다.

주도 한 분이시요 믿음도 하나요 세례도 하나요 하나님도 한 분이시니

곧 만유의 아버지시라 만유 위에 계시고 만유를 통일하시고 만유 가운데 계시도다.

교회가 하나여야 한다는 것은 교회의 수나 교회의 형태가 하나여야 한다는 말이 아닙니다. 이 땅에는 수없이 많은 교회가 있을 수 있고, 또 많은 교파가 있을 수 있습니다. 그러나 교회의 믿음의 대상은 오직 한 분이신 삼위일체 하나님이시어야만 합니다.

교회가 '거룩한 교회'여야 하는 것은 교회의 주인이신 주님께서 거룩하시고, 또 십자가 위에서 우리의 죗값을 대신 치러 주신 예수 그리스도 안에서 우리가 거룩한 성도로 부르심을 받았기 때문입니다. 사도 바울은 고린도전서 1장 2절에서 고린도교회를 "그리스도 예수 안에서 거룩하여지고 성도라 부르심을 받은 자들"이라고 증언하였습니다. 교회는 곧, 성도로 부르심을 받은 사람들의 모임입니다. 우리 역시 서로 '성도'라고 호칭합니다. 성도란 거룩한 사람을 뜻합니다. 우리가 본래부터 거룩했기에 서로 성도라 부르는 것입니까? 아닙니다. 우리는 흉측한 죄인에 지나지 않습니다. 그러나 하나님께서 예수 그리스도 안에서 우리를 의롭다 인정해 주시고, 우리를 성도로 불러 주셨기에 우리는 성도가 되었습니다. 그러므로 우리는 정말 성도답게 거룩한 삶을 살 의무를 지닌 사람들입니다. 하나님께서 우리를 성도로 구별해 주신 까닭은, 우리로 하여금 성도답게 거룩한 삶을 살게 해주시기 위함입니다. 교회와 그리스도인의 힘은 세상과 구별된, 거룩한 삶으로부터 나옵니다. 교회가 거룩함을 지닐 때에만 세상을 새롭게 할 수 있는 까닭이 여기에 있습니다.

교회가 '사도적 교회'여야 한다는 것은, 교회는 사도들이 전해 준 말씀 위에 세워져야 한다는 의미입니다.

> 너희는 사도들과 선지자들의 터 위에 세우심을 입은 자라 그리스도 예수께서 친히 모퉁잇돌이 되셨느니라(엡 2:20).

사도들과 선지자들의 터, 즉 그들이 전해 준 주님의 말씀에 터 잡지 않고는, 교회는 교회일 수 없습니다. 주님의 말씀을 통하지 않고는 교회의 주인이요, 머리요, 모퉁잇돌이신 주님과 연결될 길이 없습니다. 다른 사람의 말로는 안 됩니다. 오직 사도들이 전해 준 주님의 말씀만이 우리를 주님께 연합시켜 주는 못이요, 우리 자신을 교회다운 교회로 일구어 주는 연장입니다. 따라서 말씀을 전하는 사람은 자신이 말씀의 주인이 아닌 말씀의 도구임을 잊지 말아야 하고, 말씀을 듣는 사람은 말씀을 전하는 사람이 아니라 그가 전하고자 하는 말씀에 집중하여야 합니다. 다시 말해, 말씀을 전하는 사람은 스스로 우상이 되지 않게끔 끊임없이 자신을 가리고 부인해야 하며, 말씀을 듣는 사람은 달을 가리키는 사람의 손가락이 아니라 그의 손가락이 가리키는 달을 보는 훈련을 해야 합니다. 이것이 결여될 때 교회가 특정 인간의 교회로 전락하는 모습을 우리는 너무나 자주 목격하고 있습니다.

'보편적 교회'는 '에클레시암 카똘리깜ecclesiam catholicam', 즉 가톨릭교회란 의미입니다. 그러나 천주교가 이미 가톨릭교회로 불리고 있기 때문에, 개신교는 천주교와 구별하기 위하여 '가톨릭'이란 용어를 '유니버설universal'로 바꾸어 사용하고 있습니다. 그러나 가톨릭처치든 혹은 유니버설처치든 그 의미는 동일하게 '보편적 교회'라는 것입니다. 교회가 보편적이어야 한다는 것은 인종, 지역, 재산, 학력, 신분, 나이를 막론하고, 바꾸어 말해 남녀노소 빈부귀천을 따지지 않고 교회는 만민을 위한 교회가 되어야 한다는 것입니다.

> 하나님이 세상을 이처럼 사랑하사 독생자를 주셨으니 이는 그를 믿는 자마다 멸망하지 않고 영생을 얻게 하려 하심이라(요 3:16).

교회의 주인이신 주님께서는 특정인만을 위해 이 땅에 오시지 않았습니다. 특정인만을 위해 십자가를 지신 것도 아니었습니다. 주님께서는 만민을 위해 이 땅에 오셨고, 또 만민을 위해 십자가에서 보혈을 흘리셨습니다. 그러므로 그분을 주인으로 모신 교회가 만민을 위한 보편적 교회가 되어야 함에는 이론의 여지가 있을 수 없습니다.

그러나 교회가 보편적 교회를 이룬다는 것은 말처럼 쉬운 일이 아닙니다. 미국에는 백인 전용 교회와 흑인 전용 교회가 따로 있고, 교인의 자격을 심사하는 교회도 있습니다. 우리나라라고 예외인 것은 아닙니다. 그리스도인들 가운데에는 자신이 다니는 교회를 가리켜, 엘리트만 출석하는 수준 높은 교회라고 자랑하는 사람들도 있습니다. 그것은 자신이 다니는 교회가 보편적 교회가 아님을 스스로 증명하는 것과 같습니다. 21세기를 살고 있는 오늘날에도 교회가 보편적 교회를 이루는 것이 쉬운 일이 아니라면, 하물며 2천 년 전에야 두말해 무엇하겠습니까? 당시의 로마제국은 철저한 계급사회였습니다. 주인과 노예가 있었고, 귀족과 천민이 구별되었습니다. 그와 같은 계급사회 속에서 주인과 노예가, 귀족과 천민이, 모두 차별 없이 한데 어우러져 보편적 교회를 이룬다는 것은 가히 혁명과도 같은 일이었습니다. 현실적으로는 불가능한 일과 같았다는 말입니다. 그렇다고 그것이 실제로 불가능한 일인 것은 아니었습니다.

바울과 바나바가 대흉년을 당한 예루살렘 교인들에게 안디옥교회의 구제금을 전달하는 임무를 완수한 뒤, 청년 마가를 대동하고 안디옥에 귀환하는 것으로 사도행전 12장은 끝났습니다. 그리고 오늘부터 막이 오르는 사도행전 13장의 1절은 이렇게 시작됩니다.

안디옥 교회에 선지자들과 교사들이 있으니 곧 바나바와 니게르라 하는 시므온과 구레네 사람 루기오와 분봉 왕 헤롯의 젖동생 마나엔과 및 사울이라.

본문은 안디옥교회의 선지자들과 교사들, 이를테면 안디옥교회 지도자 그룹의 명단을 밝혀 주고 있습니다. 안디옥교회의 지도자 그룹은 총 다섯 명으로 구성되어 있었습니다. 첫 번째 인물은 바나바로, 그는 유력 가문 출신의 레위인, 다시 말해 정통파 유대인이었습니다. 두 번째 인물은 니게르라는 시므온입니다. 본문은 시므온의 나이나 직업, 학력에 대해 그 어떤 정보도 제공해 주지 않습니다. 단지 그가 '니게르'라는 사실만 밝혀 주고 있습니다. 라틴어 '니게르niger'는 '검다'는 뜻으로, 여기에서 파생된 단어가 '니그로 negro' 즉 '흑인'입니다. 시므온은 흑인이었던 것입니다. 2천 년 전 로마제국 내에서 흑인은 거의 노예였고, 유대인은 심한 인종차별주의자들이었습니다. 그 유대인의 관점에서 본다면 노예 출신임이 분명한 흑인 시므온은 비천한, 인간 이하의 인간이었습니다. 세 번째 인물은 구레네 사람 루기오로, 구레네는 현재의 리비아입니다. 루기오 역시 리비아 출신이라는 것 이외에는 달리 내세울 것이 전혀 없는, 무명의 이방인에 지나지 않았습니다. 네 번째 인물은 분봉왕 헤롯 안티파스의 젖동생 마나엔입니다. 우리말 젖동생이라 번역된 헬라어 '쉰트롭호스σύντροφος'는 한 어머니의 젖을 먹고 자라난 친형제를 칭하기도 하지만, 어릴 적부터 단짝인 죽마지우를 뜻하기도 합니다. 그 어느 쪽이든 마나엔이 헤롯의 젖동생으로 불렀다는 것은, 마나엔 역시 당시의 불의한 지배 계층에 속해 있었음을 입증해 줍니다. 그렇지 않고서야 공식적으로 헤롯의 젖동생이라 불릴 리가 없었습니다. 당시 로마제국의 지배하에 있던 유대인에게는, 로마제국의 하수인으로 유대인을 착취하던 헤롯가家와 그 주위 인물들은 모두 증오와 타파의 대상이었습니다. 일제강점기의 우리나라 경우를 예로 든다면 헤롯이나 마나엔은 모두 이완용과 같은, 처단받아 마땅한 매국노들이었습니다. 그 매국노 출신의 마나엔이 안디옥교회의 지도자 반열에 올라 있었습니다. 그리고 안디옥교회 지도자 그룹의 마지막 인물은 사울이었습니다. 사울은 바울의 옛 이름으로서, 그는 본래 교회를 짓밟고 그리스도인들을 박해하던 초대교회의 대적이었습니다.

　이상 다섯 사람의 면면은 모든 면에서 달라도 너무 달라, 그들을 한 그룹으로 엮는다는 것 자체가 불가능해 보일 정도입니다. 그런데도 그들은 모두 주님 안에서 인간성과 인간의 동질성을 회복하고, 한데 어우러져 보편적인 교회를 이루었습니다. 안디옥교회가 노예 출신인 흑인 시므온과 무명의 이방인 루기오 그리고 불의한 매국노였던 마나엔을, 단지 교회 홍보를 위한 장식용으로 영입한 것은 아니었습니다. 이 이후에 바울과 바나바가 선교사로 파송되자, 남은 그들 세 사람은 조금도 흔들림 없이 안디옥교회를 이끌어 나갈 정도로 확고한 지도력을 지니고 있었습니다. 한마디로 안디옥교회는, 세상에서라면 결코 함께 어울릴 수 없는 사람들이 예수 그리스도 안에서 한데 어우러진 이상적인 보편적 교회였습니다. 철저한 계급사회를 이루고 있던 당시 로마제국 내에서 그것은, 정말 믿기 어려운 혁명적인 일이었습니다. 그러나 그것이 가능할 수 있었던 것은 안디옥교회의 주인이 주님이셨기 때문입니다. 진정으로 주님을 주인으로 모신 교회가 보편적 교회를 이루지 못하거나 않는다면, 오히려 그것이 이상한 일일 것입니다.

2천 년 전 주님을 좇던 사람들은 양극단의 사람들이었습니다. 이를테면 열심당원 시몬과 세리 마태가 있었습니다. 열심당원은 로마제국으로부터 독립을 쟁취하기 위해 무력마저 불사하는 과격파 행동 대원이었습니다. 그 반면 세리는 로마제국에 빌붙어 동족의 고혈을 짜내는 불의한 인간이었습니다. 열심당원 시몬의 입장에서 보면 세리 마태는 반드시 제거해야 할 공적 1호였고, 노회한 세리 마태의 관점에서 본 열심당원 시몬은 천하대세를 읽지 못하는 철부지 급진주의자에 불과했습니다. 그런가 하면 갈릴리의 빈민 베드로와 아리마대의 거부 요셉이 있었고, 비천한 창녀 막달라 마리아와 존귀한 산헤드린 의원 니고데모도 있었습니다. 그들은 이 세상에서는 얼굴을 마주하고 한 테이블에 앉을 수도 없는, 극히 이질적인 사람들이었습니다. 그런데도 그들 역시 모두 예수 그리스도 안에서 인간성과 인간의 동질성을 회복, 그들 간의 모든 상이점을 초월하여 하나가 될 수 있었습니다. 예수 그리스도의 구원이 잘나고 돈 많고 지체 높은 사람만을 위한 차별적 구원이 아니라, 남녀노소 빈부귀천의 차별 없는 보편적 구원이었기 때문입니다.

요한복음 17장에는, 주님께서 결박당하시기 전 제자들과 함께 최후의 만찬을 가지신 뒤 하나님께 드린 중보기도의 내용이 기술되어 있습니다. 그 가운데 이런 내용이 있습니다.

> 거룩하신 아버지여 내게 주신 아버지의 이름으로 그들을 보전하사 우리와 같이 그들도 하나가 되게 하옵소서(요 17:11하).

주님께서는 당신의 이질적인 제자들이 지금 주님 안에서 하나인 것처럼 주님께서 이 땅을 떠나신 뒤에도 주님 안에서 계속 하나이기를, 마치 성부와 성자께서 하나이신 것처럼 그들도 하나이기를 간구하셨습니다. 주님의 구원이 만민을 위한, 차별 없는 보편적 구원이 아니고서야 드릴 수 없는 기도였습니다. 그러나 이것은 신약시대에만 국한된 이야기가 아니었습니다. 구약시대에도 마찬가지였습니다.

> 너희 중에 분깃이나 기업이 없는 레위인과 네 성중에 거류하는 객과 및 고아와 과부들이 와서 먹고 배부르게 하라 그리하면 네 하나님 여호와께서 네 손으로 하는 범사에 네게 복을 주시리라(신 14:29).
>
> 하나님께 노래하며 그의 이름을 찬양하라 하늘을 타고 광야에 행하시던 이를 위하여 대로를 수축하라 그의 이름은 여호와이시니 그의 앞에서 뛰놀지어다 그의 거룩한 처소에 계신 하나님은 고아의 아버지시며 과부의 재판장이시라(시 68:4-5).

예나 지금이나 인간들은 가난하고 힘없고 불쌍한 사람들을 업신여깁니다. 그러나 인간들과는 달리 삼위일체 하나님의 관심 속에는, 구약시대부터 나그네와 고아와 과부처럼 힘없고 불쌍한 사람들도 당연히 포함되어 있었습니다. 따라서 수준과 형편과 처지가 서로 다른 인간들끼리만 있어서는, 아무리 노력해도 절대로 보편적 교회를 이룰 수 없습니다. 그러나 남녀노소 빈부귀천을 막론하고 차별 없는 보편적 구원을 베풀어 주시는 삼위일체 하나님 안에서는, 누구든지 보편적 교회를 이룰 수 있습니다.

생각해 보십시오. 안디옥에서 정통파 유대인 바나바, 흑인 노예였던 시므온, 무명의 이방인 루기오, 불의한 매국노 출신 마나엔, 교회의 대적이었던 바울이 한데 모여 안디옥교회를 이루었습니다. 그들은 살아온 사회적 배경이 달랐고, 사상이 달랐고, 삶의 방식이 달랐고, 사고방식이 달랐으며, 지적 수준이 달랐습니다. 그렇다면 그들 간에 문화적, 사회적, 이념적, 교육적 차이로 인해 얼마나 갈등이 많았겠습니까? 서로 답답한 일은 또 얼마나 잦았겠습니까? 그러나 그들은 그들 간의 모든 존재적 차이를 극복하고 이상적인 보편적 교회를 이루었습니다. 그들은 모두 자신들에게 차별 없는 보편적 구원을 베풀어 주신 주님을 주인으로 모신 그리스도인들이었기 때문입니다. 그들만이었다면 불가능했겠지만, 그들을 차별 없이 구원해 주신 주님 안에서, 주님에 의해 가능할 수 있었습니다. 그와 같이 명실상부하게 보편적 교회를 이룬 그 안디옥교회를, '저희가 하나 되게 해달라'고 간구하셨던 주님께서 인류 역사를 회복시키는 당신의 통로로 삼으신 것은 너무나도 당연한 결과였습니다.

무릇 주님 안에서 새로운 생명의 삶을 살기 원하는 사람이라면 누구든지 교회 안으로 들어올 수 있어야 합니다. 사기꾼도 들어올 수 있어야 하고 술주정뱅이, 살인자, 거지, 독재자도 들어와 주님께 예배드릴 수 있어야 합니다. 교회의 주인이신 주님께서 만민을 위한 구원자시기 때문입니다. 그러므로 교회치고 보편적 교회이기를 꺼려 하는 교회는 참된 주님의 교회일 수 없습니다. 진정 주님을 주인으로 모신 교회라면, 반드시 남녀노소 빈부귀천이 주님 안에서 차별 없이 한데 어울리는 보편적 교회여야만 합니다.

그러나 거기에는 대전제가 있습니다. 교회는 제도나 건물이 아닙니다. 교회는 예수 그리스도를 주인으로 모신 사람들의 모임입니다. 따라서 교회가 보편적 교회이기 위해서는, 교회를 이루고 있는 사람들이 먼저 보편적 그리스도인이 되어야만 합니다. 우리는 오늘도 사도신경으로 우리의 신앙을 고백하면서, '거룩한 공회'를 믿는다고 고백했습니다. 그 '공회'가 바로 '에클레시암 카톨리깜', 즉 보편적 교회를 의미합니다. 우리는 매 주일 사도신경을 통해, 우리가 속해 있는 100주년기념교회가 보편적 교회임을 믿는다고 고백하고 있습니다. 바꾸어 말해 그것은 100주년기념교회가 보편적 교회가 될 수 있게끔, 100주년기념교회를 이루고 있는 내가 먼저 보편적 인간이 되겠다는 결단의 고백입니다.

그리스도인들을 색출하여 예루살렘으로 연행하기 위해 다메섹 원정에 나섰던 바울은, 바로 그 다메섹 도상에서 주님의 부르심을 입었습니다. 그러나 그 순간 바울을 사로잡았던 주님의 빛으로 인해 바울은 그만 실명하고 말았습니다. 주님께서 다메섹에 살고 있던 아나니아에게 바울을 찾아가, 그가 다시 세상을 볼 수 있도록 그에게 안수할 것을 명령하셨습니다. 그러나 아나니아는 그동안 교회를 짓밟던 바울의 전력을 주님께 일러바치면서 그를 찾아가기를 꺼려 하였습니다. 그때 주님께서 아나니아에게 말씀하셨습니다.

> 가라 이 사람은 내 이름을 이방인과 임금들과 이스라엘 자손들에게 전하기 위하여 택한 나의 그릇이라(행 9:15).

아나니아가 알고 있는 바울은 분명히 폭도였지만, 그 바울을 당신의 도구로 택하셨다는 주님의 말씀에 아나니아는 자신의 뜻을 접고 바울을 찾아가, 그가 다시 세상을 볼 수 있도록 도와주었습니다. 보편적 그리스도인이었던 아나니아의 도움으로 예수 그리스도의 대적이었던 바울이 그리스도인으로서의 삶을 시작할 수 있었던 것입니다. 그 바울 역시 보편적인 그리스도인이었기에 안디옥에서 정통파 유대인 바나바, 흑인 노예 출신 시므온, 무명의 이방인 루기오, 매국노였던 마나엔과 주님 안에서 보편적 교회를 이룰 수 있었습니다.

중요한 사실은 보편적 교회만 진정한 의미에서 하나의 교회, 거룩한 교회, 사도적 교회일 수 있다는 것입니다. 안디옥교회가 전혀 이질적인 사람들이 그리스도 안에서 하나로 어우러지는 보편적 교회였기에, 이질적인 그들 모두 오직 삼위일체 하나님 한 분만을 믿는 진정한 하나의 교회일 수 있었습니다. 안디옥교회가 보편적인 교회였기에, 세상에서라면 상종도 않을 사람들이 주님 안에서 한데 어우러지는, 세상과 구별된 거룩한 교회를 이룰 수 있었습니다. 안디옥교회가 보편적인 교회였기에, 남녀노소 빈부귀천을 막론하고 보편적 구원을 주시기 위해 이 땅에 오신 주님의 말씀에 터 잡은 사도적 교회일 수 있었습니다. 그 안디옥교회를 통해 주님께서 인류의 역사를 새롭게 하신 것은 사필귀정이었습니다.

사랑하는 교우 여러분!

주님께서 이 땅에 계실 동안 주님 곁에는 어부, 세리, 군인, 학자, 정치인, 부자, 거지, 병자, 창녀, 강도, 유대인, 이방인, 남자, 여자, 노인, 아이들이 한데 섞여 있었습니다. 주님의 구원이 그처럼 남녀노소 빈부귀천을 막론한 보편적 구원이 아니었던들, 우리가 지금 구원받은 그리스도인으로 이 자리에 있지는 못할 것입니다. 이 사실을 우리가 정녕 믿는다면, 우리 모두 보편적인 그리스도인이 되어야 하지 않겠습니까? 세상의 불의와 악에는 단호하게 맞서 싸우되, 주님 안에서 새로운 생명의 삶을 살기 원하는 사람이라면 그의 과거나 직업이나 학력이나 신분이나 출신에 상관없이 그를 따뜻하게 품는 보편적 그리스도인이 되십시다. 그때에만 우리의 가정과 일터는 우리로 인해 생명의 역사가 충만한, 이 시대를 위한 안디옥교회가 될 것입니다. 그리고 우리가 속한 100주년기념교회는 이 세상을 살리는 진정한 보편적 교회, 하나의 교회, 거룩한 교회, 사도적 교회가 될 것입니다. 보편적 그리스도인으로 살아가는 우리의 삶을 통해, 남녀노소 빈부귀천의 차별 없이 보편적 구원을 주기 위해 이 땅에 오셨던 주님께서 친히 역사하실 것이기 때문입니다.

주님의 대적이었던 바울은 주님의 일방적인 구원을 받은 이후, 일평생 보편적 그리스도인으로 살았습니다. 그래서 안디옥교회를 비롯하여 그가 가는 곳마다 숱한 사람을 살리는 보편적 교회가 세워졌고, 보편적 그리스도인으로 살아가는 그를 통해 주님께서는 인류의 역사를 새롭게 하셨습니다. 그 사도 바울이 말년에 감옥에 갇힌 몸으로, 에베소서 4장 1-6절을 통해 우리에게 이렇게 권면하고 있습니다.

"그러므로 주님 안에서 갇힌 몸이 된 내가 여러분에게 권합니다. 여러분은 부르심을 받았으니, 그 부르심에 합당하게 살아가십시오. 겸손함과 온유함으로 깍듯이 대하십시오. 오래 참음으로써 사랑으로 서로 용납하십시오. 성령이 여러분을 평화의 띠로 묶어서, 하나가 되게 해주신 것을 힘써 지키십시오. 그리스도의 몸도 하나요, 성령도 하나입니다. 이와 같이 여러분이 부르심을 받았을 때에 그 부르심의 목표인 소망도 하나였습니다. 주님도 한 분이시요, 믿음도 하나요, 세례도 하나요, 하나님도 한 분이십니다"(새번역).

주님! 주님의 일방적인 은혜로 우리를 구원하여 주셨으니, 우리 모두 바울처럼 보편적 그리스도인으로 살아가게 해주십시오. 보편적 그리스도인으로 살아가는 우리로 인해 우리의 가정과 일터 그리고 100주년기념교회가 이 어둔 세상을 맑히고 밝히는 안디옥교회가 되게 해주십시오. 우리가 어디에 있든 우리가 두 발 딛고 선 곳이 주님 안에서 생명의 역사로 충만한 보편적 교회, 하나의 교회, 거룩한 교회, 사도적 교회로 일구어지게 해주십시오. 아멘.

2. 안디옥교회 II 종교개혁 주일

사도행전 13장 1-3절
안디옥 교회에 선지자들과 교사들이 있으니 곧 바나바와 니게르라 하는 시므온과 구레네 사람 루기오와 분봉 왕 헤롯의 젖동생 마나엔과 및 사울이라 주를 섬겨 금식할 때에 성령이 이르시되 내가 불러 시키는 일을 위하여 바나바와 사울을 따로 세우라 하시니 이에 금식하며 기도하고 두 사람에게 안수하여 보내니라

38년은 결코 짧은 세월이 아닙니다. 38년이라면 사람이 태어나 초등학교와 중·고등학교를 거쳐 대학교를 졸업한 뒤, 사회생활을 하면서 결혼하여 초등학교에 다니는 자녀를 둘 수 있는 장구한 기간입니다. 그 정도의 기간이라면 한 사람이 얼마든지 자신의 뜻을 꽃피울 수 있는 기간이기도 하고, 또 세상이 새로워질 수 있는 기간이기도 합니다. 38년 전, 그러니까 1971년도의 우리나라와 오늘날의 우리나라를 비교해 보십시오. 38년 동안 우리나라는 정치적으로나 경제적으로 믿기 어려울 만큼 변화되지 않았습니까? 그

런데 그 장구한 38년 동안 병석에 누워 있어야만 하는 중환자가 있다면, 세상에 그보다 더 절망적인 사람이 있겠습니까? 그의 정황상, 그는 주위 사람들에게 천덕꾸러기 취급을 당할 수밖에 없는 가련한 사람일 것입니다. 누구 한 사람 그에게 다가가거나, 그의 친구가 되어 주려는 사람도 없을 것입니다. 그러나 베데스다 연못가에서 그 불쌍한 중환자를 만난 예수님께서는 그를 깨끗하게 치유하여 주셨습니다. 38년이나 병석에 누워 있던 중환자가 38년 만에 일어나 정상인으로 살게 된 것입니다. 그것은 모든 사람이 축하해 마땅한 경사였습니다. 그러나 요한복음 5장 16절은 뜻밖의 사실을 전해 주고 있습니다.

그러므로 안식일에 이러한 일을 행하신다 하여 유대인들이 예수를 박해하게 된지라.

예수님께서 38년 된 중환자를 고쳐 주심으로 인해, 예수님에 대한 유대인들의 박해가 시작되었습니다. 예수님께서 그 중환자를 고쳐 주신 날이 안식일이었기에, 예수님께서 안식일을 범하셨다는 이유에서였습니다. 유대인들이 예수님을 박해하기 시작한 것은, 예수님께서 사람을 죽이셨기 때문이 아니었습니다. 그와는 정반대로 38년 된 중환자를 고쳐 주셨기 때문에, 예수님께서는 오히려 유대인들로부터 박해받기 시작하셨습니다.

예수께서 그들에게 이르시되 내 아버지께서 이제까지 일하시니 나도 일한다 하시매 유대인들이 이로 말미암아 더욱 예수를 죽이고자 하니 이는 안식일을 범할 뿐만 아니라 하나님을 자기의 친아버지라 하여 자기를 하나님과 동등으로 삼으심이러라(요 5:17-18).

예수님께서는 당신을 박해하는 유대인들에게 '내 아버지께서 일하시므로 나도 일한다'고 말씀하셨습니다. 하나님께서는 안식일이라고 우주 만물을 주관하시지 않는 것이 아닙니다. 안식일이라고 당신의 섭리를 이루시지 않는 것도 아닙니다. 하나님께서는 안식일이든 아니든 상관없이, 언제나 우주 만물을 주관하시며 당신의 뜻을 이루고 계십니다. 그러므로 그 아버지를 본받아 당신이 안식일에 38년 된 중환자를 고쳐 주신 것은 당연한 일임을, 예수님께서 유대인들에게 설명해 주셨습니다. 그러나 유대인들은, 예수님께서 안식일에 병자를 고쳐 주신 당신의 행위를 정당화하기 위해 하나님을 아버지라 불렀다는 이유로 예수님을 죽이려 했습니다. 결국 예수님께서는 38년 된 중환자를 살려 주심으로 인해 죽음의 위험에까지 빠지셔야만 했습니다. 그렇다고 예수님께서 안식일에 병자 고쳐 주기를 포기하신 것은 아니었습니다.

> 거기에서 떠나 그들의 회당에 들어가시니 한쪽 손 마른 사람이 있는지라 사람들이 예수를 고발하려 하여 물어 이르되 안식일에 병 고치는 것이 옳으니이까 예수께서 이르시되 너희 중에 어떤 사람이 양 한 마리가 있어 안식일에 구덩이에 빠졌으면 끌어내지 않겠느냐 사람이 양보다 얼마나 더 귀하냐 그러므로 안식일에 선을 행하는 것이 옳으니라 하시고 이에 그 사람에게 이르시되 손을 내밀라 하시니 그가 내밀매 다른 손과 같이 회복되어 성하더라 바리새인들이 나가서 어떻게 하여 예수를 죽일까 의논하거늘(마 12:9-14).

아무리 안식일을 철저하게 지키는 유대인이라도, 안식일에 자기 양이 구덩이에 빠지면 당연한 듯 구덩이에서 양을 끌어내었습니다. 그럼에도 그들이 안식일에 병자를 고쳐 주시는 예수님을 비난했다는 것은, 그들에게는 38년 된 중환자나 한쪽 손이 오그라든 사람의 생명이 자기 집 짐승보다도 못했음을 의미합니다. 한마디로 그들에게는 인간에 대한 사랑이 없었습니다. 그들과는 달리 예수님께서는 38년 된 중환자를 사랑하셨고, 한쪽 손이 오그라든 사람을 사랑하셨기에 안식일임에도 그들을 기꺼이 고쳐 주셨습니다. 한쪽 손이 평생 불구였던 사람이 치유되었다면, 그 역시 다 함께 축하하고 기뻐할 일이었습니다. 그러나 예수님께서 한쪽 손이 오그라든 사람을 고쳐 주시던 안식일에도 유대인들은 예수님을 어떻게 죽일 수 있을까를 의논하였습니다. 그 유대인들은 다름 아닌 유대교 지도자들이었습니다. 그들에게 인간에 대한 사랑이 눈곱만큼도 없었다는 사실은, 죽었다가 살아난 나사로를 대하는 그들의 태도에서 극치를 이루고 있습니다.

베다니의 나사로가 죽은 지 나흘째 되는 날이었습니다. 그의 시신은 이미 동굴무덤에 안치되어 썩는 냄새가 진동하고 있었습니다. 그러나 나사로의 동굴무덤 앞에 서신 예수님께서 동굴의 돌문을 열게 하시고, 무덤을 향해 큰 소리로 "나사로야 나오라"고 나사로를 부르셨습니다. 그와 동시에 죽었던 나사로가 살아나, 수의를 입은 채로 동굴무덤에서 걸어 나왔습니다. 나흘 전에 나사로의 장례식을 치렀던 나사로의 가족과 동네 사람들이 얼마나 기뻐했을는지는 충분히 상상할 수 있습니다. 하지만 나사로가 살아났음을 전혀 달가워하지 않는 사람들이 있었습니다. 바로 유대교 지도자들이었습니다.

이에 대제사장들과 바리새인들이 공회를 모으고 이르되 이 사람이 많은 표적을 행하니 우리가 어떻게 하겠느냐 만일 그를 이대로 두면 모든 사람이 그를 믿을 것이요 그리고 로마인들이 와서 우리 땅과 민족을 빼앗아

가리라 하니(요 11:47-48).

유대교 지도자들은 예수님께서 죽은 나사로를 살리신 것과 관련하여 대책 회의를 열었습니다. 그들은 죽은 사람도 살리시는 예수님을 그대로 내버려 두면 유대교 신자들이 유대교를 떠나 예수님께 몰려갈 것이 뻔하고, 그 경우 민중들이 예수님을 메시아로 옹립하기라도 한다면 소요 사태를 우려한 로마제국이 개입할 것이요, 결국 자신들이 누리고 있는 모든 종교적 기득권을 상실할 것이라는 데 의견의 일치를 보았습니다. 그래서 그들이 내린 대책 방안은 다음과 같았습니다.

이날부터는 그들이 예수를 죽이려고 모의하니라(요 11:53).

그 이전부터 예수님을 죽이려고 했던 그들은, 예수님께서 죽은 나사로를 살리신 이후에는 예수님을 죽일 방도를 보다 구체적으로 모의하기 시작했습니다. 그와 아울러 그들은 또 하나의 끔찍한 모의를 획책했습니다.

유대인의 큰 무리가 예수께서 여기 계신 줄을 알고 오니 이는 예수만 보기 위함이 아니요 죽은 자 가운데서 살리신 나사로도 보려 함이러라 대제사장들이 나사로까지 죽이려고 모의하니 나사로 때문에 많은 유대인이 가서 예수를 믿음이러라(요 12:9-11).

그들은 예수님께서 살리신 나사로까지 죽이려고 모의하였습니다. 죽음에서 살아난 나사로를 죽이지 않고서는, 그를 살리신 예수님께로 몰려가는 유대교인들을 막을 수 없다고 판단했기 때문입니다. 예수님을 죽이는 것도 모자라, 예수님께서 살리신 나사로마저 죽이려 모의한 그들이 대체 누구였습니까? 그들은 누구보다도 하나님을 열심히 섬기고, 누구보다도 율법을 철저하게 지킨다는 유대교 지도자들이었습니다. 그러나 그들에게는 인간에 대한, 인간의 생명에 대한 사랑이 전혀 없었습니다. 그들에게 인간은, 자신들의 종교적 기득권을 지키기 위한 수단이나 도구에 지나지 않았습니다. 그래서 그들은 하나님의 이름으로 인간을 억압했고, 하나님의 이름으로 인간을 착취했고, 하나님의 이름으로 인간을 죽이는 일까지 서슴지 않았습니다. 인간을 자기 집의 짐승보다 못한 존재로 여기지 않고서는 행할 수 없는 일들이었습니다.

반면에 예수님께서는 인간을 고치시고, 또 살리시는 분이었습니다. 인간을, 인간의 생명을 사랑하셨기 때문입니다. 예수님께서는 38년 된 중환자도, 한쪽 손이 오그라든 불구자도, 이미 시체가 되어 썩은 냄새가 나는 나사로도 사랑하셨습니다. 그들을 고치고 살리심으로 인해 당신이 죽음의 위협을 당해도, 예수님의 인간 사랑은 멈추지 않았습니다. 예수님께 사랑은, 유대교의 종교적 억압을 비롯한 모든 억압으로부터 인간을 자유하게 하시어 인간으로 하여금 인간답게 살게 해주시는 것이었습니다. 그 사랑을 주시기 위해 예수님께서는 당신이 치러야 할 대가를 피하시지 않았습니다. 유대교 지도자들은 하나님의 이름으로 사람들을 억압하고 죽이면서까지 자신들의 것을 지키려 했지만, 예수님께서는 십자가에서 당신 자신을 송두리째 버리시기까지 모든 억압으로부터 사람을 살리고 또 사랑하셨습니다. 오늘 종교개혁 주일을 맞아 우리가 닮고 본받아야 할 분은 유대교 지도자들이 아니라, 예수님이심은 두말할 나위도 없습니다.

고등학교 3학년인 제 막내아들이 다니는 학교의 요청으로, 졸업을 앞둔 그 학교 고3 학생들에게 12월 초에 특강을 하기로 했습니다. 며칠 전 한 선생님이 수업 시간에 학생들에게 특강 소식을 알리면서 이렇게 말했답니다.

"승주 아버님이 강사로 오실 거야. 승주 아버님, 기독교계에서 잘나가는 목사님이시지."

선생님의 말이 떨어지기 무섭게 한 학생이 이렇게 말했다고 합니다.

"와, 돈 되게 잘 벌겠다."

그 말에 교실에서는 한바탕 폭소가 터졌다지만, 막내아이로부터 그 말을 전해 들은 저는 웃을 수가 없었습니다. 오히려 말할 수 없는 서글픔을 느꼈습니다. 목사직을 섬김과 헌신이 아닌 치부致富의 자리로 여기는 그 청소년의 반응은, 오늘날 이 땅의 교회와 목회자가 세상 사람들에게 어떻게 투영되고 있는지를 보여 주는 단적인 예이기 때문입니다.

세상으로부터 이미 신뢰를 상실한 이 땅의 교회 내부에서도 교회가 개혁되어야 한다거나, 새로워져야 한다는 말이 나온 것은 어제오늘의 일이 아닙니다. 그러나 개혁의 구호는 난무하지만 개혁의 본질, 개혁의 실체가 무엇인지 알려 하는 사람들은 흔치 않습니다. 교회가 개혁의 대상으로 전락했다는 것은, 교회가 인간에 대한 사랑을 상실했음을 의미합니다. 인간에 대한 사랑을 상실한 교회는, 교회의 기득권을 장악한 소수를 위한 이익집단에 지나지 않습니다. 그래서 교회는 하나님의 이름으로 인간을 억압했고, 하나님의 이름으로 인간을 착취하기도 했고, 심지어 하나님의 이름으로 인간을 죽이기도 했음을 2천 년 교회 역사가 증언해 주고 있습니다. 그러므로 교회의 개혁은 인간을 사랑하는 것으로부터 시작됩니다. 인간을 사랑하는 교회는 어떤 경우에도 타락하거나 부패하지 않습니다. 사랑은 곧 생명이기에, 인간을 사랑한다는 것은, 인간을 사랑하신 주님 안에서 싱싱하게 살아 있음을 의미하기 때문입니다. 구르는 돌에 이끼가 끼지 않고 흐르는 물은 썩지 않는 것처럼, 사랑 역시 생명이기에 결코 썩지 않습니다. 생각해 보십시오. 인간을 사랑하는 교회가 어떻게 사적인 유익을 위해 인간을 억압하고, 착취하고, 죽일 수 있겠습니까?

오늘의 본문 1절을 보시겠습니다.

> 안디옥 교회에 선지자들과 교사들이 있으니 곧 바나바와 니게르라 하는 시므온과 구레네 사람 루기오와 분봉 왕 헤롯의 젖동생 마나엔과 및 사울이라.

지난 시간에 살펴본 것처럼 안디옥교회의 지도자 그룹 명단입니다. 바나바는 유력 가문 출신의 정통파 유대인이었고, 시므온은 흑인 노예 출신의 흑인이었으며, 루기오는 무명의 이방인이었고, 마나엔은 불의한 매국노 출신이었으며, 나중에 바울로 불린 사울은 한때 교회를 짓밟던 예수 그리스도의 대적이었습니다. 그들은 달라도 너무 달라, 한자리에 함께 앉을 수도 없을 정도로 이질적인 사람들이었습니다. 그럼에도 그들은 예수 그리스도 안에서 한데 어우러져 명실상부한 보편적 교회를 이루었습니다. 그들 사이에 사랑 없이, 과연 그런 일이 가능할 수 있었겠습니까? 그들은 자신들을 사랑하시기에 모든 억압으로부터 자신들을 자유롭게 해주신 주님의 사랑 안에서 서로 사랑함으로써, 진정한 사랑의 공동체를 이룰 수 있었습니다. 그렇다면 그들이 바로 그 사랑으로 교회 밖 사람들은 또 얼마나 사랑했겠습니까? 주님께서 진정한 사랑의 공동체인 그 안디옥교회를 통로로 삼아 세상을 살리시고 사랑하신 것은 조금도 이상한 일이 아니었습니다.

타락한 유대교의 모든 억압으로부터 인간을 자유롭게 하시고, 십자가에서 당신을 버리시기까지 인간을 사랑하신 예수님의 사랑을 출발점으로 삼아 기독교가 시작되었습니다. 그러나 타락한 중세 기독교는 더 이상 인간을 사랑하지 않았습니다. 교권을 장악한 교회 지도자들은 하나님의 이름으로 인간을 억압하면서 자신들의 종교적 기득권을 지키고 키우는 일에만 혈안이 되어 있었습니다. 그 시절의 로마가톨릭교회는 타락한 유대교와 구별되지 않았습니다. 그때 종교개혁을 통해 개신교가 태동되었습니다. 당시의 종교개혁도 인간을 사랑하기 위해 로마가톨릭교회의 모든 억압으로 인간을 자유하게 하는 것이었습니다. 그로부터 약 다섯 세기가 지난 오늘날 이 땅의 개신교가 스스로 개혁의 필요성을 절감하고 있다면, 그것은 인간에 대한 사랑을 상실한 이 땅의 개신교 또한, 2천 년 전 유대교 지도자들이 자신들의 기득권을 위해 인간을 억압하던 타락한 유대교와 다를 바 없음을 스스로 시인하는 것입니다. 그러므로 이 시대에 필요한 개혁 역시 예수님처럼 어떤 값비싼 대가를 치르더라도, 인간을 사랑하기 위해 종교적 억압을 포함한 모든 억압으로부터 인간을 자유하게 하는 것입니다. 사랑은 개혁의 출발점이자 과정인 동시에 종착역입니다.

우리 교회는 교회 재정과 관련하여 모든 지출 항목을 1원 단위까지 매달 교우님들께 상세하게 보고하고 있습니다. 이를 두고 우리 교회를 개혁적이라고 말씀하시는 분들이 많습니다. 그러나 투명한 재정 보고 그 자체는 우리의 목적이 아닙니다. 그 자체가 우리의 목적이라면, 우리 교회가 세상의 윤리적인 기업이나 단체와 무슨 차이가 있겠습니까? 투명한 재정 보고는, 자신의 귀한 물질을 하나님께 드리는 교우님들에 대한 사랑의 응답입니다. 사랑하는 사람 사이에는 모든 것이 투명해야 할 뿐, 비밀이 있을 수 없는 까닭입니다. '장로·권사 호칭제' 역시 마찬가지입니다. 호칭제 그 자체가 목적이 아니라, 주님 안에서 신실한 그리스도인으로 살아가는 신앙의 선배들을 주님 안에서 차별 없이 사랑하기 위함입니다. 그러므로 투명한 재정 보고나 장로·권사 호칭제 자체가 개혁의 증거일 수는 없습니다. 오직 우리가 진정으로 사랑하는 것만이 참된 개혁의 증표가 될 수 있습니다.

주님께서 말씀하셨습니다.

> 새 계명을 너희에게 주노니 서로 사랑하라 내가 너희를 사랑한 것같이 너희도 서로 사랑하라 너희가 서로 사랑하면 이로써 모든 사람이 너희가 내 제자인 줄 알리라(요 13:34-35).

우리가 주님의 진정한 제자라는 증거는 오직 하나뿐입니다. 우리가 서로 사랑하는 것입니다. 주님께서 우리를 사랑하시기 위해 당신을 주신 것처럼, 우리도 서로 사랑하는 것입니다. 사랑하면, 종교적 억압을 포함하여 인간을 억압하는 모든 억압을 자신의 손으로 철폐할 수 있습니다. 사랑하면, 인간을 자기 욕망을 위한 도구로 삼던 자신의 그릇된 삶을 과감히 벗어던질 수 있습니다. 사랑하면, 어디에서나 인간을 살리는 생명의 기쁨을 누릴 수 있습니다. 사랑하면, 인간을 사랑하는 것보다 더 큰 행복이 없음을 확인하게 됩니다. 개혁 그 자체를 목적으로 삼으면, 사랑의 상실로 인해 반드시 개혁의 대상으로 전락하기 마련이지만, 사랑을 목적으로 삼으면 개혁이 결과적으로 절로 수반되는 까닭이 여기에 있습니다. 서로 사랑함으로 세상을 살리는 안디옥교회를 이루었던 당사자 가운데 한 명인 바울은, 그래서 다음과 같이 고백하였습니다.

> 내가 사람의 방언과 천사의 말을 할지라도 사랑이 없으면 소리 나는 구리와 울리는 꽹과리가 되고 내가 예언하는 능력이 있어 모든 비밀과 모

든 지식을 알고 또 산을 옮길 만한 모든 믿음이 있을지라도 사랑이 없으면 내가 아무것도 아니요 내가 내게 있는 모든 것으로 구제하고 또 내 몸을 불사르게 내줄지라도 사랑이 없으면 내게 아무 유익이 없느니라 (고전 13:1-3).

자신의 기도와 찬송이 하나님 보시기에 꽹과리와 같은 소음이 되기를 원하십니까? 열심을 다해 하나님을 믿는다면서도, 하나님 보시기에 자신이 아무것도 아니기를 원하십니까? 자신에게 있는 모든 것으로 구제하고서도, 하나님 앞에서 자신에게 아무 유익이 없기를 원하십니까? 그것은 우리가 원하는 바가 절대로 아니지 않습니까? 우리가 원하는 것은 언제 어디서나 주님의 참된 제자라고 인정받는 것 아닙니까? 그렇다면 우리 모두 주님 안에서 서로 사랑하십시다. 주님께서 우리를 사랑하신 것처럼, 우리도 서로 사랑하십시다. 그 사랑으로 우리의 가족을 사랑하십시다. 그 사랑으로 우리의 이웃을 사랑하십시다. 오래전부터 우리 교회를 괴롭히는 개인들과 단체들이 있습니다. 역사의 진실을 위해 시시비비를 가리되 그 자체가 목적이 아니라, 그 과정을 거쳐 주님 안에서 그분들을 사랑하는 것이 우리의 궁극적인 목적이 되게 하십시다. 그때 우리 자신과 우리 교회는 아무리 세월이 흘러가도 개혁의 대상으로 전락하지 않을 것이요, 주님께서는 우리 교회를 모순투성이인 이 세상을 개혁하는 이 시대의 안디옥교회로 사용하실 것입니다. 개혁은 인간을 사랑하기 위해 모든 억압으로부터 인간을 자유롭게 하는 것이고, 주님 안에서 서로 사랑하는 우리는 주님의 참된 제자일 것임이 분명하기 때문입니다.

오늘날 이 땅의 교회가 개혁의 대상으로 전락했다면, 그것은 교회를 이루고 있는 내가 사랑을 상실했기 때문임을 고백합니다. 이 땅의 교회가 세상의 조롱거리가 된 것은, 하나님을 믿는다는 내가 내 욕망의 덫으로 수많은 사람을 억압해 왔기 때문임을 자복합니다. 오늘 종교개혁 주일을 맞아 이 모든 잘못을 회개하오니, 하나님의 긍휼하심으로 용서해 주십시오.

십자가에서 당신을 버리시기까지 우리를 사랑해 주시고, 모든 억압으로부터 우리를 자유하게 해주신 주님! 주님의 사랑 안에서 우리 모두, 서로 사랑하는 주님의 참된 제자들이 되게 해주십시오. 그 사랑으로 가족과 이웃을 사랑하고, 세상 사람들을 사랑하며, 우리를 괴롭히는 사람들마저 사랑할 수 있도록 도와주십시오. 오직 사랑하는 사람만이 최후의 승자가 됨을 잊지 말게 해주십시오. 그리하여 우리 자신과 우리 교회가 아무리 세월이 흘러도 개혁의 대상으로 전락하지 않고, 언제나 세상을 개혁하는 이 시대의 안디옥교회가 되게 해주십시오. 아멘.

3. 안디옥교회 III

사도행전 13장 1-3절

안디옥 교회에 선지자들과 교사들이 있으니 곧 바나바와 니게르라 하는 시므온과 구레네 사람 루기오와 분봉 왕 헤롯의 젖동생 마나엔과 및 사울이라 주를 섬겨 금식할 때에 성령이 이르시되 내가 불러 시키는 일을 위하여 바나바와 사울을 따로 세우라 하시니 이에 금식하며 기도하고 두 사람에게 안수하여 보내니라

세상에 태어난 아이가 스스로 걸을 수 있기까지는 반드시 필요한 과정을 거쳐야 합니다. 가만히 잠만 자던 아이는 때가 되면 팔과 다리를 버둥거리기 시작합니다. 그것은 언뜻 무의미한 동작의 반복처럼 보입니다. 그러나 아이가 계속 팔과 다리를 버둥거림으로, 아이의 어깨와 팔 그리고 다리에는 스스로 몸을 뒤집을 수 있는 힘이 축적되게 됩니다. 그래서 때가 되면 아무도 도와주지 않아도, 아이는 스스로 몸을 뒤집게 됩니다. 바꾸어 말하면 깨어 있는 동안에 계속 팔다리를 버둥거리지 않는 아이는 자력으로 몸을 뒤집을

수 없습니다. 때가 되었는데도 팔다리를 버둥거릴 줄 모르는 아이는 발육 과정에 이미 문제를 지닌 아이이기 때문입니다. 일단 몸을 뒤집을 줄 알게 된 아이의 그다음 과정은 기는 것입니다. 아이가 기기 시작하면, 아이는 온 사방을 정신없이 기어 다닙니다. 그 과정 역시 아이에게는 그다음 단계를 위한 필수적인 과정입니다. 아이가 기어 다님으로 어깻죽지와 팔다리의 힘만 축적되는 것이 아니라, 그 과정을 통해 아이의 등뼈와 허리의 힘이 길러집니다. 그래서 앉아도 될 만큼 등뼈와 허리가 강해졌을 때, 기어 다니던 아이는 누가 가르쳐 주지 않아도 스스로 앉게 됩니다. 앉아서도 자기 몸을 충분히 가눌 수 있게 되면, 아이는 일어서서 균형을 유지하는 법을 스스로 익힌 뒤, 넘어질 듯 한 발씩 쪼작쪼작 걷기 시작하다가, 이내 익숙해져 아장아장 걷고, 그다음에는 걷는 것은 말할 것도 없고 뛰기까지 합니다.

　이 모든 과정 중에서 한 과정만 결여해도 아이는 제대로 걸을 수 없거나, 설령 걷더라도 신체적 결함을 지니게 됩니다. 부모들 중에는 아이가 일단 기기 시작하면, 앉지도 못하는 아이의 두 손을 잡고 일으켜 성급하게 걸음마 연습을 시키는 부모도 있습니다. 또 몸을 제대로 가누지도 못하는 아이를 의자에 앉히거나 보행기를 태우기도 합니다. 그러나 아이가 기어 다니면서 아이의 등뼈와 허리의 힘이 충분히 길러지기도 전에 아이를 성급하게 앉히거나 손을 잡고 걸음마 연습을 시키면, 다른 아이들보다 조금 빨리 앉거나 걸을 수는 있지만, 그 아이는 성인이 되어서도 등뼈나 허리에 결함을 지니고 살기 쉽다고 합니다. 부모가 성급하게 아이를 앉히거나 걸음마 연습을 시킴으로 인해, 어린아이의 등뼈와 허리가 감당할 수 없는 하중을 받아, 가장 중요한 시기에 바르고 고르게 발육할 수 없기 때문이라고 합니다.

　이 세상에 태어난 모든 아이가 정상적으로 걷기까지는 예외 없이 이상과 같은 동일한 과정을 거쳐야 하고, 또 그 모든 과정의 때도 모든 아이에게 동일하게 적용됩니다. 그것이 바로 인간을 창조하신 하나님의 법칙이기 때문입니다. 이처럼 하나님에 의해 창조된 모든 인간은 하나님의 창조의 법칙에 따라 성장하기 마련입니다.

교회의 주인은 삼위일체 하나님이십니다. 인간이 교회를 세우는 것 같아도, 실은 인간을 도구로 사용하여 삼위일체 하나님께서 당신의 교회를 세우시는 것입니다. 교회의 주인이 하나님이시라면, 교회와 관련된 모든 사항 역시 하나님께서 주관하시지 않을 리가 없습니다. 팔다리를 버둥거리던 아이가 몸을 뒤집고, 기고, 앉고, 서고, 걷는 과정과 때를 결정하신 분이 하나님이시듯 교회가 세워지고, 뿌리를 내리고, 성장하는 과정과 때를 결정하는 분 역시 하나님이심은 두말할 나위가 없습니다. 만약 하나님의 그 과정과 때를 무시하고 인간이 조급하게 자신의 계획을 이루려 하면, 부모가 성급하게 앉히거나 걸음마를 시킨 아이가 조금 빨리 걸을 수는 있더라도 평생 등뼈와 허리에 결함을 안고 살아가야 하는 것처럼, 그런 교회 역시 외적으로는 성장할 수 있을지 모르지만 내적으로 성숙하고 건강한 교회가 될 수는 없을 것입니다.

우리는 지금 3주째 안디옥교회에 대해 생각해 보고 있습니다. 안디옥교회는 사도행전 11장 19-21절을 통해 인류 역사의 무대에 등장하였습니다.

> 그때에 스데반의 일로 일어난 환난으로 말미암아 흩어진 자들이 베니게와 구브로와 안디옥까지 이르러 유대인에게만 말씀을 전하는데 그중에 구브로와 구레네 몇 사람이 안디옥에 이르러 헬라인에게도 말하여 주 예수를 전파하니 주의 손이 그들과 함께하시매 수많은 사람들이 믿고 주께 돌아오더라.

스데반의 순교 사건으로 촉발한 그리스도인에 대한 유대교의 대박해로 인해, 예루살렘의 그리스도인들이 예루살렘을 떠나 사방으로 흩어졌습니다. 그 가운데 안디옥에 이른 그리스도인들도 있었지만, 그들은 그곳에서 유대인들에게만 복음을 전하였습니다. 그들은 그때까지 복음을 유대인들의 전유물로 오인하고 있었습니다. 그때 구브로와 구레네에서 온 몇 명의 그리스도인들이 안디옥에서 헬라인, 다시 말해 이방인에게도 복음을 전함으로 안디옥교회가 세워졌습니다. 안디옥교회는 2천 년 교회사에서 이방 세계에 이방인을 위해 세워진 최초의 교회였고, 그 안디옥교회로 인해 안디옥의 많은 이방인들이 주님을 영접하게 되었습니다. 말하자면 이 시기는 안디옥교회 태동의 시기였습니다.

예루살렘 교회가 이 사람들의 소문을 듣고 바나바를 안디옥까지 보내니 (행 11:22).

안디옥은 예루살렘에서 북쪽으로 480여 킬로미터 지점에 위치해 있습니다. 480킬로미터라면 서울에서 부산까지보다 더 먼 거리입니다. 2천 년 전 당시의 통신과 교통 수준을 감안하면, 안디옥교회의 소문이 480여 킬로미터나 떨어진 예루살렘까지 전해지는 데는 상당한 기간을 필요로 했을 것입니다. 안디옥교회의 소문을 접한 예루살렘 모교회는 바나바를 안디옥교회의 목회자로 파송하였습니다.

바나바가 사울을 찾으러 다소에 가서 만나매 안디옥에 데리고 와서 둘이 교회에 일 년간 모여 있어 큰 무리를 가르쳤고 제자들이 안디옥에서 비로소 그리스도인이라 일컬음을 받게 되었더라 (행 11:25-26).

안디옥교회의 목회자로 파송된 바나바는 자기 혼자 목회를 감당하기에는 역부족임을 깨달았습니다. 바나바는 그때까지 고향 다소에서 칩거 중이던, 나중에 바울로 개명한 사울을 청하여 함께 공동으로 안디옥교회를 목회하였습니다. 이 기간은, 안디옥교회의 교인들이 세상 사람들로부터 최초로 '그리스도인'이라 불릴 정도로 교회가 확고하게 뿌리를 내리는 시기였습니다.

> 제자들이 각각 그 힘대로 유대에 사는 형제들에게 부조를 보내기로 작정하고 이를 실행하여 바나바와 사울의 손으로 장로들에게 보내니라(행 11:29-30).

안디옥교회는 대흉년을 당한 예루살렘 교인들을 위해 힘을 다해 모은 구제금을, 바울과 바나바를 통해 예루살렘으로 보내기도 했습니다. 일반적으로는 모교회가 지교회를 돕습니다. 그런데도 지교회였던 안디옥교회는 모교회의 어려움을 돕는 데 동참할 정도로 내실이 다져진 교회였습니다. 그뿐 아니었습니다. 본문 1절을 보시겠습니다.

> 안디옥 교회에 선지자들과 교사들이 있으니 곧 바나바와 니게르라 하는 시므온과 구레네 사람 루기오와 분봉 왕 헤롯의 젖동생 마나엔과 및 사울이라.

안디옥교회는 모교회를 도울 뿐 아니라, 이미 우리가 알고 있는 것처럼 유력 가문 출신의 정통파 유대인인 바나바, 흑인 노예 출신의 시므온, 무명의 이방인 루기오, 매국노였던 마나엔, 그리고 예수 그리스도의 대적이었던 바울이 예수 그리스도 안에서 한데 어우러져 이상적인 보편적 교회를 이루었습니다. 이 시기는 알찬 성장의 시기였습니다. 우리는 사도행전 11장 20절에서 태동된 안디옥교회가 예루살렘 모교회를 돕고, 또 오늘의 본문 1절에 이르러 이상적인 보편적 교회로 성장하기까지 몇 년이나 소요되었는지, 그 정확한 기간은 알 수 없습니다. 중요한 사실은 주님께서는 안디옥교회로 하여금 태동에서부터 시작하여, 그 시대의 역사 속에 뿌리를 내린 다음, 이상적인 보편적 교회로 성장하기까지의 모든 단계를 체계적으로 거치게 하셨다는 것입니다. 그러나 그것이 안디옥교회의 종착역이었던 것은 아닙니다.

> 주를 섬겨 금식할 때에 성령이 이르시되 내가 불러 시키는 일을 위하여 바나바와 사울을 따로 세우라 하시니 이에 금식하며 기도하고 두 사람에게 안수하여 보내니라(2-3절).

안디옥교회는 성령님의 명령에 따라 바나바와 바울을 선교사로 파송하였습니다. 다시 말해 주님께서는 성장의 단계를 거친 안디옥교회로 하여금 세계 선교의 사명을 담당하게 하셨습니다. 부활하신 주님께서 승천하시기 전에 이 땅에서 남기신 마지막 명령은 '땅끝까지 이르러 내 증인이 되라'(행 1:8)는 것이었습니다. 그러므로 선교는 어느 시대 어느 곳을 막론하고 모든 교회의 지상 과제입니다. 그러나 우리가 간과해서는 안 될 사실은, 주님께서 안디옥교회로 하여금 처음부터 선교에 나서게 하신 것은 아니었다는 것입니다. 그것은 아이가 태어나자마자 걷고 뛰려는 것처럼 하나님의 법칙이 아니었습니다. 주님께서는 이 땅에 태동된 안디옥교회가 그 시대의 역사 속에 뿌리내리고 이상적인 보편적 교회로 성장하는 과정을 거치게 하신 다음에야, 그 교회로 하여금 교회의 지상 과제인 세계 선교의 사명을 감당하게 하셨습니다.

수차례에 걸쳐 말씀드린 것처럼 우리가 어디에 있든, 계속 한 방향으로만 나아가면 지구를 한 바퀴 돌아 원위치로 되돌아오게 됩니다. 하나님께서 만드신 지구가 둥글기 때문입니다. 그러므로 우리가 현재 두 발 딛고 선 곳이 땅끝의 출발점인 동시에 땅끝의 종착점이기도 합니다. 주님께서 안디옥교회로 하여금 먼저 이상적인 보편적 교회로 성장하게 하신 다음에야 세계 선교의 사명을 감당하게 하신 이유가 여기에 있습니다. 자신이 두 발 딛고 선 곳에서 참다운 그리스도인으로 살 수 있는 사람만 지구 반대편에서도, 먼저 구원받은 그리스도인으로서 세상과 인간에 대한 사랑과 생명의 책임을 다 할 수 있기 때문입니다.

100주년기념사업협의회가 우리 교회를 창립한 목적은 한국 개신교 양대 성지인 양화진외국인선교사묘원과 용인순교자기념관을 관리 보존하고, 두 성지와 관련된 신앙 선조들의 신앙을 계승하고, 선교 200년을 위한 비전을 함양하는 것입니다. 2개월 반의 준비 기간을 거쳐 2005년 7월 10일 우리 교회가 창립되기까지, 새롭게 태동하는 우리 교회에 몇 사람이나 출석할 것인지, 과연 신생 교회인 우리 교회가 한국 개신교의 양대 성지를 제대로 보존하고 관리할 능력을 갖출 수나 있을지 아무도 예측할 수 없었습니다. 그러나 우리 교회 태동과 동시에 주님께서는 당신이 친히 예비하신 당신의 수많은 백성들을 원근 각처로부터 이 외진 양화진으로 불러 주셨습니다. 그리고 주님께서는 우리 교회가 온갖 풍상 속에서도 전혀 흔들림 없이, 도리어 주님의 말씀에 힘입어 이 시대의 역사 속에 견고하게 뿌리내릴 수 있도록 우리를 책임져 주셨습니다. 주님께서는 그것으로 그치시지 않고, 우리가 한국 개신교의 양대 성지를 충실하게 보존하고 관리할 수 있게끔 알찬 성장의 단계도 거치게 해주셨습니다.

우리 교회 창립 이후 양화진외국인선교사묘원과 용인순교자기념관은 그동안 우리 교회의 제1선교지인 동시에, 우리의 땅끝이기도 했습니다. 우리는 양대 성지를 지키기 위해 우리의 모든 힘을 쏟았습니다. 2009년 10월 말 현재, 그러니까 우리 교회가 창립된 이후 4년 3개월 동안 우리 교회가 양대 성지의 관리 및 보존을 위해 투입한 금액은 다음과 같습니다. 양화진묘역 보수 및 관리비 978,285,353원, 선교기념관 보수 및 관리비 324,124,331원, 양화진연구원 운영비 285,694,264원, 100주년기념사업협의회 보조금 418,131,130원, 2007년까지 유니온교회 사찰집사 보조금 27,042,070원, 마포구청에 기증한 양화진홍보관 건립 및 관리비 3,954,379,706원, 양화진홀 공사비용 및 관리비 343,571,135원에 용인순교자기념관 관리비 362,007,060원을 합치면 총 6,693,235,049원입니다. 이것은 지난 4년 3개월간의 결산보고서에서 큰 항목의 금액만 합산한 것이요, 나머지 항목의 경비까지 다 합치면 양대 성지의 보존 및 관리를 위해 지불된 실제 금액은 70억 원을 상회할 것입니다.

불과 4년 3개월 동안 지출한 그 막대한 경비 중에, 단 한 평이라도 우리 교회 명의의 땅이나 재산을 구입하기 위해 지출된 경비는 단 1원도 없습니다. 그 모든 금액은 전적으로 양화진외국인선교사묘원과 용인순교자기념관을 위해서만 사용된 금액입니다. 이 같은 일을 지난 4년 3개월 동안 한국 교회를 위해 우리 교회가 홀로 감당해 온 것입니다. 그러나 그동안 왜 유독 우리 교회만 그런 어리석은 짓을 하느냐고 불평하거나, 그 막대한 돈으로 차라리 우리 교회의 부족한 예배 처소 문제를 해소하자고 이의를 제기한 교우님은 단 한 분도 없었습니다. 한국 개신교의 양대 성지인 양화진외국인선교사묘원과 용인순교자기념관을 지키고 보존하는 것은 주님께서 우리 교회에 부여하신 우리의 소명이기 때문입니다. 바꾸어 말하면 주님께서는, 우리 교회가 양화진외국인선교사묘원과 용인순교자기념관을 위해 우리의 마음과 몸과 물질을 다하여 헌신하기에 충분할 만큼 우리 교회를 알차게 성장시켜 주셨습니다. 이처럼 우리 교회를 이곳 양화진에 세우신 주님께서 우리 교회로 하여금 온갖 풍상 속에서도 주님의 말씀을 힘입어 이 시대의 역사 속에 견고히 뿌리내리게 해주시고, 우리에게 부여하신 소명을 감당하기에 충분할 만큼 알차게 성장시켜 주셨다면, 주님께서 우리를 이끌어 가실 그다음 단계가 무엇인지는 오늘의 본문을 통해 자명하게 알 수 있습니다.

그것은 주님께서 이상적인 보편적 교회로 성장하게 하신 안디옥교회로 하여금 바깥세상을 향해 눈길을 돌리게 하신 것처럼, 이제부터 우리의 시선을 양화진 밖으로 돌려 주님의 사랑과 생명이 우리를 통해 세상으로 흘러가게 하시는 것입니다. 그동안 우리가 양화진외국인선교사묘원과 용인순교자기념관을 우리의 제1선교지로 삼아 왔다면, 이제부터 양화진을 기점으로 세상을 향해 우리의 선교지를 확장하는 것입니다. 그동안 우리가 양화진외국인선교사묘원과 용인순교자기념관을 우리의 땅끝으로 삼아 왔다면, 이제부터는 그 양대 성지를 새로운 땅끝을 향한 시발점으로 삼는 것입니다. 주님께서 우리 교회를 이곳 양화진에 자리 잡게 하신 만큼, 우리가 속해 있는 지역사회에 주님의 사랑과 생명이 흘러가게 하는 것입니다. 주님께서 우리 교회를 이 시대의 역사 속에 견고히 뿌리내리게 하신 만큼, 이 시대와 역사를 위한 교회의 사회적 책임을 다하는 것입니다. 주님께서 우리 교회를 인류의 역사 속에 보편적 교회로 세우신 만큼, 질병과 기아와 영적 흑암 속에 허덕이는 인류를 위한 사랑과 생명의 책임을 다하는 것입니다. 한마디로 이 세상 사람들을 사랑하고 살리기 위한 선교의 지상 과제를 수행하는 것입니다. 주님의 때가 되어 우리 교회가 이 본연의 지상 과제를 보다 충실하게 감당할 수 있게끔, 지난 4년여 동안 우리 교회로 하여금 필요한 모든 과정을 거치게 해주신 주님께 감사드리지 않을 수 없습니다.

한국 교회가 일반적으로 '선교'라는 용어를 통용하고 있기에 저 역시 여러분의 이해를 위해 선교라고 말씀드렸습니다만, 저 개인적으로는 선교宣敎라는 용어보다는 '전도傳道'라는 용어를 더 선호합니다. 선교의 사전적 의미는 '종교를 전하여 널리 펼친다'는 것이기에, 선교라고 하면 마치 종교적 시스템이나 형식을 전하는 것으로 오인하기가 쉽습니다. 우리가 사용하는 개역개정 성경을 보면 선교라는 용어가 단 한 번도 등장하지 않습니다. 그 대신에 전도라는 용어가 사용되고 있습니다. 전도란 문자 그대로 '길을 전하는 것'으로서 주님께서 주신 사랑의 길, 그 생명의 길을 전하는 것입니다. 안디옥교회는 정통파 유대인, 흑인 노예 출신, 무명의 이방인, 매국노와 예수 그리스도의 대적이었던 사람이 모두 그리스도 안에서 서로 사랑하는 성숙한 보편적 교회였습니다. 그들은 그들에게 넘쳐 나는 주님의 사랑과 생명을 세상으로 흘려 보내기 위해 바나바와 바울을 세상 속으로 파송하였습니다. 주님께서 그들에게 주신 그 넘치는 사랑의 길, 그 주체할 수 없는 생명의 길을 세상에 전하기 위함이었습니다. 이것이 주님께서 안디옥교회로 하여금 보편적 교회로 성장하게 하신 뒤에야 세상을 향한 전도의 길에 나서게 하신 이유입니다. 외적 성장뿐 아니라 내적 성숙의 과정을 거치지 않고는 어느 누구도 그 사랑의 길, 그 생명의 길을 훼손하지 않고 바르게 전할 수는 없기 때문입니다.

오늘날 한국 교회의 선교 열정은 가히 세계적입니다. 한국의 각 교회가 세계 선교를 위해 매해 투입하는 금액을 모두 합친다면 천문학적 금액에 달할 것입니다. 그런데도 한국 교회는 세상을 새롭게 하기는커녕 도리어 비판의 대상이 되어 있습니다. 이유인즉 교회는 제도나 건물이 아니라 주님을 주인으로 모신 사람들의 모임이기에, 교회를 이루고 있는 교인들의 삶이 주님의 사랑과 생명의 길을 좇지 않는 한, 그 교인들이 모인 교회의 선교는 종교 사업 혹은 종교 행사의 범주에서 벗어나기 어렵기 때문입니다. 바꾸어 말하면 한국 교회가 아낌없이 지불하는 막대한 선교비의 규모가 한국 교회의 외적 성장을 증명하는 증거임은 분명하지만, 그보다 더 중요한 주님의 사랑과 생명의 길을 좇는 신앙의 본질적인 면에서는 한국 교회가 아직 내적 성숙의 경지에 이르지는 못했다는 말입니다. 그 결과 어느 나라보다 선교에 열심인 한국 교회가 안타깝게도, 안디옥교회처럼 이 세상과 이 시대의 역사를 새롭게 하는 데는 실패하고 있습니다. 실로 가슴 아픈 일이 아닐 수 없습니다.

사랑하는 교우 여러분!

주님께서는 우리가 지난 4년 3개월 동안 우리의 마음과 몸과 물질을 다 바쳐 양화진외국인선교사묘원과 용인순교자기념관을 관리 보존하기에 충분할 만큼 우리 교회를 알차게 성장시켜 주셨습니다. 그러나 그와 같은 외적 성장에 자만해서는 안 됩니다. 그동안 주님께서 우리에게 이루어 주신 외적 성장은, 그다음 단계를 위한 내적 성숙의 발판일 뿐임을 잊지 마십시다. 만약 외적 성장만으로 자만한다면, 이 이후 우리가 교회의 지상 과제인 선교의 사명을 완수하기 위해 열심을 내면 낼수록 우리의 선교는 주님과는 무관한, 우리 자신을 드러내기 위한 종교 사업 혹은 종교 행사에 지나지 않게 될 것입니다. 이제부터 100주년기념교회를 이루고 있는 우리 각자가 주님의 사랑과 생명의 길을 좇는 참된 그리스도인이 되십시다. 우리 자신들이 먼저 주님의 사랑 안에서, 남녀노소 빈부귀천을 막론하고 서로 사랑하는 성숙한 보편적 교회가 되십시다. 그때 우리의 선교는 수많은 사람들 앞에서 우리 자신을 드러내기 위한 종교 사업이나 종교 행사가 아니라, 아무도 보지 않는 곳에서 주님께서 찾기 원하시는 잃어버린 양 한 마리를 살려 내는 진정한 사랑과 생명의 전도가 될 것이요, 우리의 가정과 일터 그리고 우리의 교회는 우리로 인해 이 시대를 살리는 안디옥교회가 될 것입니다.

한국 교회의 양대 성지인 양화진외국인선교사묘원과 용인순교자기념관을 관리 보존하기 위해 100주년기념교회를 이곳 양화진에 세우신 주님께서, 지난 4년 3개월 동안 우리 교회가 그 소명을 감당할 수 있게끔 온갖 풍상 가운데서도 이 시대의 역사 속에 견고히 뿌리내리게 해주시고, 또 알찬 성장의 과정을 거치게 해주셔서 감사합니다. 그리고 주님의 작정하신 때가 이르매, 우리의 시선을 이곳 양화진에서부터 양화진 밖 세상과 세계를 향하게 하심을 감사합니다. 그동안 우리의 제1선교지요 땅끝이었던 양화진이, 새로운 땅끝을 향한 시발점이 되게 해주심도 감사합니다. 주님께서 우리에게 이처럼 가슴 벅찬 은혜를 내려 주셨사오니, 우리 모두 그동안의 외적 성장에 자만하지 않고 내적 성숙을 지향하게 해주십시오. 우리 자신이 주님께서 우리에게 주신 사랑과 생명의 길에서 벗어나지 않는 참된 그리스도인으로 살게 해주십시오. 우리 자신들이 남녀노소 빈부귀천을 막론하고 서로 사랑하는 성숙한 보편적 교회가 되게 해주십시오. 그리하여 앞으로 우리의 선교가 인종과 국경을 초월하여 숱한 사람을 살리는, 진정한 사랑과 생명의 전도가 되게 해주십시오. 그와 같은 삶을 사는 우리로 인해 우리의 가정과 일터 그리고 우리의 교회가 이 세상을 새롭게 하는 이 시대의 안디옥교회가 되게 해주십시오. 아멘.

4. 안디옥교회 IV

사도행전 13장 1-3절

안디옥 교회에 선지자들과 교사들이 있으니 곧 바나바와 니게르라 하는 시므온과 구레네 사람 루기오와 분봉 왕 헤롯의 젖동생 마나엔과 및 사울이라 주를 섬겨 금식할 때에 성령이 이르시되 내가 불러 시키는 일을 위하여 바나바와 사울을 따로 세우라 하시니 이에 금식하며 기도하고 두 사람에게 안수하여 보내니라

지난 10월 29일 목요일이었습니다. 그날 아침에 병원에 들른 저는 자동차를 타고 교회로 출근하였습니다. 홍보관 지하 주차장에 차를 세운 저는, 평소대로 열쇠를 차에 꽂아 둔 채 차 문을 닫고 사무실로 올라왔습니다. 그날 하루의 모든 일정을 소화한 제가 퇴근하기 위해 사무실을 나설 때의 시간은 밤 9시 5분경이었습니다. 목요일이면 밤 9시 30분부터 목요기도회가 열리는 날입니다. 저는 금년 초부터 목요기도회가 시작된 이래 목요일에 일찍 퇴근하거나 외부에 일이 있는 경우를 제외하고는, 다시 말해 목요일 늦게까지 사

무실에 있는 경우에는 꼭 목요기도회에 참석해 교우님들과 함께 기도해 왔습니다. 그런데 그날도 분명 목요일이요, 밤 9시 5분까지 사무실에 있었으면서도 그만 목요기도회를 깜빡 잊고 퇴근하려 하였습니다. 그 직전까지만 해도 그날이 목요기도회 날임을 기억하고 있었는데도, 그날따라 유난히 피곤했기에 빨리 집에 가서 쉬고 싶은 마음이 앞섰기 때문이었던 같습니다.

지하 차고로 내려간 저는 차를 타기 위해 운전석 문을 열었습니다. 그러나 어찌된 영문인지 차 문이 잠겨 있었습니다. 나머지 문들의 손잡이를 당겨 보아도 모두 마찬가지였습니다. 누군가가 내 차에 열쇠가 꽂혀 있는 것을 보고, 열쇠를 빼고 차 문을 잠가 둔 건가? 그래서 사무장님께 확인 전화를 하려다가 그만두었습니다. 평소에 단 한 번도 그런 일이 없었기 때문입니다. 저는 지하 차고의 불을 켜고 차 안을 들여다보았습니다. 차 열쇠는 제자리에 그대로 꽂혀 있었습니다. 요즘 자동차는 열쇠가 꽂혀 있으면 문은 잠기지 않지 않습니까? 그런데도 왜 문이 잠겨 있는지, 제 상식으로는 이해할 수 없었습니다. 별도리가 없는 저는 이튿날 집에 있는 스페어 키를 가지고 와서 차를 가져갈 심산으로, 그날 밤 지하 차고에 차를 그대로 세워 둔 채 걸어서 집으로 향했습니다. 걸어가면서도 제 머릿속에서는, 왜 열쇠가 꽂힌 차 문이 절로 잠겼을까 하는 생각이 떠나지 않았습니다.

교회 별관 앞을 지나 제가 사는 아파트로 향하는 오른쪽 좁은 길로 꺾어지는 순간, 제 머릿속에 섬광처럼 스치는 생각이 있었습니다. 아, 하나님께서 나로 하여금 목요기도회에서 교우님들과 함께 기도하라시는 사인이구나! 저는 그 즉시 교회로 되돌아왔습니다. 그리고 목요기도회에 참석한 저는, 밤 9시 5분까지 교회에 있었음에도 단지 피곤하다는 이유만으로 목요기도회를 깜빡 잊고 귀가하려 했던 저의 연약함을 하나님께 회개하였습니다. 기도회가 끝난 뒤, 지하 차고로 간 저는 확신을 갖고 운전석 문손잡이를 당겼습니다. 그때 잠겨 있던 차 문이 열렸겠습니까, 아니면 열리지 않았겠습니까? 손잡이를 힘껏 당겼음에도, 차 문은 두 시간 전처럼 꼼짝도 하지 않았습니다. 아니, 이럴 수가 없는데! 내가 황당한 생각을 한 것인가? 저는 누구에겐가 확인할 필요를 느꼈습니다. 누구보다도 각종 기계에 밝은 이창호 목사님께 전화를 걸어, 안에 열쇠가 꽂혀 있는 자동차의 문이 절로 잠기는 경우가 있는지를 물었습니다. 이창호 목사님은, 자신이 아는 한 그런 일은 있을 수 없다고 잘라 말했습니다.

그렇다면 누가 문을 잠갔는지는 의심의 여지도 없었습니다. 저는 자동차 네 문짝의 손잡이를 차례로 돌아가며 다시 당겨 보았지만, 문들은 여전히 미동도 하지 않았습니다. 당시의 제 느낌은 (이 부분에 오해가 없으시기 바랍니다. 그것은 전적으로 당시 저 개인의 주관적인 느낌이었습니다) 하나님께서 저와 놀이를 즐기고 계신다는 느낌이었습니다. 그래서 제가 운전석 문손잡이를 잡고 하나님께 이렇게 말씀드렸습니다. "하나님, 이제는 열어 주셔야 되지 않겠습니까?" 그리고 운전석 문손잡이를 당기자, 조금 전까지 꼼짝도 않던 문이 언제 그랬냐는 듯 그냥 열렸습니다. 일반적으로 자동차는 운전석 문의 잠금장치가 풀리면 나머지 문들의 잠금장치도 동시에 풀리게 되어 있습니다. 그러나 운전석 문은 열렸지만, 나머지 세 개의 문들은 여전히 잠긴 그대로였습니다. 제가 운전석에 앉아 열쇠를 돌리자, 그제야 나머지 문들의 잠금장치도 '철컥' 소리를 내며 풀리는 것이었습니다.

그날 밤, 자동차를 몰고 집으로 돌아가는 제 마음이 얼마나 기쁨으로 충만했는지 모릅니다. 그날 그 작은 사건을 통해 언제나 저와 함께하고 계시는 하나님께서 저의 모든 삶을 주관하고 계실 뿐 아니라, 교인들이 영혼의 무릎을 꿇고 함께 기도드리는 것을 하나님께서 기뻐하심을 새삼스럽게 확인시켜 주셨기 때문입니다.

기도가 중요한 것은, 기도는 하나님과 대면하여 하나님과 나누는 대화이기 때문입니다. 한 집에 사는 부부라도 서로 대면하여 대화를 나누려 하지 않으면, 그 부부는 남남과 다를 바가 없습니다. 대면과 대화 없이는 서로 상대를 알 도리가 없는 탓입니다. 부모 자식 간도 마찬가지입니다. 대면과 대화를 통해 자식은 부모의 인격과 경륜을 알고 배우게 됩니다. 결혼하여 자식을 키워 본 분들은, 세상에 태어난 아이로부터 처음으로 무엇인가 요구받을 때의 기쁨을 기억할 것입니다. 아이가 부모에게 자신의 말로 무엇인가 요구한다는 것은, 그 아이가 그만큼 자랐음을 의미합니다. 그래서 부모는 아이가 요구하는 것을 기꺼이 들어줍니다.

그러나 아이가 장성한 뒤에도 부모에게 계속 무엇인가 요구하기만 한다면, 언제부턴가 그 자식은 부모에게 근심거리가 될 것입니다. 부모 자식의 관계는 어느 한쪽만의 일방적인 요구의 관계가 아니라, 서로 책임과 의무를 다해야 하는 상호적인 관계이기 때문입니다. 자식이 장성해 가면서 부모와의 대면과 대화를 통해 부모의 뜻을 알려 하고, 나아가 부모를 위해 자신이 무엇을 해야 할 것인지를 깨닫고 실천해 갈 때, 그 부모 자식의 관계는 정상적인 관계요, 또 그 자식은 부모의 자랑이 될 것입니다. 이것은, 장성한 자식은 부모에게 무엇이든 더 이상 부탁하거나 요청해서는 안 된다는 말은 아닙니다. 장성한 자식도 자신의 힘이 부치거나 불가능한 일을 부모가 해결할 수 있는 능력을 지니고 있을 때, 얼마든지 부모의 도움을 요청하고 부탁할 수 있습니다. 부모 자식 간에 그것은 지극히 자연스러운 일입니다. 문제는 일평생 부모에게 자신의 것만 요구하는 자식입니다. 부모와 인격적인 대면이나 대화를 원치는 않는 그 자식은 아무리 나이가 들어도, 실은 미숙아나 지진아에 지나지 않습니다.

우리의 기도도 이와 같습니다. 하나님을 알지도, 믿지도 않던 사람이 어느 날 하나님께 자신의 필요를 위해 기도할 때 하나님께서 얼마나 기뻐하시겠습니까? 그가 하나님께 무엇인가 요청했다는 것은, 그와 하나님 사이에 대면과 대화가 시작되었음을 의미합니다. 바꾸어 말해 그와 하나님 사이에 관계가 맺어지기 시작한 것입니다. 그러나 그 사람이 기도를 통해 일평생 하나님께 자신의 요구 사항만을 통보한다면, 그 사람은 하나님의 기쁨이 되기 어렵습니다. 그 사람은 하나님과 인격적인 대면이나 대화를 원치는 않는 사람이기에, 그의 기도가 아무리 반복된들 그가 성숙한 믿음의 사람으로 성장할 수는 없습니다.

지난주에 50대 남성 집사님으로부터 들은 고백입니다. 주님을 영접한 지 꽤 오래된 그분에게 그동안 기도는, 자신의 필요를 하나님께 요구하는 시간이었습니다. 이를테면 오늘도 자신의 건강을 지켜 주시고, 자신이 하는 일을 통해 물질적 번영을 주시고, 자기 가족들을 책임져 달라는 식이었습니다. 그런데 두 달 전부터 갑자기 그분의 기도 내용이 바뀌었습니다. 오늘도 주님께서 원하시는 대로 살고, 또 주님께서 뜻하시는 바대로 쓰임 받게 해달라고 기도하게 된 것입니다. 중요한 사실은 기도 내용이 바뀌게 되면서 그 집사님 스스로 자기 믿음의 진보에 대해 놀랄 뿐 아니라, 자기 믿음의 진보가 대견스럽게 여겨진다는 것이었습니다. 자신의 필요만을 요청하는 기도를 드릴 때에는 전혀 느낄 수 없었던 영적 기쁨을 누리게 된 것입니다. 하나님께서도 성숙해진 그분의 기도를 기뻐하시지 않을 리가 없습니다.

자신의 필요만을 요청하던 사람이 하나님의 뜻을 위해 기도하게 되었다는 것은, 하나님에 대한 그의 믿음이 그만큼 성장하고 성숙하였음을 의미합니다. 자신이 하나님의 뜻을 좇아 살기만 하면, 자신의 삶은 하나님께서 반드시 책임져 주심을 믿는 믿음이 있을 때에만 그와 같은 기도의 성숙이 수반될 수 있습니다. 그렇듯 하나님을 깊이 신뢰하는 믿음의 사람을 통해 하나님의 뜻이 아름답게 이루어지고, 또 하나님께서 그의 삶을 책임져 주심은 두 말할 나위가 없습니다. 주님께서 이렇게 말씀하시지 않았습니까?

> 그런즉 너희는 먼저 그의 나라와 그의 의를 구하라 그리하면 이 모든 것을 너희에게 더하시리라 (마 6:33).

'하나님의 나라와 그의 의를 먼저 구하라'는 것은 먼저 하나님의 뜻을 좇아 살라는 의미요, '이 모든 것을 너희에게 더하신다'는 것은 하나님께서 인간의 삶을 책임져 주신다는 뜻입니다. 하나님의 원칙은 항상 동일합니다. 누구든지 하나님의 뜻을 먼저 좇으면, 하나님께서 그의 삶을 책임져 주신다는 것입니다. 인간은 늘 자신이 원하는 것을 하나님께서 먼저 책임져 주시면, 그것을 확인한 다음에 하나님의 뜻을 좇아 살겠다고 합니다. 그러나 먼저 받고 좇겠다는 것은 거래일 뿐 믿음이 아닙니다. 하나님께서 우리에게 원하시는 것은 거래가 아니라, 믿음입니다. 그래서 하나님께서는 우리가 어떤 상황에서든, 먼저 하나님의 뜻을 좇아 살기를 원하십니다. 하나님을 전적으로 신뢰하는 믿음을 지닌 사람만, 언제 어디에서나 먼저 하나님의 뜻을 좇아 살 수 있습니다. 하나님께서 그런 믿음을 지닌 사람을 책임져 주심은 너무나도 당연한 일이 아닐 수 없습니다. 우리가 하나님의 뜻을 먼저 좇는 삶을 살았는데도 하나님께서 우리의 삶을 책임져 주시지 않는다면, 그 하나님은 죽은 하나님이요, 그런 하나님이라면 우리가 믿을 필요도 까닭도 없을 것입니다.

우리가 4주째 살펴보고 있는 안디옥교회는 유력 가문 출신의 정통파 유대인 바나바, 흑인 노예 출신의 시므온, 무명의 이방인 루기오, 불의한 매국노였던 마나엔, 그리고 교회를 짓밟던 바울이 예수 그리스도 안에서 한데 어우러져 이상적인 보편적 교회를 이루고 있었습니다. 그것은 예수 그리스도 안에 있는 하나님의 사랑과 생명 속에서만 가능한 일이었습니다. 그러나 안디옥교회의 교인들은 하나님의 사랑과 생명 속에서 이상적인 보편적 교회를 이루었다고 해서 자신들이 완성된 존재가 되었다는 교만에 빠지거나, 자신들의 교회가 최종 목적을 달성했다고 속단하는 어리석음을 범치 않았습니다.

오늘의 본문 2절은 다음과 같이 시작되고 있습니다.

주를 섬겨 금식할 때에(2절 상).

주님에 대한 안디옥교회 교인들의 섬김에는 금식이 포함되어 있었습니다. 여기에서 금식이란 금식 그 자체를 목적으로 한 금식이 아니라, 금식을 통한 '기도'였습니다. 금식기도가, 하루 세끼 밥을 먹으면서 드리는 기도보다 더욱 간절한 기도를 의미함은 두말할 나위도 없습니다. 일반적으로 사람들은 자신의 절박한 문제를 해결하기 위해 금식하며 기도합니다. 자신의 문제가 아닌 것을 위해 금식기도한다는 것은 쉬운 일이 아닙니다. 대체 안디옥교회 교인들에게는 무슨 절박한 문제가 있었기에 교인들이 함께 금식기도를 했었는지, 본문 2절을 다시 보시겠습니다.

주를 섬겨 금식할 때에 성령이 이르시되 내가 불러 시키는 일을 위하여 바나바와 사울을 따로 세우라 하시니.

안디옥교회 교인들의 금식기도에 대한 하나님의 응답은 바나바와, 나중에 바울로 개명한 사울을 선교사로 파송하라는 것이었습니다. 다시 말해 그들이 누리고 있는 하나님의 사랑과 생명을 교회 밖 세상을 향해 흘려 보내라는 것이었습니다. 안디옥교회 교인들은 자신들의 개인적인 절박한 문제를 해결하기 위해 금식기도한 것이 아니었습니다. 그들은 이상적인 보편적 교회를 이룬 자신들이 나아가야 할 그다음 단계는 무엇인지, 자신들을 통해 이루기 원하시는 하나님의 뜻이 무엇인지를 알기 위해 한마음으로 금식기도하였습니다. 그들은 진정 성숙한 믿음을 지닌 그리스도인들이었습니다. 그들의 믿음이 자신들의 필요를 하나님께 요청하는 수준에만 머물러 있었던들 결코 드릴 수 없는 기도였습니다. 그들은 한마음으로 금식기도를 드린 결과로 세상을 향해 하나님의 사랑과 생명을 흘려 보내라는 응답을 받았다고 해서, 그 즉각 금식기도를 그친 것은 아니었습니다.

이에 금식하며 기도하고 두 사람에게 안수하여 보내니라(3절).

안디옥교회 교인들은 성령님의 명령을 좇아 바나바와 바울을 선교사로 파송하기 전에, 또다시 금식기도를 드렸습니다. 하나님의 사랑과 생명을 세상 사람들과 나눈다는 것은, 단순히 말이나 구호로만 이루어지는 일이 아닙니다. 그것은 시간이든 물질이든 정성이든, 자신의 것 가운데 무엇인가 반드시 포기해야만 가능한 일입니다. 안디옥교인들에게 그것은, 그들의 사랑하는 지도자인 바나바와 바울과의 결별을 의미했습니다. 누구나 사랑하는 사람과는 가능한 한 헤어지지 않고, 계속 함께 신앙생활하기를 바랍니다. 그러나 안디옥교회 교인들은 하나님의 뜻을 위하여 바나바와 바울과 헤어져야만 했습니다. 그것은 주님 안에서 한데 어우러져 이상적인 보편적 교회를 이루고 있던 그들로서는 참으로 어려운 일이었습니다. 그러나 그들은 한마음으로 금식기도함으로써 그 어려움을 극복할 수 있었습니다.

우리는 오늘 본문을 통해 귀중한 교훈을 얻을 수 있습니다. 첫 번째 교훈은, 사랑과 생명의 특징은 한곳에 고이거나 머묾이 없이 반드시 어딘가로 흘러가기 마련이라는 것입니다. 흘러가지 않는 사랑과 생명은 참사랑과 참생명일 수 없습니다. 더 이상 흐르지 않는다는 것은 이미 생명을 상실한 화석에 불과할 뿐입니다.

두 번째 교훈은, 하나님께서는 당신의 백성들이 당신의 뜻을 구하기 위해 기도하는 것을 기뻐하시되, 특별히 한마음으로 기도하는 것을 기뻐하신다는 것입니다. 우리는 안디옥교회 교인들이 본문 속에서 금식기도드릴 때 한 장소에서 드렸는지, 아니면 각자 집에서 드렸는지 알 수 없습니다. 그러나 한 가지 분명한 것은 그들은 하나님의 뜻을 구하기 위한 동일한 기도 제목을 놓고, 모두 한마음으로 기도했다는 것입니다. 우리는 어디에서든 하나님께 기도드릴 수 있습니다. 혼자 골방에서 기도드릴 수도 있고, 공개된 장소에서 함께 기도드릴 수도 있습니다. 그러나 기도의 장소가 어디이든, 우리 모두가 100주년기념교회를 이루고 있는 지체로서 하나님께서 우리를 통해 이 시대의 역사 속에 이루시기 원하는 하나님의 뜻을 위해 한마음으로 기도드린다면, 우리는 하나님께서 기뻐하시는 성숙한 교인이요 성숙한 교회가 될 것입니다.

마지막 교훈은, 하나님의 사랑과 생명을 흘려 보내는 것은, 오직 하나님의 뜻을 구하는 기도를 통해서만 가능하다는 것입니다. 어머니가 갓 태어난 아이를 사랑한다는 것은, 자신의 생명을 아이와 나누는 것을 의미합니다. 그래서 아이가 성장하는 만큼 어머니의 생명은 소진됩니다. 하나님의 사랑과 생명을 누군가와 나눈다는 것 역시, 앞에서 말씀드린 것처럼, 자신의 것

중 무엇인가를 반드시 포기하는 것을 의미합니다. 그것은 하나님의 뜻을 구하기 위한 기도를 통하지 않고서는 불가능합니다. 오직 하나님의 뜻을 구하기 위한 기도만이 누군가를 위한 자기 포기의 영원한 가치와 의미를 분별할 수 있게 해줍니다.

> 사랑은 여기 있으니 우리가 하나님을 사랑한 것이 아니요 하나님이 우리를 사랑하사 우리 죄를 속하기 위하여 화목 제물로 그 아들을 보내셨음이라 사랑하는 자들아 하나님이 이같이 우리를 사랑하셨은즉 우리도 서로 사랑하는 것이 마땅하도다 어느 때나 하나님을 본 사람이 없으되 만일 우리가 서로 사랑하면 하나님이 우리 안에 거하시고 그의 사랑이 우리 안에 온전히 이루어지느니라(요일 4:10-12).

사랑은 본래 우리의 것이 아닙니다. 우리는 태어날 때부터 자신만 아는 자기 이기심의 노예일 뿐입니다. 그와 같은 우리에게 예수 그리스도를 통하여 하나님의 사랑과 생명이 임했습니다. 당신의 사랑과 생명을 주신 하나님께서는 우리를 향해 서로 사랑할 것을 명령하십니다. 영이신 하나님을 누구도 뵌 적이 없지만 우리가 예수 그리스도 안에서 서로 사랑하면, 그것은 사랑과 생명의 근원이신 하나님께서 우리 속에 임해 계시고, 또 우리 가운데 하나님의 사랑과 생명이 흘러넘치고 있음의 증거입니다. 하나님께서 우리에게 서로 사랑할 것을 명령하시는 이유가 여기에 있습니다. 우리를 당신의 사랑과 생명의 종착역으로 삼으시기 위함이 아니라, 우리를 통로로 삼아 우리 가운데 흘러넘치는 당신의 사랑과 생명을 누군가를 향해, 이 세상을 향해 흘러 보내시기 위함입니다.

어떻습니까? 마땅히 사랑해야 할 누군가를 사랑하지 못해 괴로워하고 계십니까? 이 세상에 태어나 누군가를 단 한 번이라도 진정으로 사랑해 보신 적이 없었습니까? 그동안 자신이 만난 숱한 사람들 중에, 자신으로 인해 인생이 새로워지고 참생명의 삶을 살게 된 사람이 단 한 명도 없었습니까? 그렇다면 그것은 그동안 하나님을 믿는 그리스도인으로서 하나님께 기도하되, 오직 자신의 필요만을 위해 기도했음을 스스로 자인하는 것입니다. 하나님에 대한 일방적인 통보일 뿐인 그런 기도만으로는 하나님과 인격적인 대면이나 대화가 불가능합니다. 오직 하나님의 뜻을 구하고 좇기 위해 기도하는 사람만, 자신의 것을 포기하면서까지 사랑과 생명의 통로가 될 수 있습니다. 하나님의 뜻을 구하고 좇기 위해 기도하는 사람만, "나를 보내신 이의 뜻은 내게 주신 자 중에 내가 하나도 잃어버리지 아니하고 마지막 날에 다시 살리는 이것이니라"(요 6:39)는 주님의 말씀처럼, 예수 그리스도 안에서 사람을 사랑하고 살리는 것이 하나님의 뜻임을 알고 실천할 수 있습니다.

이제부터 우리 모두 한마음으로, 우리의 삶을 통해 하나님의 뜻이 이루어지기를 기도하십시다. 우리가 먼저 그리스도 안에서 서로 사랑하기 위해, 한마음으로 기도하십시다. 그 사랑으로 우리가 마땅히 사랑해야 할 사람을 사랑하기 위해, 한마음으로 기도하십시다. 하나님의 사랑과 생명이 우리를 통해 이 세상을 거쳐 땅끝까지 흘러가게 하기 위해, 한마음으로 기도하십시다. 우리가 무슨 일을 하든, 하나님의 사랑과 생명의 통로가 되기 위해 우리 자신의 것을 기꺼이 포기할 수 있도록, 한마음으로 기도하십시다. 하나님께서는 그와 같은 우리의 기도를 기쁘게 받으실 것이요, 우리를 이 세상을 살리는 이 시대의 안디옥교회로 사용하실 것입니다. 그러므로 우리가 누구를 사랑하는 것은 결코 그 당사자만을 위한 것이 아닙니다. 누군가를 사랑한다는 것은, 곧 자기 생명의 가치와 의미를 하나님의 영원에 접붙이는 것을 의미합니다. 생명의 근원이신 하나님께서 사랑이시기 때문입니다.

"내가 사람의 방언과 천사의 말을 할지라도 사랑이 없으면 소리 나는 구리와 울리는 꽹과리가 되고, 내가 예언하는 능력이 있어 모든 비밀과 모든 지식을 알고 또 산을 옮길 만한 모든 믿음이 있을지라도 사랑이 없으면 내가 아무것도 아니요, 내가 내게 있는 모든 것으로 구제하고 또 내 몸을 불사르게 내줄지라도 사랑이 없으면 내게 아무 유익이 없느니라" (고전 13:1-3).

"그런즉 믿음, 소망, 사랑, 이 세 가지는 항상 있을 것인데, 그중의 제일은 사랑이라"(고전 13:13).

하나님, 예수 그리스도 안에서 모든 사람을 살리시려는 하나님의 뜻을 이루기 위해, 우리 모두 한마음으로 기도하게 해주십시오. 우리가 서로 사랑하기 위해, 한마음으로 기도하게 해주십시오. 그 사랑으로 우리가 마땅히 사랑해야 할 사람을 사랑하기 위해, 한마음으로 기도하게 해주십시오. 하나님의 사랑과 생명이 우리를 통해 이 세상을 거쳐 땅끝까지 흘러가게 하기 위해, 한마음으로 기도하게 해주십시오. 그 사랑과 생명의 통로가 되기 위해 우리의 것을 기꺼이 포기할 수 있도록, 한마음으로 기도하게 해주십시오. 공동묘지에서 끝나 버릴 우리의 인생이 사랑과 생명이신 하나님 안에서 영원한 의미와 가치로 승화되어, 우리 모두 이 세상을 살리는 이 시대의 안디옥교회로 쓰임 받기 위해, 지금부터 다 함께 한마음으로 기도하게 해주십시오. 아멘.

5. 안디옥교회 V 감사 주일

사도행전 13장 1-3절
안디옥 교회에 선지자들과 교사들이 있으니 곧 바나바와 니게르라 하는 시므온과 구레네 사람 루기오와 분봉 왕 헤롯의 젖동생 마나엔과 및 사울이라 주를 섬겨 금식할 때에 성령이 이르시되 내가 불러 시키는 일을 위하여 바나바와 사울을 따로 세우라 하시니 이에 금식하며 기도하고 두 사람에게 안수하여 보내니라

우리가 5주째 살펴보고 있는 안디옥교회는 유력 가문 출신의 정통파 유대인인 바나바, 흑인 노예 출신 시므온, 무명의 이방인 루기오, 불의한 매국노였던 마나엔, 그리고 교회를 짓밟던 바울이 지도자 그룹을 형성하고 있었습니다. 그들은 달라도 너무나도 달라, 세상에서라면 한 테이블에 앉을 수조차 없을 정도로 이질적인 사람들이었습니다. 그러나 그들은 모두 예수 그리스도 안에서 한데 어우러져, 이상적인 보편적 교회를 이루고 있었습니다. 하지만 그들은 이상적인 보편적 교회를 이루었다고 해서 자신들이 완성된

존재라고 착각하는 교만에 빠지거나, 자신들의 교회가 최종 목표를 이루었다고 자만하는 어리석음을 범하지 않았습니다.

> 주를 섬겨 금식할 때에 성령이 이르시되 내가 불러 시키는 일을 위하여 바나바와 사울을 따로 세우라 하시니(2절).

안디옥교회 교인들은 금식하며 기도하는 그리스도인들이었습니다. 지난 시간에 살펴본 것처럼, 그들은 자신들의 절박한 개인적인 문제를 해결하기 위해 금식하며 기도한 것이 아니었습니다. 그들은 이상적인 보편적 교회를 이룬 자신들이 나아가야 할 다음 단계는 무엇인지 알기 위해, 그리고 하나님께서 그 이후에 자신들을 통해 이루기 원하시는 뜻이 무엇인지 분별하기 위해 금식하며 기도하였습니다. 그 기도에 대한 성령 하나님의 응답은 당신께서 '시키시는 일'을 위해 바나바와 사울, 즉 바울을 '따로 세우라'시는 것이었습니다. 성령 하나님께서 '시키시는 일'이란, 안디옥교회를 통로로 삼아 당신의 사랑과 생명을 세상으로 흘려 보내는 것이었습니다. 그리고 그 일을 위해 바나바와 바울을 '따로 세우라'시는 것은, 요즈음 용어로 그 두 사람을 선교사로 파송하라는 의미였습니다.

> 이에 금식하며 기도하고 두 사람에게 안수하여 보내니라(3절).

당신이 시키시는 일을 위해 바나바와 바울을 따로 세우라는 성령 하나님의 명령을 받은 안디옥교회 교인들은, 금식하며 기도한 뒤에야 두 사람을 파송할 수 있었습니다. 이것은 안디옥교회 교인들에게는, 사랑하는 바나바와 바울을 선뜻 파송한다는 것이 쉬운 일이 아니었음을 일깨워 주는 대목입니다. 안디옥교회는 전혀 이질적인 사람들이 예수 그리스도 안에서 명실상부한 보편적 교회를 이루고 있었기에, 교인들 간의 결속력이 얼마나 강했겠습니까? 교인들 간의 결속력이 강한 만큼 어느 날 갑자기 자신들이 사랑하는 동역자를, 그것도 두 사람씩이나 미지의 곳으로 보낸다는 것은 결코 쉬운 일이 아니었습니다. 그러나 안디옥교회 교인들은 금식기도로 그 어려움을 극복하였습니다. 일반적으로 사람들은 자신을 도와줄 조력자를 얻기 위해 기도하지만, 안디옥교회 교인들은 자신들의 동역자들을 미지의 타인을 위한 조력자로 보내기 위해 금식하며 기도하였습니다. 그리고 그 과정을 통해 마침내 그들은, 성령 하나님의 명령에 순종하여 바나바와 바울을 보낼 힘과 용기를 얻고 실행하였습니다.

본문에서 우리말 '보내다'로 번역된 헬라어 동사 '아폴뤼오ἀπολύω'는 '놓아 주다 to set free' 혹은 '풀어 주다 to release'라는 뜻입니다. 이것은 참으로 중요한 깨달음을 주고 있습니다. 누군가를 보내기 위해서는 보내기 이전에 먼저 자신으로부터 그를 풀어 주지 않으면 안 됩니다. 풀어 주지 않으면, 보내어도 실은 보내는 것이 아닙니다. 많은 부모들이 장성하여 결혼한 자식을 분가시키면서도 마음으로부터 자식을 풀어 주지는 않습니다. 그래서 부모로부터 몸은 분가했으면서도, 불행히도 여전히 부모의 손안에 갇혀 있는 자식들이 부지기수입니다. 그러나 부모가 자식을 자기 마음으로부터 진정으로 풀어 주면, 설령 결혼한 자식이 부모와 한집에서 살아도 그 부모는 자식을 출가시킨 것과 같습니다.

안디옥교회 교인들은, 바나바와 바울은 계속 자신들과 함께 있어야 한다는 주관적인 생각을 지니고 있었습니다. 이를테면 바나바와 바울을 자신들의 주관적인 편견의 감옥 속에 가두고 있었습니다. 그러나 그들은 성령 하나님의 명령에 순종하여, 자신들의 그릇된 편견의 감옥으로부터 바나바와 바울을 기꺼이 풀어 주었습니다.

중요한 것은 4절 말씀이 다음과 같이 이어지고 있다는 사실입니다.

두 사람이 성령의 보내심을 받아 실루기아에 내려가.

안디옥교회 교인들이 금식하며 기도한 후에 보낸 바나바와 바울은, 성령 하나님의 보내심을 받아 실루기아로 내려갔습니다. 다시 말씀드리면, 3절에서는 바나바와 바울을 보낸 주체가 안디옥교회 교인들이었는데, 4절에서는 두 사람을 보낸 주체가 성령 하나님으로 바뀌었습니다. 그리고 4절에서 '보내다'는 의미로 사용된 헬라어 동사 '에크펨포ἐκπέμπω'는 3절에서 사용된 '풀어 주다'라는 의미의 동사 '아폴뤼오'와는 달리, 명실공히 '보내다to send forth'라는 의미입니다. 이것 역시 대단히 중요한 메시지입니다. 안디옥교회 교인들이 자기 편견의 감옥으로부터 바나바와 바울을 진정으로 풀어 주었을 때, 그들은 성령 하나님께서 그 두 사람을 당신의 도구로 삼아 당신께서 원하시는 곳으로 보내시는 것을 확인할 수 있었습니다.

우리는 여기에서, 안디옥교회 교인들에게 사랑은 구체적으로 무엇을 의미했는지를 깨달을 수 있습니다. 정통파 유대인 바나바, 흑인 노예 출신의 시므온, 무명의 이방인 루기오, 매국노였던 마나엔, 그리고 교회를 짓밟던 바울이 서로 사랑하지 않고서야 이상적인 보편적 교회를 이룰 수 없었을 것임은 재론의 여지도 없습니다. 그들에게 사랑은 서로 상대를 자기 편견의 감옥에서 풀어 주는 것, 즉 상대를 더 이상 자기 편견의 감옥 속에 가두어 두지 않는 것이었습니다. '정통파 유대인인 바나바가 유대교와 완전히 단절한다는 것은 사실상 불가능할 거야.' '흑인 노예 출신인 시므온은 분명히 매사에 수준이 형편없을 거야.' '이방인 루기오가 복음의 진수를 제대로 알기는 어려울걸.' '불의한 매국노였던 마나엔이 주님을 영접했다고 얼마나 달라지겠어?' '교회를 짓밟던 바울이 회심했다 한들 포악하던 옛 성질이 어디로 가겠어?' 그들은 이런 식으로 상대를 자기 편견의 감옥 속에 가두어 두지 않았습니다.

  일반적으로 사람들은 대화를 나누면서도 상대의 말을 제대로 듣지는 않습니다. 단지 상대의 말에 대한 자신의 주관적인 해석과 이미지만 수용하고 또 기억할 뿐입니다. 한 번도 만나 본 적이 없는 사람을, 제3자의 말에 의거하여 임의로 속단해 버리기도 합니다. 이렇듯 대부분의 사람들은 자신이 직접 만났거나 혹은 간접적으로 아는 사람들을 자기 편견의 감옥 속에 가두고 살아갑니다. 이런 사람이 아무리 많이 모여도 보편적 교회를 이룰 수는 없습니다. 그런 사람들 사이에는 오해와 오인, 갈등과 대립이 멈출 도리가 없습니다. 그리스도인에게 사랑은 자기 편견의 감옥으로부터 사람들을 과감하게 풀어 주는 것입니다. 그때 성령님께서는 나만을 통해서 역사하시는 것이 아니라 그를 통해서도 역사하심을, 아니 그를 통해 더 크게 역사하심을 확인하게 되고, 결과적으로 예수 그리스도 안에서 그와 더불어 진정한 보편적 교회를 구현할 수 있습니다.

  정통파 유대인 바나바, 흑인 노예 출신 시므온, 무명의 이방인 루기오, 불의한 매국노였던 마나엔, 교회를 짓밟던 바울은 살아온 사회적 배경이 달랐고, 사상이 달랐고, 삶의 방식이 달랐고, 사고방식이 달랐으며, 지적 수준이 달랐습니다. 그렇다면 그들 간에 문화적, 사회적, 이념적, 교육적 차이로 인해 얼마나 갈등이 많았겠습니까? 서로 답답한 일은 또 얼마나 잦았겠습니까? 그러나 그들은 서로 상대를, 심지어 흑인 노예와 매국노와 교회의 대적 출신마저 자기 편견의 감옥 속에 가두어 두지 않았습니다. 그들은 자기 편견의 감옥으로부터 상대를 진정으로 풀어 줌으로, 예수 그리스도 안에서 거듭난 상대의 존재 자체를 서로 존중하였습니다. 그때 그들은 상대를 통해 더 크게 역사하시는 성령 하나님을 서로 확인, 예수 그리스도 안에서 이상적인 보편적 교회를 이룰 수 있었습니다. 하나님께서 그와 같이, 서로 상대를 풀어 줄 줄 아는 그 안디옥교회를 통해 당신의 사랑과 생명이 이 세상으로 흘러가게 하신 것은 너무나도 당연한 일이었습니다. 사랑은, 상대를 자기 편견의 감옥으로부터 진정으로 풀어 주는 것이기 때문입니다. 결국 안디옥교회 교인들은 자기 편견의 감옥으로부터 서로 상대를 풀어 줌으로써 이상적인 보편적 교회를 이룰 수 있었고, 나아가 사랑하는 동역자인 바나바와 바울을 풀어 줌으로써 하나님의 사랑과 생명이 세상을 향해 흘러가게 하는 하나님의 통로로 쓰임 받을 수 있었습니다.

오늘날 한국에서 세상을 향해 하나님의 사랑과 생명을 가장 이상적으로 흘려 보내고 있는 보편적 교회를 꼽으라면, 강원도 황지 소재의 '예수원 Jesus Abbey'일 것입니다. 그곳의 상주 회원들은 남녀노소가 연령, 학력, 경력, 이념을 초월하여 명실상부한 보편적 신앙 공동체를 이루고 있고, 하나님께서는 그 예수원을 통해 세상 속으로 수정처럼 맑은 사랑과 생명의 샘물을 공급해 주고 계십니다. 그러나 예수원이 처음부터 그와 같은 이상적인 보편적 신앙 공동체였던 것은 아닙니다.

성공회 소속 토레이(R. A. Torrey, 한국 이름 대천덕) 신부님이 신앙의 실험장을 만들기 위해 겨우 몇 사람과 강원도의 오지 황지에 예수원을 개척하기 시작한 것은 1965년이었고, 그해엔 고작 본관 건물 하나만을 건립할 수 있었습니다. 이듬해 봄이 다가옴과 동시에 다시 공사를 시작해야 했습니다. 그러나 깊은 산속까지 건축자재를 더 이상 지게로 져 나를 수는 없다고 판단한 신부님은, 모든 건축자재를 트럭으로 운반할 수 있게끔 먼저 도로를 닦기로 했습니다. 그러기 위해서는 도로 공사에 필요한 기계를 구입해야 했고, 또 도로가 지나가는 땅 주인에게 임차료도 지불해야 했습니다. 그것은 많은 돈을 필요로 하는 일이었습니다. 그렇지만 신부님은 길을 먼저 닦는 일이 반드시 선행되어야 한다고 판단했기에, 후원자들이 다른 목적으로 헌금한 돈을 전용轉用해서라도 먼저 도로공사를 시작하려고 하였습니다. 그러나 신부님과 함께 일하던 예수원 가족들은 건축자재를 자신들이 계속 지게로 져 나를지언정, 다른 목적의 헌금을 전용하면서까지 도로를 먼저 닦을 수는 없다며 반대하고 나섰습니다. 그들은 무학無學이거나 변변한 경력조차 없는 무명의 존재들이었습니다. 더욱이 예수원의 지도자는 신부님 자신이었습니다. 프린스턴 신학교와 하버드 대학을 나온 신부님 입장에선 그들의 반대를, 자신의 권위와 직책으로 얼마든지 가볍게 눌러 버릴 수 있었습니다. 그러나 신부님은 그들이 자신보다 반드시 못할 것이라는 자기 편견의 감옥으로부터 그들을 풀어 주었습니다. 변변한 학력이나 경력도 없는 그들의 반대에 귀를 기울인 것입니다. 그와 동시에 신부님은 성령 하나님의 말씀을 들었습니다.

제가 《매듭짓기》라는 책에서도 상세하게 밝혔듯이, 토레이 신부님의 부인 제인 토레이(Jane Torrey, 한국 이름 현재인) 여사는 자서전 《예수원 이야기》에서, 당시 토레이 신부님이 들었던 성령 하나님의 말씀과 그 이후의 일을 다음과 같이 소개하고 있습니다.

"너희가 이 젊은이들과 함께 살려면, 그들의 말을 듣고 그들의 생각을 고려해 보아야 한다. 이들은 한국 사람들이고, 이 상황에 대해 너희보다 더 잘 알고 있다!"

그것은 하나님의 음성이었다. 그분의 도우심으로 우리는 도로를 내겠다는 소중한 소망을 포기했다. 이것은 우리의 목적이 좋은 도로와 큰 건물을 가지는 것이 아니라, 하나님의 가족이자 그리스도의 몸으로서 하나가 되어 살면서, 하나님의 사랑을 나타내는 것이라는 사실을 새롭게 깨닫게 해주었다. 그렇다. 우리는 도로를 가지려는 우리의 욕망에 대해 죽었다. 예수님은 부활 전에 사흘을 무덤에 계셨다. 우리는 3주 동안 죽은 상태로 있었고, 도로 없이 지내야 한다는 생각에 익숙해지고 있었다.

그러던 어느 날, 한 광업회사가 기계와 트럭을 가지고 와서, 우리 집 앞을 지나는 도로를 만들고 산꼭대기까지 길을 냈다! 숲 속에 있는 나무를 베기 위해서였다. 그들은 그 작업을 끝낸 후 우리에게 그 길을 무상으로 주었다.

토레이 신부님은 학력이나 경력도 변변찮던 예수원 가족들의 반대 덕분에, 다른 목적의 헌금을 전용하려던 실수를 범치 않을 수 있었습니다. 이 이후부터 예수원 가족들은 서로 상대를 자기 편견의 감옥에 가두어 두지 않고, 서로 상대를 풀어 줌으로써 예수 그리스도 안에서 이질적인 사람들이 모두 한데 어우러지는 이상적인 보편적 신앙 공동체를 이루게 되었습니다. 자기 편견의 감옥으로부터 상대를 풀어 줄 때 성령 하나님께서 상대를 통해 더 오묘하게 역사하심을, 자신보다 더 작은 사람을 통해 성령 하나님께서 더 크게 역사하심을 그들이 자신들의 눈으로 확인했기 때문입니다. 이처럼 사랑은 상대를 자기 편견의 감옥으로부터 풀어 주는 것임을 터득하고 실천하는 예수원을 통로로 삼아, 하나님께서 당신의 사랑과 생명의 샘물을 이 세상으로 끊임없이 흘려 보내고 계시는 것은 조금도 이상한 일이 아닙니다.

저는 결혼하는 젊은이들에게 결혼은 상대를 서로 다 알아서 하는 것이 아니라, 결혼함으로써 상대의 실상을 알기 시작한다는 말을 해주곤 합니다. 많은 젊은 커플이 몇 달, 혹은 몇 년 사귄 것으로 상대를 다 알았다고 속단합니다. 자신을 낳아 준 부모도 이해할 수 없을 때가 얼마나 많습니까? 그렇다면 단지 몇 달, 혹은 몇 년 사귀었다고 어떻게 서로 남남이었던 상대를 완전히 알 수 있겠습니까? 그 경우 상대에 대해 안다는 것은 상대의 실상이 아니라, 자신의 생각이나 바람이 빚어낸 상대의 허상에 지나지 않습니다. 남자와 여자는 결혼하여 한 공간 속에서 서로 부대끼며 살아가는 가운데 상대의 실상을 비로소 알아가게 됩니다. 그런데도 상대를 다 알았다고 속단하는 교만한 마음으로 결혼하였다가, 일평생 자신의 배우자가 어떤 사람인지도 서로 알지 못한 채 살아가는 불행한 부부가 우리 주위에는 너무나도 많습니다. 그들은 서로 자기 배우자를 자기 편견의 감옥 속에 가두어 두고 있는 사람들입니다. 그런 상태로는 백 년을 살아도 둘이서 한 몸을 이룰 수는 없습니다. 부부는 하루라도 빨리, 서로 상대를 자기 편견의 감옥으로부터 풀어 주어야 합니다. 그래야 부부는 서로 자기 남편이 얼마나 속이 깊은 사람인지, 자신의 아내가 얼마나 지혜로운 사람인지 매일 알아가는 기쁨을 누릴 수 있습니다. 사랑은 상대를 자기 편견의 감옥으로부터 풀어 주는 것이기 때문입니다.

자식 사랑 역시 마찬가지입니다. 많은 부모들이 자식들을 자기 편견의 감옥 속에 가두어 두고, 자신이 원하는 자식으로 만들려 합니다. 그것은 사랑이 아니라, 사육일 뿐입니다. 크리스천 부모는 자식을 사육할 것이 아니라, 사랑해야 합니다. 그것은 부모가 자기 편견의 감옥에서 자식을 풀어 주는 것으로부터 시작됩니다. 자신이 원하는 자식으로 만들려는 것이 아니라, 자식이 스스로 되기 원하는 사람이 되게끔 자식을 도와주어야 한다는 말입니다. 자식의 결혼식도 부모의 그릇된 체면, 자존심, 허세, 허욕의 감옥으로부터 풀어 주어야 합니다. 결혼의 본질은 젊은 남녀가 예수 그리스도 안에서 한 몸이 되어 가정을 이루는 것 아닙니까? 따라서 결혼은 모든 사람의 축복 속에서 이루어져야 할 신성한 예식입니다. 그런데도 본질과는 아무 상관도 없는 예단이나 혼수 문제로, 결혼하는 자식들과 사돈의 마음에 멍이 들게 하는 부모가 얼마나 많은지 모릅니다. 가슴 아픈 사실은 대부분의 크리스천 부모도 예외가 아니라는 현실입니다. 진정한 크리스천 부모라면 자기 자식 결혼을 앞두고 우리는 예단과 혼수의 폐습을 좇지 않겠다고, 자식과 사돈을 허례허식의 감옥으로부터 풀어 줄 수 있어야 합니다. 본질을 추구해야 할 그리스도인마저 마땅히 버려야 할 허례허식을 좇는다면, 이 땅에 그리스도인이 아무리 많아진다 한들, 우리의 후손들이 살아갈 우리 사회의 미래가 어떻게 새로워질 수 있겠습니까? 우리 시대에 우리 손으로 허례허식의 폐습을 단절하지 못한다면, 우리의 후손들 역시 어쩔 수 없이 폐습을 답습하는 악순환이 계속되지 않겠습니까? 다음 주일 4부 예배 시간에 한 청년 커플의 결혼식이 거행됩니다. 그동안 수요성경공부 시간에 결혼한 커플은 여럿 있었지만, 주일예배 시간에는 이번이 처음입니다. 허례허식을 좇지 않고 검소하게 거행되는 결혼식을 확인하고 싶은 분들은 다음 주일예배를 4부에 드리시기 바랍니다.

누군가를 사랑한다는 것은 그 사람을 자기 편견의 감옥으로부터 풀어 주는 것입니다. 상대를 풀어 주지 않고서는 자신의 배우자나 자식은 말할 것도 없고, 이 세상 그 누구도 사랑할 수 없습니다. 하나님을 사랑하는 것 또한 예외일 수 없습니다. 하나님을 사랑하는 것 역시 자기 편견의 감옥으로부터 하나님을 풀어 드리는 것입니다. 십계명의 제2명은 '우상을 만들지 말라'는 것입니다. '성숙자반'을 통해 배우신 것처럼, 이것은 흔히 오해하듯이 타 종교의 신상을 금하거나 말살하라는 의미가 아닙니다. 어떤 형상으로든 하나님의 우상을 만들지 말라는 것입니다. 우상은 손으로 빚기 이전에, 먼저 마음으로 만드는 것입니다. 출애굽한 이스라엘 백성들이 하나님의 형상을 금송아지로 만든 것은, 하나님은 그와 같은 형상일 것이라고 그들의 마음이 먼저 속단했기 때문입니다. 그러므로 하나님의 우상을 만들지 말라는 것은, 마음으로라도 하나님을 속단하지 말라는 의미입니다. 하나님은 시간과 공간을 초월하는 영이시며, 영원한 동시에 무한한 분이십니다. 시간과 공간의 지배 속에서 유한한 육체를 지닌 우리가, 영원하고 무한한 영이신 하나님을 온전히 안다는 것은 불가능합니다. 우리가 육체의 허물을 벗고 영으로 영이신 하나님을 뵙기 전까지 우리는 하나님을 알아 가는 과정 중에 있는 것입니다. 그러므로 내가 하나님을 다 알았다고 속단하는 순간이, 실은 내가 하나님과 가장 멀리 떨어져 있을 때임을 잊어서는 안 됩니다. 내가 하나님을 다 알았다고 속단한다는 것은 하나님을 내 편견의 감옥 속에 가두었다는 말이요, 내 편견의 감옥 속에 갇힌 하나님은 결코 성경이 계시하는 하나님이실 수는 없습니다. 하나님께서 나를 사랑하셔서 예수 그리스도 안에서 나의 죄를 용서해 주신 것은 하나님의 법이 정한 죽음의 감옥으로부터 나를 풀어 주신 것을 의미한다면, 하물며 하찮고 불완전한 인간인 내가 내 편견의 감옥으로부터 하나님을 풀어 드리지 않고서야 어찌 하나님을 하나님으로 바르게 알고 사랑할 수 있겠습니까?

오늘은 올 한 해 동안 하나님께서 베풀어 주신 은혜에 감사드리는 감사 주일입니다. "손가락이 열 개인 것도 이적異蹟"이라는 시인 구상 선생의 표현처럼, 세월이 흐를수록 우리가 구원받은 그리스도인으로 존재한다는 것 자체가 하나님의 기적적인 은혜임을 절감하시지 않습니까? 그렇다면 오늘 감사 주일을 맞아 하나님의 그 은혜에 어떻게 감사를 표할 수 있겠습니까? 가장 쉽게 헌금을 생각할 수 있습니다. 그러나 헌금으로만 하나님께 감사드리겠다는 것은, 마치 하나님을 돈에 걸신들린 거지로 오인하는 것과도 같다고 말씀드린 적이 있습니다. 하나님께서 가장 기뻐하시는 예물은 우리 주머니의 돈이 아니라 우리 자신, 바로 우리의 삶입니다. 예수 그리스도께서는 우리 주머니의 돈을 위해서가 아니라, 죄와 사망의 덫에 빠진 우리에게 새로운 삶을 주시기 위해 십자가의 제물이 되셨습니다. 그러므로 우리가 우리의 죗값을 대신 치르신 예수 그리스도 안에서 새로운 피조물이 되었음을 정녕 믿는다면, 새로워진 우리의 삶을 하나님께 감사의 예물로 드려야 하지 않겠습니까?

우리 모두 하나님을 우리 편견의 감옥으로부터 풀어 드리십시다. 그래서 하나님의 말씀 앞에서 우리 자신을 부인하며, 온 중심으로 하나님을 하나님으로 사랑하십시다. 우리가 마땅히 사랑해야 할 사람들을 우리 편견의 감옥으로부터 풀어 주십시다. 그리하여 있는 모습 그대로의 그들을 사랑하십시다. 그때 하나님께서는 우리를 예수 그리스도 안에서 보편적 교회로 일구시어 이 세상을 맑히고 밝히는 이 시대의 안디옥교회로 사용하실 것이요, 우리의 가정과 일터 그리고 이곳 양화진은 하나님의 사랑과 생명을 이 세상으로 끊임없이 흘려 보내는 도심 속의 예수원이 될 것입니다.

올 한 해 동안에도 우리로 하여금, 구원받은 그리스도인으로 호흡하게 해주셨음을 감사드립니다. 우리에게 맡겨 주신 소명을 감당할 수 있는 지혜와 용기와 믿음을 허락해 주셨음을 감사드립니다. 온갖 외풍과 외압 속에서도, 오히려 우리의 소명의식과 영성이 더 깊어지게 해주신 것을 감사드립니다. 수단과 방법을 가리지 않고 잘살려 하기보다는, 상대적인 불이익을 감수하면서도 바르게 사는 길을 걷게 하심을 감사드립니다. 의와 불의를 구별하고, 선과 악을 구분하고, 진리와 거짓을 분별하는 삶의 기쁨을 누리게 하심을 감사드립니다. 눈에 보이는 가이사랴가 아니라, 보이지 않는 영원한 하나님의 나라를 지향하는 삶의 가치를 알게 하심을 감사드립니다. 우리의 시선이 목전의 것을 뛰어넘어 미래를 향하게 하시고, 그 미래를 위해 오늘 행하여야 할 것을 행하게 해주심을 감사드립니다. 생각하면 할수록 감사의 조건뿐이요, 우리의 존재 자체가 하나님의 기적임을 고백하지 않을 수 없습니다.

오늘 감사 주일을 맞아, 우리의 삶을 하나님께 감사의 예물로 드립니다. 우리 모두 하나님을 우리 편견의 감옥으로부터 풀어 드립니다. 하나님의 말씀 앞에서 자신을 부인하는 우리의 삶 속에 하나님께서 하나님으로 임하시어, 허망한 우리의 뜻이 아니라 선하신 하나님의 뜻을 이루어 주십시오. 우리가 마땅히 사랑해야 할 사람들을 우리 편견의 감옥으로부터 풀어 드립니다. 그들과 더불어 예수 그리스도 안에서 이상적인 보편적 교회를 이루게 해주십시오. 그리하여 우리 자신이 이 세상을 맑히고 밝히는 이 시대의 안디옥교회가 되게 해주시고, 우리의 가정과 일터 그리고 이곳 양화진이 세상을 향해 하나님의 사랑과 생명을 끊임없이 흘려 보내는 도심 속의 예수원이 되게 해주십시오. 아멘.

6. 실루기아에서 배 타고

>**사도행전 13장 4-5절**
>두 사람이 성령의 보내심을 받아 **실루기아에 내려가 거기서 배 타고** 구브로에 가서 살라미에 이르러 하나님의 말씀을 유대인의 여러 회당에서 전할새 요한을 수행원으로 두었더라

바나바와 바울을 따로 세우라는 성령 하나님의 명령을 받은 안디옥교회 교인들은, 바나바와 바울은 언제까지나 자신들과 함께 있어야 한다는 자기 편견의 감옥으로부터 그 두 사람을 풀어 주었습니다. 그와 동시에 그들은 성령 하나님께서 바나바와 바울을 통해 친히 역사하시는 것을 확인할 수 있었습니다.

두 사람이 성령의 보내심을 받아 실루기아에 내려가 거기서 배 타고 구브로에 가서 살라미에 이르러 하나님의 말씀을 유대인의 여러 회당에서 전

할새 요한을 수행원으로 두었더라(4-5절).

드디어 성령 하나님께서는 바울과 바나바 그리고 그들의 수행원이었던 마가라 하는 요한을 통로로 삼아, 당신의 사랑과 생명이 교회의 울타리를 넘어 세상 속으로 흘러가게 하셨습니다. 바울이 주님의 부르심을 받은 지 최소한 17년이 경과한 후의 일이었습니다. 본래 사울이라 불렸던 바울은 교회를 짓밟던 인간이었지 않습니까? 예루살렘에서 200킬로미터 이상이나 떨어져 있는 다메섹의 그리스도인 연행에까지 나설 정도로, 그는 교회 짓밟기를 자신의 천직으로 삼던 폭도였습니다. 그러나 그 다메섹 도상에서 바울을 사로잡아 주신 주님께서는 바울을 가리켜 이렇게 말씀하셨습니다.

이 사람은 내 이름을 이방인과 임금들과 이스라엘 자손들에게 전하기 위하여 택한 나의 그릇이라(행 9:15).

이방인과 임금들과 이스라엘 자손들이라면, 유대인에게 그 표현은 세상 모든 사람을 의미했습니다. 바울은 주님께서 이 세상 모든 사람들에게 당신의 사랑과 생명을 흘러가게 하기 위해 택하신 주님의 그릇이었습니다. 그렇다면 주님께서 그를 즉각 그 목적으로 사용하심이 마땅할 것 같습니다. 바울 역시 그렇게 생각하였습니다. 그는 주님께 사로잡히는 즉시, 자신을 살려주신 주님의 사랑과 생명의 증인이 되려 하였습니다. 그러나 그것은 주님의 뜻이 아니었습니다. 이미 우리가 잘 알고 있는 것처럼 주님께서는 바울로 하여금 먼저 아라비아 광야에서 3년 동안 경건의 훈련을 거치게 하셨습니다. 그다음에는 고향 다소에서 마치 실패자처럼, 13년 동안 칩거하게 하셨습니다. 그 이후 안디옥교회에서 1년간 목회 경험을 쌓게 한 후에야 주님께서는 바울을 당신의 사랑과 생명을 이 세상에 흘려 보내는 당신의 그릇, 다시 말해 당신의 통로로 사용하셨습니다. 하나님께서 바울의 경우에만 그렇게 하셨던 것은 아니었습니다.

하나님께서 사무엘 선지자를 통해 베들레헴에 살고 있던 이새의 여덟 아들 중 막내아들인 다윗을 왕으로 선택하실 때 다윗은 겨우 청소년이었습니다. 분명히 하나님께서 청소년인 다윗을 왕으로 선택하셨음에도, 그날로 다윗을 왕좌에 앉히신 것은 아니었습니다. 다윗이 거인 골리앗의 침공으로부터 나라를 구해 내는 구국의 영웅이 되었다고 그를 왕위에 앉게 하신 것도 아니었습니다. 오히려 그로 인해 사울 왕의 질투를 받게 된 다윗은, 그를 죽이려는 사울 왕의 칼날을 피해 근 10년 동안이나 도망 다녀야만 했습니다. 다윗이 사울 왕을 대신하여 왕좌에 올라 이스라엘을 새롭게 하는 하나님의 도구로 쓰임 받게 된 것은, 하나님께서 그를 선택하신 지 최소한 10년 이상이 경과된 이후의 일이었습니다.

하나님께서 누군가를 선택하셨다고, 반드시 당장 그를 당신의 도구로 사용하시는 것은 아닙니다. 이것은 사관학교 입학이 곧 장교가 되었음을 의미하지는 않는 것과 같습니다. 누군가 사관학교에 입학하였다면, 그는 장교가 되기 위한 관문을 겨우 통과했음을 의미할 뿐입니다. 사관학교에 입학한 생도는 누구든 필요한 훈련을 거쳐야만 나라와 민족을 위한 장교로 쓰임 받을 수 있습니다. 하나님께서 당신이 선택한 다윗과 바울을 당장 당신의 도구로 사용하시지 않은 이유가 여기에 있습니다. 당신의 선택과 당신의 사용하심 사이에, 반드시 당신의 훈련을 거치게 하시기 위함이었습니다. 하나님의 훈련을 거친 사람만 하나님의 도구로 쓰임 받을 수 있기 때문입니다.

그러므로 자신이 하나님의 분명한 응답을 받았는데도, 하나님으로부터 언약의 말씀을 확실하게 받았는데도, 자신의 삶을 통해 하나님의 역사가 이루어지지는 않는다고 절망하지 마십시오. 자신이 뜻한 바와는 전혀 다른 상황 속에 처해 있을지라도, 바로 그 상황 속에서 자신을 믿음의 용장으로 훈련시키고 계시는 하나님께 감사드리며, 자신의 삶을 하나님께 온전히 맡기십시오. 다윗과 바울을 택하신 하나님께서 각각 10년과 17년 만에 그들을 당신의 도구로 본격적으로 사용하셨듯이, 하나님의 때가 이르면 하나님께서 우리 역시 반드시 당신의 본격적인 도구로 사용하실 것입니다.

본문 4절 말씀을 다시 보겠습니다.

> 두 사람이 성령의 보내심을 받아 실루기아에 내려가 거기서 배 타고 구브로에 가서.

주님의 사랑과 생명을 세상으로 흘려 보내기 위한 주님의 본격적인 통로로 쓰임 받게 된 바울은 바나바, 그리고 요한과 함께 성령 하나님의 인도하심을 따라 먼저 실루기아로 갔습니다. 그곳에서 첫 번째 목적지인 구브로 섬으로 향하는 배를 타기 위함이었습니다. 실루기아는 안디옥에서 서쪽으로 약 26킬로미터 떨어진 지점에 위치한 지중해의 항구도시였습니다. 주님의 선택을 받은 지 무려 17년이 지나서야, 주님의 사랑과 생명을 세상으로 흘려 보내는 주님의 통로로 쓰임 받기 위해 실루기아로 향하는 바울의 감회는 남달랐을 것입니다.

바울이 다메섹 도상에서 주님께 사로잡힐 때의 나이가 20대 초반이었다면 지금 본문 속의 그는 30대 말일 것이요, 주님께 사로잡힐 때가 20대 중반이었다면 실루기아로 향하는 지금의 바울은 40대일 것입니다. 2천 년 전 로마제국 시민의 평균수명이 50세 미만이었음을 감안한다면, 본문 속의 바울은 당시로서는 초로의 나이에 접어든 셈이었습니다. 그렇지만 이미 인생 말년에 접어든 그를 통해 주님의 새로운 역사가 펼쳐지고 있습니다. 그때 당사자인 바울의 감회가 얼마나 새로웠을는지는 능히 짐작할 수 있습니다.

바울 일행이 찾아간 실루기아의 헬라어 명칭은 '셀류케이아Σελεύκεια'입니다. 주전 300년경 셀레우코스 1세Seleucos I Nicator에 의해 건설된 셀류케이아는, 당시 시리아 지역 최대의 항구였습니다. 거대한 헬라제국을 일으킨 알렉산더 대왕이 33세의 젊은 나이로 요절하자 그의 제국은 휘하 장군 4명에 의해 분할되었는데, 그때 중동지역을 석권한 셀레우코스 1세는 자신의 이름을 좇아 셀레우코스 왕조를 세웠습니다. 그는 자신의 아버지인 안티오쿠스Antiochus를 기념하기 위해, 자신의 영토 내에 안디옥이란 이름의 도시를 열여섯 개나 건립하였습니다. 바나바와 바울을 파송한 안디옥교회가 위치한 수리아Syria 안디옥 역시 그중의 하나였습니다. 셀레우코스 1세는 또 지중해 연안에 거대한 항구를 건설했습니다. 다른 나라들과의 교역을 통해 국부를 꾀함은 물론이요, 나아가 국가 방어를 위한 전진기지로 활용하기 위함이었습니다. 그는 자신이 건설한 항구에 셀류케이아란 이름을 붙였습니다. 그것은 자신의 이름인 셀레우코스의 형용사 형태로, '셀레우코스의 것'이란 의미입니다. 셀류케이아는 그만큼 대규모의 항구였습니다. 그렇지 않고서야 셀레우코스 왕이 그 항구에 자신의 이름을 붙일 까닭이 없었습니다.

그로부터 300년이 지난 뒤에 셀레우코스 왕조의 영토는 로마제국의 차지가 되었습니다. 셀류케이아 항구의 입지적 중요성을 확인한 로마 황제는 대대적인 확장 공사를 벌여 셀류케이아를 거대한 요새로 만든 뒤, 로마 황제의 직속 관할하에 두는 자유항으로 지정했습니다. 이를테면 왕의 항구로 시작된 셀류케이아가 황제의 항구로 격상된 셈이었습니다. 셀류케이아는 그 정도로 중요하고도 거대한 항구였습니다.

바로 그 항구에서 바울 일행은 구브로행 배를 탔습니다. 셀류케이아 항구의 거대함과 화려함에 비한다면, 세상의 부귀영화와는 거리가 멀었던 그들의 행색은 초라하기 짝이 없었을 것입니다. 그중에서도 바울의 행색이 가장 하찮았을 것입니다. 바울은 평생 불치의 병으로 시달린 데다, 외모 역시 볼품없는 사람이었습니다. 기록에 의하면 바울은 작은 키에 안짱다리, 대머리에 맞붙은 두 눈썹, 게다가 유난히 큰 코를 지닌 우스꽝스러운 모습이었습니다. 균형 잡힌 외모라기에는 턱없이 모자라는 몰골이었습니다. 그것이 사실임은 바울 자신이 성경 속에서 직접 밝히고 있습니다. 그는 자신을 비난하는 사람들의 말을 다음과 같이 인용했습니다.

그들의 말이 그의 편지들은 무게가 있고 힘이 있으나 그가 몸으로 대할 때는 약하고 그 말도 시원하지 않다 하니(고후 10:10).

바울을 비난하는 사람들은, 바울은 단지 그의 글에만 무게와 힘이 실려 있을 뿐, 실제의 바울은 생긴 것도 형편없고 언변도 시원찮다고 폄하했을 정도로 바울은 볼품없는 몰골이었습니다. 그런가하면 바울은 갈라디아 교인들에게 다음과 같은 내용의 편지를 보내기도 했습니다.

너희를 시험하는 것이 내 육체에 있으되 이것을 너희가 업신여기지도 아니하며 버리지도 아니하고 오직 나를 하나님의 천사와 같이 또는 그리스도 예수와 같이 영접하였도다(갈 4:14).

자신의 지병과 형편없는 외모를 조금도 업신여기지 않고 도리어 자신을 천사처럼, 때로는 주님처럼 따뜻하게 맞아 준 갈라디아 교인들에 대한 감사의 고백입니다. 이처럼 바울이 보잘것없는 외모의 소유자였음은, 당시 자타가 공인하고 있는 사실이었습니다.

그토록 초라한 행색과 보잘것없는 몰골의 바울이었으니, 그가 그 거대하고 화려한 셀류케이아 항구에 나타났다고 누구 한 사람 그에게 관심을 기울이지는 않았을 것입니다. 그리고 그가 그 항구에서 구브로행 배에 승선했다 한들, 무슨 대단한 일이 일어나리라고 생각하거나 기대한 사람도 없었을 것입니다. 바울은 바나바와 요한과 함께 세상 사람들의 무관심 속에서 바로 그곳, 왕의 항구에서 황제의 항구로 격상된 셀류케이아에서 배를 탔습니다. 그러나 그날 바울이 셀류케이아에서 가장 볼품없는 행색과 몰골이었을 망정, 그가 그곳에서 배에 오르는 그 순간이야말로 세계 역사의 흐름이 뒤바뀌는 역사적인 순간이었습니다.

바울 일행이 탄 배는 거대한 셀류케이아 항을 떠나 구브로를 향해 지중해의 물살을 가르고 나아갑니다. 그러나 그날 셀류케이아 항을 출항한 것은 단순히 바울 일행이 탄 배가 아니었습니다. 그날 출항한 것은 곧 바울의 인생이었습니다. 바울은 그날 셀류케이아 항에서, 주님의 사랑과 생명을 세상으로 흘려 보내는 주님의 통로로 쓰임 받기 위해 세상을 향해 자기 인생의 배를 출항시킨 것이었습니다.

그로부터 2천 년이 지난 오늘날 셀류케이아 항은 그토록 화려하던 옛 영화를, 아니 대항구로서의 기능 자체를 아예 상실해 버리고 말았습니다. 항구 남쪽 약 8킬로미터 지점의 오론테스 강으로부터 흘러내린 침적토가 셀류케이아 항구 앞 바다 대부분을 습지와 땅으로 메워 버렸기 때문입니다. 항구가 항구로서의 기능을 상실하면, 남은 것은 폐허의 가속화일 뿐입니다. 실제로 현지를 찾아가 보면, 옛날 그토록 번영을 누렸던 대항구의 흔적은 눈을 씻고 보아도 찾을 길이 없습니다.

본문 속에서 바울 일행의 최초 출발지였던 안디옥은 오늘날 터키 영토로 편입되어 안타키아Antakya라 불리고 있습니다. 그 안타키아에서 지중해 쪽으로 약 25킬로미터 지점에 위치해 있는 사만다그Samandag로 갔다가, 거기에서 다시 북쪽으로 약 6킬로미터를 올라가면 체브릭Çevlik이란 이름의 조그만 바닷가 마을이 나타납니다. 우리나라 해안 어디서나 볼 수 있는 작은 어촌 정도의 마을입니다. 볼 것이라곤 아무것도 없습니다. 그러나 놀랍게도 그곳이 예전에 왕의 항구요 황제의 항구였던 셀류케이아가 위치했던 곳으로 알려지고 있습니다. 남은 것이라고는 폐허밖에 없는 그곳에 그 옛날, 산더미처럼 화물을 싣거나 군사들이 탄 대형 선박들이 드나들었다는 것은 누구도 믿기 어려운 일입니다. 오론테스 강의 침적토 공격으로부터 화를 면한 포구에는, 단지 조그마한 통통배들이 오가고 있을 뿐입니다. 한마디로 그곳은, 인간 영화의 덧없음과 허망함을 확인시켜 주는 교육장으로만 존재하고 있을 따름입니다.

10년 전 그 바닷가를 찾았던 저는, 마치 병풍처럼 마을을 둘러싸고 있는 돌산을 뒤로하고 바닷가에 나 있는 둑길을 걸었습니다. 마침 그때의 시간이 저녁이었던지라 바다 너머 지는 해로 인하여, 지중해는 온통 붉게 물들어 있었습니다. 2천 년 전 바울은 주님의 사랑과 생명을 흘려 보내는 주님의 통로가 되기 위해, 바로 그곳에서 지중해를 향하여 자기 인생의 배를 출항시켰습니다. 그리고 2천 년이 지난 지금, 모든 것은 역전되어 있습니다.

셀레우코스 왕조를 창시한 셀레우코스 1세는 그곳에 항구를 건설하고 자신의 이름을 붙여 셀류케이아라 불렀습니다. 그 땅을 정복한 로마 황제는 대대적인 확장 공사를 거쳐, 그 항구를 자신의 직할하에 두는 황제의 항구로 삼았습니다. 2천 년 전 왕의 항구에서 황제의 항구로 격상된 셀류케이아는 번영의 대명사요, 난공불락의 요새요, 거대함의 상징이었습니다. 그 셀류케이아에서 바울은 지중해를 향해 자기 인생의 배를 출항시켰습니다. 셀류케이아의 화려함과 거대함에 비한다면, 지병에다 외모마저 형편없던 바울은 그 거대한 셀류케이아 항구에서 가장 보잘것없는 무명의 존재에 지나지 않았습니다.

그러나 2천 년이 지난 오늘 셀레우코스 왕조를 창시한 셀레우코스 1세도, 그 땅을 정복한 로마 황제도, 그들에 의해 건설되고 확장되어 화려함과 거대함의 대명사였던 셀류케이아 항구도, 모두 물거품처럼 사라져 버리고 말았습니다. 남은 것이 있다면 오직 폐허요, 허무일 뿐입니다. 그러나 그들과는 반대로 2천 년 전 그때에는 초라해 보이기만 하던 바울, 치유 불능의 지병에 외모마저 남의 비웃음을 살 정도로 볼품없던 바울, 그는 오늘도 영원 속에 살아 있습니다. 세계 역사는 거대한 로마 황제에 의해서가 아니라 초라한 몰골의 바울에 의해 새로워졌고, 또 새로워지고 있으며, 앞으로도 새로워질 것입니다. 바울은 영원 속에서 그 어떤 왕이나 황제보다 더 큰 거인으로 지금도 살아 있습니다.

2천 년 전 그날에도, 황제의 항구인 셀류케이아에서 사람들은 저마다 욕망의 바다를 향해 자기 욕망의 배를 출항시켰습니다. 그러나 바로 그날 그 항구에서, 바울은 주님의 사랑과 생명의 통로가 되기 위해 자기 인생의 배를 출항시켰습니다. 그는 인간이 궁극적으로 추구해야 할 것이 무엇인지 정확하게 알고 있었습니다. 그것은 결국엔 허무와 폐허로 끝날 세상의 것이 아니라, 오직 주님의 사랑과 생명이었습니다. 그 결과 셀류케이아 항구를 건설한 셀레우코스 왕도, 그 항구를 황제의 항구로 확장한 로마 황제도, 그 항구에서 욕망의 배를 출항시켰던 숱한 사람들도, 황제의 항구로 불리던 셀류케이아 항구 자체도 모두 흔적도 없이 사라져 버렸지만, 바울은 우리 앞에 영원한 사도로 우뚝 서 있습니다. 2천 년 전 황제의 항구인 셀류케이아 항구에서 가장 초라해 보이던 바울이, 오늘날 사도행전의 주역으로 영원히 살아 있는 것은 조금도 이상한 일이 아닙니다. 그가 주님의 사랑과 생명의 통로가 되기 위해 자신의 인생을 맡겼던 주님께서는, 죽음을 깨뜨리고 영원히 부활하신 임마누엘 하나님이시기 때문입니다.

모든 인간은 황제의 항구인 셀류케이아에서 자기 인생의 배를 출항시키는 존재라 할 수 있습니다. 이 세상이 온통 욕망의 법칙, 황제의 논리, 경제원칙을 우상으로 섬기고 있다는 의미에서입니다. 그렇다면 우리 각자는 지금 이 항구에서 무슨 배를 출항시키고 있습니까? 우리가 서 있는 곳이 황제의 항구인 셀류케이아이기에 황제의 논리를 좇아 욕망의 배를 출항시키고 있습니까, 아니면 황제의 항구인 셀류케이아이기에 오히려 셀류케이아를 반면교사로 삼아 진리의 배를 출항시키고 있습니까? 자기 이기심을 위한 배입니까, 아니면 주님의 사랑과 생명을 세상으로 흘려 보내기 위한 배입니까? 머지않아 폐허로 변해 버릴 세상을 향한 배입니까, 죽음을 깨뜨리고 영원히 부활하신 주님을 향한 배입니까?

한국인이 작사 작곡한 최초의 대중가요는 왕평 작사에 전수린 작곡으로 1928년, 당시 18세의 이애리수가 처음으로 부른 〈황성옛터〉입니다. 그 노래는 전수린 씨가 개성에 위치한 고려 황궁터인 만월대를 한밤중에 찾았다가 얻은 착상으로 만들어졌습니다. 화려했던 옛 황궁은 흔적도 없이 사라져 버렸고, 폐허로 변해 버린 황궁터에는 무심하게 달빛만 비추고 있었습니다. 그래서 〈황성옛터〉는 이렇게 시작되고 있습니다. "황성옛터에 밤이 되니 월색만 고요해. 폐허에 서린 회포를 말하여 주노라."

그러나 이것이 어찌 고려 황궁만의 이야기이겠습니까? 오늘 본문 속의 셀류케이아를 비롯하여, 그 옛날 지중해 세계를 석권했던 로마 황제의 황궁터를 찾아가 보십시오. 남은 것이라곤 역시 '폐허'뿐입니다. 이처럼 동서양을 막론하고 삼권을 휘두르던 황제가 자신과 자신의 것들을 스스로 지킬 수 없었다면, 그 허망한 황제의 논리를 좇아 자기 인생의 배를 출항시키는 사람들의 인생 또한 어찌 허망하게 끝나지 않을 수 있겠습니까?

사랑하는 교우 여러분!

오늘 이 시간, 우리 인생에 셀류케이아의 획이 그어지게 하십시다. 우리가 살고 있는 이 세상이 황제의 항구인 셀류케이아이기에 황제의 논리를 좇아 자기 욕망의 배를 출항시키는 것이 아니라, 오히려 셀류케이아이기에 셀류케이아를 반면교사로 삼아 영원한 진리를 위해, 주님의 사랑과 생명을 세상으로 흘려 보내는 주님의 통로가 되기 위해 우리 인생의 배를 출항시키십시다. 비록 우리에게 지닌 것이 없고 우리의 행색과 몰골이 볼품없이 초라하다 할지라도, 그런 것은 전혀 문제가 되지 않습니다. 우리 인생 항로에 어떤 폭풍이 몰아닥쳐도, 그것 역시 걱정할 것이 없습니다. 우리가 주님의 사랑과 생명을 이 세상으로 흘려 보내는 주님의 통로가 되기 위해 우리 인생의 배를 출항시키는 한, 영원한 사랑이요 생명이신 주님께서 친히 그 배의 사공이 되어 주실 것이기 때문입니다.

우리의 모든 죄와 허물과 부족함에도 불구하고 우리를 선택하여 부르시고 우리의 죄를 용서해 주신 주님께서, 우리 각자에게 가장 적절한 훈련 방법으로 우리를 그리스도인으로 세워 주심을 감사드립니다. 그리고 오늘 본문 말씀을 통해 그동안 우리가 셀류케이아인 이 세상 속에서 무엇을 위해, 무슨 배를 출항시켜 왔는지를 되돌아보게 해주심도 감사드립니다. 우리의 심령을 늘 진리의 빛으로 조명해 주셔서, 황성옛터처럼 끝내 폐허와 허무로 끝나 버릴 욕망의 배를 출항시키는 어리석음을 더 이상 되풀이하지 않도록 도와주십시오.

우리 모두 셀류케이아의 바울 일행이 되게 해주십시오. 셀류케이아에서 셀류케이아의 논리에 굴하는 것이 아니라, 셀류케이아에서 오히려 셀류케이아를 반면교사로 삼아 셀류케이아를 버리고, 오직 주님을 위해 자기 인생의 배를 출항시킬 줄 아는 바울 일행의 믿음과 지혜와 용기를 우리에게도 내려 주십시오. 그리하여 우리가 비록 볼품없는 존재이며 우리 앞에 폭풍이 몰아친다 해도, 우리 모두 우리 인생의 사공이신 주님 안에서 주님의 사랑과 생명을 이 세상으로 흘려 보내는, 이 시대의 바울 일행들이 되게 해주십시오. 아멘.

7. 유대인의 회당에서 I 대림절 둘째 주일

> **사도행전 13장 4-5절**
> 두 사람이 성령의 보내심을 받아 실루기아에 내려가 거기서 배 타고 구브로에 가서 살라미에 이르러 하나님의 말씀을 **유대인의** 여러 **회당에서** 전할새 요한을 수행원으로 두었더라

바나바와 바울은 황제의 항구인 셀류케이아에서 그들의 첫 번째 목적지인 구브로, 즉 키프로스 섬으로 향하는 배를 탔습니다. 사도행전 4장 36절에 의하면 구브로는 바나바의 고향이었습니다. 바나바가 다소에서 칩거 중이던 바울을 안디옥으로 청하여 함께 공동 목회를 시작한 이래 오늘의 본문에 이르기까지, 성경이 그 두 사람을 지칭할 때는 언제나 바나바의 이름을 바울보다 앞세웠습니다. 서열을 중요시하는 유대인들에게 그것은, 바나바의 서열이 바울보다 앞선다는 의미였습니다. 그러므로 셀류케이아에서 구브로 행 배에 오른 바나바와 바울, 그리고 그들의 수행원이었던 요한으로 이루어

진 전도팀의 우두머리는 바나바였습니다. 그러나 바나바가 우두머리라고 해서 그들의 첫 번째 전도 대상지를 자기 임의로 자기 고향인 구브로로 정한 것은 아니었습니다. 본문 4절은 다음과 같이 증언하고 있습니다.

두 사람이 성령의 보내심을 받아 실루기아에 내려가 거기서 배 타고 구브로에 가서.

바나바가 우두머리였던 그 전도팀은 성령님의 보내심을 받아 구브로행 배를 탔습니다. 그들의 첫 번째 전도지를 바나바의 고향인 구브로로 결정하신 분은 성령 하나님이셨던 것입니다. 우리는 여기에서 하나님의 일관된 원칙을 다시 확인하게 됩니다.

주님께서는 승천하시기 전, 제자들에게 땅끝까지 이르러 주님의 증인이 될 것을 명령하셨습니다. 그렇다고 주님께서 제자들을 처음부터 땅끝으로 보내신 것은 아니었습니다. 부활하신 주님께서는 먼저 제자들을 갈릴리로 부르신 다음, 그들로 하여금 갈릴리에서부터 주님의 증인 된 삶을 다시 시작도록 하셨습니다. 갈릴리는 제자들의 고향이었습니다. 다메섹 도상에서 바울을 부르신 주님께서는, 바울이 그 즉각 전도자로 살려는 것을 허락하시지 않았습니다. 주님께서는 바울을 무려 13년이나 다소에서 칩거하게 하신 다음 안디옥교회의 공동 목회자로 불러내셨습니다. 다소는 바울의 고향이었습니다. 주님께서는 당신의 생명과 사랑을 이 세상으로 흘려 보내는 도구로 바나바와 바울을 선택하셨습니다. 그리고 그들을 가장 먼저 구브로로 보내셨습니다. 구브로는 이미 말씀드린 것처럼, 그 전도팀의 우두머리였던 바나바의 고향이었습니다. 예수님께서는 구원자, 즉 그리스도로서의 공생애를 갈릴리에서부터 시작하셨습니다. 예수님께서 태어나신 곳은 베들레헴이었지만, 그것은 예수님의 모친 마리아와 그녀의 약혼자 요셉이 로마 황제의 명령을 좇아 호적하기 위해 베들레헴을 잠시 방문했을 때의 일이었습니다. 엄밀한 의미에서 예수님의 고향은 어린 시절부터 살아온 갈릴리였고, 이런 의미에서 예수님 역시 당신의 고향에서부터 그리스도의 사역을 시작하신 셈이었습니다.

이것이 하나님의 일관된 원칙입니다. 그리스도의 사역이든 혹은 그리스도를 위한 전도 사역이든 그것은 반드시 자신의 고향, 다시 말해 자신과 가장 가까운 사람들 앞에서부터 시작되어야 한다는 것입니다. 내게 가장 가까운 사람들은 나를 속속들이 알고 있는 사람들이기에, 그들 앞에서는 나의 꾸민 연기가 불가능합니다. 그들에게는 언제나 있는 그대로의 나 자신을 보여 줄 수밖에 없습니다. 어떤 의미에서는 그들이 나 자신보다도 나의 실체를 더 잘 알고 있습니다. 그래서 하나님께서는 우리로 하여금 언제나 가장 가까운 사람들 앞에서부터 참다운 그리스도인으로 살 것을 요구하십니다. 가장 가까운 사람들 앞에서 그리스도인으로 살아갈 수 있는 사람만, 언제 어디서나 참된 전도자로 살 수 있기 때문입니다.

그렇다면 우리 역시 자문해 보아야 하겠습니다. 나는 예배당 안에서만 그리스도인인 것은 아닌가? 나와 가장 가까운 사람들이 나를 참된 그리스도인으로 보고 있는가? 어떤 경우에도 우리가 잊어서는 안 될 것은 예수님께서도, 예수님의 제자들도, 본문의 바나바와 바울도 모두 그들의 고향에서, 그들과 가장 가까운 사람들에게 당신의 그리스도 되심과 자신의 그리스도인 됨을 보여 주었으며, 바로 그것이 오늘 우리에게도 변함없이 적용되는 하나님의 법칙이라는 사실입니다. 하나님께서 우리에게 원하시는 것은, 그리스도인인 것처럼 보이는 우리의 연기가 아니라, 주님을 본받아 참된 그리스도인으로 살아가는 우리의 삶이기 때문입니다.

바나바와 바울이 성령 하나님의 인도하심 속에서 첫 번째 전도지로 삼은 바나바의 고향, 즉 구브로에 도착하여 무엇을 했었는지는 본문 5절이 밝혀 주고 있습니다.

살라미에 이르러 하나님의 말씀을 유대인의 여러 회당에서 전할새 요한을 수행원으로 두었더라.

구브로 섬의 동쪽 항구인 살라미에 도착한 그들은 그곳에 있는 유대인의 여러 회당을 찾아다니면서 복음을 전했습니다. 유대인이었던 바나바와 바울이 유대인의 회당을 중심으로 복음을 전하면서, 유대인 회당을 복음 전파를 위한 전초기지로 삼은 것이었습니다. 이것은 비단 구브로 섬에만 국한된 이야기가 아니었습니다. 이 이후에 비시디아 안디옥, 이고니온, 빌립보, 데살로니가, 베뢰아, 아덴, 고린도, 에베소 등, 그들은 가는 곳마다 현지에 있는 유대인 회당을 먼저 복음 전파의 거점으로 삼았습니다. 율법을 가르치는 교육 장소인 회당은 회집을 위해서는 더없이 좋은 장소였고, 또 그곳에 가면 언제든지 많은 사람들을 손쉽게 만날 수 있다는 이점이 있었습니다. 하지만 유대인 회당을 복음 전도의 거점으로 삼은 것은 바나바나 바울의 독창적인 생각이었던 것은 아니었습니다. 그것은 바로 예수님의 방법이었습니다.

예수께서 모든 도시와 마을에 두루 다니사 그들의 회당에서 가르치시며 천국 복음을 전파하시며 모든 병과 모든 약한 것을 고치시니라(마 9:35).

예수님께서 이 땅에 계시는 동안 복음의 거점으로 삼으셨던 곳 중의 하나가 마을마다 자리 잡고 있는 회당이었습니다. 회당에서 말씀을 가르치셨을 뿐만 아니라 병자를 고쳐 주시기도 했습니다. 그러므로 바나바와 바울 역시 예수님을 본받아 가는 곳마다 먼저 유대인 회당을 찾았던 것은 지극히 자연스러운 일이었습니다. 오늘날도 마찬가지지만, 이미 2천 년 전 세계 어느 곳이든 유대인들이 살고 있는 곳에는 반드시 유대인 회당이 있었으므로, 복음 전도에 관한 한 유대인 회당은 더 없이 중요한 구실을 하였습니다.

그렇다면 초기 기독교의 복음 전파와 불가분의 관계에 있는 유대인 회당이 어떻게 그토록 전 세계에 퍼지게 되었는지, 우리는 그 연유를 규명해 보지 않을 수 없습니다. 구약성경에서 유대인 회당의 정확한 기원을 찾는 것은 쉬운 일이 아닙니다. 구약 그 어디에도 그 기원에 대한 확고한 기록이 나타나 있지 않습니다. 따라서 지금부터 2600여 년 전 바빌로니아 제국에 의한 예루살렘의 멸망을 유대인 회당의 기원으로 보는 것이 정설로 되어 있습니다.

주전 586년 바빌로니아 제국의 침공으로 예루살렘이 멸망하면서 예루살렘성전은 파괴되었고, 유대인들은 세계 곳곳으로 흩어지게 되었습니다. 바빌로니아에 포로로 끌려간 유대인들 이외에도, 많은 유대인들이 화를 피하기 위해 이집트나 유럽으로 삶의 터전을 옮겨야만 했습니다. 그러나 이스라엘 땅을 떠난 유대인들에게 신앙적인 문제가 생겼습니다. 하나님께 경배드릴 성전이 없다는 것이었습니다. 그들에게는 예루살렘성전을 대신하여 함께 모여 율법을 배우면서 기도할 수 있는 공간이 필요했고, 그 필요의 충족이 회당으로 나타나게 되었습니다. 회당은 율법 학습과 기도를 위한 장소나 기관 혹은 제도를 통칭하는 명칭이었습니다. 타국으로 이주하지 않고 이스라엘 내에 남아 있던 유대인에게도 회당은 필수적이었습니다. 예루살렘성전이 파괴된 채로 방치되어 있어, 더 이상 성전으로서의 기능이 불가능했기 때문입니다.

바빌로니아의 포로 생활에서 귀환한 유대인들에 의해 주전 516년, 예루살렘성전이 재건된 이후에도 회당 제도는 지속되었습니다. 타국에 뿌리내린 유대인들은 어차피 성전이 없으므로 회당 제도를 유지할 수밖에 없었고, 이스라엘 내에 있는 유대인들 역시 짐승을 제물로 제사드리는 예루살렘성전과는 별도로 손쉽게 율법을 배울 수 있는 마을 회당을 계속 필요로 했습니다. 이것이 예수님 당시에 이스라엘 내는 물론이요, 타국에서도 유대인이 살고 있는 곳엔 어김없이 유대인 회당이 이미 세워져 있었던 이유입니다. 만약 예루살렘이 멸망당하지 않았고, 예루살렘성전도 파괴되지 않았으며, 그 당연한 결과로 유대인들이 타국으로 흩어져야 할 필요가 없었던들, 유대인 회당 제도가 당시 지중해 세계에 그처럼 폭넓게 퍼져 있지는 못했을 것입니다.

평화시에도 삶의 터전을, 그것도 머나먼 타국으로 옮긴다는 것은 쉬운 일이 아닙니다. 하물며 이민족의 침입으로 나라를 잃고 포로로 끌려가거나, 혹은 피난민이 되어 타국으로 삶의 터전을 옮겨야 한다면 그것은 엄청난 고통일 수밖에 없습니다. 또 옮겨 간 타국에서 삶의 뿌리를 제대로 내린다는 것 역시 여간 어려운 일이 아닙니다. 그래서 시인은 당시 바빌로니아에 포로로 끌려간 유대인들의 모습을 이렇게 표현하였습니다.

우리가 바벨론의 여러 강변 거기에 앉아서 시온을 기억하며 울었도다 (시 137:1).

이것이 어찌 바빌로니아에 끌려간 유대인 포로들만의 이야기이겠습니까? 망국의 한을 품고 세계 각처로 흩어져야만 했던 모든 유대인들의 삶이 예외 없이 고달픈 눈물의 연속이 아니었겠습니까? 그들이 나라를 잃고 타국에서 그처럼 울어야 했던 이유는 타인에게 있지 않았습니다. 유대인들에게 그것은 자업자득이었습니다. 그들은 허망한 욕망의 노예가 되어 천하보다 더 귀한 자신의 생명을 갉아먹는 어리석은 삶을 살았지만, 그들을 사랑하시는 하나님께서는 그들을 버리시지 않고, 오히려 그들로 하여금 하나님과의 관계를 회복하게 해주시기 위해 그 눈물의 과정을 거치게 하신 것이었습니다. 인간의 눈물보다 더, 하나님과의 관계를 바르게 회복시켜 주고 심화시켜 주는 하나님의 은총은 없습니다. 놀라운 사실은 유대인들의 그 눈물의 과정을 통해 지중해 세계 도처에, 머지않아 복음 전도의 거점으로 사용될 유대인 회당이 세워지게 된 것입니다. 참으로 신비스러운 하나님의 섭리가 아닐 수 없습니다.

나라 잃은 유대인들이 삶의 터전을 잃고 타국으로 뿔뿔이 흩어져 눈물로 낯을 적시고 밤을 지새울 때, 비록 그것이 그들의 죄의 결과였다 할지라도, 하나님께서는 그때에도 그들을 통해 당신의 뜻을 이루고 계셨습니다. 하나님께서 그들을 도구 삼아 복음 전도에 없어서는 안 될 회당의 터를 닦으시고 또 세우신 것입니다. 유대인들이 타국에서 눈물을 흘려야만 했던 그 아픔과 고통의 나날들은, 실은 자신들도 모르게 자신들이 하나님에 의해 아름답게 쓰임 받는 천금보다 더 귀한 시간들이었습니다. 세월이 흐른 뒤에야 그 소중한 사실을 깨달은 유대인들의 감격은 시편 126편에 잘 나타나 있습니다.

> 여호와께서 시온의 포로를 돌려보내실 때에 우리는 꿈꾸는 것 같았도다 그때에 우리 입에는 웃음이 가득하고 우리 혀에는 찬양이 찼었도다 그때에 뭇 나라 가운데에서 말하기를 여호와께서 그들을 위하여 큰일을 행하셨다 하였도다 여호와께서 우리를 위하여 큰일을 행하셨으니 우리는 기쁘도다 여호와여 우리의 포로를 남방 시내들같이 돌려보내소

서 눈물을 흘리며 씨를 뿌리는 자는 기쁨으로 거두리로다 울며 씨를 뿌리러 나가는 자는 반드시 기쁨으로 그 곡식 단을 가지고 돌아오리로다(시 126:1-6).

하나님으로 인해, 하나님 앞에서 흘리는 인간의 눈물은 이 세상 그 어떤 보석보다 더 값집니다. 그 눈물이야말로 하나님 안에서 새로운 쓰임 받음과 거둠을 동시에 가능하게 해주는 하나님의 은총입니다.

감히 제 개인적인 고백을 드리자면, 다시 말해 하나님께서 그동안 제게 베풀어 주셨던 이루 헤아릴 수조차 없이 많은 은혜들을 단 한마디로 고백한다면, 하나님께서 저처럼 보잘것없고 형편없는 인간도 믿고 써주신다는 것입니다. 제가 지닌 실력이나 역량으로 저를 써주신다는 것입니다. 하찮은 인간이 거룩하신 하나님의 도구로 쓰임 받는다는 것보다 더 큰 감격과 기쁨이 어디에 또 있겠습니까? 더욱 감사하지 않을 수 없는 것은, 욕망의 노예였던 제 중심이 예수 그리스도 안에서 하나님을 향할 때 하나님께서 현재의 저 자신만을 쓰시는 것이 아니라, 제가 하나님께 등을 돌리고 살았던 과거의 시간들마저 예수 그리스도 안에서 전혀 새로운 가치와 의미로 되살아나게 해주셨다는 것입니다.

길고도 긴, 숨 막히는 어둠의 세월이 있었습니다. 피하고 싶은 고통스러운 순간도 있었고, 눈물을 흘리지 않을 수 없는 절망의 시간도 있었습니다. 겉으로는 멀쩡하게 보였지만, 길을 걸으면서도 속으로는 눈물지었던 적이 한두 번이 아니었습니다. 그 어떤 의미나 가치를 부여할 수 없는 날들이 허다했습니다. 그러나 기억에서조차 지우고 싶었던 그 시간들, 무가치하고 무의미하며 추하고 어둡기만 했던 과거의 경험과 눈물과 아픔은 세월이 지난 지금, 예수 그리스도 안에서 모두 오늘의 저를 있게 해준 자양분으로 축적되어 있습니다. 예수 그리스도 밖에서는 절대로 불가능한 일이지만, 예수 그리스도 안에서 하나님에 의해 어둡고 고통스러웠던 제 과거의 의미와 가치가 새롭게 회복되고 승화된 것입니다.

돌이켜 보면 이것은 예수 그리스도 안에서 하나님의 구원을 입은 모든 그리스도인의 공통된 고백이기도 합니다. 그래서 사도 바울 역시 이렇게 고백하였습니다.

> 나는 사도 중에 가장 작은 자라 나는 하나님의 교회를 박해하였으므로 사도라 칭함 받기를 감당하지 못할 자니라 그러나 내가 나 된 것은 하나님의 은혜로 된 것이니 내게 주신 그의 은혜가 헛되지 아니하여 내가 모든 사도보다 더 많이 수고하였으나 내가 한 것이 아니요 오직 나와 함께하신 하나님의 은혜로라(고전 15:9-10).

바울은 하나님을 등진 정도를 넘어, 자신의 의지를 다해 적극적으로 하나님의 교회를 짓밟던 하나님의 대적이었습니다. 그러나 하나님께서 예수 그리스도 안에서 그를 부르시고 당신의 도구로 써주시기 시작함과 동시에, 그의 추하고도 어두웠던 과거의 의미가 전혀 새로워졌습니다. 하나님께 대적했던 그의 수치스러운 과거는, 그럼에도 불구하고 예수 그리스도 안에서 그를 믿으시고 당신의 도구로 써주시는 하나님의 사랑으로 인해, 누구보다도 하나님을 위해 더 충성할 수밖에 없는 믿음의 발판으로 승화되었습니다. 추하고도 어둡기만 했던 그의 과거가 하나님의 은혜 속에서 순기능으로 작용하게 된 것이었습니다. 그래서 그는 '내가 나 된 것은 하나님의 은혜로 된 것이니, 내가 모든 사도보다 더 많이 수고하였으나 내가 한 것이 아니요 오직 나와 함께하신 하나님의 은혜'라고 감격하며 고백지 않을 수 없었습니다.

우리는 여기에서 소중한 깨달음을 얻게 됩니다. 우리의 중심이 하나님을 향할 때 하나님께서 무의미하고 어두웠던 우리 과거의 의미와 가치마저 회복시켜 주신다면, 우리의 중심이 지금 하나님을 향하고 있는 오늘의 의미와 가치는 어제보다 훨씬 더 값질 수밖에 없다는 것입니다. 지금 온 중심을 다해 하나님을 향하고 있는 우리의 오늘은, 하나님께서 당신의 뜻을 위해 친히 사용하시는 하나님의 시간들로 엮어지고 있기 때문입니다.

오늘은 죄와 사망으로부터 우리를 구원해 주시기 위해 이 땅에 오셨던 예수님의 성탄을 기리는 대림절 두 번째 주일입니다. 예수님께서는 황궁에서 곤룡포袞龍袍를 입고 천군만마를 호령하는 제왕의 모습으로 이 땅에 오시지 않았습니다. 짐승의 우리인 외양간에서 짐승의 밥통인 구유를 침대 삼아 태어나신 예수님께서는 일평생 갈릴리의 빈민으로 사셨습니다. 그분은 편안과는 거리가 먼, 고달픈 삶을 사셨습니다. 그리고 생의 마지막 순간을 맞아 겟세마네 동산에서 심히 고민하고 슬퍼하며 땀에 피가 배어나기까지 처절하게 기도하셨지만, 인간의 죄를 대속하기 위한 하나님의 섭리를 이루시려 그분은 끝내 십자가에 못박혀 돌아가셔야만 했습니다. 이 땅에서 그분의 삶은 고달팠고, 고독했고, 고통과 눈물로 점철되었지만, 십자가에서 돌아가셨던 그분은 하나님에 의해 죽음을 깨뜨리고 영원히 부활하신 구세주가 되셨습니다. 예수님의 중심이 오직 하나님만을 향하고 있을 때, 그분의 모든 고난과 고통과 눈물과 죽음마저 하나님에 의해 부활의 토대로 승화된 것이었습니다. 감사하게도 우리는, 바로 그분 안에서 하나님의 자녀로 택함 받은 그리스도인들로 이 세상을 살고 있습니다.

살아가노라면 고달픈 순간들이 있습니다. 고통의 시간도, 눈물의 날도, 죽음과 같은 절망의 세월도 있을 수 있습니다. 그러나 그 어떤 상황 속에서든,

우리가 예수 그리스도 안에서 구원받은 하나님의 자녀들임을 잊지 마십시다. 우리를 매일 찾아오는 오늘들은, 동녘에서 해가 떴기에 그냥 의미 없이 주어지는 시간들이 아닙니다. 그것은 하나님께서 우리의 삶을 도구 삼아 친히 쓰시기 위한 하나님의 시간들입니다. 하나님께서는 당신의 그 시간을 우리에게 맡기시기 위해 이 땅에 보내신 당신의 독생자 예수님을 제물 삼아 죄와 사망으로부터 우리를 구원해 주셨고, 우리가 어젯밤 곤히 잠자는 동안에도 우리의 생명이 멈추지 않도록 우리의 심장을 뛰게 해주셨습니다. 그러므로 오늘의 중요성, 오늘이란 시간의 중요성은 아무리 강조해도 지나침이 있을 수 없습니다. 우리에게 하루하루 주어지는 오늘들은, 영원한 진리와 생명의 씨줄이신 예수 그리스도 안에서 하나님의 신비스러운 뜻을 엮어 가는 보배로운 날줄들이기 때문입니다.

사랑하는 교우 여러분!

우리가 지금 어떤 상황에 처해 있든, 예수 그리스도 안에서 온 마음을 다해 우리의 오늘을 하나님께 드리십시다. 그리스도인으로서 오늘 뿌려야 할 진리와 생명의 씨를 우리의 가정과 일터에, 이 세상에, 눈물을 흘리면서라도 뿌리십시다. 그때 추하고 어두웠던 우리의 과거가 죽음을 깨뜨리고 부활하신 예수 그리스도 안에서 새로운 의미와 가치로 승화될 것이요. 우리의 모든 눈물과 고통은 예수 그리스도 안에서 우리에게 매일 주어지는 오늘을 통해 아름다운 진리와 생명의 열매로 결실될 것입니다. 하나님께서 우리의 삶을 예수 그리스도 안에서, 당신의 사랑과 생명을 이 세상으로 흘려 보내는, 이 시대의 회당으로 사용하실 것이기 때문입니다. 하나님께서 우리에게 당신의 독생자를 보내 주신 까닭이 바로 여기에 있습니다.

나라를 잃고 타국으로 흩어진 유대인들의 삶은 고달팠고, 고통스러웠고, 눈물겹기만 했습니다. 그러나 하나님께서는 그 과정을 통해 그들로 하여금, 머지않아 복음 전도의 전초기지로 사용될 회당을 세우게 하셨습니다. 2천 년 전 갈릴리의 빈민으로 이 땅에 오셔서 회당에서 천국 복음을 가르치시며 병자들을 고쳐 주시던 예수님께서는, 인간의 죗값을 대신 치르시기 위한 제물로 십자가에 못박혀 돌아가셨다가 하나님에 의해 죽음을 깨뜨리고 부활하시어 영원한 구세주가 되셨습니다. 바나바와 바울은 그들의 첫 번째 전도지였던 구브로에서부터 유대인의 회당을, 주님의 사랑과 생명을 이 세상으로 흘려 보내는 통로로 삼았습니다. 유대인의 회당이야 말로 인간의 모든 고통과 눈물이 예수 그리스도 안에서는, 하나님에 의해 반드시 새로운 의미와 가치로 회복되고 승화된다는 증표였습니다.

2천 년 전 우리를 위해 이 땅에 오신 예수님의 성탄을 기리는 대림절 둘째 주일을 맞아, 우리 모두 예수 그리스도 안에서 자신의 마음을 추슬러 하나님께 온전히 드릴 수 있도록 도와주십시오. 눈물을 흘릴지라도, 그리스도인으로서 뿌려야 할 씨를 기꺼이 뿌리게 해주십시오. 추하고 어두웠던 우리의 과거가 죽음을 깨뜨리고 부활하신 예수 그리스도 안에서 새로운 의미와 가치로 승화되고, 우리의 눈물과 고통이 진리와 생명의 열매로 아름답게 결실되게 해주십시오. 우리에게 매일 주어지는 오늘들이, 진리와 생명의 씨줄이신 예수 그리스도 안에서 하나님의 신비스러운 뜻을 엮어 가는 보배로운 날줄들이 되게 해주십시오.

그리하여 우리의 삶 자체가 예수 그리스도 안에서 하나님의 사랑을 세상으로 흘려 보내는, 하나님께서 이 시대를 위해 친히 준비해 두신 하나님의 회당이 되게 해주십시오. 이것이 가능할 수 있게끔, 우리를 위해 이 땅에 오신 예수님의 이름으로 기도드립니다. 아멘.

8. 유대인의 회당에서 II 대림절 셋째 주일

사도행전 13장 4-5절
두 사람이 성령의 보내심을 받아 실루기아에 내려가 거기서 배 타고 구브로에 가서 살라미에 이르러 하나님의 말씀을 **유대인의** 여러 **회당에서** 전할새 요한을 수행원으로 두었더라

하나님의 사랑과 생명을 세상으로 흘려 보내기 위해 안디옥을 떠난 바나바와 바울의 행적을 본문은 다음과 같이 밝혀 주고 있습니다.

두 사람이 성령의 보내심을 받아 실루기아에 내려가 거기서 배 타고 구브로에 가서 살라미에 이르러 하나님의 말씀을 유대인의 여러 회당에서 전할새 요한을 수행원으로 두었더라.

바나바와 바울, 그리고 그들의 수행원이었던 요한은 성령 하나님의 인도

하심 속에서 황제의 항구인 셀류케이아에서 구브로행 배를 탔습니다. 구브로는 셀류케이아에서 약 200킬로미터 떨어진 지중해의 섬입니다. 구브로의 동쪽 항구 살라미에 도착한 그들은 유대인의 회당을 찾아다니며 하나님의 말씀을 전하였습니다. 구브로에서뿐 아니라, 그 이후 그들은 가는 곳마다 먼저 유대인 회당을 찾아가 복음을 전했습니다. 유대인 회당을 복음 전도의 거점으로 삼은 것이었습니다. 그러나 그것이 그들의 독창적인 생각이었던 것은 아니었습니다. 그것은 바로 주님의 방법이었습니다. 이 땅에 오셨던 주님께서는 마을 회당을 찾아다니며 천국 복음을 전하시고 병자를 고쳐 주셨습니다. 유대인 회당을 복음의 전초기지로 삼으신 것이었습니다.

그 유대인 회당의 기원은 천하태평 시절에 있지 않았습니다. 지난 시간에 살펴본 것처럼, 바빌로니아 제국에 의해 예루살렘이 멸망하고, 예루살렘성전이 파괴되고, 수많은 유대인들이 바빌로니아에 포로로 끌려가거나 외국으로 뿔뿔이 흩어지던 눈물과 고통과 좌절과 절망의 시기에 지중해 세계 도처에 유대인들에 의해 회당이 세워지기 시작했습니다. 예루살렘성전을 잃은 유대인들이 함께 모여 율법을 배우고 기도하기 위함이었습니다. 나라 잃은 유대인들이 눈물로 낮을 적시고 밤을 지새울 때, 비록 그것이 그들의 죄의 결과였다 할지라도, 하나님께서는 그때에도 그들을 통해 당신의 뜻을 한 치의 오차도 없이 이루고 계셨습니다. 하나님께서 그들을 도구 삼아 머지않아 복음의 전초기지로 사용될 유대인 회당을 지중해 세계 도처에 세우신 것이었습니다. 유대인들이 망국의 한을 품고 눈물 흘려야만 했던 그 고통과 절망의 나날들은, 실은 자신들도 모르게 자신들이 하나님에 의해 아름답게 쓰임 받는 천금보다 더 귀한 시간들이었습니다.

이 사실을 깨닫는다면, 하나님을 믿는 사람에게 본문의 '유대인 회당'은 곧 소망의 대명사임을 알게 됩니다. 하나님을 믿는 사람은 소망의 사람입니다. 여호와 하나님, 그분께서 인간의 소망이시기 때문입니다. 유대인들이 망국의 한을 품고 눈물 속에서 세운 회당이 신비스럽게도 복음의 전초기지로 사용되게 하신 하나님이시라면, 지금 우리의 현실이 아무리 절망적이라 하더라도 하나님에 의해 그 절망이 어찌 소망으로 귀결되지 않겠습니까? 지금 절망처럼 보이는 우리의 현실이야말로, 하나님께서 우리에게 주시려는 소망의 미래를 향한 징검다리가 아니겠습니까? 우리가 하나님을 믿는데도 우리의 절망이 절망으로만 끝나 버린다면, 대체 우리에게 그런 하나님을 믿어야 할 필요가 어디에 있겠습니까? 바꾸어 말하면, 우리의 현실이 아무리 절망적이라도 우리가 정녕 하나님을 믿는다면 우리는 소망을 잃지 말아야 합니다. 하나님께서는 절망의 하나님이 아니라, '모든 것이 합력하여 선을 이루게 하시는'(롬 8:28) 소망의 하나님이시기 때문입니다.

다음은 다윗의 노래입니다.

> 나의 영혼아 잠잠히 하나님만 바라라 무릇 나의 소망이 그로부터 나오는도다(시 62:5).

다윗은 비록 왕이 되긴 했지만, 일평생 평탄한 삶만 살았던 것은 아니었습니다. 그는 끝없는 모함과 시기와 암살의 위험 속에서 오랫동안 고달픈 삶을 살았습니다. 그러나 그는 이 세상 그 무엇을 의지하거나, 그 누구로부터 위로받으려 하지 않았습니다. 그는 온 영혼으로 잠잠히 하나님만 바랐습니다. 오직 하나님만 인생의 소망이 되심을 그는 알았기 때문입니다. 그를 둘러싸고 있는 모든 절망적인 현실은 하나님께서 주시려는 소망의 미래를 향한 징검다리임을 알고, 또 확신했던 것입니다.

오늘의 본문 속에서, 하나님의 사랑과 생명을 세상에 흘려 보내기 위한 하나님의 통로로 선택된 바울 역시 다음과 같이 고백하였습니다.

소망의 하나님이 모든 기쁨과 평강을 믿음 안에서 너희에게 충만하게 하사 성령의 능력으로 소망이 넘치게 하시기를 원하노라(롬 15:13).

전도의 첫발을 내디딘 바울의 삶도 평탄하지 않기는 매한가지였습니다. 그가 하나님의 사랑과 생명을 흘려 보내는 통로의 삶을 시작했다고 해서, 가는 곳마다 환대를 받은 것은 아니었습니다. 오히려 그 반대였습니다. 그가 예수 그리스도의 증인인 그리스도인이 되었다는 것은, 예수님을 십자가에 못박아 죽인 유대교인의 입장에서 보면 유대교를 배신한 비겁한 배교자임을 의미했습니다. 그래서 그는 일평생 가는 곳마다 유대교인들의 박해와 살해 위협에 시달려야만 했습니다. 그럼에도 그가 굴하지 않을 수 있었던 것은, 그에게도 하나님께서 그의 소망이셨기 때문입니다. 칠흑처럼 어두운 절망적인 현실 속에서도 자신의 일거수일투족을 통해 하나님의 뜻이 아름답게 이루어지고 있음을 그 역시 알고, 또 확신했습니다. 그러므로 그에게 복음을 전한다는 것, 다시 말해 하나님의 사랑과 생명의 통로가 된다는 것 또한 사람들에게 '성령의 능력으로 소망이 넘치게 하는' 것이었습니다. 그에게는 복음 역시 소망의 복음이었습니다.

죄의 삯은 사망입니다. 그래서 어느 인간도, 왕후장상도 공동묘지를 피할 수는 없습니다. 그런데도 하나님께서 더러운 죄인인 인간을 죄와 사망으로부터 구원해 주시기 위해 당신의 독생자이신 예수 그리스도를 이 땅에 보내 주셨다는 것 자체가 소망이지 않습니까? 우리의 죗값을 대신 치르시기 위해 십자가 위에서 제물로 돌아가신 주님께서 사흘째 되는 날, 죽음을 깨뜨리고 영원히 부활하셨다는 것이 소망이지 않습니까? 그 결과 예수 그리스도 안에서 우리의 죽음이 영원한 생명을 향한 관문이 되었다는 것이 소망이지 않습니까? 주님께서 영으로 우리에게 임하시어, 언제 어디서나 우리와 함께하고 계시는 것이 소망이지 않습니까? 우리에게 오늘 어떤 현실이 주어지든, 예수 그리스도 안에서 모든 것이 합력하여 선을 이루게 된다는 것이 소망이지 않습니까? 비록 오늘 우리의 삶이 고달플지라도, '현재의 고난은 예수 그리스도 안에서 장차 우리에게 나타날 영광과 족히 비교할 수 없다'(롬 8:18)는 것이 소망이지 않습니까? 하찮고 보잘것없기에 그저 무의미해 보이기만 하는 우리의 삶을 통해 천지를 창조하신 하나님의 뜻이 오묘하게 이루어지고 있다는 것이 소망이지 않습니까?

삼위일체 하나님께서는 우리의 소망이십니다. 복음은 소망의 복음입니다. 예수 그리스도의 십자가는 소망을 위한 십자가입니다. 구원은 소망을 향한 구원입니다. 그리스도인들은 소망의 하나님을 믿는 소망의 사람들입니다. 그리스도인들에게 소망은 그리스도인답게 살게 해주는 삶의 원동력이자 추진력입니다. 그러나 소망과 관련하여 절대로 혼동해서는 안 될 사항이 있습니다. 소망의 사람으로 살아간다는 것은, 자신이 품고 있는 소망 속에 갇혀 지금 자신에게 주어진 현실을 소홀히 하거나 도외시함을 결코 의미하지 않는다는 것입니다.

'스톡데일 패러독스Stockdale Paradox'라는 말이 있습니다. 베트남전쟁의 전설적인 인물이었던 짐 스톡데일 장군의 이름에서 따온 용어로서, 냉혹한 현실을 냉정하게 받아들이면서도 그 결과에 대한 믿음과 소망을 버리지 않는 이중성을 의미합니다. 베트남전쟁 당시 미국 해군 제독이던 스톡데일 장군은 포로로 잡혀, 1965년부터 1973년까지 8년 동안 '하노이 힐턴'이라 불리던 악명 높은 포로수용소에서 수감 생활을 했습니다. 그는 장군이라는 이유로 무려 20여 차례의 고문을 당하는 등, 그 포로수용소에서 매일 죽음 같은 삶을 살아야만 했습니다. 그러나 그는 끝내 살아남아 종전 후 석방되어 사랑하는 가족의 품에 안겼고, 미국 해군 역사상 해군 기념장記念章과 의회명예훈장을 동시에 수상한 최초의 3성 장군이 되었습니다. 스톡데일 장군과 그의 아내는 8년 동안 서로 떨어져 살았던 자신들의 삶을 한 장씩 번갈아 가며 기록한 수기를 《사랑과 전쟁 속에서 In Love and War》라는 책으로 출간하였습니다.

경영학의 대가인 짐 콜린스Jim Collins는 그의 저서인 《좋은 기업을 넘어 위대한 기업으로 Good to Great》에서, 자신이 스톡데일 장군의 수기를 읽은 뒤 그와 함께 나눈 의미심장한 대화 내용을 소개하고 있습니다. 짐 콜린스가 스톡데일 장군에게, 죽음의 포로수용소에서 매일 절망적인 현실을 어떻게 이겨낼 수 있었는지 물었습니다. 크리스천인 스톡데일 장군은 절망적인 현실 속에서도 자기 인생의 결과에 대한 믿음을 잃어 본 적이 없었고, 그 죽음의 포로수용소에서 풀려나리라는 희망을 단 번도 의심한 적이 없었기 때문이라고 대답했습니다. 크리스천인 그는 소망의 사람이었던 것입니다. 짐 콜린스가 스톡데일 장군에게, 그렇다면 그 죽음의 포로수용소의 현실을 이겨 내지 못하고, 그 속에서 생을 마감한 사람들은 어떤 사람들이었는지 다시 물었습니다. 그 질문에 대해 스톡데일 장군은 '낙관주의자들'이었다고 답했습니다. 낙관주의자들이 도리어 살아남는 데 실패했다니, 그것은 놀라운 대답이었습니다. 누군가가 소망을 지녔다는 것과, 그가 낙관주의자라는 말 사이에 대체 무슨 차이가 있는 것입니까? 언뜻 생각하면 그게 그 말인 것처럼 여겨지지 않습니까? 그러나 스톡데일 장군은 자신이 말한 '낙관주의자'를, 막연히 '이번 성탄절에는 석방될 거야'라고 생각하는 사람이었다고 설명했습니다. 그러다가 성탄절이 그냥 지나가 버리면 부활절에는 나갈 거야, 부활절도 지나가면 감사절에는 나갈 거야, 감사절마저 지나가면 다음 성탄절에는…… 이런 식으로 매번 반복하다가 스스로 상심하여 무너지고 말더라는 것이었습니다.

스톡데일 장군의 이 말은 참으로 중요한 교훈을 일깨워 주고 있습니다. 미래를 낙관하든, 혹은 미래에 대한 소망을 지니든, 그것은 아무리 현실이 고통스러워도 현실을 직시하고 현실을 받아들임으로써만 그 실체를 얻을 수 있다는 것입니다. 스톡데일 장군이 말한 낙관주의자들은, 막연한 낙관에 사로잡혀 눈앞의 현실을 받아들이지 않는 사람들이었습니다. 다시 말해 그들은 주어진 현실을 극복할 수 있게끔 자기 스스로를 단련하지 않는 사람들이었습니다. 현실을 받아들이려 하지 않는 그들에게 막연한 낙관은 현실을 잊게 하는 마약에 지나지 않았습니다. 그러나 그들의 막연한 낙관과는 달리 그들의 현실이 조금도 변하지 않자, 현실을 극복할 수 있는 체질로 자신을 가꾸지 못한 그들은 현실의 무게에 짓눌려 그만 주저앉고 만 것이었습니다.

그들에 비해 스톡데일 장군은 소망의 하나님을 믿는 소망의 사람이었기에, 오히려 죽음과도 같은 포로수용소의 절망적인 현실을 냉정하게 직시하면서 스스로 그 현실을 받아들이고, 그 현실에 자신을 적응시켰습니다. 눈앞에 주어진 그 현실이 바로 소망의 미래를 향한 징검다리였기 때문입니다. 하나님께서 자기 앞에 두신 그 현실이라는 징검다리를, 두 발을 내밀어 내딛지 않고서는 소망의 결과에 이를 수 없음을 그는 알고 있었습니다. 그리고 그는 현실을 받아들이고 극복함으로 결국 소망의 결과를 실체로 얻었습니다.

그러므로 스톡데일 장군처럼 냉혹한 현실을 냉정하게 직시하고 받아들이는 것과, 그 결과에 대한 믿음과 소망을 버리지 않는 것은 결코 모순되지 않는다는 것이 바로 스톡데일 패러독스의 메시지입니다. 다시 말해 어떤 현실 속에서든 현실의 결과에 대한 소망을 지닌 사람일수록, 더욱 냉정하게 현실을 직시하고 받아들일 줄 알아야 한다는 것입니다. 그러나 이 위대한 법칙은 실은, 겨우 40여 년 전 스톡데일 장군으로부터 유래한 것이 아닙니다. 이것은 바로 하나님의 법칙입니다.

소망의 사람이었던 사도 바울은 우리에게 다음과 같이 권면합니다.

> 우리가 소망으로 구원을 얻었으매 보이는 소망이 소망이 아니니 보는 것을 누가 바라리요(롬 8:24).

정말 그렇지 않습니까? 지금 지니고 있고, 지금 눈에 보이는 것이라면 그것은 소망의 대상일 수 없습니다. 지금 지니지 않았고, 지금 보이지 않기에 믿음과 소망의 대상이 됩니다. 지금 눈에 보이는 현실이 소망의 대상이 아니라, 지금 눈에 보이는 현실 속에서는 보이지 않는 현실의 결과가 소망의 대상이라는 말입니다. 그렇다면 지금 눈에 보이는 현실을 도외시하고 자신의 소망, 다시 말해 지금 보이지 않는 결과에만 집착함이 마땅할 것 같습니다. 하지만 바울의 권면은 정반대의 내용으로 이어지고 있습니다.

> 우리가 소망으로 구원을 얻었으매 보이는 소망이 소망이 아니니 보는 것을 누가 바라리요 만일 우리가 보지 못하는 것을 바라면 참음으로 기다릴지니라(롬 8:24-25).

사도 바울은 '보이지 않는 것을 소망한다면, 참음으로 기다리라'고 권면합니다. 참는다는 것이 무슨 말입니까? 눈앞의 현실을 회피하거나 외면하지 않고 받아들이는 것입니다. 현실을 받아들인다는 것은 현실과 타협하거나, 현실에 굴복한다는 말이 결코 아닙니다. 자신이 소망하는 현실의 결과, 다시 말해 소망의 미래에 이를 수 있게끔 현실을 극복하고 현실을 뚫고 나간다는 말입니다. 지금 주어진 눈앞의 현실이 소망의 미래를 향한 징검다리이기 때문임은 두말할 나위가 없습니다. 그래서 사도 바울은 다음과 같이 고백하고 있습니다.

> 다만 이뿐 아니라 우리가 환난 중에도 즐거워하나니 이는 환난은 인내를, 인내는 연단을, 연단은 소망을 이루는 줄 앎이로다(롬 5:3-4).

바울은 본문 이후 하나님의 사랑과 생명을 세상에 흘려 보내는 하나님의 통로로 살면서 끝내 참수형을 당하기까지, 그의 삶은 일평생 환난으로 점철되었습니다. 그러나 그는 환난을 피하려 하지 않고 오히려 즐거워하였습니다. 환난은 인내로, 인내는 연단으로, 연단은 반드시 소망으로 이어짐을 알았기 때문입니다. 주어진 현실이 아무리 고통스러운 환난이라 할지라도 그 환난을 믿음으로 참고 받아들이면, 그 환난을 뚫고 나갈 수 있는 체질로 연단되어 마침내 소망의 결과를 얻게 됨을 알았던 것입니다. 그래서 바울은 자신에게 주어진 참수형마저 피하지 않고 주어진 참수형의 현실을 기꺼이 받아들였고, 바울을 참수형에 처한 로마제국이 참수형을 당한 바울에 의해 새로워졌습니다. 그가 주어진 현실을 참수형을 당하기까지 믿음으로 받아들임으로써, 세상을 새롭게 하려는 그의 소망이 인류의 역사 속에서 구체적인 실체로 결실된 것이었습니다. 그러나 그것은 바울의 개인적인 능력이나 역량에 의해서가 아니라, 그를 구원하시고 그와 함께하신 주님으로 인함이었습니다.

오늘은 주님의 성탄을 기리는 대림절 셋째 주일입니다. 주님께서는 2천 년 전, 인간을 죄와 사망으로부터 구원해 주실 소망의 주님으로 이 땅에 오셨습니다. 그러나 이 땅에서 주님의 현실은 환난의 연속이었습니다. 갈릴리의 빈민촌에서 가난과 싸우셔야 했고, 유대교 지도자들로부터 끊임없는 배척과 공격을 당하셔야 했고, 당신의 제자 가룟 유다의 배신으로 결박당하셨고, 대제사장의 집에서 주님의 수제자라 일컬어지는 베드로로부터 세 번씩이나 면전에서 부정당하고 저주받는 수모를 겪으셨고, 온몸이 피투성이가 되도록 로마 군인의 채찍질을 당하셨고, 끝내 십자가에 못박혀 돌아가셨습니다. 그것이 주님께 주어진 매일의 현실이었습니다. 그러나 주님께서는 그 고통스러운 현실을 외면하거나 피하시지 않았습니다. 십자가의 죽음이라는 현실을 앞두고는 그 현실을 피할 수 있게 해달라고 땀방울에 피가 배어나기까지 기도하시기도 했지만, 끝내 십자가 죽음이라는 현실을 받아들이셨습니다. 주님께는 믿음과 소망이 있었기 때문입니다. 당신 앞에 주어진 모든 현실은 영원한 부활을 위한 징검다리라는 믿음과 소망이었습니다. 그래서 주님께서는 눈앞의 모든 현실을 받아들이고 그 현실을 뚫고 나감으로 영원한 부활의 구주가 되셨고, 또 모든 인간을 죄와 사망으로부터 구원하시려는 하나님의 소망을 이루어 드리는 소망의 구주가 되셨습니다.

삼위일체 하나님께서는 우리의 소망이십니다. 2천 년 전 우리를 위해 이 땅에 오셨던 주님께서는 소망의 주님이십니다. 주님의 복음은 소망의 복음입니다. 주님의 십자가는 소망을 위한 십자가입니다. 주님의 구원은 소망을 향한 구원입니다. 그렇기에 그 소망의 주님을 믿는 그리스도인들은 소망의 사람들입니다. 그리스도인들은 지금 보이는 것이 아니라, 보이지 않는 것을 소망하는 사람들입니다. 그리스도인들은 지금 눈에 보이는 현실의, 눈에 보이지 않는 결과를 소망하는 사람들입니다. 그렇다고 그리스도인들이 주어진 현실을 도외시하거나 소홀히 하는 막연한 낙관주의자인 것은 결코 아닙니다. 그리스도인들은 소망의 사람들이기에 오히려 눈앞의 현실을 냉정하게 직시하면서, 아무리 고통스러운 현실이라도 그 현실을 받아들이고, 그 현실을 뚫고 나아가는 사람들입니다. 그리스도인들에게 주어지는 모든 현실은 하나님께서 주시려는 소망의 실체를 향한 은혜의 징검다리이기 때문입니다.

사랑하는 교우 여러분!

지금 어떤 현실 속에서 고통스러워하십니까? 이 시간 우리 가운데 계신 주님을 의지하십시오. 주님 안에서 그 주님을 닮으십시오. 눈앞의 현실을 피하려 하지 말고, 냉정하게 그 현실을 직시하면서 예수 그리스도 안에서 그 현실을 뚫고 나갈 수 있는 믿음의 체질을 기르십시오. 어떤 현실 속에서든 주님을 믿는 우리에게는 절망이 있을 수 없습니다. 우리에게 주어지는 모든 현실은 소망을 향한 징검다리입니다. 우리의 주님께서 소망의 주님이시고, 우리는 주님의 소망에 우리 자신을 접붙인 소망의 사람들이기 때문입니다.

2천 년 전 이 땅에 오신 주님의 성탄을 기리는 대림절 셋째 주일을 맞아, 주님께서 소망의 주님이심을 일깨워 주셔서 감사드립니다. 주님께서 십자가에서 우리의 죗값을 대신 치러 주심으로, 우리에게 구원의 소망을 주셨음을 감사드립니다. 죽음을 깨뜨리고 부활하심으로, 우리에게 참생명의 소망을 주셔서 감사드립니다. 주님의 소망에 우리를 접붙여 주시는, 소망의 복음을 주셔서 감사드립니다. 언제 어디서나 우리 가운데 소망으로 임해 주심을 감사드립니다. 어떤 현실 속에서든, 우리의 절망이 절망으로 끝나지 않게 하심을 감사드립니다. 오히려 그 어떤 환난이나 고난도 주님 안에서, 소망을 향한 은혜의 징검다리가 되게 해주심을 감사드립니다. 지금 주어진 현실이 고통스럽다고 해서, 그 현실을 외면하거나 회피하는 어리석음을 범치 않도록 우리를 도와주십시오. 오히려 주님 안에서 그 현실을 냉정하게 직시하고 받아들임으로, 그 현실을 뚫고 나아갈 수 있게끔 우리의 체질을 바꾸어 주십시오. 보이는 현실 속에서, 보이지 않는 현실의 결과를 소망하게 해주십시오. 십자가 죽음의 현실을 받아들임으로, 영원한 부활의 구주가 되신 주님을 닮고 본받게 해주십시오. 주님을 의지하여 현실을 뚫고 나아감으로, 우리 역시 현실의 결과인 소망의 실체를 얻는 기쁨을 누리게 해주십시오. 그리하여, "저녁에는 울음이 깃들일지라도 아침에는 기쁨이 오리로다"(시 30:5)는 다윗의 찬양이 우리 모두의 찬양이 되게 해주십시오. 우리의 소망 되시는 예수님의 이름으로 기도드립니다. 아멘.

9. 바울이 성령이 충만하여 _{대림절 넷째 주일}

사도행전 13장 4-12절
두 사람이 성령의 보내심을 받아 실루기아에 내려가 거기서 배 타고 구브로에 가서 살라미에 이르러 하나님의 말씀을 유대인의 여러 회당에서 전할새 요한을 수행원으로 두었더라 온 섬 가운데로 지나서 바보에 이르러 바예수라 하는 유대인 거짓 선지자인 마술사를 만나니 그가 총독 서기오 바울과 함께 있으니 서기오 바울은 지혜 있는 사람이라 바나바와 사울을 불러 하나님의 말씀을 듣고자 하더라 이 마술사 엘루마는 (이 이름을 번역하면 마술사라) 그들을 대적하여 총독으로 믿지 못하게 힘쓰니 **바울이라고 하는 사울이 성령이 충만하여** 그를 주목하고 이르되 모든 거짓과 악행이 가득한 자요 마귀의 자식이요 모든 의의 원수여 주의 바른길을 굽게 하기를 그치지 아니하겠느냐 보라 이제 주의 손이 네 위에 있으니 네가 맹인이 되어 얼마 동안 해를 보지 못하리라 하니 즉시 안개와 어둠이 그를 덮어 인도할 사람을 두루 구하는지라 이에 총독이 그렇게 된 것을 보고 믿으며 주의 가르치심을 놀랍게 여기니라

하나님의 사랑과 생명을 세상으로 흘려 보내는 통로가 되기 위해 구브로

섬의 동쪽 항구인 살라미에 도착한 바나바와 바울이, 그곳에서 유대인의 여러 회당을 찾아다니며 하나님의 말씀을 전하였음은 이미 살펴보았습니다. 이 시간에 우리가 생각해 보고자 하는 것은, 하나님의 사랑과 생명의 통로가 된다는 것은 구체적으로 무엇을 의미하느냐는 것입니다. 가는 곳마다 하나님의 말씀을 전하는 것이겠습니까? 하나님의 사랑과 생명의 통로가 된다는 것 속에 하나님의 말씀을 전하는 것이 포함될 수는 있지만, 하나님의 말씀을 전하는 것 자체가 하나님의 사랑과 생명의 통로 되었음의 유일한 증거일 수는 없습니다. 자신의 공명심을 위해, 자신의 야망을 위해, 혹은 자신의 유익을 위해서도 얼마든지 하나님의 말씀을 전할 수 있기 때문입니다. 자신의 목적을 위해 하나님의 말씀을 수단으로 삼는 일이 얼마든지 있을 수 있다는 말입니다.

하나님 아버지를 보여 달라는 빌립의 요구에 예수님께서 이렇게 대답하셨습니다.

> 빌립아 내가 이렇게 오래 너희와 함께 있으되 네가 나를 알지 못하느냐 나를 본 자는 아버지를 보았거늘 어찌하여 아버지를 보이라 하느냐 내가 아버지 안에 거하고 아버지는 내 안에 계신 것을 네가 믿지 아니하느냐 내가 너희에게 이르는 말은 스스로 하는 것이 아니라 아버지께서 내 안에 계셔서 그의 일을 하시는 것이라 내가 아버지 안에 거하고 아버지께서 내 안에 계심을 믿으라 그렇지 못하겠거든 행하는 그 일로 말미암아 나를 믿으라 (요 14:9-11).

예수님께서는 당신이 하나님 아버지 안에 계시고 하나님 아버지께서 당신 안에 계시기에, 당신을 보는 것이 곧 하나님 아버지를 뵙는 것이라고 말씀하셨습니다. 만약 그 말을 믿지 못하겠으면, 당신이 행하시는 일을 보고 그 말을 믿으라고 말씀하셨습니다. 당신의 삶이 온통 하나님 아버지를 세상에 보여 주기 위한 통로였기 때문입니다. 만약 예수님께서 이 땅에 오시지 않았다면, 죄와 사망의 굴레로부터 인간을 살려 주시려는 하나님의 사랑이 얼마나 큰지 인간은 알 수 없을 것입니다. 짐승의 우리인 외양간의 더러운 구유에서 태어나시어, 갈릴리 빈민의 삶을 거쳐, 인간의 죗값을 대신 치르시기 위한 십자가의 제물로 돌아가셨다가, 사흘째 되는 날 죽음을 깨뜨리고 부활하시어 마침내 승천하시기까지, 예수님께서는 당신의 일거수일투족을 통하여 하나님 아버지께서 어떤 분이신지를 온전히 보여 주셨습니다. 그것이 가능할 수 있었던 것은 하나님 아버지께서 예수님 안에, 예수님께서 하나님 아버지 안에 계셨기 때문입니다.

천상의 하나님 아버지께서 지상의 예수님 안에, 인간의 몸을 입고 이 땅에 오신 예수님께서 하늘에 계신 하나님 아버지 안에 계시다는 것은, 현실의 삶 속에서는 무슨 의미이겠습니까? 그것은 인간의 몸을 입고 이 땅에 오신 예수님께서 하늘에 계신 하나님 아버지의 마음을 지니시고, 오직 하나님 아버지의 심정으로 사셨음을 의미합니다. 만약 제가 제 아내의 마음으로 살고, 제 아내가 남편인 제 심정으로 매사를 생각하고 행동한다면, 우리 부부가 각각 다른 두 지체를 지녔지만 제가 제 아내 안에, 아내가 제 안에 있는 것과 마찬가지가 됩니다. 사람들은 제 아내의 삶을 통해 저를 볼 수 있을 것이요, 또 저의 언행을 통해 제 아내를 보게 될 것입니다. 이처럼 예수님께서 하나님 아버지의 마음을 지니시고, 매사에 하나님 아버지의 심정으로 사셨기에 사람들은 그분을 통해 보이지 않는 하나님을 뵐 수 있습니다. 하나님 아버지의 마음을 지닌 예수님의 삶을 통해 하나님 아버지가 어떤 분이신지 온전히 드러나기 때문입니다.

그리스도인들이 하나님의 사랑과 생명의 통로로 살아간다는 것은 주님을 본받아, 당신의 독생자를 십자가의 제물로 삼으시기까지 인간을 사랑하신 하나님 아버지의 마음, 하나님 아버지의 심정으로 살아가는 것을 의미합니다. 우리는 오늘의 본문 속에서 이 사실을 확인할 수 있습니다.

> 온 섬 가운데로 지나서 바보에 이르러 바예수라 하는 유대인 거짓 선지자인 마술사를 만나니 그가 총독 서기오 바울과 함께 있으니(6-7절 상).

바나바와 바울은 구브로 섬의 첫 번째 기항지인 살라미를 떠나 그곳에서 약 180킬로미터 떨어진 서쪽 항구 바보로 갔습니다. 바보에는 구브로 섬을 통치하는 로마 총독의 관저가 있었고, 당시의 총독은 서기오 바울이었습니다. 바나바와 바울은 그곳에서 유대인 마술사 바예수를 만났는데, 그는 총독의 최측근이었습니다. '마술사'라 번역된 헬라어 '마고스 μάγος'는 박사, 마법사, 무당, 점성술사, 해몽가 등의 뜻을 지닌 단어로서, 이를테면 바예수는 마술을 행하면서 점을 치는 일종의 점쟁이였습니다. 본문은 그를 가리켜 '거짓 선지자'라 부르고 있습니다. 그가 어느 정도로 거짓된 인간이었는가 하면, 자칭 '바예수'라 주장할 정도였습니다. '바예수'는 '여호수아의 아들'이라는 뜻입니다. 히브리식 이름인 여호수아는 구원자란 뜻이고, 그 이름의 헬라식 표기가 예수입니다. 따라서 바예수는 자칭 구원자의 아들, 다시 말해 스스로 구원자 예수를 사칭하던 인간이었습니다. 우리나라의 무당이나 점쟁이들이 자칭 아무개 도사라 내세우는 것보다 더 심한 경우의 인간인 셈이었습니다. 그런 한심한 점쟁이를 최측근으로 둔 총독 서기오 바울이 언뜻 유별나거나, 좀 모자란 인간으로 비칠 수도 있습니다. 그러나 첨단 과학 시대라는 오늘날에도 유명 점쟁이들은 성업을 이루고 있습니다. 일간지에 '오늘의 운세'나 '별자리 운세'가 버젓이 게재되는가 하면, 입시철이나 선거 때가 되면 점쟁이 집은 문전성시를 이루고 있습니다. 미국에서는 점성술사의 조언에 따라 매일의 일정을 짠 대통령도 있었습니다. 이처럼 소위 출세를 했거나 성공한 사람들 사이에서 점성술사나 점쟁이들이 더 명성을 떨치는 것은 세계 어디서나 볼 수 있는 공통적인 현상입니다.

이런 관점에서 본다면, 점쟁이 바예수를 측근으로 둔 총독 서기오 바울은 유별나거나 모자란 사람이 아니었습니다. 그는 지위 고하를 막론하고 인간이 본질적으로 얼마나 어리석은 존재인지를 보여 주는, 또 한 명의 어리석은 인간에 지나지 않았습니다.

> 서기오 바울은 지혜 있는 사람이라 바나바와 사울을 불러 하나님의 말씀을 듣고자 하더라(7절 하).

바나바와 바울의 소문을 들은 총독 서기오 바울은 그들을 불러 하나님의 말씀을 들어 보려 할 정도로 지혜로운 측면도 지니고 있었습니다. 그러나 그것은 창조주이신 하나님을 경외하기 위한 영적 지혜가 아니었습니다. 당시 로마제국은 온갖 잡신들을 섬기는 다신多神 사회였고 구브로 역시 예외가 아니었기에, 바나바와 바울이 전하는 여호와 하나님이 어떤 신인지 들어나 보자는 지적 호기심일 뿐이었습니다. 그러나 그 동기야 어떻든 상관없이, 총독에게 하나님의 말씀을 직접 전할 수 있는 기회를 포착한 바나바와 바울의 기쁨이 얼마나 컸겠습니까? 바로 그 일을 위해 자신들이 성령님의 보내심을 받은 만큼, 그들이 혼신의 힘을 다해 하나님의 말씀을 전하려 하지 않았겠습니까? 그러나 그들 앞에 예기치 않은 복병이 나타났습니다.

> 이 마술사 엘루마는 (이 이름을 번역하면 마술사라) 그들을 대적하여 총독으로 믿지 못하게 힘쓰니(8절).

그 복병은 다름 아닌 거짓 선지자 점쟁이 바예수였습니다. 그는 '엘루마'란 또 다른 이름을 지니고 있었습니다. '엘루마'는 헬라어 '마고스'를 외래어로 표기한 것입니다. 바예수는 자신이 신통한 점쟁이임을 과시하기 위해 자신을 외래어로 '엘루마'라고도 칭하였던 것입니다. 그 거짓 선지자인 점쟁이 바예수가, 바나바와 바울이 전하는 하나님의 말씀을 총독이 믿지 못하도록 방해하고 나선 것이었습니다. 거짓이 가장 두려워하는 것은 진실이요 진리임은 동서고금을 막론하고 예외가 없습니다. 본문의 '믿지 못하게 힘쓰니'라는 구절에서 '못하게'에 해당하는 헬라어 동사 '디아스트렙호$διαστρέφω$'는 '왜곡하다'라는 뜻입니다. 바나바와 바울이 총독에게 하나님의 말씀을 전하는 족족, 바예수는 총독이 믿지 못하게끔 하나님의 말씀을 구구절절 왜곡시켜 버렸습니다. 이유는 간단했습니다. 만약 총독이 바나바와 바울이 전하는 하나님을 그대로 믿는다면, 그동안 총독의 최측근 점쟁이로 각종 이권을 챙겨 왔던 자신의 위치가 위태로워질 것이 뻔했기 때문입니다. 총독의 최측근이었던 바예수는 총독을 사랑하지 않았습니다. 그는 총독의 영혼이야 어찌되든 자신의 유익을 위해 총독을 단지 이용하기만 하는 사람이었습니다. 한마디로 아주 질이 나쁜 사람이었습니다.

본문 9-12절이 그 이후의 일을 전해 주고 있습니다.

> 바울이라고 하는 사울이 성령이 충만하여 그를 주목하고 이르되 모든 거짓과 악행이 가득한 자요 마귀의 자식이요 모든 의의 원수여 주의 바른 길을 굽게 하기를 그치지 아니하겠느냐 보라 이제 주의 손이 네 위에 있

으니 네가 맹인이 되어 얼마 동안 해를 보지 못하리라 하니 즉시 안개와 어둠이 그를 덮어 인도할 사람을 두루 구하는지라 이에 총독이 그렇게 된 것을 보고 믿으며 주의 가르치심을 놀랍게 여기니라.

바울이 바예수에게 '네가 얼마 동안 해를 보지 못하리라'고 질책함과 동시에 그는 시력을 상실해 버리고 말았습니다. 조금 전까지 구원자 예수를 자칭하던 그는 갑자기 어둠에 갇힌 채, 누군가 자신을 인도해 줄 사람을 애타게 찾았습니다. 그 모든 광경을 자신의 두 눈으로 생생하게 목격한 총독은 바나바와 바울이 전해 준 하나님의 말씀을 믿지 않을 수 없었습니다. 그 놀라운 사건을 통해 총독은 여호와 하나님에 대해 들어나 보자는 지적 호기심을 뛰어넘어 영원하신 하나님을 경외하는, 정말 지혜로운 믿음의 사람이 될 수밖에 없었습니다.

바울로 하여금 구브로 섬의 바보까지 찾아가 생면부지의 총독에게 하나님의 말씀을 전하기 위해 혼신의 힘을 다하게 한 것이 하나님의 사랑이었다면, 총독의 영혼을 무너뜨리려고 하나님의 말씀을 왜곡하는 불의한 거짓 선지자 바예수의 눈을 가려 더 이상 총독을 해치지 못하게 한 것은 하나님의 정의였습니다. 하나님의 사랑과 하나님의 정의는 동전의 양면과 같다고 했습니다. 하나님의 사랑을 토대로 하지 않는 정의는 폭력에 지나지 않고, 하나님의 정의와 무관한 사랑은 인간을 해치는 마약에 불과할 따름이라고 했습니다. 하나님의 사랑의 또 다른 이름이 하나님의 정의요, 하나님의 정의의 또 다른 모습이 하나님의 사랑입니다. 이런 의미에서 바울은 거짓 선지자의 속박에 갇혀 있던 총독을 살려 내는 사랑의 사람인 동시에, 거짓 선지자의 불의를 물리침으로 총독을 지켜 준 정의의 사람이었습니다.

바울에게 그것이 가능할 수 있었던 것은, 본문 9절에 의하면, '바울이 성령이 충만했기' 때문입니다. '바울이 하나님의 영이신 성령이 충만했다'는 추상적인 표현을, 우리가 구체적으로 이해할 수 있게끔 오늘의 용어로 표현하면 '바울이 하나님의 마음에 사로잡혀 하나님의 심정을 지니고 있었다'는 말입니다. 그래서 바울은, 하나님의 말씀을 단순히 지적 호기심으로 대하려는 총독을 시간 낭비라 외면하지 않고 그에게 혼신의 힘을 다해 하나님의 말씀을 전했습니다. 바울이, 거짓 선지자요 점쟁이인 바예수의 손안에 갇혀 있는 그 불쌍한 총독의 영혼을 살리시려는 사랑의 하나님 아버지의 마음을 지니고 있었기 때문입니다. 그와 동시에 바울은, 총독이 하나님을 믿지 못하게끔 하나님의 말씀을 왜곡하는 바예수의 눈을 어둡게 함으로 그의 불의를 제지하였습니다. 바울이, 거짓 선지자의 불의를 물리치시려는 정의의 하나님의 마음을 지니고 있었기 때문입니다.

그러나 바울은, 하나님의 정의의 또 다른 모양이 하나님의 사랑임을 알고 있었습니다. 바울이, 불의는 미워하시지만 불의를 저지른 사람은 사랑하시는 하나님 아버지의 마음을 지니고 있었던 것입니다. 그래서 바울은 성령 충만한 상태에서, 총독의 영혼을 해치려는 거짓 선지자 바예수의 시력을 잃게 하되 그를 완전한 맹인이 되게 하지 않고, 그가 '얼마 동안'만 시력을 잃게 하였습니다. 총독의 영혼을 해치려는 바예수의 불의를 물리치시는 하나님의 정의와, 그럼에도 불구하고 바예수마저 살리시려는 하나님의 사랑을 동시에 이루기 위함이었습니다. 하나님의 말씀을 왜곡하던 바예수가 갑자기 시력을 상실하고 자신을 인도해 줄 사람을 애타게 찾는 것을 직접 목격한 총독이 하나님을 믿지 않을 수 없었다면, 하나님의 말씀을 왜곡하다가 졸지에 시력을 상실한 당사자였던 바예수가 다시 시력을 얻은 뒤에는 허황된 거짓 선지자의 삶을 청산하고, 누구보다도 하나님을 경외하였을 것임은 두말할 나위가 없지 않겠습니까?

　여기에서 우리가 유의해야 할 것은, 이상과 같은 사실을 전해 주고 있는 본문 9절에서부터 성경이 바울을 바울로 부르기 시작한 것입니다. 바울의 본래 이름은 사울이었습니다. 사울은 히브리식 이름으로서, 이스라엘 초대 왕의 이름이 사울이었고, 본문의 사울은 사울 왕과 같은 베냐민지파 출신이었습니다. 따라서 사울의 부모가 아들에게 사울이란 이름을 붙여 주었다는 것은 사울 왕과 같은 큰 인물이 되라는 의미였고, 자신의 이름에 걸맞게 유대교에서 걸출한 인물이 되려는 것이 젊은 시절의 사울의 꿈이었습니다. 반면에 바울은 로마식 이름이었습니다. 당시 로마제국 치하에 살던 유대인들 가운데에는 히브리식 이름과 로마식 이름을 동시에 지닌 사람들이 많았으므로, 바울 역시 두 이름을 지니고 있었다는 것은 이상한 일이 아니었습니다. 그런데 사도행전 9장에서 바울이 주님의 부르심을 받은 이후 본문에 이르기까지 바울을 사울로만 칭하던 성경이, 본문 9절에서 그를 "바울이라고 하는 사울"로 칭한 이후에는 일관되게 바울로만 호칭하고 있습니다. 이를테면 오늘 본문 9절이, 사울이 바울로 불리기 시작하는 분기점인 셈입니다. 그 이유가 무엇이겠습니까?

　'바울'이란 단어는 '작다'는 뜻으로, '멈추다', '단념하다'라는 의미의 동사 '파우오παύω'에서 파생되었습니다. 그렇다면 우리는 그동안 바울을 사울로만 부르던 성경이 왜 본문 9절에서부터 바울로 부르기 시작했는지 그 연유를 깨닫게 됩니다. 바울이 자신을 사울이라 부르며 스스로 사울 왕처럼 자신을 크게 여길 때, 그는 성령 충만할 수 없었습니다. 그런 상태에서는 하나님 아버지의 마음을 지니고, 하나님 아버지의 심정으로 살 수 없었다는 말입니다. 높고 높은 그의 마음속에는 하나님 아버지의 마음이 자리 잡을 틈이 전혀 없었습니다. 그러나 자신이 크다는 어리석은 생각을 멈추었을 때, 하나님 앞에서 자신은 티끌보다 더 작은 존재임을 깨달았을 때, 그는 성령님의 도우심 속에서 하나님 아버지의 마음과 심정을 지닐 수 있었습니다. 사울에서 바울이 된 그가 본문의 총독과 거짓 선지자 바예수를 모두 살리기 위해 하나님의 사랑과 하나님의 정의를 동시에 행할 수 있었던 것은, 그가 성령님의 도우심 속에서 하나님 아버지의 마음을 지녔기에 가능한 일이었습니다.

두 달여 전에 모 신문에 교보생명 신창재 회장에 대한 취재 기사가 게재되었습니다. 산부인과 의사였던 그분이 교보생명 대표에 취임하여 제일 먼저 고민한 것은, "만약 교보생명이 없어진다면 이 사회가 대체 무엇을 아쉬워할까?" 하는 것이었다고 합니다. 그 고민을 통해 나온 것이, "우리의 사명은 모든 사람이 미래의 역경에서 좌절하지 않도록 도와 드리는 것입니다"라는 '교보인의 비전'이었습니다. 신 회장은 "보험의 요체는 결국 사랑과 정의이고, 윤리경영이나 사회책임경영은 이를 위함이다"라고 말했습니다. 그분에게 모든 사람이 미래의 역경에서 좌절하지 않도록 기업이 사람을 도와주는 것이 '사랑'이라면, 그것이 가능할 수 있도록 기업을 윤리적으로 경영하고 기업의 사회적 책임을 다하는 것은 '정의'였습니다. 저는 그분이 그리스도인인지, 혹은 아닌지는 알지 못합니다. 그러나 그분은 사랑과 정의는 동전의 양면처럼 불가분의 관계에 있음을 알고, 또 자신의 기업을 통해 사랑과 정의를 실천하려 애쓰는 기업인이었습니다. 그런 기업인이나 사람이 많아진다면, 우리 사회가 얼마나 훈훈해지겠습니까?

이 세상에는 사랑을 외치면서도 정의에는 둔감한 사람들이 많습니다. 하나님의 정의와 무관한 인간의 사랑으로는 사람을 살릴 수도, 이 세상을 새롭게 할 수도 없습니다. 정의를 내세우면서도 정의의 또 다른 이름이 사랑임을 외면하는 사람들도 많습니다. 하나님의 사랑을 토대로 하지 않는 인간의 정의는 정의를 외칠수록 사람과 사람의 편을 나눌 뿐, 이 사회와 민족을 통합시킬 수 없습니다.

오늘은 죄와 사망으로부터 우리를 구원해 주시기 위해 2천 년 전 이 땅에 오셨던 주님의 성탄을 기리는 대림절 넷째 주일입니다. 주님께서는 하나님 아버지를 보여 달라는 빌립에게, 나를 본 사람은 아버지를 보았거늘 어찌 아버지를 보이라 하느냐고 반문하시며, 하나님 아버지께서 주님 안에, 주님께서 하나님 아버지 안에 계신다고 말씀하셨습니다. 그것은 인간의 몸을 입고 이 땅에 오신 주님께서 하늘에 계신 하나님 아버지의 마음을 지니셨기에 가능한 일이라고 했습니다. 그 주님께서 또 이렇게 말씀하셨습니다.

> 조금 있으면 세상은 다시 나를 보지 못할 것이로되 너희는 나를 보리니 이는 내가 살아 있고 너희도 살아 있겠음이라 그날에는 내가 아버지 안에, 너희가 내 안에, 내가 너희 안에 있는 것을 너희가 알리라(요 14:19-20).

'그날'이란 주님의 고난과 부활 승천에 이어 성령님께서 임하실 때를 의미합니다. 성령님께서 임하시면 하나님 아버지 안에 계시는 주님께서 우리 안에, 우리가 주님 안에 거하게 된다는 것입니다. 다시 말해 우리가 주님 안에서 하나님 아버지의 마음을 지니게 된다는 것입니다. 우리의 힘이나 능력으로는 불가능한 일이지만, 하나님의 영이신 성령님의 빛 속에서는 우리가 예수 그리스도 안에서 하나님의 마음을 지니고 살아갈 수 있다는 것입니다.

이제 우리 각자 생각해 보십시다. 나는 내가 이 세상에서 없어질 경우, 세상이 무엇을 아쉬워하는 사람이 되기를 원하고 있습니까? 하나님 아버지의 마음을 지닌 사람을 더 이상 만날 수 없음을 세상이 아쉬워하는, 그런 사람이 되기를 원치 않으십니까? 우리 교회가 이 땅에서 없어질 경우, 세상이 무엇을 아쉬워하기를 원하십니까? 우리 교회가 없어짐으로 인해 세상에서 더 이상 하나님의 사랑과 하나님의 정의가 동시에 결실되는 것을 볼 수 없음을 아쉬워하는, 그런 교회가 되기를 원치 않으십니까? 그렇다면 우리 모두, 지금 우리에게 임해 계시는 성령님의 빛으로 자신을 비추어 보십시다. 스스로 크다 여기던 우리 자신이 실은 티끌보다 더 작은 존재에 지나지 않지 않습니까? 성령님의 빛 속에서 우리 자신을 크게 여기던 어리석은 생각을 멈추고, 우리 모두 지극히 작은 바울이 되십시다. 성령님의 인도하심을 좇아 오직 말씀과 기도로, 우리의 죗값을 대신 치러 주신 예수 그리스도 안에 거하십시다. 그때 우리가 아무리 보잘것없는 존재라 할지라도 우리는 하나님 아버지의 마음을 지니고, 이 세상에 하나님의 사랑과 하나님의 정의를 꽃피우는 성령 충만한 그리스도인이 될 것입니다. 우리가 그 속에 거하고 있는 주님께서 하나님 아버지 안에 계시고, 하나님 아버지께서 주님 안에 계시기 때문입니다.

대림절 넷째 주일을 맞아, 성령님께서 우리 가운데 빛으로 임하시어 우리 자신의 실상을 직시하게 해주시니 감사합니다. 그동안 우리 자신을 스스로 크다고 착각해 왔던 우리의 교만을 용서해 주십시오. 성령님의 빛 속에서, 우리의 구원자이신 예수 그리스도 안에 거하는 지극히 작은 바울이 되게 해주십시오. 하나님 아버지의 마음을 품으신 예수 그리스도 안에서, 우리 역시 하나님 아버지의 마음을 지니고, 하나님 아버지의 심정으로 살아가게 해주십시오. 하나님 아버지의 사랑으로 사람을 사랑하되 하나님 아버지의 정의와 동행하게 하시어, 우리의 사랑이 도리어 사람을 망치고 세상을 허무는 마약이 되지 않게 해주십시오. 하나님 아버지의 정의를 위해 불의와 맞서되 그 정의의 토대가 하나님의 사랑이 되게 해주셔서, 우리의 정의가 사람을 분열시키고 죽이는 폭력으로 전락하지 않게 해주십시오.

주님 안에서 하나님 아버지의 마음으로 살아가는 성령 충만한 삶의 기쁨을 언제 어디서나 누리게 해주십시오. 우리가 이 세상을 떠난 뒤에 남은 사람들이 더 이상 하나님의 사랑과 정의를 볼 수 없다고, 더 이상 하나님의 마음으로 살아가는 사람을 볼 수 없다고 아쉬워하는, 그런 그리스도인, 그런 교회가 되게 해주십시오. 우리로 하여금 주님 안에 거하게 하시고, 또 우리 안에 거하고 계시는 예수 그리스도의 이름으로 기도드립니다. 아멘.

10. 바울과 및 동행하는 사람들 I 송년 주일

> 사도행전 13장 13-14절
> **바울과 및 동행하는 사람들**이 바보에서 배 타고 밤빌리아에 있는 버가에 이르니 요한은 그들에게서 떠나 예루살렘으로 돌아가고 그들은 버가에서 더 나아가 비시디아 안디옥에 이르러 안식일에 회당에 들어가 앉으니라

바나바와 바울 그리고 그들의 수행원이었던 요한으로 구성된 전도팀은 구브로 섬의 동쪽 항구인 살라미에서 서쪽 항구 바보로 갔습니다. 그리고 그곳에서 총독 서기오 바울에게 하나님의 말씀을 전하였습니다. 총독의 측근이었던 거짓 선지자 점쟁이 바예수는, 바울 일행이 전하는 하나님의 말씀을 총독이 믿지 못하도록 훼방하다가 도리어 한동안 앞을 보지 못하는 화를 입었습니다. 그로 인해 총독은 하나님을 확실하게 믿게 되었고, 나중에 눈을 다시 뜨게 된 거짓 선지자 바예수 역시 하나님 앞에 굴복할 수밖에 없었을 것입니다. 그것이 전도팀이 바보에서 경험한 성령님의 역사였습니다. 그러나

바울에게 바보는 그보다 훨씬 더 중요한 의미를 지닌 곳이었습니다.

다음은 7절 하반절 증언입니다.

> 서기오 바울은 지혜 있는 사람이라 바나바와 사울을 불러 하나님의 말씀을 듣고자 하더라.

총독 서기오 바울이 전도팀으로부터 하나님의 말씀을 들어 보기 위해 바나바와 바울을 불러들일 때에도 성경은 바나바의 이름을 바울 앞에 기록하였습니다. 이미 말씀드린 것처럼 성경에서 이름의 순서는 서열을 뜻하기에, 그때까지만 해도 전도팀의 우두머리는 여전히 바나바였습니다. 그러나 9절에서부터 상황은 달라집니다.

> 바울이라고 하는 사울이 성령이 충만하여 그를 주목하고.

여기에서 '그'는 총독이 하나님을 믿지 못하도록 훼방한 거짓 선지자 바예수를 일컫습니다. 그 거짓 선지자 바예수의 악행을 주목한 사람은 바울이었고, 성령 충만한 상태에서 바예수를 꾸짖은 사람도 바울이었고, 바예수의 눈을 한동안 어둡게 만든 사람도 바울이었고, 그 사건을 통해 결과적으로 총독으로 하여금 하나님을 믿게 한 사람도 바울이었습니다. 바울이 총독으로 하여금 하나님을 믿지 못하도록 훼방한 바예수를 주목하였다는 것 역시, 총독에게 하나님의 말씀을 전한 사람도 바울이었음을 의미합니다. 지난 시간에 말씀 드린 것처럼 바예수가 바울이 전하는 하나님의 말씀을 총독이 믿지 못하게끔 구구절절 왜곡했기에, 바울이 누구보다 먼저 바예수를 주목하게 된 것이었습니다. 이처럼 바보에서 바울은 전도팀원 가운데 혼자

주도적인 역할을 했습니다. 그리고 오늘의 본문은 더 놀라운 사실을 증언해 주고 있습니다.

> 바울과 및 동행하는 사람들이 바보에서 배 타고 밤빌리아에 있는 버가에 이르니(13절 상).

전도팀은 밤빌리아의 버가로 향하기 위해 바보에서 배를 탔습니다. 놀랍게도 본문은 그 전도팀을 가리켜 '바울과 및 동행하는 사람들'이라고 표기하였습니다. 지금까지와는 달리 바울의 이름이 맨 앞자리를 차지했다는 것은, 전도팀의 우두머리가 바나바에서 바울로 바뀌었음을 뜻했습니다. 그리고 본문 이후부터 성경은 계속 바울의 이름을 앞세우고 있습니다. 구브로 섬의 바보를 기점으로, 바울이 명실상부한 우두머리로 부상한 것이었습니다.

바나바는 본래 안디옥교회의 담임목사였습니다. 그리고 바울을 안디옥교회로 청한 사람도 바나바였습니다. 그러므로 그들이 안디옥을 출발할 때 전도팀의 우두머리로 바나바 이외의 인물은 생각할 수조차 없었습니다. 그러나 첫 번째 전도지였던 구브로 섬을 지나면서 바울의 역량이 드러나게 되었습니다. 교회 목회 현장에서는 바나바의 역량이 두드러졌는데, 전도 현장에서는 바울의 역량이 바나바를 압도한 것입니다. 그래서 성경은 구브로 섬의 바보를 기점으로 그 전도팀을 '바울과 및 동행하는 사람들'로 표기하였습니다. 바울이 그 전도팀의 새로운 우두머리가 되었음을 명확히 하기 위함이었습니다. 그러나 그것은 바울이나 다른 팀원들이 원해서 이루어진 인간의 뜻이 아니었습니다. 그들은 안디옥을 출발할 때부터 성령님의 인도하심 속에 있었습니다. 그러므로 바울로 하여금 바보에서부터 우두머리 역할을 감당하게 하시고, 바보를 기점으로 성경에 바울의 이름이 먼저 기록되게 한 분은 바로 성령님이셨습니다. 바보를 기점으로 사도행전의 초점이 바울 한 사람에게 집중되기 시작한 것은, 하나님의 영이신 성령님의 뜻이었던 것입니다.

예기치 않게 전도팀의 우두머리가 된 바울이 바보에서 배를 탔습니다. 지중해를 가르며 버가로 향하는 배에 몸을 싣고 있는 바울이 어찌 감회에 젖어 들지 않았겠습니까? 망망한 지중해를 바라보며, 자신의 지나온 날들을 어찌 되돌아보지 않을 수 있었겠습니까? 바울이 하나님의 사랑과 생명을 세상으로 흘려 보내기 위한 전도팀의 일원이 된 것은, 시기적으로는 그가 다메섹 도상에서 주님을 만난 지 최소한 17년의 세월이 경과한 이후의 일이라고 했습니다. 그 세월은 다메섹과 예루살렘에서 주님의 증인으로 살려는 자신의 뜻이 무산된 좌절의 세월이었습니다. 아라비아 광야에서 홀로 경건의 훈련을 쌓아야만 했던 고독의 세월이었습니다. 무려 13년 동안 고향 다소에서 칩거해야만 했던 아픔과 고통의 세월이었습니다. 그러나 그 모든 세월은 바울의 오늘이 있게 해주시기 위한 하나님의 은총의 시간들이었습니다. 그 모든 시간들을 통해 하나님께서 바울을 사도행전의 중심인물로 새롭게 빚어 주신 것이었습니다. 하나님의 영이신 성령님께서 바울과 함께해 주시지 않았다면 바울에게 결코 일어날 수 없었던 생명의 역사였습니다. 이처럼 지중해 위에서 지난 세월을 되돌아본 바울이 자신을 신묘막측하게 가다듬어 주신 하나님의 은총에 감격하면서, 하나님께 더욱 충성하리라 굳게 다짐했을 것임은 충분히 짐작하고도 남습니다. 감사한 것은 2천 년 전 바울과 함께하시며 바울을 그렇듯 새롭게 빚어 주신 성령님께서, 지금 우리와도 함께하고 계시다는 사실입니다.

오늘은 올 한 해를 마감하는 마지막 송년 주일입니다. 올해 우리 교회의 표어는 '오직 나의 영으로'(슥 4:6)였습니다. 망망한 지중해 위에서 자신의 지난날을 반추한 본문 속 바울의 심정으로 우리도 지난 1년을 되돌아보면, 하나님의 영이신 성령님께서 우리 각자의 삶 속에서도 우리를 위해 한 치의 오차도 없이 역사하셨음을 확인할 수 있습니다. 송년 주일의 의의가 여기에 있습니다. 송년 주일이 있기에, 우리는 성령님의 빛으로 지난 1년을 조명해 보는 은혜를 누릴 수 있습니다. 이 시간에는 하나님께서 지난 1년간 자신들의 삶 속에서 어떻게 역사하셨는지, 세 교우님의 고백을 직접 들어 보도록 하겠습니다.

안녕하십니까? 저는 369구역의 윤선정입니다. 스물아홉 중반까지 저에게 기독교라는 종교는 정말 거리가 한참 멀고도 먼, 저와는 전혀 상관없는 종교로 존재해 왔습니다. 한마디로 기독교는 의문과 의혹투성이, 모순과 이분법적인 종교로 각인되어 있었습니다. 학창 시절, 아버지의 직업 특성상 이사를 많이 다녔는데, 초등학교 저학년 때는 가톨릭 학교를, 중학교 때는 기독교 재단의 미션스쿨을 다녔습니다. 제 집안은 대대로 불교집안이었던지라, 어린 시절 성당 미사도 다니고 교회의 예배도 접하면서 세 가지 종교를 고루 비교할 수 있는 기회를 자연히 갖게 되었습니다. 한참 예민하던 시기인 중학교 때, 채플 시간에 이상하게도 목사님은 자꾸 저를 다른 아이들과 비교하고 친구들과 함께 떠들었음에도 불구하고 저만 지적을 했습니다. 그때의 상처와 좋지 않은 기억은 기독교라는 종교 자체를 싫어하는 계기가 되었고, 서울로 대학을 와서도 붐비는 거리, 지하철 안, 심지어 캠퍼스에서도 쉬지 않고 이어지는 전도 활동을 보면서 더더욱이나 싫어하게 되었습니다.

'저들은 왜 저리도 유난스러울까? 왜 알지도 모르는 사람에게 가식적으로 웃으면서 친절하게 할까? 왜 교회에 다니는 나랑 가장 친한 친구는 나를 위해 기도하고, 내가 하나님을 믿지 않는다는 것에 대해 안타까워하는 걸까? 하나님을 믿지 않으면 지옥에 간다고들 하는데 그럼 타 종교인들은 전부 지옥에 가는 걸까?' 등등 저에게는 많은 의혹과 질문들이 있었고, 이것들을 기회가 될 때마다 친구나 지인들에게 질문했지만 누구도 시원히 답해 주는 사람이 없었습니다. 혹여 대화를 한다고 할지라도 저에게는 모순적이고 편파적이고 배타적인 종교라는 이미지를 지울 수 없었던 게 사실이었습니다.

그러던 중 2년 전쯤 지금의 신랑을 만나게 되었습니다. 저희는 어떠한 특별한 계기가 있었던 것이 아님에도 불구하고 점점 친해지게 되었습니다. 물론 그 전부터 신랑이 매우 신실하고 종교 생활을 잘하고 있다는 것을 알고 있었지만, 종교가 다름으로 인해 어려운 점이나 불편함을 느끼진 못했습니다. 오히려 이 사람이 인격적으로 훌륭하고 존경할 만한 부분이 많다는 것을 느끼고 나서는, 제가 알고 있던 기존의 기독교에 대한 개념이 조금씩 달라짐을 스스로 느낄 수 있었습니다. 기존에 의혹을 품었던 부분들을 그의 행동을 통해 깨우쳐 가고 '이런 사람이 가장 우선순위에 두고 있는 하나님은 어떤 분일까'라는 궁금증이 일기 시작했습니다.

그러면서 교회를 한번 나가 보고 싶다는 생각이 자연히 들게 되었습니다. 지금 돌이켜 생각해 보면 성령님이 저에게 임하지 않으셨다면 있을 수 없는 일이었습니다. 그래서 올 3월 저는 지금의 신랑이 다니는 100주년기념교회에서 이재철 목사님이 강의하시는 '새신자반'을 듣게 되었습니다. 머릿속에서 저 나름대로 이성적이고 체계적인 것이라 믿고 세워 놓았던 의혹들을, 정석으로 다져진 논리 위에 올려놓고 풀어내시는 목사님의 말씀을 들으며, 그동안의 무지했던 저의 모습이 오버랩되면서 얼마나 부끄러웠는지 모릅니다.

저는 아직 하나님의 깊은 뜻과 섭리를 다 알기엔 너무나도 미흡하고 미약한 믿음을 가진 초신자입니다. 하지만 하나님을 인격적으로 만났고 그분의 자녀 됨이 얼마나 기쁘고 행복한 일인지도 알게 되는 영광을 얻게 되었습니다. 예배, 성경공부, 구역 모임, 성경 통독, 묵상 등을 통해서 그동안의 저의 지식이 얼마나 얄팍했는지 깨닫게 되었습니다.

이제 저는 앞으로의 저의 삶이 기대됩니다. 남들이 말하는 제2의 인생이 결혼을 하고서 시작되었습니다. 마찬가지로 저는 하나님을 만나고 나서 새로운 인생이 또한 시작되었고, 지난 12월 9일에는 세례 교인이 되었습니다. 소극적이고 남이 다가오는 것을 부담스러워하는 저에게 하나님은 말씀을 통해 자꾸 상대를 사랑하고 또 사랑하라고 하십니다. 그리고 그 사랑을 실천하라고 말씀하십니다. 하나님께서 오만하고 불손하고 미흡하기 짝이 없는 저를 지금까지 기꺼이 참고 기다려 주시고 한없이 사랑해 주시고 품어 주신 만큼 저도 그만큼 하나님을 사랑하고, 또 하나님을 사랑하는 만큼 제 주변에 있는 사람들을 아끼고 사랑해야 함을 알게 해주셨습니다. 그래서 매일매일이 기쁘고 설렙니다. 하나님께서 저를 어떤 곳에 어떻게 쓰실지 궁금하고 기대됩니다. 구원이 무언지도 몰랐던 저에게 성령님이 임하게 하시어 저를 건져 올려 주신 하나님께 무한한 감사와 찬양을 올립니다. 감사합니다.

안녕하세요. 저는 309구역 김현정입니다. 두 달여 전 임신 17주에 막 접어들었을 때의 일이었습니다. 평소 다니던 산부인과로부터 얼마 전 받은 피 검사 결과가 좀 이상하니, 대학병원에서 보다 정밀한 검사인 양수 검사를 받을 것을 권하는 전화를 받았습니다. 특별히 추천을 받았던 신촌 세브란스병원의 의사 선생님은 양수 검사 때문에 태아가 잘못될 확률은

0.5퍼센트 미만이라며, 검사실로 향하는 신랑과 저를 안심시켜 주셨습니다. 하지만 검사가 잘 마무리되고 병원 문을 나서려던 순간, 저는 다리를 타고 무언가 흐르는 것을 느꼈습니다. '조기양막파열'로 인해 양수가 샌 것입니다. 너무나 당황스럽게도 저희 부부는 그 희박한 확률의 피해자가 되었고, 걸어서 검사를 받으러 왔던 저는 그날로 침대에서 꼼짝도 못하는 신세가 되고 말았습니다.

침대에서 절대안정을 요하는 상태였기 때문에 저는 간신히 돌아눕거나 두 팔을 움직이는 것 외에는 전혀 움직일 수가 없었습니다. 식사는 물론 대소변을 가리는 일까지도 침대에서 누워서 해결해야 했습니다. 재채기나 기침을 하는 것도 자궁에 힘이 들어갈 수 있기 때문에, 행여 재채기라도 나오려고 할 때면 손가락으로 코를 꾹 집고 참아야만 했습니다. 허리가 끊어질 듯한 아픔도, 퇴근 후 묵묵히 대소변을 받아 주는 남편에 대한 미안함과 참담함도, 아기만 살릴 수 있다면 얼마든지 견디겠노라고 다짐했습니다.

하지만 입원한 지 며칠 후 의사 선생님은 양수의 양이 계속 줄어든다면서, 아기를 떠나보낼 마음의 준비를 하라고 하셨습니다. 의학적으로 지금의 상태에서 회복될 가능성은 없으며, 오히려 시간이 지체될 경우 산모에게도 위험할 수 있다고 했습니다. 그때까지만 해도 아무 일 없을 것이라 스스로 위로하던 저는, 태명을 '팔복이'라고 지을 만큼 간절한 기도 끝에 얻은 아기를 지켜 주지 못했다는 미안함과, 제발 하나님께서 우리를 불쌍히 여겨 주실 것에 대한 간절함으로 하염없이 울기만 하였습니다.

그 순간 하나님께서 의사 선생님의 마음을 움직여 주셨을까요? 조금 전까지만 해도 단정적이셨던 의사 선생님은 입장을 바꾸어, 혹시라도 있을 기적을 기대해 보자고 하셨습니다. 하지만 이틀 후에도 차도가 없는 경우

산모를 위해 아기를 포기하는 수밖에 없다는 말씀과 함께요. 그 이틀 동안 사람이—일류 대학병원의 우수한 의사 선생님들과 우리 가족들이—할 수 있는 일은 아무것도 없었습니다. 하나님께서 아기를 살려 주실 것이라는 확신도, 하나님께서 아기를 살려 주셔야만 한다는 간구도 내려놓은 채, 하나님께서 가장 선하신 방법으로 행하실 것을 믿고 기도하며 기다렸습니다. 주시는 분도 하나님이시요 취하시는 분도 하나님이시니, 하나님께서 필요하셔서 설령 아기를 데려가시더라도 그 결과를 순종하며 받아들일 수 있는 믿음을 주실 것을 기도하고 또 기도했습니다. 이러한 과정에서 목사님들과 교회 식구들의 기도가 저희에게 얼마나 많은 힘과 위안이 되었는지 모릅니다.

이틀이 지나고 떨리는 마음으로 검사 결과를 확인하였습니다. 기적과도 같이 양수가 조금씩 차오르기 시작했습니다. 그리고 그로부터 2주일이 지나 저와 배 속의 아기는 무사히 퇴원할 수 있었습니다. 모든 의료진은 저처럼 심각한 상태에 있다가 건강히 퇴원하는 일은 세브란스병원 역사상 처음 있는 일이라며 기적이라고밖에 표현하지 못했습니다. 하나님의 기적은 여기서 그치지 않았습니다. 작년에 입교 교육을 받지 않겠다며 부부싸움도 불사하던 남편은 올해 자진해서 신앙의 고백을 드린 후, 지난 12월 9일 입교 선서를 하였습니다.

앞으로 어떤 일이 일어날지 저희는 알지 못하지만, 모든 것을 연합하여 선을 이루시는 주님께서 가장 좋은 것으로 저희에게 선대善待하심을 믿고 어떤 일에든 순종하는 마음으로 나아갈 것을 다짐합니다. 감사합니다.

저는 204구역 홍성표입니다. 저는 2007년 7월 26일 사업 실패에 따른 부채로 특정경제범죄가중처벌법으로 구속되었다가, 2009년 11월 30일

출소하였습니다. 세상에 나온 지 겨우 한 달 정도에 불과하므로 저의 2009년 이야기는 감옥 이야기가 될 수밖에 없습니다. 지금도 그날의 기억이 생생합니다. 아내에게 오늘이 선고 공판이지만 별일 없을 테니 걱정 말라고 말하고는 아무 대책 없이 구속되었으니, 저는 망치로 머리를 얻어맞은 듯 며칠을 멍하게 지낼 수밖에 없었습니다. 난생처음 구경하는 감옥 풍경이 낯설고 두려울 뿐 아니라, 무엇보다 억울하여 견딜 수가 없었습니다. 모든 것이 헝클어진 상황 속에서 저는 야속한 하나님을 원망하였습니다. 그리고 상황을 반전시킬 방법을 백방으로 찾아보았으나 허사였습니다.

시간이 지나 마음이 어느 정도 가라앉으면서, 이 꿈같은 현실이 저에게 무슨 의미인가를 골똘히 생각했습니다. 면회 오신 담임목사님께서 주신 시편 119편 71절의 "고난당한 것이 내게 유익이라"는 말씀이 유일한 위안이 되었을 뿐입니다. 그러나 선데이크리스천으로 살던 제가 갑자기 주님만을 붙드는 것이, 왠지 엎어진 뒤에 절하는 느낌이 들어 마음이 불편했습니다. 다만 이런 고난을 주신 뜻은 분명히 있겠다 싶어, 이참에 제대로 읽어 보지 못했던 성경을 읽기로 작정했습니다. 성경 읽기와 묵상 중에, 온통 세상의 가치만 좇던 저 자신을 돌아보게 되었습니다. 그때 처음으로 제가 추악한 죄인임을 깨달았습니다. 모든 것을 다른 사람의 탓으로만 여겼던 이번 일도 그 근원이 제 욕심에서 비롯되었음을 알게 되었습니다. 하나님께서 제 눈에 덮였던 비늘을 벗겨 주시기 시작하셨습니다.

구속되기 한 달 전쯤, 제 소유였던 대형 상가 임차인에게서 전화가 왔습니다. 임대보증금과 월임대료를 제대로 주지 않아, 제 자금난에 일부 기여했던 사람이므로 감정이 별로 좋지 않았습니다. 그런데 그가 경매 절차도 한참 진행된 이 시점에서 과거의 미안함을 보상한다며, 자신도 아직 어렵지만 얼마라도 돕고 싶다고 말하는 것이었습니다. 경매에 들어가면 다들 등을 돌리는데, 세상에 별일도 다 있다고 생각했습니다. 마침 그때에 월세보증금이 모자라 고민했는데 해결이 되었습니다. 후에 교도소에서 생각해 보니 저는 아무 준비 없이 멍청하게 살아왔지만, 하나님께서는 제 앞날을 대비하여 미리 준비하고 계셨던 것입니다. 그 이후로도 하나님께서는 상상할 수 없는 기적적인 방법들을 통해 어려움에 처할 때마다 가족들을 지켜 주셨습니다.

어느 날 연극배우인 큰딸이 면회 와서 외국 극단의 초청으로 외국 순회공연이 여러 건 잡혀 있고, 안산시와 업무제휴로 재정도 획기적으로 개선되었다고 알려 주었습니다. 둘째 딸은 대학원에 진학하고 싶었는데, 전액 장학금과 용돈까지 받게 되었다고 자랑하였습니다. 저는 제 삶의 주인이 제가 아님을 알게 되었습니다. 무엇보다 놀라운 것은 저를 괴롭히던 해결되지 않은 모든 문제로부터 자유로워진 것이었습니다. 감옥은 괴로움의 시작이 아니라, 하나님의 치유 역사가 시작되는 곳임을 깨달았습니다. 그때부터 제 마음에 기쁨과 감사가 넘치기 시작했습니다. 성경을 읽으며 울고, 목사님의 설교집 〈요한과 더불어〉를 읽으며 울었습니다. 이런 줄 알았으면 좀더 일찍 들어올걸, 하는 생각이 들기도 했습니다. 그 후 여주교도소의 기독교 사동으로 옮겨 구역장도 하고 성가대 지휘도 하며 행복한 시간을 보냈습니다. 어쩌면 제 인생에 가장 빛나는 시간이 될지도 모른다는 느낌이 들었습니다.

출소 한 달 전쯤 담임목사님께서 편지를 통해 이사야 32장 8절 말씀을 주셨습니다. "존귀한 자는 존귀한 일을 계획하나니 그는 항상 존귀한 일에 서리라." 저는 너무 감격했습니다. 이 천하고 때 묻은 저를 존귀한 일에 쓰실 수도 있다는 희망 때문이었습니다. 저는 출소 전날 그곳의 형제들에게 이렇게 말했습니다.

"이곳이 지옥인 줄 알았는데, 지나고 보니 천국이더군요. 광야 길을 끝내고 저 문을 나서는 것은 요단을 건너 가나안으로 들어가는 것을 의미할 것입니다. 가나안에 들어가는 순간 새로운 전쟁이 시작됨을 저는 잘 알고 있습니다. 과거 세상길의 전쟁에서는 졌지만, 이번 거룩한 전쟁에서는 결코 지고 싶지 않습니다."

인생의 결산에 들어갈 이 늦은 나이에 새로운 삶을 살게 해주신 하나님께 감사드립니다. 감사합니다.

세 분의 고백에는 한 가지 공통점이 있습니다. 하나님께서 자신들의 계획이나 생각을 초월하여 자신들의 삶을 바르게 가다듬어 주셨다는 것입니다. 지난 1년 동안에만? 아닙니다. 앞으로도 그렇게 해주실 것입니다. 이 귀중한 사실을 깨달은 세 분이 말씀과 기도로 하나님의 인도하심을 좇는 한, 그분들은 하나님의 영이신 성령님에 의해 바울처럼 날이 갈수록 더욱 아름답게 쓰임 받게 될 것입니다.

우리는 지난 시간에 '바울이라고 하는 사울이 성령이 충만'했음을 전해 주는 9절을 기점으로, 성경이 바울을 바울로 부르기 시작하였음을 확인하였습니다. 9절 이전에는 성경이 바울을 사울로만 불렀고, 9절 이후부터는 성경이 바울을 바울로만 부릅니다. 사울이 큰 사람의 상징이라면, 바울은 작다는 의미라고 했습니다. 그런데 바울이 사울에서 바울로 불리기 시작한 장소가 바로 바보, 즉 그가 성령님에 의해 전도팀의 우두머리로 세움 받은 바보였습니다. 이와 같은 사실은 우리에게 매우 귀중한 깨달음을 안겨 줍니다. 바보에 당도한 바울은 자신의 삶을 통해 역사하시는 하나님 앞에서 더 이상 스스로 큰 사람이라 자만할 수 없었습니다. 그는 하나님 앞에서 사울의 교만을 버리고, 작은 바울이 될 수밖에 없었습니다. 바울이 하나님 앞에서 작아질수록 하나님의 영이신 성령님께서는 그의 삶 속에서 더욱 충만하게 역사하셨고, 그 결과 바울은 본문 이후에 하나님의 사랑과 생명을 세상을 향해 흘려 보내는 사도행전의 주인공이 되었습니다.

이제 올해가 끝나기까지 나흘이 남아 있습니다. 그 나흘 동안 지난 1년간, 인간적인 성공이나 실패 혹은 주어진 모든 상황을 초월하여, 하나님께서 우리를 바로 세우시기 위해 당신의 영으로 우리의 삶 속에서 치밀하게 역사하신 은총의 손길을 되돌아보십시다. 그 은총의 손길 앞에서 우리 모두 더욱 작은 바울이 되어 2009년을 매듭짓고, 그 매듭 위에서 2010년을 맞이하십시다. 바보를 출발하여 지중해의 물살을 가르며 버가로 향하는 바울의 앞길에 그가 예기치도 못한 사도행전의 대역사가 펼쳐졌듯이, 작은 바울의 마음으로 2010년을 맞는 우리의 삶 속에서도 하나님의 영이신 성령님께서는 더욱 오묘하게 역사하실 것입니다.

허겁지겁 사느라 생각해 볼 겨를도 없이 숨 가쁘게만 살아온 우리에게 오늘 송년 주일을 주시고, 우리의 지난 1년을 성령님의 빛으로 조명해 보는 귀한 시간을 주셔서 감사드립니다. 지나온 나의 발걸음 발걸음마다 하나님의 섭리 아니었던 것이 없음을 깨닫게 해주셔서 감사합니다. 하나님의 영이신 성령님께서 지난 1년 동안에도 한 치의 오차도 없이 내 삶을 주관해 주셔서, 내가 의식지 못하는 가운데에도 내 삶을 더욱 새롭게 빚어주셨음을 감사드립니다.

하나님의 그 은총 앞에서 이제 더욱 작은 바울이 되어 낮고 낮은 마음으로 2009년을 매듭짓고, 그 매듭 위에서 성령님의 인도하심을 좇아

2010년을 맞이합니다. 하나님의 도구로 온전히 쓰임 받는 희열을 누리게 해주십시오. 나의 사지백체를, 하나님의 사랑과 생명을 세상으로 흘려 보내는 하나님의 통로로 마음껏 사용해 주십시오. 내가 하나님 앞에서 작은 바울이 될수록, 하나님의 영이신 성령님께서 내 삶 속에서 더욱 충만하게 역사하심을 잊지 말게 해주십시오. 지중해의 물살을 가르고 버가로 향하는 바울의 앞길에 그가 예기치 못한 사도행전의 대역사가 펼쳐졌듯이, 작은 바울로 2009년을 매듭짓고 2010년으로 향하는 우리의 앞길에 신사도행전이 펼쳐지게 해주십시오. 아멘.

11. 바울과 및 동행하는 사람들 II _{신년 주일}

사도행전 13장 13-14절
바울과 및 동행하는 사람들이 바보에서 배 타고 밤빌리아에 있는 버가에 이르니 요한은 그들에게서 떠나 예루살렘으로 돌아가고 그들은 버가에서 더 나아가 비시디아 안디옥에 이르러 안식일에 회당에 들어가 앉으니라

지난 시간에 살펴본 것처럼, 바울에게 첫 번째 전도지였던 구브로는 평생 잊을 수 없는 곳이 되었습니다. 구브로 섬의 바보를 기점으로 바울이 성경에서 바울로 불리기 시작한 것입니다. 바울의 본래 이름은 사울이었습니다. 이스라엘 초대 왕의 이름이 사울이었기에, 유대인에게 사울이란 이름은 '큰 사람'의 상징이었습니다. 반면에 바울은 '작다'는 뜻이었습니다. 바보에 당도한 바울은 자신의 삶을 통해 역사하시는 하나님 앞에서 더 이상 스스로 큰 사람이라 자만할 수 없었습니다. 그는 하나님 앞에서 사울의 교만을 버리고, 낮고 낮은 마음으로 작은 바울이 될 수밖에 없었습니다. 바울이

하나님 앞에서 작아질수록 하나님의 영이신 성령님께서 그의 삶 속에서 더욱 크게 역사하셨습니다. 사울에서 바울로 낮아지고 작아진 그가 하나님의 사랑과 생명을 세상으로 온전히 흘려 보내는 하나님의 온전한 통로가 되었기 때문입니다.

구브로 섬의 바보에서 바울에게 일어난 일은 또 있었습니다. 바보를 기점으로 바울이 전도팀의 우두머리로 부상한 것이었습니다. 그 이전까지는 바나바가 우두머리였습니다. 그래서 사람 이름의 순서가 서열을 뜻하는 성경에서 바나바의 이름이 바울보다 앞서 있었습니다. 그러나 바보에서부터 바울의 진가가 드러나게 하신 하나님께서는 마침내 바울로 하여금 전도팀의 우두머리 역할을 감당하게 하셨고, 또 성경에서 바울의 이름이 다른 사람 앞자리에 기록되게 하셨습니다. 바울은 구브로 섬의 바보에서부터 비로소 우리가 알고 있는 바울의 삶을 살 수 있었습니다. 그 모든 일을 주관하신 분이 하나님이셨음은 두말할 나위도 없습니다.

바울과 및 동행하는 사람들이 바보에서 배 타고 밤빌리아에 있는 버가에 이르니(13절 상).

전도팀의 우두머리가 된 바울은 바나바 그리고 그들의 수행원이었던 요한과 함께 구브로 섬의 바보에서 밤빌리아의 버가행 배를 탔습니다. 그러나 그 배에 그들 세 사람만 승선한 것이 아니었습니다. 하나님께서도 그들과 함께하고 계셨습니다. 하나님께서 당신의 영으로 그들과 함께 계시지 않았던들 그 세 사람이 함께 그 배를 타고 있을 이유도, 그들이 함께 밤빌리아의 버가를 찾아갈 까닭도 없었습니다. 그들이 함께 밤빌리아의 버가로 향하는 까닭은, 하나님의 사랑과 생명을 세상으로 흘려 보내는 통로가 되기 위함이었습니다. 누가 하나님의 사랑과 생명의 통로가 될 수 있겠습니까? 두말할 것도 없이, 하나님께서 당신의 사랑과 생명으로 자신과 함께하고 계심을 아는 사람입니다. 그 사람만 자신의 삶을 통해 하나님의 사랑과 생명을 흘려 보낼 수 있습니다. 그러므로 바울 일행이 하나님의 사랑과 생명의 통로가 된다는 것은, 당신의 사랑과 생명으로 자신들과 함께하고 계시는 하나님의 은혜를 매 순간 확인하는 감격의 삶이기도 했습니다. 그래서 바울은 다음과 같이 고백했습니다.

> 나는 사도 중에 가장 작은 자라 나는 하나님의 교회를 박해하였으므로 사도라 칭함 받기를 감당하지 못할 자니라 그러나 내가 나 된 것은 하나님의 은혜로 된 것이니 내게 주신 그의 은혜가 헛되지 아니하여 내가 모든 사도보다 더 많이 수고하였으나 내가 한 것이 아니요 오직 나와 함께 하신 하나님의 은혜로라 (고전 15:9-10).

바울은 본래 하나님의 교회를 짓밟던 폭도였습니다. 그러나 하나님께서 그 폭도를 예수 그리스도의 핏값으로 사셨습니다. 하나님께서 17년 동안 그를 친히 훈련시키셨습니다. 하나님께서 당신의 사랑과 생명을 세상으로 흘려 보내기 위한 도구로 그를 지명하여 선택하셨습니다. 하나님께서 그를 구브로 섬으로 직접 인도하시고, 바보에서 그를 통해 친히 역사해 주셨습니다. 그리고 하나님께서 그를 첫 번째 전도팀의 우두머리로, 나아가 세계의 역사를 새롭게 하는 위대한 사도 바울로 세워 주셨습니다.

하나님의 은혜가 아니었던들 바울이 바울로 존재한다는 것은 불가능한 일이었습니다. 그렇기에 바울은 하나님의 사랑과 생명의 통로로 살아가는 자신의 소명에 누구보다 충실했지만, 그렇다고 그것이 자신을 내세울 일이 아님을 잘 알고 있었습니다. 그것마저도 자신과 함께하고 계시는 하나님의 은혜로 인함이었기 때문입니다. 바울이 하나님의 은혜에 감사하기 위해 자신의 소명에 충실하면 할수록, 바울은 자신과 함께하고 계시는 하나님의 은혜를 더 깊이 깨달을 수 있었습니다. 바울이 하나님을 위해 자신의 일평생을 던진 이유가 바로 여기에 있었습니다. 바울이 하나님의 사랑과 생명의 통로로 살아간다는 것은, 그 자신이 하나님의 사랑과 생명 속에서 그 사랑과 생명을 자신의 삶으로 누리는 것을 뜻했습니다.

이틀 전 1월 1일 신년 0시 예배 시간에 말씀드린 것처럼, 올해 우리 교회의 표어는 로마서 12장 15절에 기인한 '함께'입니다.

즐거워하는 자들과 함께 즐거워하고 우는 자들과 함께 울라.

하나님의 사랑과 생명을 세상으로 흘려 보내는 하나님의 통로가 된다는 것은, 함께해야 할 사람들과 주님 안에서 희로애락을 함께 나누는 것이라고 했습니다. 바꾸어 말해, 함께해야 할 사람들과 주님 안에서 자신의 삶을 함께 나누는 것입니다. 언뜻 그것은 함께해야 할 대상자를 위해 일방적인 자기희생만 요구될 뿐, 막상 그런 삶을 사는 당사자에게는 아무 유익이 없는 것처럼 여겨집니다. 그러나 그것은 사실이 아닙니다. 그것은 그 사람이 아직도 자신의 삶을 누군가와 한 번도 나누어 본 적이 없었다는 증거일 뿐입니다. 우리가 누군가를 위해 하나님의 사랑과 생명의 통로가 되고, 누군가와 주님 안에서 삶을 함께 나누는 것은, 하나님께서 당신의 사랑과 생명으로 먼저 우리와 함께하고 계시기 때문입니다. 따라서 하나님의 사랑과 생명의 통로가 되어, 함께해야 할 누군가와 자신의 삶을 함께 나눈다는 것은, 바로 자기 자신이 하나님의 사랑과 생명 속에서 그 사랑과 생명을 누리는 것을 의미합니다. 그러므로 우리가 우리와 함께하고 계시는 하나님의 사랑과 생명을 흘려 보내는 통로의 삶을 살 때에만, 우리는 하나님의 사랑과 생명 속에서 참된 행복을 누릴 수 있습니다.

제가 사랑하고, 아끼고, 또 존경하는 젊은 교우님이 있습니다. 그분은 함께해야 할 많은 사람들과 자신의 삶을 기쁨으로 나누고 있습니다. 그분이 왜 그런 삶을 사는지, 그 삶의 결과로 자신이 얻는 것은 무엇인지, 그분으로부터 직접 들어 보기로 하겠습니다.

안녕하십니까? 227구역의 션Sean입니다. 저는 2004년 10월 8일, 이 세상에서 가장 아름다운 사람과 결혼했습니다. 혼수와 예단 없이 그리고 축의금도 받지 않는, 반지 하나만 주고받는 결혼식을 올렸습니다. 간결한 결혼식이었지만, 오신 하객분들은 떠나고 싶지 않은 결혼식이라고 고백해 주신, 그런 행복한 결혼식이었습니다. 결혼한 다음 날 제가 아내에게 이런 제안을 했습니다. 우리가 어제 정말 행복하게 결혼생활을 시작했으니, 그 행복을 우리만 쥐고 살려 하지 말고, 우리의 손을 펴서 이웃과 나누며 더 큰 행복을 누리며 살자는 제안이었습니다. 그런데 너무 큰 것을 제안하면 제 아내가 부담을 느낄 수도 있고, 저 또한 지키지 못할 수도 있을 것 같아 매일 실천할 수 있는 작은 것을 제안했습니다. 하루에 만 원씩 이웃을 위해 드리자는 제안이었습니다. 아내는 흔쾌히 그러자고 대답했습니다. 둘 다 직업을 가진 저희 부부에게 하루 만 원이 그렇게 부담되지 않는 금액이기 때문이었습니다. 그래서 결혼한 다음 날부터 이웃을 위해 매일 만 원씩 모으기 시작했습니다.

그렇게 매일 만 원씩 모아 1년이 되는 결혼기념일에 1년 동안 모은 돈을 들고 서울 청량리에 있는 '밥퍼'라는 곳을 찾아가 전해 드리고, 그날 식사하러 온 노숙자분들을 위해 하루 종일 봉사했습니다. 처음으로 밥퍼를 찾은 저희 부부가 결혼 1주년 봉사를 마치고 돌아오는 길에 제 아내가 제게, "작은 것을 드렸는데도 큰 행복을 가지고 돌아온다"는 고백을 했습니다. 저희 부부는 하루에 만 원씩 드렸을 뿐입니다. 하지만 그날 저희 부부가 가지고 돌아온 행복은, 하루에 우리 자신을 위해 쓰는 만 원으로 누릴 수 있는 행복보다 훨씬 큰 행복이었습니다. 저희 부부의 하루 만 원이 1년 동안 모이니 365만 원이 되었습니다. 밥퍼에 하루 동안 가장 많은 분들이 올 때가 1,500명 정도인데, 그분들에게 제공하는 한 끼 식사 경비가 150만 원 정도라고 합니다. 저희 부부가 하루 만 원씩 1년 동안 모은 금액이 1,500명에게 두 끼 식사를 제공하고도 남는 금액이 되었습니다. 재작년 10월 8일은 결혼 4주년이었는데, 하루 만 원씩 4년 동안 드린 금액은 1,461만원이었습니다. 하나님께서 저희 부부에게 이 땅에서 긴 삶을 허락해 주신다는 가정 아래, 저희 부부의 결혼 40주년이 될 때는 1억 4,610만 원이 이웃을 위해 드려지게 될 것입니다. 하루에 단돈 만 원이 말입니다.

저는 이제 결혼한 지 만 5년이 조금 지났습니다. 하나님께서 우리 가정에 많은 축복을 허락해 주셨습니다. 벌써 자녀가 셋입니다. 하음이, 하랑이, 하율이. 셋째 하율이가 태어난 지 이제 막 6개월이 지났는데 너무도 예쁩니다. 웃음이 많은 아이입니다. 첫째 하음이는 그래도 웃음이 꽤 있었는데, 둘째 하랑이는 카리스마를 지니고 태어나 돌 때까지 잘 웃지 않았습니다. 그런데 셋째 하율이는 태어나면서부터 아주 잘 웃습니다. 그래서 너무나도 예쁩니다. 둘째 하랑이는 말씀드렸듯이 카리스마를 지니고 태어났습니다. 돌 때까지 사진 중에 웃는 사진이 몇 장 없을 정도로 하랑이는 태어나면서부터 힙합이었습니다. 이 아이가 정말 잘생겼습니다. 이제 두 돌이 지났으니 아빠인 제가 2년 넘게 매일 봐온 셈인데, 오늘 아침에도 하랑이를 보고 "너 정말 잘생겼다"고 했습니다. 감탄이 저절로 나옵니다. 정말 잘생겼습니다. 일반적으로 갓 태어난 아이들은 약간 밋밋하게 생겼습니다. 머리숱도 별로 없고, 눈썹도 흐릿하고, 약간 두리뭉실해 보입니다. 하랑이가 태어나는 순간 저는 분만실에 있었습니다. 의사 선생님이 막 태어난 하랑이를 제게 안겨 주는데, 새카만 머리숱이 아주 많고 또 상당히 길었습니다. 그래서 저는 아이가 미장원에 다녀온 줄 알았습니다. 완전히 축구선수 베컴 머리를 하고 있었습니다. 그리고 얼굴은 두루뭉술하기는커녕 초등학생 얼굴 윤곽을 갖고 있었습니다. 볼수록 정말 잘생겼습니다. 엄마 닮았거든요. 첫째 하음이는 딸입니다. 하지만 하음이는 저를 닮아서 귀엽습니다.

첫째 하음이가 태어나서야, "눈에 넣어도 안 아플 것처럼 예쁘다"는 어른들의 말이 무슨 의미인지 깨달을 수 있었습니다. 하음이는 눈에 넣어도 정말 아프지 않을 것처럼 예뻤습니다. 아이가 항상 예쁜 짓만 하는 것은 아닙니다. 떼를 쓸 때도 있고, 새벽에 깨어서 잠을 못 자게 할 때도 있습니다. 기저귀를 갈아 주다가 똥이나 오줌이 손에 묻을 수도 있습니다. 하지만 전혀 더럽게 느껴지지 않았습니다. 심지어는 하음이가 태어나 처음으로 똥을 눴을 때, 그게 너무 기쁘고 신기해서 저는 그 똥을 평생 간직하려고 했습니다. 제 아내가 말리는 바람에 어쩔 수 없이 사진을 찍어 지금도 간직하고 있습니다. 아이의 모든 것이 예쁩니다. 눈에 넣어도 아프지 않을 것처럼 예쁩니다. 그 예쁜 아이가 자라는 것을 보면서 돌잔치를 생각했습니다. 돌잔치는 정말 좋은 자리입니다. 우리 아이가 일 년 동안 건강하고 예쁘게 자랐다는 것을 많은 분들을 초대하여 자랑하는 자리이기 때문입니다.

하음이 돌이 되기 전에 다른 아이들의 돌잔치에 여러 번 초대받았습니다. 좋은 자리이긴 한데 한 가지 공통점이 있었습니다. 정작 주인공들은 그렇게 행복하지 않더라는 것입니다. 주인공들은 아이와 엄마인데, 아이가 첫돌 무렵이 되면 낯을 가립니다. 낯가림이 심한 아이는 모르는 사람이 가까이만 와도 웁니다. 그런데 자기 돌날에는 모르는 사람들이 많이 옵니다. 그리고 아이가 첫돌 무렵이 되면 규칙적인 생활을 합니다. 먹고, 자고, 노는 시간이 대충 정해져 있습니다. 하지만 자기 돌날은 시끄럽고, 또 낯설고 모르는 사람들이 많기에 규칙적인 리듬이 깨어져 버립니다. 그렇게 힘든 하루를 보내고서도 마지막 시간에는 사람들 앞에서 무엇인가 잡으라는 요구를 또 받습니다. 여간 힘든 일이 아닙니다. 그렇게 힘들어 하는 아이를 하루 종일 안고 달래야 하는 엄마 또한 힘들기는 매한가지입니다.

그런 광경을 보면서 우리 하음이를 위해선 의미 있는 돌잔치를 해주고 싶은 마음이 생겼습니다. 저희 부부는 둘 다 일을 하는 맞벌이 부부입니다. 대개 맞벌이 부부는 아이들을 돌봐주는 도우미 아주머니의 도움을 받습니다. 제 아내가 하음이를 가졌을 때부터 저희 부부는 생각 끝에, 우리 힘으로 아이를 키워 보기로 하고 도우미 아주머니의 도움을 받지 않기로 했습니다. 그래서 하음이가 태어날 때부터 우리 부부 손으로 아이를 키웠습니다. 그 대신 도우미 아주머니의 도움을 받지 않음으로 절약할 수 있는 금액을 매달 하음이 이름으로 저축했습니다. 그 금액에, 돌잔치를 하게 될 경우 드는 금액을 합쳤더니, 하음이 돌날에 2천만 원이 모였습니다. 하음이 돌날, 저희 가족은 그 돈을 들고 서울대 어린이병원을 찾았습니다. 그리고 심장병 어린이 두 명, 귀가 들리지 않아 인공 와우(달팽이

관) 수술이 필요한 아이 한 명, 이렇게 세 명의 어린이가 수술받을 수 있게 해주었습니다. 하음이 돌이 지난 후에 주위 분들이 하음이 돌잔치 언제 하냐고, 왜 초대하지 않느냐고 물어 와서, 저희 가족끼리 조촐하게 치렀다고 말씀드렸습니다. 그랬더니 그럼 하음이가 돌잡이로 무엇을 잡았는지 물었습니다. 그래서 이렇게 대답드렸습니다.

"우리 하음이는 돌잡이로 이웃의 손을 잡았습니다."

재작년 5월에 제가 필리핀을 방문하기로 약속이 되어 있었습니다. 방문 이유는, 우리 하음이가 배 속에 있을 때부터 '컴패션COMPASSION'을 통해 해외 빈민 아이 여섯 명을 후원하고 있었는데 그중의 한 명이 필리핀 아이였기 때문입니다. 클라리제Clarize라는 여자아이였습니다. 클라리제를 만나기 위해 필리핀으로 출발하기 2개월 전인 3월에 클라리제로부터 편지가 왔습니다. 기쁜 마음으로 봉투를 뜯었습니다. 크레용으로 그림이 그려진 편지에는 아주 짧은 글이 쓰여 있었습니다.

"I LOVE YOU, MOMMY."

편지 어디에도 제 이름은 없었습니다. 하지만 기쁜 마음으로 제 아내에게 편지를 건네주었습니다. 제 아내가 편지를 읽더니 큰 감동을 받았습니다. 우리 부부는 클라리제에게 매달 3만 5천 원의 작은 후원금을 보낼 뿐인데 자신을 'mommy', 엄마라 부른 것에 아내가 큰 감동을 받은 것이었습니다. 아내는 저에게 하음이와 하랑이도 하나님께서 주신 귀한 선물이지만, 우리가 '컴패션'을 통해 품은 여섯 명의 아이들, 자신을 mommy라고 부르는 클라리제도 우리의 귀한 아이들이라고 했습니다. 그리고 자신이 클라리제를 직접 만나러 가야겠다며, 어린 하음이와 하랑이를 제게 맡기고 필리핀으로 떠났습니다.^^ 필리핀에 도착한 아내는 먼저 '컴패션 프로젝트'란 곳을 찾아갔습니다. 그곳에는, 후원받는 수십

명의 아이들이 밝은 표정으로 공부도 하고, 찬양도 하고, 서로 어울리며 생활하고 있었습니다. 다음 날 아내는 클라리제의 집을 찾아갔습니다. 더러운 개울 중간의 한 평 남짓한 판잣집에 여섯 식구가 살고 있었습니다. 밥도 제대로 먹지 못하는 아주 열악한 상황이었습니다. 도무지 꿈이 없어 보일 것 같은 그런 암울한 상황에서 살던 클라리제가 저희가 매달 후원해 주는 3만 5천 원으로 공부도 하고, 의료 혜택도 받고, 입고, 먹을 뿐 아니라, 무엇보다도 중요한 예수님을 알아 가면서, 꿈을 지니고 새롭게 변하기 시작했습니다. 아내는, 3만 5천 원이란 돈으로 한 아이의 인생을 바꾸어 줄 수 있다는 것이 너무나도 감사하고, 또 큰 감동이라고 고백했습니다.

저희 부부에게 꿈이 있었습니다. 내 집 마련이란 꿈이었습니다. 열심히 일을 하면서 돈을 모았고, 은행에서 융자받을 수도 있기에 우리 집을 꿈꾸며 살았습니다. 우리가 원하는 집을 사기 위해선 은행 융자가 필요했고, 그 경우 매달 은행에 갚아야 할 금액을 계산해 보니 대략 350만 원 정도였습니다. 필리핀에 다녀온 아내는 제게, 내 집 마련의 꿈을 잠시 뒤로 미루고 100명의 아이들에게 꿈을 주는 것으로 자신의 꿈을 대신하고 싶다고 말했습니다. 그래서 재작년 5월부터 100명의 아이들을 후원하기 시작했습니다. 저희 부부는 이렇게 103명의 아빠 엄마로 살아가게 되었습니다.

가끔 이런 질문을 받습니다. 우리나라에도 어려운 아이들이 많은데, 왜 굳이 그렇게 많은 해외 아이들을 돕느냐는 질문입니다. 잠시 '컴패션'에 대해서 말씀드리겠습니다. 1952년 한국전쟁 중 미국의 스완슨E. Swanson 목사님이 집회차 한국에 왔다가, 아이들의 시체를 쓰레기처럼 트럭에 싣고 가는 것을 보았습니다. 그 광경에 큰 충격을 받은 목사님이 귀국하여,

한국 어린이들의 비참한 현실을 미국인들에게 호소하면서 순수하게 한국 어린이들을 돕기 위해 만든 단체가 '컴패션'입니다. 그 당시 아이였던 우리 부모님 세대를 포함해 1993년까지 10만 명 이상의 아이들이 '컴패션'을 통해 후원받고 훌륭한 사회인이 되었습니다. 1952년에 미국에도 분명히 어려운 이웃들이 많았을 텐데, 많은 미국 사람들이 코리아라는 작은 나라를 품고 도왔습니다. 우리가 사랑의 빚을 진 것입니다.

제가 해외에 있는 100명의 아이들을 후원하는 이유 중에 하나가 빚을 갚는다는 것입니다. 하지만 그것으로만 그쳐서는 안 될 것 같았습니다. 작년 초에 저희 가정에 큰 물질의 은총이 있었습니다. 부부 동반 CF를 찍게 된 것이었습니다. 12년 가수 활동을 하면서 딱 한 번 CF를 찍은 저에게는 너무나 감사한 일이었습니다. 그래서 CF 금액으로 홀트아동복지회를 통해 우리나라 아이들 100명도 품기 시작했습니다. 그래서 저희 부부는 지금은 203명의 아이들 아빠 엄마로 살아가고 있습니다. 요즈음 제게는 꿈이 있습니다. 올해 안에 북한에 있는 어린이 100명을 품는 것입니다.

얼마 전에 물물교환이라는 컨셉으로 텔레비전 프로그램을 찍은 적이 있었습니다. 어떤 한 물건으로 시작하여 연예인 몇 명과 물물교환을 해나가면서 마지막 물건을 기부하는 내용이었습니다. 저는 물물교환 당사자인 연예인들이나 시청자들에게 나눔은 어려운 것이 아니라는 메시지를 전하고 싶었습니다. 무엇으로 물물교환을 시작할까 고민하다가, 우리 주변에서 아주 쉽게 구할 수 있지만 막상 없으면 더 이상 살아갈 수 없는 것, 또 아프리카에서는 너무나 귀한 '물 한 병'으로 시작했습니다. 가격 500원에 불과한 물 한 병이 빅뱅의 티셔츠로, 김호진 씨의 그릇 세트로, 강혜정 씨의 커프스링과 테이블로, 최수종 씨 소장의 유명 화가 그림으로, 채시라 씨의 도자기와 산악자전거로, 그리고 마지막에는 김범 씨의 자동차로 바뀌어졌습니다. 500원짜리 물 한 병이 여러 사람의 사랑과, 서로 나누고자 하는 마음을 거치면서 2천만 원 상당의 자동차로 변했습니다. 500원이 사랑을 통해 4만 배나 커진 것입니다.

저희 부부에게 재테크는 어떻게 하냐고 묻는 분들이 있습니다. 국가에서 필수로 정해 놓은 4대 보험과 자동차보험 이외에는 다른 보험도 없고 투자도 않는 저희는 특별히 재테크를 하지 않는다고 대답해 왔습니다. 하지만 얼마 전에 생각해 보니, 어쩌면 저희 부부도 재테크를 하고 있다는 생각이 들었습니다. 재테크란 미래를 위한 개인적인 투자입니다. 저희 부부는 앞으로 우리 아이들이 살아갈 세상을 위해, 그 세상이 함께 더불어 살아가는 행복한 세상이 될 수 있도록, 가장 중요한 '나눔'이란 재테크를 하고 있다는 생각이었습니다.

어떤 율법사가 예수님을 시험하고자 예수님께 계명 중에 가장 큰 계명이 무엇이냐고 질문했습니다. 예수님께서는, 첫째는 하나님 사랑 그리고 둘째도 그와 같으니 이웃 사랑이라고 대답하셨습니다. 저는, 하나님 사랑은 우리가 진정으로 행복한 삶을 살아갈 수 있는 유일한 길이라고 믿고 있습니다. 그리고 우리 부부는 앞으로도, 하나님 사랑 안에서의 행복한 삶으로 이웃 사랑을 삶으로 실천해 나가며 이 세상을, 함께 더불어 사는 행복한 곳으로 만들어 가는 것이 우리 크리스천들에게 주어진 행복한 삶의 소명이라고 믿는 믿음으로 계속 살아가려고 합니다. 감사합니다.

선 형제의 감동적인 고백은 우리로 하여금 그리스도인의 격을 생각하게 해줍니다. 요즈음 들어 정부와 언론은 '국격國格'이란 말을 자주 사용하고 있습니다. 우리나라의 경제력이 아무리 커져도 법치, 공익, 공공질서, 공중도덕 등과 같은 공공성이 확립되지 않으면 국격은 지켜질 수 없습니다. 나라에 국격이 있고, 사람에게 인격이 있다면, 그리스도인의 삶에는 품격이 있습니다. 그리스도인이 자기 자신만을 위해 살려 해서는 그리스도인의 품격이 지켜질 수 없습니다. 그것은 하나님을 믿는다면서도, 하나님께서 언제나 자신과 함께하고 계심을 믿지는 않음을 의미하기 때문입니다. 자기 삶의 현장에서 자신과 함께하고 계시는 하나님을 의식하지도, 믿지도 못하는 사람이 어떻게 매사에 그리스도인다운 품격을 지닐 수 있겠습니까?

반대로 하나님께서 언제나 자신과 함께하심을 믿는 사람은, 하나님의 사랑과 생명의 통로가 되어 함께해야 할 사람들과 삶을 함께 나누는 그리스도인의 품격을 지니지 않을 수 없습니다. 하나님의 사랑과 생명의 통로가 됨으로 인해, 바로 그 사랑과 생명에 의해 자신의 품격이 가다듬어지기 때문입니다. 만약 바울이 오늘의 본문에서 보듯, 함께해야 할 사람들과 자신의 삶을 함께 나누기 위해 하나님의 사랑과 생명의 통로로 살지 않았던들, 그가 2천 년이 지난 오늘날까지 품격 있는 그리스도인으로 우리의 영원한 본이 되지는 못했을 것입니다.

사랑하는 교우 여러분!

우리가 비록 보잘것없고 하찮은 존재일지라도, 예수 그리스도의 핏값으로 우리를 사신 하나님께서는 올 한 해 동안에도 변함없이 당신의 사랑과 생명으로 우리와 함께해 주실 것입니다. 우리 모두 그 하나님과 동행하십시다. 말씀과 기도 속에서, 하나님의 그 사랑과 생명에 대해 깨어 있는 영적 통찰력을 지니십시오. 그 사랑과 생명을 흘려 보내는 하나님의 통로가 되기 위해, 함께해야 할 사람들과 기꺼이 우리의 삶을 함께 나누십시다. 그 사랑과 생명을 힘입어 우리 모두 그리스도인다운 품격을 지니십시다. 그리스도인이 그리스도인의 품격을 지니는 것은 자기 가정과 교회의 품격을 높이는 길이요, 나아가 나라의 국격을 높이는 길입니다. 그리스도인에게 그보다 더 행복한 삶은 없습니다. 올 한 해 동안 바로 그 행복한 삶의 길로 우리를 인도해 주시기 위해 신년 주일을 맞이하는 지금, 하나님께서 당신의 사랑과 생명으로 우리와 함께하고 계십니다.

우리를 믿으시고 당신의 귀한 시간인 2010년을 또다시 맡겨 주시고, 새해 첫 주일부터 우리에게 참된 행복의 삶이 무엇인지 일깨워 주심을 감사드립니다. 올 1년 동안에도 당신의 사랑과 생명으로 변함없이 우리와 함께해 주실 하나님에 대해 늘 깨어 있는 영적 통찰력을 허락해 주십시오. 그 사랑과 생명을 세상으로 흘려 보내는 하나님의 통로로 살아가는 행복을 누리게 해주십시오.

함께해야 할 가족공동체와 나의 삶을 함께 나누는 행복을 누리게 해주십시오. 함께해야 할 일터공동체와 나의 삶을 함께 나누는 행복을 누리게 해주십시오. 함께해야 할 신앙공동체와 나의 삶을 함께 나누는 행복을 누리게 해주십시오. 함께해야 할 민족공동체와 나의 삶을 함께 나누는 행복을 누리게 해주십시오. 함께해야 할 인류공동체와 나의 삶을 함께 나누는 행복을 누리게 해주십시오.

우리 자식들이 살아갈 미래의 세상이 함께 더불어 살아가는 아름다운 세상이 될 수 있도록, 삶의 나눔이라는 재테크를 행하는 행복을 누리게 해주십시오. 우리로 인해 한 사람이라도 더 많은 사람이 행복해지는 행복을 누리게 해주십시오. 올 한 해 내내, 우리와 함께하고 계시는 하나님과 동행하는 행복을 누리게 해주십시오. 우리와 함께하고 계시는 하나님의 사랑과 생명 속에서, 품격 있는 그리스도인으로 살아가는 행복을 누리게 해주십시오. 우리로 인해 우리 가정과 교회의 품격이 지켜지고, 우리나라의 국격이 올라가는 행복을 누리게 해주십시오. 무엇보다도 우리로 인해 하나님께서 행복해하시는 행복을 누리게 해주십시오. 아멘.

12. 요한은 돌아가고

> 사도행전 13장 13-14절
> 바울과 및 동행하는 사람들이 바보에서 배 타고 밤빌리아에 있는 버가에 이르니 **요한은** 그들에게서 떠나 예루살렘으로 **돌아가고** 그들은 버가에서 더 나아가 비시디아 안디옥에 이르러 안식일에 회당에 들어가 앉으니라

바울의 생애는 첫 번째 전도지였던 구브로 섬에서 큰 획이 그어졌습니다. 구브로 섬의 바보를 기점으로 바울은 성경 속에서 더 이상 교만의 상징인 사울이 아니라, 겸손의 대명사인 바울로 불리기 시작했습니다. 그리고 그곳에서부터 바울은 전도팀의 새로운 우두머리로 부상하였습니다. 바울이 구브로 섬의 바보에서부터 우리가 알고 있는 바울의 삶을 비로소 살기 시작한 것이었습니다. 바울의 힘이나 능력으로 인함이 아니라, 바울이 자신의 삶을 하나님께 온전히 맡겼을 때 바울을 통해 역사하시는 하나님의 영으로 인함이었습니다.

전도팀의 우두머리가 된 바울은 바나바, 그리고 그들의 수행원이던 요한과 함께 구브로 섬의 바보에서 배를 타고 밤빌리아의 버가로 갔습니다. 밤빌리아는 당시 로마제국의 속주로서 현재의 터키 남쪽 지중해 연안 지방이며, 버가는 그 지방의 주요 도시 중 하나였습니다. 오늘날엔 터키의 항구 안탈리아Antalya에서 자동차를 타고 내륙으로 10여 킬로미터 이상 달려야 버가에 이를 수 있지만, 2천 년 전엔 세스트루스Cestrus 강(현재의 아쿠스 강)이 버가와 지중해를 연결하고 있었으므로 바울 일행은 배를 타고 버가에 이르렀을 것입니다. 그 이후 버가에서 무슨 일이 있었는지는 본문 13절이 밝혀주고 있습니다.

바울과 및 동행하는 사람들이 바보에서 배 타고 밤빌리아에 있는 버가에 이르니 요한은 그들에게서 떠나 예루살렘으로 돌아가고.

버가에 당도한 이후, 바울과 바나바의 수행원이던 요한이 웬일인지 되돌아가 버리고 말았습니다. 요한이 공적 임무를 수행하기 위해 처음 출발지였던 안디옥교회로 귀환한 것이 아니라, 아예 자기 집이 있는 예루살렘으로 되돌아가 버렸습니다. 요한의 그와 같은 행동이 그 이후에 한동안에 걸친 바울과 바나바의 결별을 초래했던 것을 보면, 그때 요한이 버가에서 전도팀을 부당하게 무단이탈하였음을 알 수 있습니다. 한마디로 요한은, 수행원으로서의 자기 임무를 헌신짝처럼 내팽개친 무책임하고도 어리석은 청년이었습니다.

그 무책임한 청년 요한은, 사도행전 12장 12절에 언급된 '마가라 하는 요한'이었습니다. 요한이라는 히브리식 이름을 지닌 유대 청년의 로마식 이름이 마가였던 것입니다. 이 시간에는 편의상 그 청년을, 우리에게 익숙한 마가라고 호칭하기로 하겠습니다. 이미 우리가 알고 있는 것처럼 마가는 예루살렘의 부자 마리아의 아들이자, 전도팀의 첫 번째 우두머리였던 바나바의 사촌 동생이었습니다. 나중에 그는 자신의 잘못을 깨닫고 바울과 베드로의 충실한 동역자가 되었을 뿐 아니라, 복음서인 마가복음을 기록하기까지 했습니다. 그것 역시 전적으로, 보잘것없는 어리석은 인간을 끝까지 바로 세워 주시는 하나님의 은총으로 인함이었습니다.

여기에 우리가 간과해서는 안 될 중요한 사실이 있습니다. 우리가 보잘것없는 인간을 바로 세워 주시는 하나님의 은총을 고백할 때, 그것은 어리석은 인간에 대한 하나님의 사랑과 자비를 찬양하기 위함이지, 인간이 보잘것없고 어리석은 자기 자신을 스스로 합리화하기 위함이어서는 안 된다는 것입니다. 마가의 경우를 생각해 보십시다. 버가에서 무책임하게 무단이탈했던 마가가 결국 하나님의 도구로 쓰임 받는 은총을 입었다고 해서 자신의 어리석었던 과거를 자각하지 못하거나, 계속 어리석은 삶을 살면서도 자신의 어리석음을 하나님의 뜻이라고 합리화하려 했다면, 그가 과연 오늘날 우리가 알고 있는 마가가 될 수 있었겠습니까? 무책임하고 어리석기 짝이 없었던 그가 마침내 마가복음의 기록자가 될 수 있었던 것은, 보잘것없는 자신을 변함없이 사랑해 주시는 하나님의 사랑을 깨닫고, 그 사랑에 바르게 응답하는 하나님의 통로가 되었기에 가능할 수 있었던 일입니다.

하나님을 알지 못하던 사람이 하나님의 은총 속에서, 하나님의 사랑과 생명을 흘려 보내는 통로의 삶을 살기 시작하는 것은 참으로 아름다운 일입니다. 그러나 마가는 본래 하나님을 알지 못하던 사람이 아니었습니다. 그는 믿음의 가정에서 자랐고, 예루살렘을 방문했던 바울과 바나바를 따라 안디옥으로 내려가 안디옥교회의 교인이 되었으며, 나아가 안디옥교회가 파송하는 첫 번째 전도팀의 수행원으로 발탁되었습니다. 누가 뭐래도 그는 하나님을 알고, 또 믿는 선택받은 청년이었습니다. 그럼에도 그는 버가에서 전도팀을 무단이탈함으로써, 자기 인생의 가장 소중한 젊은 시절을 한동안 헛되이 날려 버리고 말았습니다. 인생은 결코 영원무궁하지 않습니다. 인간을 스쳐 가는 1초 1초로 엮어지는 인간의 일생은 언젠가는 반드시 끝나기 마련입니다. 그러므로 하나님을 알지 못하는 사람이라면 모르되, 적어도 하나님의 부르심의 은총을 입은 사람이라면, 더 이상 자기 인생을 헛되이 날려 버리는 어리석은 삶을 반복해서는 안 됩니다. 하나님과 동행하면서 하나님의 통로로 쓰임 받는 사람만 자신을 스쳐 지나가는 1초 1초를 영원으로 건져 올리는 참된 그리스도인이 될 수 있습니다. 이런 관점에서 일평생 참된 그리스도인으로 살아가야 할 우리에게 본문의 마가는 좋은 반면교사가 되고 있습니다.

마가가 왜 버가에서 자기 책임을 내팽개치고 무단이탈했는지에 대해서는 여러 가지 견해가 있습니다. 이미 말씀드린 것처럼 마가는 바나바의 사촌 동생이었습니다. 우리가 사용하는 개역개정 성경은 골로새서 4장 10절에서 마가를 바나바의 조카라고 번역하고 있지만, 이에 해당하는 헬라어 '아네프시오스ἀνεψιός'는 '사촌'이란 의미입니다. 바울과 바나바 그리고 마가로 구성된 전도팀이 안디옥을 출발할 때의 우두머리는 분명히, 안디옥교회의 담임목사였던 마가의 사촌 형 바나바였습니다. 그러나 전도 여행 도중 바울이 바나바를 제치고 새로운 우두머리로 부상한 데 대해, 바나바의 사촌 동생이었던 마가가 불만을 품고 중도 하차해 버렸다는 견해가 있습니다. 지중해 연안에 위치한 버가는 지형상 저지대인지라 온갖 전염병이 만연하고 있었는데, 특히 말라리아의 기승이 심했습니다. 이에 마가가 겁을 먹고 무단이탈했다는 설도 있습니다. 부잣집에서 온실 속의 화초처럼 성장한 마가가 열악한 환경의 어려움과 향수병을 이기지 못해 돌아갔다는 주장도 있습니다. 여기에서 우리는 본문의 증언을 확인할 필요가 있습니다.

> 그들은 버가에서 더 나아가 비시디아 안디옥에 이르러 안식일에 회당에 들어가 앉으니라(14절).

버가에 도착한 바울 일행의 다음 목적지는 고원지대에 위치한 비시디아 안디옥이었습니다. 버가에서 오늘날의 차도로 200여 킬로미터 떨어져 있는 비시디아 안디옥을 그 차도를 따라 직접 찾아가 보면, 마가가 그 길을 마다하고 집으로 되돌아가 버린 이유를 어렵지 않게 짐작할 수 있습니다. 버가에서 술탄Sultan 산맥의 남쪽자락에 자리 잡고 있는 비시디아 안디옥에 이르기 위해서는, 먼저 타우루스Taurus 산맥을 넘어야 합니다. 험산준령으로 이루어져 있는 타우루스 산맥은 예로부터 강도와 산적들의 소굴이었습니다. 일반인이 그 산맥을 넘는 것은 자신의 생명과 자신이 지닌 재산을 거는 일이었습니다. 강도나 산적은 차치하더라도 해발 2천 미터에 달하는 고봉高峰들로 이루어져 있는 타우루스 산맥은 그 길의 험하기가 얼마나 심한지, 200여 킬로미터에 달하는 그 찻길을 10년 전 제가 낡은 자동차를 타고 길을 묻고 물으면서 가는 데 무려 3시간 30분이나 소요되었을 뿐 아니라, 자동차 뒤쪽에 앉은 사람들이 거의 멀미를 할 정도입니다. 하물며 2천 년 전 도보로 그 산맥을 넘는 것은 여간 어려운 일이 아니었을 것입니다. 그러므로 우리는 부잣집에서 궂은일을 모르고 자란 마가가, 바울이 그 험한 타우루스 산맥을 넘으려는 것을 보고 그만 기가 질려 무단이탈해 버렸음을 쉽게 짐작할 수 있습니다.

그러나 마가의 무단이탈 이유가 정확하게 무엇이었든 상관없이 중요한 것은, 마가가 포기한 그 험한 길을 바울과 바나바는 포기하지 않고 끝까지 나아갔다는 사실입니다. 사도행전 13장 5절은 마가를 가리켜 바울과 바나바의 '수행원'이라 부르고 있습니다. 우리말 '수행원'으로 번역된 '휘페레테스 ὑπηρέτης'는 본래 배 밑창에서 노 젓는 노예를 가리키는 단어입니다. 로마전함 밑창 좌우에는 노 젓는 노예들이 줄을 지어 앉아 있었습니다. 그들에겐 밖이 전혀 보이지 않았습니다. 그들에게는 밖을 내다볼 필요가 없었습니다. 배가 동쪽으로 갈 것인가 서쪽으로 갈 것인가, 그것은 그들의 결정 사항이 아니라 함장의 소관이었습니다. 그들의 임무는, 단지 고수鼓手가 치는 북의 속도에 맞추어 힘을 다해 노를 젓는 것뿐이었습니다. 마가는 그와 같은 휘페레테스였습니다. 다음 행선지를 험산준령의 타우루스 산맥 너머에 있는 비시디아 안디옥으로 삼을 것인가, 혹은 자신의 집이 있는 예루살렘으로 정할 것인가, 그것은 마가의 소관이 아니었습니다. 마가의 임무는 바울이 행선지를 정하는 대로 최선을 다해 그를 수행하는 것이었습니다.

그러나 그는, 타우루스 산맥 너머에 있는 비시디아 안디옥을 다음 행선지로 삼은 바울의 결정을 무시한 채 예루살렘으로 되돌아가 버리고 말았습니다. 눈앞을 가로막고 있는 타우루스 산맥의 위용에 압도되어, 자신이 휘페레테스임을 망각해 버리고 말았던 것입니다. 그것은 마가가 자신을 휘페레테스로 부르시고, 또 자신과 함께하고 계시는 하나님을 망각했음을 의미했습니다. 그러므로 아무리 하나님을 믿는 사람이라 할지라도 하나님께서 언제나 자신과 함께하고 계심을 깨닫지 못하는 사람은, 어떤 상황 속에서든 하나님의 신실한 휘페레테스로 사는 것이 불가능하다는 사실을 본문의 마가가 입증해 주고 있습니다.

바울과 바나바, 그리고 그들의 휘페레테스였던 마가가 안디옥을 떠난 것은 그들이 임의로 결정한 일이 아니었습니다.

> 주를 섬겨 금식할 때에 성령이 이르시되 내가 불러 시키는 일을 위하여 바나바와 사울을 따로 세우라 하시니 이에 금식하며 기도하고 두 사람에게 안수하여 보내니라(2-3절).

바울 일행이 하나님의 사랑과 생명을 세상으로 흘려 보내는 하나님의 통로가 되기 위해 안디옥을 떠난 것은, 성령님의 인도하심에 의한 기도의 결과였습니다. 당시 안디옥교회의 일원이었던 마가 역시 그 기도의 동참자였음은 물론입니다. 그가 바울과 바나바의 휘페레테스로 나서게 된 것 자체가 성령님의 역사였습니다. 그렇다면 그가 자신을 예루살렘으로부터 안디옥교회로 이끌어 준 바울과 바나바, 그리고 앞으로 자신이 수행해야 할 바울과 바나바를 위해 얼마나 기도했겠습니까? 자신이 그들을 수행하는 휘페레테스의 역할을 잘 감당할 수 있게끔 하나님의 도우심을 또 얼마나 겸손하게 구했겠습니까? 그러나 그는 가장 결정적인 순간에 휘페레테스인 자기 정체성을 망각하였고, 그 결과는 한동안에 걸친 자기 인생의 허비와 동시에 바울과 바나바의 결별로 나타났습니다. 만약 마가가 자신이 휘페레테스임을 망각지 않았던들, 자기 자신과 타인을 동시에 해치는 어리석음을 범치는 않았을 것입니다.

타우루스 산맥 앞에서 자신의 휘페레테스 됨을 맥없이 포기한 마가가 젊은 청년이었던 데 반해, 당시의 바울은 이미 40대였습니다. 2천 년 전 로마 제국 시민의 평균수명이 50세 미만이었음을 감안하면, 그때 바울은 벌써 초로의 나이에 접어든 셈이었습니다. 청년 마가가 포기한 타우루스 산맥이라면 마가보다 훨씬 연상인 바울에게는 더 버거운 대상이요, 마가보다 더 빨리 포기해야 할 장애물이었음에 틀림없습니다. 그렇지만 청년 마가가 외면한 그 타우루스 산맥을 바울은 바나바와 함께 끝까지 포기하지 않고 넘었습니다. 바울에게 그것이 가능할 수 있었던 것은, 그는 타우루스 산맥의 위용 앞에서도 자신이 주님의 휘페레테스임을 잊지 않았기 때문입니다. 말년의 바울은 아그립바 왕에게, 다메섹 도상에서 자신을 부르셨던 주님의 말씀을 다음과 같이 진술하였습니다.

> 일어나 너의 발로 서라 내가 네게 나타난 것은 곧 네가 나를 본 일과 장차 내가 네게 나타날 일에 너로 종과 증인을 삼으려 함이니(행 26:16).

주님께서 다메섹 도상에서 바울을 부르실 때, 그는 의인이거나 성자가 아니었습니다. 그는 교회를 짓밟고 주님께 대적하던 폭도였습니다. 그럼에도 주님께서 그를 부르신 것은, 그를 당신의 종으로 삼으시기 위함이었습니다. 여기에서 우리말 '종'으로 번역된 헬라어가 바로 휘페레테스입니다. 이때부터 바울은 주님의 휘페레테스인 자신의 정체성을 일평생 잊지 않고 살았습니다. 이것이 그가 고린도전서 4장 1-2절을 통해 다음과 같이 증언하는 이유입니다.

> 사람이 마땅히 우리를 그리스도의 일꾼이요 하나님의 비밀을 맡은 자로 여길지어다 그리고 맡은 자들에게 구할 것은 충성이니라(고전 4:1-2).

바울은 자신을 주님의 일꾼이라고 고백했습니다. 그런데 '일꾼'이란 단어가 원문에는 역시 휘페레테스로 기록되어 있습니다. 바울은 다른 사람들이 그를 마땅히 주님의 휘페레테스로 인정할 정도로 자신의 휘페레테스 됨에 충실하였기에, 주님의 휘페레테스인 그가 주님을 위해 할 수 있는 것은 오직 충성뿐이었습니다. 로마 전함의 휘페레테스들이 함장이 지시하는 곳으로 향하기 위해 오직 노 젓기에 충성을 다하는 것과 같았습니다. 그렇기에 타우루스 산맥이 아무리 높고 험하다 한들, 그것이 바울의 앞길을 가로막는 장애물이 될 수는 없었습니다. 타우루스 산맥이 높고 험하다는 이유만으로 젊은 마가처럼, 주님의 휘페레테스인 자신의 정체성을 망각하고 되돌아서는 것은 바울에게는 용납될 수 없는 일이었습니다. 주님께서 자신을 타우루스 산맥을 넘어 비시디아 안디옥으로 인도하시는 한, 설령 그 앞에 만난萬難이 기다리고 있다 할지라도 바울에게는, 오직 주님의 사랑과 생명을 주님께서 원하시는 곳으로 흘려 보내기 위해 그 만난을 뚫고 나가는 충성만이 있을 뿐이었습니다. 그래서 그는 다메섹 도상에서 주님의 부르심을 입은 이후 마가처럼, 가장 결정적인 순간에 주님의 뜻을 외면하고 되돌아서는 잘못이나 어리석음을 범한 적이 단 한 번도 없었습니다. 그것은 바울이, 자신을 당신의 휘페레테스로 불러 주신 하나님께서 어떤 상황 속에서든 자신과 함께 계심을 단 한 번도 망각한 적이 없었음을 의미합니다. 그렇지 않고서야 그가 주님을 위해 참수형을 당해야 하는 죽음의 상황마저 기꺼이 받아들일 수는 없었을 것입니다.

만약 마가가 본문 속에서 어리석게도 집으로 되돌아가지 않고, 바울이 이 세상을 떠나기까지 바울을 수행하는 휘페레테스의 사명에 충실하였다면 어떻게 되었겠습니까? 두말할 것도 없이 마가가 사도행전을 기록하는 영광을 입었을 것입니다. 이 세상에서 자신이 쓴 글이 하나님의 말씀이 되어 영원한 성경이 되는 것보다 인간에게 더 큰 영광이 어디에 있을 수 있겠습니까? 예루살렘에 있는 마가의 집은 예수님의 승천 이후에 초대교회 교인들이 기도

하던 곳이요, 오순절에 성령님께서 강림하신 곳이었습니다. 초대교회와 사도행전의 역사가 바로 그 집에서 시작되었습니다. 마가는 자신의 집에서 일어난 그 모든 일을 자신의 눈으로 목격한 사람이었습니다. 바울과 바나바의 배려로 안디옥으로 내려간 마가는, 성령님께서 이방 지역에 세워진 최초의 이방 교회인 안디옥교회를 통해 어떻게 역사하셨는지를 직접 보았습니다. 그 자신이 하나님의 사랑과 생명을 세상으로 흘려 보내는 휘페레테스로 선택되어, 첫 번째 전도지였던 구브로 섬에서 바울과 바나바를 통해 어떤 생명의 역사가 일어났는지를 목격한 증인이었습니다. 만약 마가가 자신의 휘페레테스 됨을 망각하지 않았던들, 사도행전을 기록하기에 마가보다 더 좋은 조건을 갖춘 사람은 없었을 것입니다. 그러나 버가에서 무단이탈하는 어리석음을 범한 마가는 세월이 흐른 뒤에 사복음서 중에서 마가복음만 기록할 수 있었을 뿐, 사도행전을 기록하는 영광은 마가보다 훨씬 뒤에 바울과 합류한 누가에게 돌아갔습니다. 하나님의 휘페레테스로 부르심을 입은 뒤 자신의 휘페레테스 됨을 끝까지 잊지 않았던 누가는 사도행전뿐 아니라 누가복음을 기록하는 영광도 누렸습니다. 성경 분량의 많고 적음이 영광의 가치나 등급을 매기는 기준이 될 수는 없지만, 참고로 마가복음은 사복음서 중에서 가장 짧고 누가복음은 가장 깁니다.

  만약 바울이 마가처럼, 자신이 원치 않는 상황을 맞았을 때 그 상황 속에서 역사하시는 하나님을 깨닫지 못하고 자신의 휘페레테스 됨을 망각했더라면 어떻게 되었겠습니까? 그로 인해 인류의 역사가 새로워지는 일이 불가능했을 것임은 말할 것도 없고, 바울 한 사람이 신약성경의 4분의 1이 넘게 기록하는 영광은 더더욱 누리지 못했을 것입니다.

  우리는 이상과 같은 사실을 통해 귀중한 교훈을 깨달을 수 있습니다. 어떤 상황 속에서든 하나님께서 자신과 함께하고 계심을 믿는 사람만 언제 어디서나 하나님의 신실한 휘페레테스로 살 수 있고, 자신이 하나님의 휘페레테스임을 잊지 않는 사람만 모든 상황 속에서 하나님의 사랑과 생명을 흘려 보내는 품격 있는 그리스도인으로 살 수 있다는 것입니다. 바꾸어 말하면 어떤 상황 속에서든 하나님의 사랑과 생명을 흘려 보내는 품격 있는 그리스도인으로 살기 위해서는 자신이 하나님의 부르심을 입은 하나님의 휘페레테스임을 잊지 말아야 하고, 그것은 자신이 원치 않는 상황 속에서도 자신과 함께하고 계시는 하나님에 대한 깨어 있음으로만 가능합니다. 버가에 도착한 마가는 타우루스 산맥의 위용 앞에서 자신을 당신의 휘페레테스로 부르신 하나님을 망각함으로 자신의 젊은 시절을 한동안 어이없이 헛날려 버리고 말았습니다. 반면에 바울은 참수형을 당해야 하는 죽음의 상황 속에서도 자신을 당신의 휘페레테스로 부르신 하나님에 대해 깨어 있음으로, 그가 비록 육체적으로는 참수형을 당했을망정 자신의 삶으로 쓴 신약성경을 통해 그는 지금도 하나님의 사랑과 생명을 세상으로 흘려 보내는 품격 있는 그리스도인으로 영원히 살아 있습니다.

　성숙한 믿음도, 신실한 휘페레테스의 삶도, 하나님의 사랑과 생명을 세상으로 흘려 보내는 그리스도인의 품격도, 모두 자신과 함께하고 계시는 하나님에 대한 깨어 있음으로부터 시작합니다. 언제나 자신과 함께하고 계시는 하나님에 대해 깨어 있는 통찰력을 지니지 않고서는, 하나님을 좇는 참된 휘페레테스의 삶 자체가 불가능합니다. 말씀과 기도를 통한 경건 훈련의 목적이 우리 삶의 현장에서 우리와 함께하고 계시는 하나님에 대해 깨어 있는 통찰력을 지니기 위함입니다. 그러므로 하나님에 대해 깨어 있는 것보다 더 자신을 사랑하는 길은 없고, 하나님에 대해 깨어 있는 것보다 더 세상을 새롭게 하는 길도 없습니다. 하나님에 대해 깨어 있는 것은 곧, 자기 자신을 하나님의 영광 속에 두는 것입니다. 그 하나님께서는 결코 멀리 계시지 않습니다.

지금, 그리고 언제나, 우리와 함께하고 계십니다.

믿음은 어떤 상황 속에서든 하나님에 대해 깨어 있는 것으로부터 시작됨을 일깨워 주셔서 감사합니다. 내가 언제 어느 곳에 있든, 하나님께서 나와 함께 계시지 않는 곳이 없음을 잊지 않도록 도와주십시오. 우리가 어떤 상황을 맞든, 비록 그 상황이 내가 원치 않는 상황이라 할지라도, 그 상황 속으로 나를 인도하신 분이 하나님이심을 늘 기억하게 해주십시오.

말씀과 기도 속에서 항상 나와 함께하고 계신 하나님에 대해 깨어 있는 통찰력으로 살아가는 나의 삶이, 하나님에 의해 날마다 새롭게 빚어져 가는 창세기가 되게 해주십시오. 어떤 상황 속에서든 나와 함께하고 계신 하나님에 대해 깨어 있는 나의 삶을 통해, 수많은 사람들이 죄와 사망과 모든 억압의 속박에서 벗어나는 출애굽의 역사가 일어나게 해주십시오. 언제 어디서나 나와 함께하고 계신 하나님에 대해 깨어 있는 나의 일거수일투족이, 하나님을 향한 향기로운 제사로 승화하는 레위기가 되게 해주십시오. 하나님에 대해 늘 깨어 있는 우리의 삶 자체가 이 세상이 들여다볼 수 있는 성경이 되게 하시고, 이 시대의 역사를 새롭게 하는 사도행전이 되게 해주십시오. 그리하여 인생의 그 어떤 타우루스 산맥 앞에서도 바울처럼 조금도 굴하지 않고, 하나님의 사랑과 생명을 세상으로 흘려 보내는, 품격 있는 휘페레테스로 일평생 살아가게 해주십시오. 아멘.

13. 비시디아 안디옥에

사도행전 13장 13-14절
바울과 및 동행하는 사람들이 바보에서 배 타고 밤빌리아에 있는 버가에 이르니 요한은 그들에게서 떠나 예루살렘으로 돌아가고 그들은 버가에서 더 나아가 **비시디아 안디옥에** 이르러 안식일에 회당에 들어가 앉으니라

바울 일행은 첫 번째 전도지였던 구브로 섬의 바보에서 배를 타고 밤빌리아의 버가로 갔습니다. 그러나 바울과 바나바의 수행원이던 마가라 하는 요한이 버가에서 전도팀을 무단이탈하여 예루살렘으로 되돌아가 버린 사건에 대해서는 지난 시간에 살펴보았습니다.

로마제국의 속주였던 밤빌리아는 당시의 소아시아 반도, 즉 오늘날의 터키 남쪽 지중해 연안 지역이었습니다. 그리고 바울 일행이 도착한 버가는 밤빌리아에서 가장 중요한 도시였습니다. 주전 12세기경 페르시아제국에 의해 건설되었던 버가는 주전 334년 헬라제국의 알렉산더에 의해 정복되었다가,

그 이후 로마제국에 편입되면서 전성시대를 맞았습니다. 1947년부터 발굴되기 시작한 버가의 유적터를 직접 찾아가 보면, 그 도시의 엄청난 크기에 압도당하지 않을 수 없습니다. 야외경기장, 야외극장, 시장, 신전 등의 규모는, 2천 년 전 그 도시가 얼마나 번성한 도시였는지를 생생하게 보여 주고 있습니다. 그곳에서 수행원 요한이 예루살렘으로 되돌아간 뒤에 바울과 바나바가 무엇을 했었는지는 본문 14절이 밝혀 주고 있습니다.

그들은 버가에서 더 나아가 비시디아 안디옥에 이르러 안식일에 회당에 들어가 앉으니라.

전도팀의 우두머리였던 바울은 이상하게도 인구가 밀집해 있는 대도시 버가를 그냥 지나치고, 곧장 비시디아 안디옥으로 향하였습니다. 지난 시간에 말씀드린 것처럼, 버가에서 200여 킬로미터 떨어진 비시디아 안디옥에 이르기 위해서는 반드시 타우루스 산맥을 넘어야만 했습니다. 험산준령을 이루고 있는 타우루스 산맥을 도보로 넘는다는 것은 여간 어려운 일이 아닌 데다, 산맥 곳곳엔 강도들의 소굴이 있어 위험하기 짝이 없었습니다. 후에 바울이 고린도후서 11장 26절을 통해, 자신이 복음을 전하기 위해 "강도의 위험"마저 당했음을 피력한 것은 바로 이 타우루스 산맥을 넘을 때의 경험인 것으로 추정되고 있습니다. 그렇다면 우리는 여기에서 질문하지 않을 수 없습니다.

첫째, 구브로 섬에서 애써 버가를 찾아간 바울이 왜 대도시 버가를 마다하고 그냥 지나쳐 버렸는가 하는 질문입니다. 그때 바울은 할 일 없는 길손이 아니었습니다. 성령님의 인도하심 속에서 하나님의 사랑과 생명을 흘려보내기 위해 버가를 찾은 하나님의 '휘페레테스'였습니다. 그 목적을 위해서라면 바울이 소아시아 반도에서 첫발을 내디딘 버가는 더없이 좋은 곳이었습니다. 버가는, 바울이 지금까지 거쳐 온 구브로 섬의 살라미나 바보보다 월등히 큰 도시였습니다. 우리가 알고 있는 평소의 바울이라면, 자신이 애써 찾아간 그 큰 도시의 사람들을 향해 신명나게 복음을 전해야 마땅했습니다. 그런데도 바울은 그냥 버가를 지나쳐 버리고 말았습니다.

두 번째 질문은, 바울이 버가를 어쩔 수 없이 지나쳤더라도 왜 그다음 목적지를 하필이면 비시디아 안디옥으로 삼았느냐는 것입니다. 버가 인근에는 앗달리아Attalia, 아펜도스Apendos, 시데Side 등의 큰 도시들이 있었습니다. 버가에서 복음을 전할 수 없는 피치 못할 사정이 있었다면, 그 대신 버가의 인근 도시를 찾아 복음을 전하는 손쉬운 길이 있었습니다. 당시 그 지역의 모든 사람들이 복음을 전혀 모르고 있었음을 감안하면, 바울이 어느 곳에서 복음을 전하든 복음 전파의 의미 자체는 동일했을 것입니다. 따라서 바울이 굳이 목숨을 걸고 강도들이 들끓는 험산 준령의 타우루스 산맥을 넘어 200여 킬로미터나 떨어진 비시디아 안디옥을 찾아야 할 필요가 없었을 것으로 여겨집니다. 그런데도 바울이 왜 타우루스 산맥의 만난을 무릅쓰고 하필이면 그 먼 비시디아 안디옥을 찾아갔는지, 우리는 그 까닭을 묻지 않을 수 없습니다.

난해해 보이는 이 두 질문에 대한 해답은 바울 자신이 직접 제시해 주었습니다. 비시디아 안디옥은 로마제국의 속주인 갈라디아Galatia에 속한 도시였습니다. 그러므로 바울이 비시디아 안디옥을 찾았다는 것은 갈라디아 지방에 그의 첫발을 내디딘 것을 의미하였습니다. 그 이후 바울은 비시디아 안디옥을 떠나 계속하여 갈라디아의 이고니온Iconium, 루스드라Lystra, 더베Derbe를 차례로 방문하였습니다. 그 결과 갈라디아 곳곳에는 교회가 세워지게 되었고, 후에 그 갈라디아의 교인들을 위해 바울이 써 보낸 편지가 신약성경의 갈라디아서였습니다. 바로 그 갈라디아서 속에서 바울은, 자신이 갈라디아 땅에 첫발을 내디디게 된 이유를 다음과 같이 밝혔습니다.

> 내가 처음에 육체의 약함으로 말미암아 너희에게 복음을 전한 것을 너희가 아는 바라(갈 4:13).

바울이 애써 찾아간 대도시 버가를 그냥 지나치고 굳이 험산준령의 타우루스 산맥을 넘어 갈라디아 땅의 비시디아 안디옥을 찾아갔던 것은, 그의 육체의 약함으로 인함이었습니다. 우리말 '약함'으로 번역된 헬라어 '아스데네이아$\dot{\alpha}\sigma\theta\acute{\epsilon}\nu\epsilon\iota\alpha$'는 '질병'을 뜻하는 단어입니다. 바울이 버가를 지나쳐 비시디아 안디옥으로 향하지 않을 수 없었던 것은, 당시 그가 질병을 앓았기 때문이었습니다. 그 질병이 구체적으로 무엇이었는가에 대해서는 여러 이론이 있습니다. 평소의 지병, 이를테면 안질이나 간질병이었다는 주장이 있습니다. 그러나 이런 주장은 별 설득력을 갖지 못합니다. 버가가 평소의 지병에 해로운 곳이어서 바울이 버가를 포기해야만 했다면, 그다음 목적지를 구태여 험산준령의 타우루스 산맥 너머에 있는 비시디아 안디옥으로 삼을 까닭이 없었을 것이고, 또 자신의 지병에 해로운 버가를 재차 찾을 필요도 없었을 것입니다. 그러나 하나님의 사랑과 생명을 타우루스 산맥 너머의 갈라디아 지방에 전한 바울은 귀로에, 오늘의 본문 속에서 포기했던 버가로 되돌아와 끝내 복음을 전하였음을 사도행전 14장 25절이 증언해 주고 있습니다.

따라서 그보다는, 지형상 저지대인지라 온갖 전염병이 만연해 있던 버가에 당도한 바울이 도착 즉시 말라리아와 같은 풍토병에 감염되었다는 주장이 정설로 받아들여지고 있습니다. 2천 년 전의 의료 수준은 오늘날과는 비교가 불가능할 정도로 저급하였습니다. 풍토병 환자에 대한 최선의 치료 방법 중 하나는, 풍토병을 초래한 환경과 정반대의 환경으로 환자를 이동시키는 것이었습니다. 저지대인 버가가 무덥고 습한 기후인 것과는 반대로 비시디아 안디옥은 선선하고 건조한 해발 1천 미터 이상의 고원지대였습니다. 그러므로 버가에 당도하자마자 뜻하지 않게 풍토병에 걸린 바울이, 위험을 무릅쓰고 험산준령의 타우루스 산맥을 넘으면서까지 버가와는 정반대의 환경조건을 지닌 비시디아 안디옥을 찾았음을 알 수 있습니다. 그리고 바울이 귀로에 다시 버가로 되돌아와 복음을 전했다는 것은, 그가 갈라디아의 고원지대를 다니는 동안 버가에서 걸린 풍토병이 깨끗이 치유되었음을 의미합니다.

만약 버가에 당도한 바울이 그곳에서 풍토병에 걸리지 않았더라면 험산준령의 타우루스 산맥을 넘어 비시디아 안디옥으로 향하지는 않았을 것입니다. 그 경우에 바울은 구브로 섬의 살라미와 바보에서 그랬듯이 먼저는 자신이 목표지로 삼았던 대도시 버가에서 복음을 전했을 것이며, 뒤이어 버가의 인근 도시들을 찾아다니며 복음을 전파하였을 것입니다. 그러나 버가에서 바울을 덮친 이름 모를 풍토병이, 바울 자신의 고백처럼, 그가 전혀 예상치도 않았던 갈라디아 땅의 비시디아 안디옥으로 그를 이끌어 갔습니다.

그 상황을 바울의 입장에서 생각해 보십시다. 누구보다도 인간에 대한 뜨거운 사랑의 마음을 지닌 바울이었던 만큼, 구브로 섬에서 배를 타고 밤빌리아의 대도시 버가를 향하는 동안, 버가 사람들에게 하나님의 사랑과 생명을 전하려는 열정의 불꽃이 얼마나 그를 사로잡았겠습니까? 그러나 버가에 도착하는 즉시, 버가 사람들에게 단 한마디의 복음을 전하기도 전에, 뜻하지 않게 풍토병의 밥이 되어 버린 바울의 낙심천만이 얼마나 컸겠습니까?

그로 인해 어쩔 수 없이 버가를 지나쳐 버가와는 정반대의 환경인 비시디아 안디옥을 향해 험산준령의 타우루스 산맥을 넘어야만 했을 때, 풍토병에 시달리던 그의 심신은 또 얼마나 피곤하고 괴로웠겠습니까?

그러나 바로 거기에 하나님의 신비스러운 섭리가 있습니다. 그때 바울이 풍토병으로 인하여 타우루스 산맥 너머에 있는 비시디아 안디옥을 찾지 않을 수 없었기에 복음이 갈라디아 지방에 전파될 수 있었고, 또 교회가 세워질 수 있었습니다. 그러나 그것은 그다지 중요하지 않을 수도 있습니다. 만약 바울이 풍토병에 걸리지 않고 처음 계획했던 대로 버가를 중심으로 밤빌리아 지방에 복음을 전했더라도, 그 지역에 여러 교회가 세워졌을 것이 분명하기 때문입니다. 뜻하지 않게 풍토병에 걸린 바울이 비시디아 안디옥, 즉 갈라디아 지방으로 가지 않을 수 없었던 그의 행보가 절대적 의미를 지닌다면, 그것은 그로 인해 갈라디아서가 기록되었기 때문입니다. 앞에서 언급한 것처럼, 갈라디아서는 바울이 세운 갈라디아 지방 교회의 교인들에게 쓴 편지로서 그 자체가 신약성경의 일부가 되었습니다. 고린도전후서, 에베소서, 빌립보서 등, 신약성경에 들어 있는 13편의 바울서신이 모두 해당 지역의 교인들이나 개인에게 보낸 바울의 편지들입니다. 그러나 바울서신 중에서도 로마서와 갈라디아서가 독보적인 위치를 차지하고 있는 것은, 바로 그 두 서신 속에 복음의 진수가 들어 있기 때문입니다.

로마교회는, 바울이 로마에 이르기도 전에 자생적으로 태동된 교회였습니다. 따라서 바울서신 중에서 로마서만은 유일하게도 바울이 현지를 방문하기 전에 기록된 편지였습니다. 바울은 그가 직접 찾아간 곳에서는 복음을 물론 말로 전하였습니다. 후에 해당 지역의 교인들에게 편지를 보낼 필요가 있더라도, 자신이 말로 가르쳤던 복음의 내용을 문자로 되풀이할 필요는 없었습니다. 그러나 바울이 아직 만나 본 적이 없는 로마교회 교인들을 위해서는, 그들에게 복음을 말로 직접 전할 기회가 그때까지 없었으므로, 바울은 자신의 편지인 로마서를 통해 복음이 무엇인지 신학적이고도 체계적으로 설명할 필요가 있었습니다. 이것이 로마서가 복음의 핵심을 완벽하게 담고 있는 이유요, 또 로마서가 '바울의 복음서'라 불리는 까닭이기도 합니다. 로마서가 빠진 신약성경, 로마서를 제외한 기독교는 아예 존재할 수조차 없다는 것은 결코 과장된 말이 아닙니다.

이에 반해 갈라디아서는 갈라디아의 교인들이 당면한 문제에 대한 답변으로 쓰였습니다. 비시디아 안디옥을 방문한 바울이 이고니온, 루스드라, 더베와 같은 갈라디아 도시들을 다니면서 복음을 전하고 교회를 세웠음은 이미 말씀드렸습니다. 구원의 복음을 접한 갈라디아 교인들은 거듭난 삶의 기쁨을 만끽하는 은혜를 누렸습니다. 그러나 바울이 떠난 뒤에 그곳을 찾은 유대교 율법선생들이, 구원을 얻기 위해서는 유대인처럼 반드시 모세의 율법을 지키고 의무적으로 할례를 받아야만 한다고 가르치기 시작했습니다. 이에 구원의 기쁨에 차 있던 갈라디아 교인들은 큰 혼란과 낙망에 빠지게 되었습니다. 그 사실을 전해 들은 바울이, 율법의 선행적 행위가 아니라 오직 믿음으로만 의롭다 함을 받는 복음의 핵심과, 그 결과로 성화의 삶을 추구해야 한다는 믿음의 과정을 재확인시켜 주기 위해 기록한 편지가 갈라디아서였습니다. 그래서 모든 율법의 굴레와 정죄로부터 인간을 자유케 하는 복음의 능력을 선포한 갈라디아서는, '기독교의 자유 대헌장'으로 불리고 있습니다. 갈라디아서가 바울서신 중에서 로마서와 더불어 그 중요성에서 쌍벽을 이루고 있는 까닭이 바로 여기에 있습니다.

특기할 사항은 16세기 종교개혁의 막을 올렸던 마르틴 루터가 갈라디아서로부터 깊은 영향을 받았다는 사실입니다. 마르틴 루터가 기독교의 자유 대헌장인 갈라디아서를 통해, 부패한 중세 로마가톨릭교회의 비성경적인 모순과 굴레와 형식으로부터 자유함을 얻고 종교개혁의 기치를 올리게 된 것은 조금도 이상한 일이 아니었습니다. 그뿐이 아닙니다. 갈라디아서는 2천년이 지난 오늘에도 인간을 자유하게 하는 복음의 능력으로 살아 움직이고 있습니다. 이와 같은 관점에서 되돌아보면, 구브로 섬에서 배를 타고 애써 버가를 찾아간 바울이 그곳에서 예기치 않은 풍토병을 얻고, 그로 인해 험산준령의 타우루스 산맥을 넘어 갈라디아 땅인 비시디아 안디옥으로 가지 않을 수 없었던 것은, 생각하면 할수록 하나님의 신비스러운 섭리가 아닐 수 없습니다.

오래전, 한 성도님이 보낸 편지에는 다음과 같은 뜻깊은 내용이 담겨 있었습니다.

> 삶이란 내가 '하는 것'보다 '되어지는 것'이 더 많고, 그렇게 '되어진 것'을 바탕 삼아 새로이 시작하다 보면 어느덧 또다시 '되어진 것' 위에 서 있는 나를 발견하는, 바로 그런 과정의 연속인 것 같다는 생각이 듭니다. 중요한 것은 그처럼 '되어지는 것'이, 내가 '하는 것' 혹은 '하려는 것'을 이끌어 가고 있다는 점입니다. 내 외부로부터의 힘이, 내가 '행하고자 하는 것'과는 달리 '되어지는 것' 쪽으로 나를 이끌어 가고 있음을 분명히 느끼며 살아가고 있습니다.

이 글에 대해 누구도 이의를 제기할 수 없는 것은, 우리 각자의 지난 세월이 이 글의 내용이 사실임을 입증해 주고 있기 때문입니다. 그렇지 않습니까? 우리 개개인의 인생을 되돌아보건대, 우리 각자가 한 일보다는, 우리의 의지와는 상관없이 '되어진' 일들이 훨씬 많으며, 그 '되어진' 일들에 의해 우리 자신의 삶이 지금 이 순간까지 영위되어 왔음을 부인할 수 없지 않습니까?

바울 역시 예외가 아니었습니다. 그가 청년 시절 다메섹으로 향했던 것은, 그곳의 그리스도인들을 색출하여 예루살렘으로 연행, 투옥하기 위함이었습니다. 그것이 그가 본래 하려 했던 일이었습니다. 그러나 바로 그 길 위에서, 그는 주님의 빛에 사로잡히면서 주님의 부르심을 입은 그리스도인이 되었습니다. 그것은 그가 하려 했던 일과는 달리, '되어진' 일이었습니다. 주님을 만난 바울은 다메섹과 예루살렘에서 복음의 전파자가 되려 하였습니다. 그러나 주님께서는 그를 고향 다소에서 13년이나 칩거하게 하심으로, 그를 안팎으로 겸손하고도 농익은 주님의 종으로 성숙시켜 주셨습니다. 그것 역시 그의 의사와는 무관하게 '되어진' 일이었습니다.

오늘 본문의 경우만 해도 그렇습니다. 구브로 섬의 바보에서 전도팀의 우두머리가 된 바울은, 구브로 섬의 도시들보다 더 큰 도시 버가를 향해 야심만만하게 배를 탔습니다. 이를테면 버가는 바울이 전도팀의 우두머리가 된 이후에 겨냥한 첫 목적지인 셈이었습니다. 배가 버가에 도착하는 대로 바울은 버가의 사람들에게 주님의 사랑과 생명을 전할 작정이었습니다. 그것이 바울이 버가에서 하려던 일이었습니다. 그러나 전혀 예기치 않게, 그는 그곳에서 풍토병에 걸리고 말았습니다. 갈라디아서 4장 13절의 증언처럼 바울은 그 풍토병으로 인해, 험산준령의 타우루스 산맥을 넘어 계획에도 없던 갈라디아 땅의 비시디아 안디옥을 찾아갔습니다. 그리고 그 결과로 종교개혁을 가능하게 했던, 기독교의 자유 대헌장인 갈라디아서가 빛을 보게 되었습니다. 그 모든 것이 모두 '되어진' 일들이었습니다. 그리고 '되어진' 그 모든 일들은, 바울이 오늘 우리가 성경을 통해 알고 있는 위대한 사도 바울이 될 수 있게끔 그를 이끌어 준 원동력이 되었습니다. 바울로 하여금 우리가 알고 있는 바울일 수 있도록, '되어진' 그 모든 일들이 '되어질' 수 있도록 역사하신 분이 하나님이심은 두말할 나위도 없었습니다.

　이와 같은 하나님의 신비스러운 섭리를 자신의 삶으로 매일 확인하며 살아가는 바울의 감격이 얼마나 컸겠습니까? 그래서 바울은 고린도전서 15장 10절을 통해, "내가 나 된 것은 하나님의 은혜로 된 것"이라고 고백했습니다. 자신이 현재의 바울이 된 것은 자신이 되려 해서가 아니라, 오직 하나님의 은총으로 모두 '되어진' 일임을 바울은 정확하게 깨닫고 있었습니다. 그리고 그의 고백은 빌립보서에서 다음과 같은 결단으로 승화되었습니다.

> 나의 간절한 기대와 소망을 따라 아무 일에든지 부끄러워하지 아니하고 지금도 전과 같이 온전히 담대하여 살든지 죽든지 내 몸에서 그리스도가 존귀하게 되게 하려 하나니 이는 내게 사는 것이 그리스도니 죽는 것도 유익함이라(빌 1:20-21).

　이 글을 기록할 때 바울은 로마의 감옥 속에 갇혀 있었습니다. 그렇지만 그는 절망하거나 하나님을 원망키는커녕, 살든지 죽든지 오직 그리스도만을 위하리라 결단하였습니다. 어떤 상황을 맞든지 바로 그 상황 속에서, '되어져 가는' 하나님의 섭리가 이루어지는 것보다 더 귀한 삶이 없음을 알기 때문이었습니다.

　만약 지난 세월 동안 우리가 하려 했던 일들이 모두 이루어졌다면, 지금 우리 자신은 어떻게 되어 있겠습니까? 욕망에 눈이 멀어 필경 칠흑 같은 암흑 속을 헤매고 있지 않겠습니까? 생각하면 할수록 우리가 지금 이런 모습으로 이 자리에 앉아 있는 것은, 우리가 하려 했던 일들이 무산된 반면, 우리의 의지와는 상관없이 우리의 삶 속에서 '되어진' 일들에 의해서임을 부정할 수 없지 않습니까? 그 '되어진' 모든 일들의 주체가 우리 자신이 아니라 하나님이심을 우리 자신이 더 잘 알고 있지 않습니까? 그래서 바울의 고백처럼 우리도, 내가 지금의 나 된 것은 오직 하나님의 은혜로 된 것이라고 고백할 수밖에 없지 않습니까? 그렇다면 우리 역시 바울을 본받아 살든지 죽든지, 어떤 경우이든지, 하나님께 우리의 삶을 온전히 맡기고 살아야 하지 않겠습니까?

그때 우리의 인생이 버가의 길목에서 뜻하지 않은 재난을 당할지라도, 그 결과 우리의 인생이 험산준령의 타우루스 산맥을 넘어 알지도 못했던 갈라디아의 비시디아 안디옥으로 향할 수밖에 없을지라도, 도리어 그로 인해 우리의 삶 속에는 '되어져 가는' 하나님의 신비로운 섭리가 신묘막측하게 펼쳐질 것입니다. 하나님의 손길에 의해 날마다 '되어져 가는' 인생, 그보다 더 아름다운 인생은 없습니다. 그 인생 자체가 하나님의 기적덩어리이기 때문입니다.

내가 하려던 것보다, 하나님에 의해 되어진 일들로 인해, 오늘의 내가 지금과 같은 그리스도인으로 있을 수 있게 해주셨음을 감사드립니다. 지금의 내가 나 된 것은 오직 하나님의 은혜임을 감사드립니다. 하나님의 손에 자신의 인생을 맡긴 사람에게는 사람의 실패가 실패가 아니요, 사람의 실패로 인해 도리어 하나님의 손안에서 되어져 가는 그의 삶 자체가 하나님의 기적덩어리임을 깨닫게 해주셔서 감사드립니다.

이제부터 살든지 죽든지, 어떤 상황 속에서든, 오직 하나님만 존귀하게 해드리는 삶을 살 수 있도록 인도해 주십시오. 비록 나의 인생이 지금 버가의 길목에서 병들어 있다 할지라도 절망하거나 낙망하지 않게 도와주십시오. 오히려 담대히 일어나 인생의 타우루스 산맥을 넘어, 하나님의 인도하심을 따라 가야 할 갈라디아의 비시디아 안디옥으로 나아가는 용기를 주십시오. 그 같은 우리의 삶이, 욕망과 죄와 어둠의 올무에 빠져 있는 사람들에게 참된 자유를 안겨 주는, 이 시대를 위한 사랑과 생명의 대헌장이 되어지게 해주십시오. 아멘.

14. 하나님이 I

사도행전 13장 14-23절

그들은 버가에서 더 나아가 비시디아 안디옥에 이르러 안식일에 회당에 들어가 앉으니라 율법과 선지자의 글을 읽은 후에 회당장들이 사람을 보내어 물어 이르되 형제들아 만일 백성을 권할 말이 있거든 말하라 하니 바울이 일어나 손짓하며 말하되 이스라엘 사람들과 및 하나님을 경외하는 사람들아 들으라 이 이스라엘 백성의 **하나님이** 우리 조상들을 택하시고 애굽 땅에서 나그네 된 그 백성을 높여 큰 권능으로 인도하여 내사 광야에서 약 사십 년간 그들의 소행을 참으시고 가나안 땅 일곱 족속을 멸하사 그 땅을 기업으로 주시기까지 약 사백오십 년간이라 그 후에 선지자 사무엘 때까지 사사를 주셨더니 그 후에 그들이 왕을 구하거늘 **하나님이** 베냐민 지파 사람 기스의 아들 사울을 사십 년간 주셨다가 폐하시고 다윗을 왕으로 세우시고 증언하여 이르시되 내가 이새의 아들 다윗을 만나니 내 마음에 맞는 사람이라 내 뜻을 다 이루리라 하시더니 **하나님이** 약속하신 대로 이 사람의 후손에서 이스라엘을 위하여 구주를 세우셨으니 곧 예수라

금년 초부터 우리 교회 사무장으로 사역하고 있는 윤병환 집사님은 작년 말까지는 관리장으로 수고했던 분입니다. 2006년 10월부터 관리장 사역을 시작한 윤 집사님은, 교회 건물들은 말할 것도 없고 양화진묘역의 관리까지 도맡아 왔습니다. 지난 3년여 동안 봄이면 봄대로, 가을이면 가을대로, 계절의 변화와 상관없이 묘역 구석구석마다 윤 집사님의 발길과 손길이 닿지 않은 곳이 없었습니다. 그 윤 집사님이 작년 가을, 한국여성크리스천클럽이 발행하는 잡지 〈샘바위〉 가을호에 감동적인 글을 게재하였습니다. 윤 집사님의 허락을 받아 그 글의 일부분을 읽어 드리겠습니다.

　　양화진 정문을 들어서며 제일 먼저 눈을 마주하는 것은 '첫사랑'의 꽃말을 지닌 영산홍이다. 조금 눈을 들어 언덕 경사면을 바라보면 '겸손'이라는 꽃말의 맥문동 밭이 그림처럼 펼쳐져 있다. 그 위쪽 작은 화단에는 '좋은 소식'이란 꽃말을 가진 부채붓꽃이 하늘거리며 참배객들을 반겨 맞는다. 저 높고 높은 보좌를 버리시고 친히 우리에게 오셔서 복된 소식을 전해 주신 겸손하신 주님에 대한 첫사랑을 기억하며 잠시 잠깐 그분과 함께 언덕길을 걸어 올라가다 보면 이내 숨이 찰 무렵, 암흑의 이 땅에 복음의 빛을 전해 준 선교사님들이 잠들어 있는 땅, 양화진외국인선교사묘원 입구에 도달하게 된다. 문 안으로 들어서다 오른편 길섶으로 시선을 돌려 보면, '상쾌한 기분'의 꽃말을 가진 금계국이 해맑은 웃음으로 인사를 한다. 하루에도 수백 명의 지친 영혼들이 이곳에 들러 그분의 음성을 듣고 새 힘을 얻어 '잊혀진 부르심'을 다시금 상기하며 돌아가는 도심 속의 작은 예수원! 양화진!
　　이 조그만 동산의 동산지기로 머물며 그들과 함께 숨 쉬고 있는 내게 주님은 친히 지으신 피조물들을 통해 때로는 작은 속삭임으로, 때로는 심금을 울리는 전율의 목소리로 이런저런 얘기들을 들려주신다. 그 속삭임의 일부를 잠시 글로 옮겨 본다.

오늘도 여느 때와 마찬가지로 무덤 위에 쪼그리고 앉아 잡초를 뽑고 있다. 살아 있는 사람이 죽은 사람의 무덤에 자란, 생명을 지닌 풀을 뽑고 있는 것이다. 잔디를 살리기 위해 잡초를 뽑는 것이다. 그런데 잡초를 대할 때마다 상반된 두 생각 때문에 어쩔 줄 몰라 할 때가 많다. 내가 선택한 대상은 잔디이지 잡초가 아니다. 그래서 끊임없이 돋아나는 잡초를 뽑고 또 뽑는다. 그러다 보면 내가 왜 잡초냐는 잡초의 끈질긴 항변을 듣게 된다. 하나님께서 이스라엘 민족을, 그리고 아브라함을 선택한 데에는 특별한 이유가 없다. 그냥 그분이 선택하셨다는 것 외에는…….

잡초를 대할 때마다 느끼는 또 다른 생각은, 잡초 한 포기도 자라게 하거나 나게 할 수 없는 나 자신이 과연 잡초를 뽑을 자격이 조금이라도 있는지 여부다. 생명 있는 것을 죽게 하는 것은 너무나 쉽게 할 수 있으나, 죽은 것을 살리는 것은 하나도 할 수 없다는 그런 무력감에서 오는 혼란스러움…… 잡초를 뽑다가도 이런 생각이 문득 뇌리를 스치고 지나가면 그만 손을 멈추고 상념에 빠지게 된다. 하나님께서 친히 지으신 생명 있는 것을 감히 내 손으로 죽이는 것이 너무도 두렵고 떨리기 때문이다.

사실 마이다스의 손처럼 사람이 손을 대는 것마다 죽이는 일이 대부분이고 살리는 일은 극히 제한적이다. 그럼에도 다시금 용기를 내어 잡초 뽑기를 계속한다. 하나님에게 우리가 그분의 선택 대상이듯, 우리에게는 잔디가 선택 대상이지 잡초는 선택 대상이 아니기 때문이다. 이 단계에 이르면 하나님의 선택 받은 백성이 된 사실이 얼마나 감사한지, 그만 감격의 바다에 푹 빠지게 된다.

잡초는 생명력이 강합니다. 사람이 손길을 주지 않아도 어디에서든 무섭게 번식합니다. 사람이 애쓰지 않아도 가만히 내버려 두기만 하면 묘역은 금방 잡초로 뒤덮이게 될 것입니다. 반면에 잔디는 약하고 까다롭습니다. 그늘에서도 자라지 못하고, 잡초 곁에서는 그 생명의 기운이 짓눌려 버리고 맙니다. 게다가 사람의 손길과 발길을 끊임없이 필요로 합니다. 편하기로 따진다면 잡초요, 잔디는 그 반대입니다. 그런데도 우리는 땀과 수고를 아끼지 않고 묘역에서 잡초를 뽑습니다. 연약하고 까다로운 잔디를 살리고 보존하기 위해 인력과 시간과 물질을 투입합니다. 그 이유는 윤병환 집사님의 지적처럼, 우리가 선택한 것은 잡초가 아니라 잔디이기 때문입니다. 우리가 잔디를 선택했기에 그 선택에 대한 책임을 다하기 위해 우리는 온갖 정성과 노력과 경비를 아끼지 않습니다. 하나님과 우리의 관계도 이와 똑같습니다.

바울 일행이 구브로 섬에서 배를 타고 찾아간 버가는 밤빌리아 지역에서 가장 크고 중요한 도시였습니다. 그러나 애써 버가를 찾아간 바울은 그곳을 그냥 지나친 채, 위험을 무릅쓰고 험산준령의 타우루스 산맥을 넘어 갈라디아 땅인 비시디아 안디옥으로 갔습니다. 지난 시간에 살펴본 것처럼 바울은 그 이유를 갈라디아서 4장 13절에서 자기 '육체의 약함'으로 밝혔습니다. 버가에 당도하자마자 뜻하지 않게 풍토병에 걸린 바울이 어쩔 수 없이 버가를 지나쳐, 버가와는 정반대의 환경조건인 고원지대 비시디아 안디옥을 찾아간 것이었습니다. 그리고 그곳에서 바울이 무엇을 했었는지는 본문 14절이 밝혀 주고 있습니다.

그들은 버가에서 더 나아가 비시디아 안디옥에 이르러 안식일에 회당에 들어가 앉으니라.

풍토병에 걸린 바울은 비시디아 안디옥에 도착 즉시 요양원을 찾지 않았습니다. 마땅한 숙소를 구한 뒤, 두문불출하면서 오로지 건강 회복에만 몰두한 것도 아니었습니다. 바울과 바나바가 비시디아 안디옥에 도착하자마자 곧 안식일이 이르렀고, 바울은 병든 몸을 이끌고 바나바와 함께 회당을 찾아갔습니다.

율법과 선지자의 글을 읽은 후에 회당장들이 사람을 보내어 물어 이르되 형제들아 만일 백성을 권할 말이 있거든 말하라 하니(15절).

이 구절의 정황을 정확하게 이해하기 위해서는 당시 회당 예배의 진행 방법과 회당 구조를 먼저 알 필요가 있습니다. 각 회당에는 회당을 관리하는 회당장들이 있었고, 그들은 회당 예배를 진행하면서 성경 낭독자와 설교자를 선정하는 권한과 의무를 지니고 있었습니다. 이를테면 회당장들이 지정한 사람이 성경을 낭독하면, 그날 회당 예배에 참석한 사람 가운에 회당장들의 지명을 받은 사람이 율법의 교훈을 설교하는 식이었습니다. 그리고 회당 내부는 일반 회중석과 랍비들이 앉는 상석으로 구별되어 있었습니다. 바울은 유대교 최고의 율법 스승 가말리엘의 제자로서 율법학자였고, 바나바는 정통파 레위인이었습니다. 두 사람 모두 랍비석에 앉을 수 있는 자격을 갖추고 있었습니다. 그러므로 성경 낭독자의 낭독이 끝나자 회당장들이 랍비석에 앉아 있는, 처음 보는 바울과 바나바에게 사람을 보내 설교를 부탁한 것이었습니다.

바울이 일어나 손짓하며 말하되 이스라엘 사람들과 및 하나님을 경외하는 사람들아 들으라(16절).

설교 요청을 받은 바울과 바나바 중에서 바울이 일어났습니다. 유대인의 관습으로는, 율법을 가르치는 사람은 자리에 앉아서 말을 했습니다. 그러나 바울은 일어섰습니다. 그리고 그는 먼저 회중을 향하여 '손짓'하면서 자신의 말을 경청할 것을 요구하였습니다. 손짓했다는 것은 손을 흔들어 회중들의 침묵과 질서를 요구했다는 의미입니다. 이로 미루어 바울이 일어서자 회중들이 웅성거렸음을 알 수 있습니다. 설교자를 지명하는 것은 회당장들의 고유 권한이었고, 또 회당장들은 타 지역에서 방문한 랍비를 설교자로 우대하였으므로, 바울이 그날 설교자로 지명당했다고 해서 회중들이 웅성거릴 이유는 없었습니다. 그럼에도 바울을 본 회중들이 웅성거렸다면, 우리는 그 이유를 어렵지 않게 짐작할 수 있습니다.

당시는 사진이나 신문 그리고 텔레비전이 없던 시대였습니다. 따라서 비시디아 안디옥의 회중들이 바울을 보고, 그가 예전에 유대교를 배교한 바울인지 알아보았기에 웅성거렸을 리는 만무합니다. 그러므로 남은 이유는 하나밖에 없었을 것입니다. 바울은 자신이 갈라디아 땅인 비시디아 안디옥으로 갈 수밖에 없었던 이유를 갈라디아서 4장 13절에서 "내가 처음에 육체의 약함으로 말미암아 너희에게 복음을 전한 것을 너희가 아는 바라"고 증언하지 않았습니까? 당시 바울을 만난 사람은 누구든 그가 병자임을 한눈에 알 수 있을 정도로 그의 병세는 심했습니다. 회당장들이 랍비석으로 사람을 보내어 바울과 바나바에게 설교를 부탁했을 때, 회중들은 으레 건강해 보이는 바나바가 설교하리라고 예상했을 것입니다. 그러나 뜻밖에도 병색이 완연한 초췌한 몰골의 바울이 일어서자 회중들이 깜짝 놀라 서로 웅성거리기 시작한 것이었습니다. 바울은 손으로 그들을 조용하게 한 뒤, 그 병약한 몸으로 입을 열어 설교하기 시작했습니다.

바울의 그 설교가 중요한 것은, 그것이 사도행전에 기록되어 있는 바울의 첫 번째 설교의 전문全文이기 때문입니다. 이때의 시기는 바울이 다메섹 도상에서 주님의 부르심을 입은 후, 최소한 17년이 경과했을 때라고 했습니다. 그 17년간 바울은 다메섹과 예루살렘에서 복음을 전한 적이 있었고, 1년 동안 안디옥교회의 공동 목회자로 사역했고, 이제 막 구브로 섬의 살라미와 바보에서 복음을 전하고 오는 길이었습니다. 본문 이전에도 바울은 수없이 설교를 했었다는 말입니다. 그러나 그 모든 설교 내용에 대해서는 사도행전은 침묵하고 있습니다. 그 반면에 비시디아 안디옥의 회당에서 행한 설교는 그 전문이 사도행전의 본문에 기록되어 하나님의 말씀으로 영원히 남아 있습니다. 그 설교가 그만큼 중요하기 때문일 것입니다. 그 중요한 설교의 첫 문장은 다음과 같이 시작되었습니다.

이 이스라엘 백성의 하나님이 우리 조상들을 택하시고(17절 상).

사도행전에 나타난 바울의 첫 번째 설교의 첫 번째 문장의 첫 번째 주어는 하나님이셨습니다. 그리고 주어인 하나님에 대해 바울이 사용한 첫 번째 동사는 '택하셨다'는 단어였습니다. 하나님께서 이스라엘 백성을 선택하셨다는 것입니다. 왜 이스라엘 백성이 하나님의 선민이 되었습니까? 왜 하나님께서 이스라엘 백성을 통해 역사하셨습니까? 왜 성자 하나님이신 예수 그리스도께서 이스라엘의 역사 속에 이스라엘인으로 오셨습니까? 하나님께서 이스라엘 백성을 당신의 선민으로 선택하셨기 때문입니다. 왜 하나님께서 하필이면 이스라엘 백성을 선택하셨습니까? 그들이 가장 강하고 위대한 민족이었기 때문입니까? 오히려 그 반대였습니다. 하나님께서는 신명기 7장 7절을 통해, 당신이 이스라엘 백성을 선택하신 것은 그들이 가장 작은 민족이기 때문이라고 밝히셨습니다. 이스라엘 민족은 당시 이 세상 모든 민족 가운데 가장 약하고 가장 볼품없었습니다. 왜 하나님께서 그 보잘것없는 이스라엘 민족을 당신의 선민으로 선택하셨습니까? 거기에는 이유가 없었습니다. 그것이 하나님의 뜻이요 이스라엘 백성에 대한 하나님의 사랑이었을 뿐입니다. 이스라엘 백성을 선택하신 하나님께서 그 이후에는 그들을 그냥 내버려 두셨습니까? 아니었습니다.

> 애굽 땅에서 나그네 된 그 백성을 높여 큰 권능으로 인도하여 내사 광야에서 약 사십 년간 그들의 소행을 참으시고 가나안 땅 일곱 족속을 멸하사 그 땅을 기업으로 주시기까지 약 사백오십 년간이라(17하–19절).

주어인 하나님에 대해 바울이 연이어 사용한 동사들을 눈여겨보십시오. 하나님께서 이집트의 노예였던 이스라엘 백성을 높여 주셨습니다. 하나님께서 당신의 권능으로 그들을 이집트의 노예살이에서 인도해 내셨습니다. 하나님께서 광야에서 그들의 소행을 참아 주셨습니다. 하나님께서 그들에게 가나안 땅을 기업으로 주셨습니다. 하나님께서 그들을 위해 가나안 일곱 족속을 멸하셨습니다. 왜 하나님께서 이스라엘 백성을 높이시고, 친히 인도하시고, 참으시고, 기업을 주시고, 그들의 앞길을 가로막는 사람들을 멸하셨습니까? 이유는 단 한 가지, 하나님께서 그들을 당신의 백성으로 선택하셨기 때문입니다. 하나님께서 선택하셨기에, 하나님께서 당신의 선택에 대해 책임을 다하신 것입니다. 마치 우리가 양화진묘역을 위해 선택한 것이 잔디이기에, 연약하고 까다롭기 짝이 없는 잔디를 살리고 지키기 위해 온갖 정성과 물질과 시간을 투입하고, 또 잔디의 생명을 억누르는 잡초를 제거하는 것과 같은 이치입니다.

그런데 본문의 설교를 행한 사람은 다른 사람 아닌 바울이었습니다. 따라서 이 설교 내용은 곧 바울 자신의 신앙고백이기도 했습니다. 하나님께서 바울을 하나님의 자녀로 높이셨습니다. 하나님께서 그를 다소에서 안디옥교회로 인도해 내시고, 또 하나님의 사랑과 생명을 세상으로 흘려 보내는 하나님의 통로가 되게끔 인도하셨습니다. 하나님께서 바울의 모든 허물과 부족함을 참으셨습니다. 하나님께서 그에게 사도라는 귀한 직책을 주셨습니다. 다메섹에서도, 예루살렘에서도, 바울을 죽이려는 유대인들의 시도를 하나님께서 무산시켜 주셨습니다. 왜 하나님께서 바울을 높이시고, 인도하시고, 참으시고, 주시고, 그를 해치려는 사람들의 시도를 무산시키셨습니까? 그 이유 역시 오직 하나, 하나님께서 바울을 선택하셨기 때문입니다.

바울에게 그만한 자격이 있었기에 하나님께서 그를 선택하셨습니까? 결코 아니었습니다. 바울은 교회를 짓밟던 폭도였습니다. 왜 그런 인간을 하나님께서 선택하셨습니까? 거기에는 이유가 없었습니다. 그것이 바로 하나님의 뜻이었고, 바울에 대한 하나님의 사랑이었을 뿐입니다. 하나님께서 바울을 선택하셨기에, 하나님께서는 당신의 선택에 대한 당신의 책임을 다하기 위해 바울을 높이시고, 인도하시고, 참으시고, 주시고, 그를 해치려는 사람들을 막아 주셨습니다. 누구보다도 바울 자신이 그 사실을 잘 알았기에, 사도행전에 기록된 그의 첫 번째 설교에서 그가 하나님에 대해 증언하면서 첫 번째로 사용한 동사가 '선택하셨다'는 단어였습니다. 하나님께서 자신을 선택해 주심으로, 보잘것없는 죄인인 바울 자신이 거룩하신 하나님과 비로소 관계를 맺을 수 있었기 때문입니다.

구브로 섬에서 버가에 도착하자마자 풍토병에 걸린 바울이 자신의 안일을 위해서라면, 고향 다소로 돌아가는 것이 가장 손쉬운 길이었을 것입니다.

고향 다소가 속한 길리기아는 버가가 속한 밤빌리아의 바로 옆 지방이었고, 더욱이 버가에서 다소까지는 배를 타고 간편하게 이동할 수 있었습니다. 사람이 병들었을 때 가장 편한 곳은 사랑하는 가족들이 있는 고향집이지 않습니까? 풍토병에 걸린 바울은 편안하게 배를 타고 고향집으로 가서 얼마든지 마음 편하게 요양할 수 있었습니다. 그러나 그는 위험을 무릅쓰고 도보로 타우루스 산맥을 넘어 버가에서 200여 킬로미터나 떨어져 있는 비시디아 안디옥으로 갔습니다. 그리고 도착하자마자 그곳에서 맞은 안식일에 그는 회당을 찾아가 하나님의 말씀을 전했습니다. 이와 같은 사실을 통해 우리는, 바울이 타우루스 산맥을 넘으면서까지 풍토병을 초래한 버가와 정반대의 환경조건을 지닌 비시디아 안디옥을 찾아간 것은 단지 자기 육체의 요양을 위해서가 아니라, 풍토병에 걸린 상태 속에서도 하나님의 사랑과 생명을 전할 수 있는 곳이 바로 그곳이었기 때문임을 알 수 있습니다. 바울에게는 풍토병에 걸린 자기 몸보다, 비록 병든 몸이라도 자신의 몸이 하나님의 도구로 계속 쓰임 받는 것이 더 중요했습니다.

본문 속의 바울을 머릿속에 한번 그려 보십시다. 버가에서 풍토병에 걸린 바울이 험산준령의 타우루스 산맥을 도보로 넘어 비시디아 안디옥으로 갔습니다. 그것은 하루 만에 갈 수 있는 거리가 아니었습니다. 200여 킬로미터에 달하는 그 멀고 험한 길을 병든 몸으로 걸어가는 데는 아무리 빨라도 일주일 이상 소요되었을 것입니다. 그 기간 동안 풍토병에 시달리던 바울은 제대로 먹지도, 자지도 못했을 것입니다. 버가를 출발할 때보다 비시디아 안디옥에 도착한 바울의 심신은 훨씬 더 허약해져 있었을 것입니다. 그렇다고 비시디아 안디옥에서 쉴 겨를도 없었습니다. 그곳에 도착하자마자 안식일을 맞았고, 바울은 회당을 찾아갔습니다. 회당장들의 요청을 받은 바울이 설교하기 위해 일어섰을 때, 바울의 병색이 얼마나 짙었던지 그를 본 회중들이 깜짝 놀라 웅성거릴 정도였습니다. 그러나 그는 그 몸으로도 하나님의 사랑과 생명을 전하는 하나님의 통로가 되기를 주저하지 않았습니다. 그 이유는 하나님께서 자신을 선택해 주셨고, 당신의 선택에 대한 책임을 다해 주심을 바울이 알고 있었기 때문입니다.

　우리는 양화진묘역에서 잔디를 선택했고, 우리가 선택한 연약하고 까다로운 잔디를 위해 잡초를 제거하고 시간과 정성과 물질을 투입해 왔습니다. 그리고 잔디는 우리에게 잔디의 정체성으로 응답하고 있습니다. 부잣집 정원으로 자신을 옮겨 달라고 투덜거리거나, 왜 하필이면 죽은 사람의 묘역이냐고 불평을 터뜨리거나, 잔디 대신 꽃이나 나무가 되겠다고 떼를 쓰지 않습니다. 비가 오나 바람이 부나, 낮이나 밤이나, 자기 자리를 지키면서 잔디의 색깔과 냄새와 모양과 역할을 다하기에 충실하고 있습니다. 그래서 우리는 앞으로도 그 잔디를 보존하기 위해 온갖 수고와 노력을 아끼지 않을 것입니다. 바울 역시 자신을 선택하고 책임져 주시는 하나님을 위해 비록 병든 몸일망정 그리스도인의 색깔과 냄새와 모양과 역할을 다하기에 최선을 다했습니다. 하나님께서 그 바울의 설교 전문을 하나님의 말씀으로 성경에 기록되게 하시고, 그 바울을 위대한 사도로 우뚝 세우시고, 그 바울을 통해 인류의 역사를 새롭게 하신 것은 조금도 이상한 일이 아니었습니다.

　되돌아보면 오늘 본문의 이야기가 곧 우리 자신의 이야기이지 않습니까? 우리가 어떻게 그리스도인으로 이 자리에 앉아 있을 수 있게 되었습니까? 하나님께서 보잘것없는 죄인이요 허물투성이인 우리를 예수 그리스도 안에서 선택해 주셨기 때문입니다. 하나님께서 선택해 주셨을 뿐만 아니라 우리를 당신의 자녀로 높여 주시고, 진리와 생명의 길로 인도해 주시고, 우리의 허물을 참아 주시고, 필요한 은혜를 내려 주시고, 우리를 무너뜨리려는 악의 세력을 물리치고 지켜 주셨습니다. 우리에게 그만한 자격이 있어서가 아니었습니다. 그런데도 왜 하나님께서 그렇게 해주셨습니까? 거기에는 이유가 없습니다. 바로 그것이 하나님의 뜻이고, 우리를 향한 하나님의 사랑입니다.

그렇다면 이제 우리가 할 일은 자명합니다. 우리 모두 양화진묘역의 잔디처럼, 본문의 바울처럼, 언제 어디서나 하나님으로부터 선택받은 그리스도인인 우리의 정체성을 지키십시다. 우리에게 주어진 상황을 변화시키려는 어리석음을 더 이상 범치 말고, 하나님께서 우리에게 주신 바로 그 상황 속에서 우리의 삶으로 예수쟁이의 색깔과 냄새와 모양과 역할을 다하기에 최선을 다하십시다. 그때부터 보잘것없는 우리의 삶은 하나님에 의해 이 시대를 위한 사도행전으로, 지난 시간에 말씀드린 것처럼 자유의 대헌장인 갈라디아서로 아름답게 엮어지기 시작할 것입니다. 그 어떤 절망적인 상황 속에서도 우리가 자유를 잃지 않고 소망을 누리는 것은, 천지를 창조하신 하나님께서 우리를 선택해 주셨기 때문입니다.

우리는 거룩하신 하나님 앞에 아무것도 내세울 것이 없는, 보잘것없고 추한 죄인에 지나지 않습니다. 그럼에도 하나님께서 우리를 선택해 주셨습니다. 우리를 하나님의 자녀로 높여 주셨습니다. 우리를 진리의 길, 빛의 길로 인도해 주셨습니다. 우리의 소행을 참아 주셨습니다. 우리에게 영원한 하나님의 나라를 기업으로 주셨습니다. 우리를 무너뜨리려는 모든 악의 세력을 물리쳐 주셨습니다. 우리를 살리시려 당신의 독생자를 십자가의 제물로 삼기까지 하셨습니다.

그렇지만 우리는 그동안 양화진묘역의 잔디보다 못한 삶을 살아왔습니다. 우리가 선택한 잔디는 비가 오나 바람이 부나, 잔디의 색깔과 냄새와 모양과 역할에 충실함으로 우리의 선택에 바르게 응답하고 있습니다. 하지만 우리는 선택받은 예수쟁이의 정체성을 지키지 못했음을 이 시간 회개하오니, 하나님의 자비하심으로 용서해 주십시오.

풍토병에 걸리고서도 자신의 안일을 꾀하려 하기보다는, 그 병든 몸으로도 하나님의 사랑과 생명을 전할 수 있는 비시디아 안디옥을 찾아가, 자신의 몸을 기꺼이 하나님의 도구로 내어놓았던 바울을 본받아 살 수 있도록 우리를 도와주십시오. 우리 모두 주어진 상황을 헛되이 바꾸려는 어리석음을 버리고, 하나님께서 주신 바로 현재의 상황 속에서 예수쟁이의 색깔과 냄새와 모양과 역할을 다하기에 최선을 경주하게 해주십시오. 그와 같은 우리의 삶이 절망의 굴레에 갇힌 수많은 사람들을 하나님의 사랑과 생명으로 자유하게 해주는, 소망의 대헌장이 되게 해주십시오. 아멘.

15. 하나님이 II

사도행전 13장 14-23절

그들은 버가에서 더 나아가 비시디아 안디옥에 이르러 안식일에 회당에 들어가 앉으니라 율법과 선지자의 글을 읽은 후에 회당장들이 사람을 보내어 물어 이르되 형제들아 만일 백성을 권할 말이 있거든 말하라 하니 바울이 일어나 손짓하며 말하되 이스라엘 사람들과 및 하나님을 경외하는 사람들아 들으라 이 이스라엘 백성의 **하나님이** 우리 조상들을 택하시고 애굽 땅에서 나그네 된 그 백성을 높여 큰 권능으로 인도하여 내사 광야에서 약 사십 년간 그들의 소행을 참으시고 가나안 땅 일곱 족속을 멸하사 그 땅을 기업으로 주시기까지 약 사백오십 년간이라 그 후에 선지자 사무엘 때까지 사사를 주셨더니 그 후에 그들이 왕을 구하거늘 **하나님이** 베냐민 지파 사람 기스의 아들 사울을 사십 년간 주셨다가 폐하시고 다윗을 왕으로 세우시고 증언하여 이르시되 내가 이새의 아들 다윗을 만나니 내 마음에 맞는 사람이라 내 뜻을 다 이루리라 하시더니 **하나님이** 약속하신 대로 이 사람의 후손에서 이스라엘을 위하여 구주를 세우셨으니 곧 예수라

오늘은 우리 민족 고유의 명절인 설날입니다. 오래전 신라 시대부터 지켜 온 것으로 전해지고 있는 설날의 의의는, 한 해의 첫날을 맞아 오늘의 우리를 있게 해준 조상들의 수고와 은덕을 기리고, 살아 있는 가족 간의 사랑과 결속을 다지는 데 있습니다. 음력으로 한 해의 첫날을 가리키는 이 뜻깊은 설날은, '설다' '낯설다'는 말에서 유래한 것으로 알려지고 있습니다. 설날은 '낯선 날', 다시 말해 '익숙하지 않은 날'이란 의미입니다. 새해는 미지의 낯선 시간 질서입니다. 그 낯선 시간 질서 속으로 들어가는 낯선 첫날이 바로 설날이라는 것입니다. 우리 조상들이 한 해의 첫날을 이처럼 낯선 날을 뜻하는 설날로 부른 것은, 조심스러운 마음으로 미지의 낯선 한 해를 맞기 위함이었습니다. 우리 조상들이 설날을 '삼갈 신愼' 자를 사용하여 '신일愼日', 다시 말해 '삼가고 조심하는 날'이라고 불렀던 이유도 여기에 있습니다. 새해라는 미지의 낯선 시간 질서에 바르게 통합되기 위해서는, 그해의 첫날부터 경거망동함이 없이 삼갈 것을 삼가고 조심할 것을 조심하는 마음을 지니지 않으면 안 된다고 생각한 것입니다.

"시작이 반이다"라는 말이 있습니다. 어떤 마음과 어떤 자세로 어떻게 시작하느냐는 것이 얼마나 중요한지를 강조하는 말입니다. 아무도 미래를 살아 본 사람이 없습니다. 미래를 예측할 수도 없습니다. 만약 인간이 미래를 미리 살아 보거나 예측할 수 있다면, '슬픔' 혹은 '불행'과 같은 단어는 인간 세상에서 아예 생성되지도 않았을 것입니다. 미리 살아 보거나 예측할 수 있다면 얼마든지 대비할 수 있기 때문입니다. 그러나 인간의 삶 속에 슬픔과 불행이 존재한다는 것 자체가 그것이 불가능함을 증명해 주고 있습니다. 그러므로 인간에게 미래는 언제나 미지의 낯선 시간입니다. 그 미지의 낯선 시간 질서에 진입하는 한 해의 첫날을 낯선 날이라는 의미의 설날로 부르면서, 삼가고 조심하는 마음으로 미지의 낯선 한 해를 시작했던 우리 조상들의 혜안에 새삼 경의를 표하게 됩니다.

이런 관점에서 이 시간 하나님께 예배드리면서, 하나님의 말씀 속에서 설날을 맞게 해주신 하나님께 감사를 드리지 않을 수 없습니다. "주의 말씀은 내 발에 등이요 내 길에 빛이니이다"(시 119:105)라는 시인의 고백처럼, 설날을 맞아 미지의 낯선 시간 질서 속으로 진입하는 우리의 발걸음을 하나님께서 당신의 말씀으로 바르게 인도해 주실 것이기 때문입니다.

지난 시간부터 살펴보기 시작한 본문 17-23절까지의 내용은, 사도 바울이 비시디아 안디옥의 회당에서 행한 설교의 도입부로서 그 주어는 하나님입니다. 하나님께서 이스라엘 백성을 당신의 선민으로 선택하시고, 하나님께서 이집트의 노예였던 그들을 높여 주시고, 하나님께서 당신의 큰 권능으로 그들을 이집트의 노예살이에서 해방시켜 주시고, 하나님께서 40년 동안 광야에서 그들의 소행을 참아 주시고, 하나님께서 가나안 일곱 족속을 멸하시고 그 땅을 이스라엘 백성에게 기업으로 주셨습니다. 이처럼 이스라엘 백성이 이집트의 노예살이와 광야생활을 거쳐 가나안 땅에 정착하기까지 450년 동안, 하나님께서는 당신이 선택하신 이스라엘 백성을 위해 당신의 선택에 대한 책임을 다해 주셨습니다. 그뿐이 아니었습니다. 본문 20절을 보시겠습니다.

그 후에 선지자 사무엘 때까지 사사를 주셨더니.

이스라엘 백성을 가나안 땅에 정착하게 하신 뒤, 하나님께서는 이스라엘 백성을 위해 '사사士師'를 주셨습니다. '재판관' 혹은 '심판자'라는 의미의 '사사'는 이스라엘 백성을 재판할 뿐 아니라, 이스라엘 백성이 위기에 처했을 때 그들을 구원하기 위해 하나님께서 세우신 지도자였습니다. 그와 같은 사사시대가 약 350년간 지속되었고, 마지막 사사는 사무엘 선지자였습니다. 위대한 선지자 중의 한 명인 사무엘을 끝으로 사사시대가 막을 내리게 된 것은, 이스라엘 백성이 하나님께 그들에게도 이웃 나라처럼 왕을 줄 것을 요구했기 때문입니다.

> 그 후에 그들이 왕을 구하거늘 하나님이 베냐민 지파 사람 기스의 아들 사울을 사십 년간 주셨다가 폐하시고 다윗을 왕으로 세우시고 증언하여 이르시되(21-22절 상).

미지의 낯선 시간 질서 속으로 진입하는 낯선 설날인 오늘, 우리는 하나님께서 우리에게 주신 본문 말씀 속에서 전혀 상반되는 두 인물을 만나게 됩니다. 사울과 다윗입니다. 왕을 요구하는 이스라엘 백성에게 하나님께서 주신 왕이 사울이었습니다. 그러나 그로부터 40년 후, 하나님께서는 사울을 폐하시고 다윗을 새로운 왕으로 세우셨습니다. 이를테면 사울은 이스라엘 역사상 첫 번째 왕이요, 다윗은 두 번째 왕인 셈이었습니다.

이스라엘 백성은 그들의 조상 아브라함을 통해 하나님의 선택을 받았습니다. 하나님께서 아브라함을 믿음의 조상으로 선택하심으로 그의 후손인 이스라엘 백성이 하나님의 선민이 된 것입니다. 그래서 아브라함은 이스라엘 민족의 역사를 이야기할 때 반드시 언급되는 주요 인물입니다. 그 아브라함 때부터 사사시대가 끝날 때까지 1천여 년 동안 요셉, 모세, 여호수아 등 이스라엘 역사에는 수많은 지도자들이 등장했습니다. 그러나 본문은 그들에 대해 침묵하고 있습니다. 그들을 모두 이스라엘 백성이라는 집단명사로 통칭하고 있을 뿐입니다. 본문 20절이 사무엘의 이름을 처음 언급하였는데 그것도 사무엘을 위해서가 아니라, 사무엘 시대에 왕을 요구한 이스라엘 백성에게 하나님께서 사울과 다윗을 주셨음을 전해 주기 위함이었습니다. 이를테면 사무엘의 이름은 사울과 다윗의 등장을 위한 보조 장치에 불과했습니다. 따라서 아브라함에서부터 다윗에 이르기까지 1천여 년에 걸친 이스라엘 역사에서 다른 사람들의 이름은 익명으로 처리하면서도 유독 사울과 다윗의 이름만은 거명한 본문을 통해, 우리는 그 두 사람의 삶을 대비하여 우리에게 보여 주려는 본문의 의도를 읽을 수 있습니다.

한 나라의 왕이 된다는 것은 예사로운 일이 아닙니다. 특히 한 나라의 첫 번째 왕이 된다는 것은 더더욱 예사로운 일일 수 없습니다. 한 나라의 역사에 왕은 여러 명 등장할 수 있지만, 그 나라의 첫 번째 왕은 아무리 세월이 흘러도 단 한 명일 수밖에 없기 때문입니다. 이스라엘의 경우, 과거와 현재와 미래를 통틀어 역사상 단 한 명일 수밖에 없는 첫 번째 왕은 사울이었습니다. 그는 이스라엘 백성이 투표로 선출한 왕이 아니었습니다. 제비뽑기를 통해 하나님께서 세우신 왕이었습니다. 하나님에 의해 이스라엘 첫 번째 왕으로 세움을 받았다면, 사울은 하나님의 특별한 은총을 입은 사람임에 틀림없었습니다. 그러나 하나님께서는 그를 세우신 지 40년 만에 그를 폐하시고 말았습니다. 그리고 이스라엘의 두 번째 왕이 된 다윗 역시 하나님께서 세우신 왕이었습니다. 그 다윗에 대한 하나님의 말씀이 다음과 같습니다.

> 내가 이새의 아들 다윗을 만나니 내 마음에 맞는 사람이라 내 뜻을 다 이루리라 하시더니(22절 하).

여기에서 '만나다'로 번역된 '휴리스코εὑρίσκω'는 '관찰하여 발견하다'라는 의미입니다. 보석 감정사가 수많은 원석들을 주의 깊게 관찰하다가 진짜 값

비싼 보석을 발견해 내듯이, 하나님께서 수많은 사람들 가운데서 다윗을 찾아내셨다는 의미입니다. 또 하나님께서 다윗을 가리켜 "내 마음에 맞는 사람"이라고 말씀하셨다는 것은, 원문에 의하면 '내 마음을 뒤따르는 사람'이라는 뜻입니다. 하나님께서 다윗을 찾아내신 것은 그가 매사에 하나님의 마음을 좇는 사람이었기 때문입니다. 다윗이 얼마나 하나님의 마음을 좇는 사람이었던지, 하나님께서 그를 통해 당신의 뜻을 이룰 것이라고 말씀하셨습니다. 하나님께서 다윗을 통해 이루려 하신 뜻이 무엇이었는지는 본문 23절이 밝혀 주고 있습니다.

> 하나님이 약속하신 대로 이 사람의 후손에서 이스라엘을 위하여 구주를 세우셨으니 곧 예수라.

하나님께서 다윗을 통해 이루시고자 했던 뜻은 다윗의 후손을 통해 인간을 구원하는 것이었고, 하나님의 그 뜻은 구원자 예수 그리스도께서 다윗의 족보를 통해 이 땅에 오심으로 성취되었습니다. 다윗은 그 정도로 하나님의 마음에 맞는 사람이었습니다. 하나님에 의해 이스라엘 첫 번째 왕으로 세움을 입고서도 폐위당한 사울과, 족보상 예수 그리스도의 조상이 될 정도로 하나님의 마음에 맞는 사람이었던 다윗은, 오늘을 사는 우리에게 너무나도 대조적인 삶을 극명하게 보여 주고 있습니다. 사울이 어리석은 조상을 대변한다면, 다윗은 지혜로운 조상의 표상이었습니다.

사무엘상 9장 2절은, 하나님에 의해 이스라엘 첫 번째 왕으로 세움 받았던 사울을 다음과 같이 소개하고 있습니다.

기스에게 아들이 있으니 그의 이름은 사울이요 준수한 소년이라 이스라엘 자손 중에 그보다 더 준수한 자가 없고 키는 모든 백성보다 어깨 위만큼 더 컸더라.

우리말 '소년'으로 번역된 히브리어 '바후르בָּחוּר'는 '청년'을 일컫는 단어이고, '준수하다'라고 번역된 '토브טוֹב'는 '선하다'는 의미이기도 합니다. 이스라엘 역사에 혜성처럼 등장한 청년 사울은 이스라엘에서 가장 준수한 외모를 지녔을 뿐 아니라, 내적으로도 선한 사람이었습니다. 게다가 신장 또한 얼마나 큰지, 이스라엘 사람들 가운데 사울과 견줄 사람이 없었습니다. 말하자면 새롭게 왕정을 시작하는 이스라엘에서 초대 왕으로 세움 받기에 사울보다 더 적합한 사람은 없었습니다. 그가 제비뽑기를 통해 하나님에 의해 이스라엘 초대 왕으로 뽑히는 현장에서 사람들은 사울의 모습을 볼 수 없었습니다. 자신은 왕이 될 자격이 없다고 생각한 사울이 짐짝 사이에 숨어 있었기 때문입니다. 청년 사울은 그 정도로 겸손하기도 했습니다. 왕이 된 사울은 외침으로부터 나라를 지키고 왕국에 필요한 제도를 신설하는 등, 초대 왕으로서 수고를 마다하지 않았습니다. 문제는 그가 왕좌에 앉아 권력을 휘두르기 시작하면서 사람이 달라진 것이었습니다. 그는 하나님 앞에서 더 이상 겸손한 사람이 아니었습니다. 그는 하나님보다도 자신의 왕좌와 자신의 권력을 더 신봉했습니다. 그 왕좌와 권력을 주신 하나님을 망각한 채, 하나님께서 주신 왕좌와 권력을 우상으로 섬기는 어리석은 인간으로 전락하고 만 것이었습니다.

그 결과는 너무나도 끔찍했습니다. 말년의 사울은 블레셋과의 전쟁에서 참패를 당하였습니다. 사울이 믿었던 그의 군대는 전멸하고 말았습니다. 블레셋 군은, 세 아들과 함께 패주하는 사울 왕을 집요하게 추격했습니다. 결국 사울의 세 아들마저 목숨을 잃었고, 사울 왕 자신도 추격자의 화살에 중상을 입고 말았습니다. 블레셋 군에 생포될 절체절명의 위기였습니다. 일국의 왕이 적국에 포로로 잡히는 것보다 더 큰 치욕은 없습니다. 중상을 입은 사울 왕은, 무기를 들고 자신을 호위하던 군사에게 자신의 목을 쳐줄 것을 부탁했습니다. 그러나 그 군사는 손에 무기를 들고 있으면서도 감히 두려워 왕의 목을 치지 못했습니다. 다급해진 사울 왕은 어쩔 수 없이 자신의 칼을 뽑아 그 위에 엎드려져 스스로 자신의 생을 마감했습니다. 그 광경을 본, 무기를 들고 사울 왕을 호위하던 군사마저 스스로 목숨을 끊고 말았습니다. 사무엘상 31장 6절은 그날의 그 처참한 광경을 이렇게 증언하고 있습니다.

사울과 그의 세 아들과 무기를 든 자와 그의 모든 사람이 다 그날에 함께 죽었더라.

자신을 왕으로 세워 주신 하나님을 외면하고 스스로 하나님의 자리에 앉았던 사울의 인생은 자신이 믿었던 군대, 사랑하던 세 아들, 그리고 자신을 호위하던 군사와 함께 그렇게 끝나 버리고 말았습니다. 그리고 바로 그날, 그의 왕국 또한 그렇게 막을 내리고 말았습니다. 그날 죽음을 모면한 사울의 자식과 후손도 불행하기는 매한가지였습니다. 만약 사울이 지혜로운 왕이었던들 그의 왕위는 그의 자식과 후손에게 계승되었을 것입니다. 그러나 그 길을 스스로 차버린 사울은 가장 미련한 조상이 되었습니다.

그렇다고 다윗이 인간적인 측면에서 사울보다 나을 것도 없었습니다. 어느 면에서는 다윗이 사울보다 훨씬 더 교활하고 악랄했습니다. 왕좌에 앉은 다윗은 충신 우리아의 아내 밧세바를 범했습니다. 그때 우리아는 전쟁터에서 다윗을 위해 전투를 수행하고 있었습니다. 공교롭게도 다윗이 범한 밧세바가 임신하자, 다윗은 참전 중인 밧세바의 남편인 우리아를 예루살렘으로 소환하였습니다. 우리아로 하여금 아내 밧세바와 동침하게 하여, 밧세바의 배 속에 잉태된 아이가 우리아의 아이인 것처럼 위장하려는 의도였습니다. 그러나 전쟁 중에 편안하게 귀가할 수는 없다는 우리아의 충성심으로 다윗의 계획이 무산되자, 다윗은 우리아를 다시 전장으로 보내어 자신의 심복 요압에게 우리아를 죽음에 빠뜨리도록 교사하였습니다. 자신의 손에 피 한 방울 묻히지 않고 우리아를 교묘하게 살해한 것이었습니다. 그러고는 과부가 된 밧세바를 궁중으로 불러들여 아예 자신의 아내로 삼아 버렸습니다. 세상에 그보다 더 패역무도한 살인강도가 어디에 또 있겠습니까?

그 아버지를 보고 자란 다윗의 자식들 역시 가관이었습니다. 장남 암논이 자신의 이복누이 다말을 강간했습니다. 이에 앙심을 품은 다말의 친오빠 압살롬이 기회를 엿보다가 이복형 암논을 죽여 버렸습니다. 그 이후에 압살롬은 내친김에 아버지 다윗을 몰아내기 위해 쿠데타를 일으켰습니다. 놀란 다윗은 신도 제대로 신지 못한 채 측근들만 거느리고 황급하게 왕궁을 빠져나갔고, 왕궁을 접수한 압살롬은 아버지 다윗이 두고 간 아버지의 후궁들을 범했습니다. 아버지의 후궁들이라면 압살롬에게는 어머니뻘이었지만, 패역한 압살롬은 그런 것은 전혀 개의치 않았습니다. 그러나 그 압살롬은 재집결한 아버지 다윗의 군대에 의해 살해당하고 말았습니다. 아들의 군대가 아버지를 몰아내었고, 아버지의 군대가 아들을 죽인 것이었습니다.

한마디로 다윗의 집안은 콩가루 집안이었습니다. 어느 모로 보아도 다윗이 사울보다 못하면 못했지, 나을 것이 전혀 없어 보입니다. 그럼에도 다윗은 사울과는 달리 하나님의 마음에 맞는 사람이 되어 그의 왕국은 그의 자식과 후손에게 계승되었을 뿐 아니라, 다윗 자신은 족보상 예수 그리스도의 조상이 되는 영광까지 얻었습니다. 그것이 가능할 수 있었던 이유는 단 하나였습니다. 다윗이 한때 패역무도한 살인강도였을망정, 그 이후 그는 자신의 잘못을 깨닫고 하나님께로 되돌아간 믿음의 사람이었기 때문입니다. 믿음을 되찾고 끝내 믿음을 지킨 다윗, 그는 진정으로 지혜로운 조상이 되었습니다.

또다시 미지의 낯선 시간 질서로 진입하는 낯선 설날인 오늘, 우리는 하나님께서 주신 본문을 통해 귀중한 교훈을 얻게 됩니다. 이 세상에 태어나는 사람은 모두 누구의 자식, 누구의 후손으로 태어납니다. 그러나 일평생 그 상태로 머물러 있는 것은 아닙니다. 시간이 흐르면 누구의 자식에서 누구의 부모로, 그리고 이 세상을 떠난 뒤에는 누구의 후손에서 누구의 조상으로 불리게 됩니다. 이 세상에 태어난 사람은 때가 되면 모두 조상으로 기려지게 된다는 말입니다. 단지 차이가 있다면 어떤 조상이 되느냐의 차이입니다. 사울처럼 후손에게 악영향을 미치는 어리석은 조상이 되느냐, 다윗처럼 자신의 모든 허물에도 불구하고 끝내 후손에게 선한 영향을 미치는 지혜로운 조상이 되느냐의 차이입니다.

그 차이는 당사자의 삶의 태도에서 비롯됩니다. 사울처럼 왕좌와 권력을 한 손에 장악하고 있을지라도 하나님을 경외하지 않는 사람은 비록 세상에서 부귀영화는 누릴 수 있을지언정, 후손의 삶을 진리 위에 세워 주는 지혜로운 조상이 될 수는 없습니다. 하나님이 없는 사람은 자신이 지닌 것을 섬기고 지키느라 자신의 인생을 허비하기 마련이고, 허망하게 소진된 그의 부정적인 삶의 유산은 고스란히 후손들의 몫이 될 것이기 때문입니다. 반면에 다윗처럼 한때 패역무도한 살인강도였다 할지라도 하나님께 되돌아가기만 하면, 누구든지 후손들을 위해 진리의 이정표로 우뚝 서는 지혜로운 조상이 될 수 있습니다. 한 인간의 인생과 가정을 세우시는 분은 인간이 아니라 하나님이시기 때문입니다.

생각해 보십시오. 만약 부귀영화가 자기 후손을 바르게 세우는 지혜로운 조상의 절대 조건이라면, 세상의 부귀영화를 한 손에 쥐고 있던 사울 왕보다 더 좋은 조건을 지닌 사람은 없었습니다. 그러나 그는 자신의 부귀영화 때문에 도리어 지혜로운 조상이 되기에 실패하고 말았습니다. 만약 인간의 윤리 도덕이 자기 후손을 바르게 세우는 지혜로운 조상의 절대 조건이라면 자신이 직접 살인강도짓을 범했음은 물론이고, 자기 자식들의 강간과 살인에 심지어는 자신에 대한 자식의 반역과 그 자식이 자신의 심복에 의해 살해당하는 것까지 목격해야만 했던 다윗은, 지혜로운 조상이 되기에는 자격 미달이라도 한참 미달이었습니다. 하지만 그는 하나님께 되돌아감으로써 그의 왕위가 그의 자식과 후손에게 계승되었을 뿐 아니라, 하나님에 의해 족보상 예수 그리스도의 조상이 되는 지혜로운 조상이 되었습니다.

여기에서 우리는 말할 수 없이 큰 소망을 품게 됩니다. 우리가 지금 비록 다윗처럼 패역무도한 인간이라 할지라도, 우리의 집안이 지금 다윗 집안처럼 부모와 자식 그리고 형제가 서로 원수처럼 다투는 콩가루 집안이라 하더라도, 우리가 하나님을 바르게 경외하기만 하면, 우리가 하나님의 말씀을 좇기만 하면, 하나님께서 당신의 방법으로 우리의 가정을 바르게 세워 주시고, 그 결과 우리 역시 끝내 지혜로운 믿음의 조상으로 세움 받게 될 것이라는 소망입니다.

우리는 지금 설날을 맞아 미지의 낯선 시간 질서 속으로 새로이 진입하고 있습니다. 어떤 경우에도 하나님께서 주신 것들을 하나님보다 더 신봉하는 어리석은 사울이 되지 마십시다. 하나님의 말씀을 자기 발걸음의 등과 빛으로 삼는 지혜로운 다윗이 되십시다. 미지의 낯선 시간 질서 속으로 진입하는 이 낯선 설날에, 하나님께서 본문을 통해 사울과 다윗의 삶을 우리에게 대조하여 보여 주신 하나님의 메시지를 잊지 마십시다. 세월이 흐른 뒤에 우리가 지혜로운 믿음의 조상으로 기려지는 조건은 세상의 것들이 아니라, 하나님에 대한 우리의 믿음과 태도에 달려 있습니다. 우리의 인생과 가정을 세우시는 분도, 폐하시는 분도, 오직 하나님 한 분이시기 때문입니다.

질곡의 세월 속에서도 오늘의 우리가 있을 수 있게끔 온갖 수고와 헌신을 다한 조상들의 은덕을 기리는 민족의 명절 설날을 주신 하나님! 우리가 설날을 맞아 조상들의 은덕을 기리는 것으로 그치지 않고, 언젠가는 우리 역시 우리의 후손들에 의해 조상으로 기려질 존재임을 깨닫게 해주신 하나님! 오늘 본문을 통해 사울과 다윗의 삶을 대조하여 보여 주심으로, 어떤 경우에도 어리석은 조상을 대변하는 사울이 아니라, 지혜로운 조상의 표상인 다윗이 될 것을 촉구해 주신 하나님 아버지! 설령 우리가 부귀영화를 누리고 있다 해도 부귀영화를 하나님보다 더 신봉하면, 그 부귀영화로 인해 우리 자신과 후손의 삶을 동시에 망치는 어리석은 사울이 될 수밖에 없음을 잊지 말게 해주십시오.

이제 우리 모두 설날을 맞이하여, 미지의 낯선 시간 질서 속으로 또다시 첫 발을 내디딥니다. 우리 인생과 가정의 유일한 건축가이신 하나님만 의지하는 믿음으로 첫발을 내디딥니다. 우리 발걸음의 유일한 등이요 빛 되신 하나님의 말씀에 의지하여 첫발을 내디딥니다. 현재 우리의 모습이 남의 아내를 빼앗고 그 여인의 남편을 살해하도록 교사한 다윗처럼 패역무도할지라도, 하나님께서 당신의 말씀으로 우리의 삶을 치유하고 회복시켜 주실 것을 믿습니다. 비록 우리의 집안이 지금 다윗의 집안처럼 부모와 자식이 싸우고 형제와 형제가 원수처럼 다투는 콩가루 집안일망정,

하나님께서 당신의 빛으로 우리의 가정을 진리 위에 재건해 주실 것도 믿습니다. 우리가 지금 새로이 진입하고 있는 이 낯선 시간 질서가, 하나님의 말씀 안에서 친숙한 진리의 시간으로 엮어지게 해주십시오. 그리하여 우리 모두 먼 훗날 하나님의 마음에 맞는 지혜로운 조상들로 기려지게 해주십시오. 내 인생을 세우시는 분도, 폐하시는 분도, 오직 하나님 한 분이심을 언제 어디서나 기억하며 살게 해주십시오. 아멘.

16. 하나님이 III 사순절 첫째 주일

사도행전 13장 14-23절

그들은 버가에서 더 나아가 비시디아 안디옥에 이르러 안식일에 회당에 들어가 앉으니라 율법과 선지자의 글을 읽은 후에 회당장들이 사람을 보내어 물어 이르되 형제들아 만일 백성을 권할 말이 있거든 말하라 하니 바울이 일어나 손짓하며 말하되 이스라엘 사람들과 및 하나님을 경외하는 사람들아 들으라 이 이스라엘 백성의 **하나님이** 우리 조상들을 택하시고 애굽 땅에서 나그네 된 그 백성을 높여 큰 권능으로 인도하여 내사 광야에서 약 사십 년간 그들의 소행을 참으시고 가나안 땅 일곱 족속을 멸하사 그 땅을 기업으로 주시기까지 약 사백오십 년간이라 그 후에 선지자 사무엘 때까지 사사를 주셨더니 그 후에 그들이 왕을 구하거늘 **하나님이** 베냐민 지파 사람 기스의 아들 사울을 사십 년간 주셨다가 폐하시고 다윗을 왕으로 세우시고 증언하여 이르시되 내가 이새의 아들 다윗을 만나니 내 마음에 맞는 사람이라 내 뜻을 다 이루리라 하시더니 **하나님이** 약속하신 대로 이 사람의 후손에서 이스라엘을 위하여 구주를 세우셨으니 곧 예수라

3주째 살펴보고 있는 본문은, 사도 바울이 비시디아 안디옥의 유대인 회당에서 행한 설교의 도입부 내용입니다.

아브라함의 후손인 이스라엘 백성은 이집트의 노예살이에서 출애굽한 뒤, 40년 동안의 광야 생활을 거쳐, 이미 원주민이 살고 있던 가나안 땅을 정복하고 그 땅의 주인이 되었습니다. 그 뒤에는 사사들이 이스라엘 백성을 이끈 사사시대가 이어졌습니다. 그것이 아브라함 때부터 사사시대가 막을 내리기까지 1천 년에 걸친 이스라엘의 역사였습니다. 그러나 그 역사에 대한 사도 바울의 설교는 관점 자체가 달랐습니다. 하나님께서 아브라함을 통해 이스라엘 백성을 당신의 선민으로 선택하셨습니다. 하나님께서 이집트의 노예였던 그들을 높여 주셨습니다. 하나님께서 당신의 큰 권능으로 그들을 이집트의 노예살이에서 해방시켜 주셨습니다. 하나님께서 40년 동안 광야에서 그들의 소행을 참아 주셨습니다. 하나님께서 그들의 앞길을 가로막는 가나안 일곱 족속을 멸하셨습니다. 하나님께서 그 땅을 이스라엘 백성에게 기업으로 주셨습니다. 그리고 하나님께서 이스라엘 백성을 위해 사사를 주셨습니다. 이처럼 아브라함에서부터 시작하여 사사시대가 막을 내리기까지 1천 년에 걸친 이스라엘 역사는, 사도 바울의 관점에서는 그 주체가 철저하게 하나님이셨습니다. 사도 바울이 보기에 그 이후의 이스라엘 역사 또한 마찬가지였습니다.

그 후에 그들이 왕을 구하거늘 하나님이 베냐민 지파 사람 기스의 아들 사울을 사십 년간 주셨다가 폐하시고 다윗을 왕으로 세우시고(21-22절 상).

사사시대가 막을 내린 뒤 이스라엘 역사에는 왕정이 시작되었습니다. 이스라엘 역사상 최초의 왕으로 등극한 사람은 사울이었고, 그 뒤를 이은 사람은 다윗이었습니다. 이에 대한 사도 바울의 설교는 하나님께서 사울을 왕으로 주셨다가 폐하셨고, 하나님께서 다윗을 새로운 왕으로 세우셨다는 것이었습니다. 여기에서 '주셨다', '폐하셨다', '세우셨다'는 동사가 중요합니다. 왕을 요구하는 이스라엘 백성에게 사울을 왕으로 주신 분도 하나님이셨고, 그를 폐하신 분도 하나님이셨고, 베들레헴의 목동이었던 다윗을 새로운 왕으로 세우신 분도 하나님이셨습니다. 그래서 우리는 지난 시간에 설날을 맞아 사울과 다윗의 가정을 비교해 보면서, 한 인간의 인생과 가정을 세우시는 분도, 폐하시는 분도 하나님이심을 새삼 확인하였습니다.

그러나 사울과 다윗의 상이한 인생은 당사자의 가정에만 영향을 미친 것은 아니었습니다. 하나님께서 사울을 이스라엘 첫 번째 왕으로 세우신 것은 이스라엘 역사에 사울 왕조를 세우신 것이요, 사울을 폐하신 것은 그의 왕조를 폐하신 것이며, 사울 대신 다윗을 세우신 것은 새로운 다윗 왕조를 세우셨다는 말이었습니다. 이처럼 사도 바울은 본문을 통해, 사사시대를 뒤이은 이스라엘 왕조의 역사를 주관하신 분 역시 하나님이심을 분명히 했습니다. 철저한 하나님 중심의 역사관이었습니다. 그러나 이것은 사도 바울 개인의 주관적인 견해가 아니었습니다. 구약성경 열왕기와 역대기는 이스라엘 왕조 시대의 역사를 밝혀 주는 내용입니다. 그 내용을 단 한 줄로 요약하면, 왕을 세우시는 분도 하나님이시요, 폐하시는 분도 하나님이시라는 것입니다. 다니엘 선지자가 다음과 같이 증언한 이유가 바로 여기에 있습니다.

> 영원부터 영원까지 하나님의 이름을 찬송할 것은 지혜와 능력이 그에게 있음이로다 그는 때와 계절을 바꾸시며 왕들을 폐하시고 왕들을 세우시며 지혜자에게 지혜를 주시고 총명한 자에게 지식을 주시는도다
> (단 2:20-21).

한 나라와 민족의 역사를 주관하는 분이 하나님이시라는 것은 성경의 일관된 메시지입니다. 온 우주 만물이 하나님의 섭리 안에 있다면, 하나님께서 어찌 당신의 섭리 속에 있는 모든 나라와 민족의 역사를 주관하시지 않겠습니까? 한 나라와 민족을 세우시는 분도, 폐하시는 분도 하나님이십니다. 한 나라와 민족의 흥망성쇠가 오직 하나님께 달려 있습니다.

사울이 자기 능력으로 이스라엘 역사상 첫 왕조를 일으킨 것은 아니었습니다. 그로 하여금 사울 왕조를 세우게 하신 분은 하나님이셨습니다. 그의 왕국은 허약하지 않았습니다. 그의 권력은 누구도 넘볼 수 없을 만큼 공고했고, 그의 군대는 막강했습니다. 그러나 하나님께서 블레셋과의 전쟁에서 이스라엘을 패하게 하심으로 사울 왕조를 폐해 버리셨습니다. 그렇다면 우리는 하나님께서 당신이 직접 세우셨던 사울을 왜 폐하셨는지 그 이유를 생각해 보지 않을 수 없습니다.

블레셋의 거인 골리앗이 이스라엘을 침공했을 때였습니다. 이스라엘에 감히 골리앗과 맞서려는 장수가 없었습니다. 키 2미터 70센티미터에, 입고 있는 갑옷의 무게가 웬만한 사람 몸무게에 해당하는 57.5킬로그램인 데다, 창끝에 달린 창날의 무게만 7킬로그램에 달하는 창을 지닌 거인 골리앗의 위세에 눌려, 이스라엘 장수 중 그 누구도 감히 나가 싸울 엄두를 내지 못했습니다. 이스라엘은 풍전등화의 위기였습니다. 그때 혜성처럼 나타난 인물이 베들레헴의 목동 다윗이었습니다. 일거에 골리앗을 물리치고 이스라엘을 위기에서 구한 다윗은 구국의 영웅이 되었습니다. 그 이후에도 다윗은 나라를 위해 혁혁한 공을 세웠고, 사울 왕은 다윗을 장군으로 삼았습니다. 그러나 얼마 뒤 마음이 변한 사울 왕은 다윗을 죽이려 했습니다. 다윗을 죽이려는 사울 왕의 집념은 집요했습니다. 다윗은 어쩔 수 없이 정처 없는 도피 생활을 해야만 했습니다. 사울 왕은 다윗 한 사람을 죽이기 위해 3천 명으로 이루어진 특공대를 구성하고, 자신이 그 특공대를 직접 지휘하기도 했습니다. 사울 왕이 왜 그토록 다윗을 집요하게 죽이려 했는지, 그 이유가 기막힙니다.

다윗 장군이 블레셋과의 전쟁에서 다시 대승을 거두고 돌아온 날이었습니다. 온 백성들이 나와서 다윗의 승전을 축하하는데 그 자리에는 사울 왕도 있었습니다. 수많은 여인들이 악기를 연주하고 춤을 추면서, "사울이 죽인 자는 천천이요 다윗은 만만이로다"(삼상 18:7)라고 소리 높여 노래했습니다. 사울이 죽인 적군의 수가 천 명이라면 다윗이 죽인 수는 만 명이라는 것이었습니다. 다윗의 인기가 사울 왕을 열 배나 앞지른 셈이었습니다. 그때 사울 왕의 반응을 사무엘상 18장 8-9절이 다음과 같이 밝혀 주고 있습니다.

> 사울이 그 말에 불쾌하여 심히 노하여 이르되 다윗에게는 만만을 돌리고 내게는 천천만 돌리니 그가 더 얻을 것이 나라 말고 무엇이냐 하고 그 날 후로 사울이 다윗을 주목하였더라.

나이 든 왕의 체력이 어찌 젊은 장군을 당할 수 있겠습니까? 전쟁터에서 적군을 물리치는 능력은 현직 장군이 당연히 왕을 앞지르지 않겠습니까? 용맹스럽고 충성스러운 장군을 거느린 것은 왕의 자랑이지 경계할 일이 아니지 않습니까? 그럼에도 사울 왕은 다윗의 인기가 자신의 인기를 앞지르는 것을 확인한 그날부터 다윗을 죽이려 했습니다. 다윗이 자신의 왕좌를 노릴 것이라고 지레 속단했기 때문입니다. 그 위에 더하여 또 다른 이유가 있었습니다. 어느 날 왕궁의 식탁에서 사울 왕의 장남 요나단이 다윗을 옹호하는 말을 하자, 사울 왕이 대노하여 장남 요나단을 다음과 같이 몰아세웠습니다.

> 사울이 요나단에게 화를 내며 그에게 이르되 패역무도한 계집의 소생아 네가 이새의 아들을 택한 것이 네 수치와 네 어미의 벌거벗은 수치 됨을 내가 어찌 알지 못하랴 이새의 아들이 땅에 사는 동안은 너와 네 나라가 든든히 서지 못하리라 그런즉 이제 사람을 보내어 그를 내게로 끌어오라 그는 죽어야 할 자이니라 한지라(삼상 20:30-31).

아시겠지만 이새의 아들은 다윗을 말합니다. 사울 왕은 자신의 경륜과 카리스마로 자기 생전에 자신은 충분히 다윗을 제어할 수 있지만, 자기 사후에 무르기 짝이 없는 자신의 장남 요나단은 다윗의 적수가 될 수 없다고 판단하였습니다. 바꾸어 말해 사울 왕은 자기 사후에 장남 요나단이 왕권을 유지하는 데 최대의 걸림돌이 될 인물로 다윗을 지목하고 있었습니다. 그래서 그는 자기 아들을 위해서도 자기 생전에 그토록 다윗을 집요하게 죽이려 하였습니다.

사울 왕은 하나님의 공의를 위해 다윗을 죽이려 한 것이 아니었습니다. 백성의 안녕을 위해 다윗을 제거하려 한 것도 아니었습니다. 다윗이 불의한 악인이었기에 징벌하려 한 것도 아니었습니다. 사울 왕이 다윗을 죽이려 한 이유는 자신의 왕권을 지키고, 자신의 사후에 자신의 아들이 그 왕권을 아무런 장애물 없이 유지토록 해주기 위함이었습니다. 자기 권력을 위해 구국의 영웅인 동시에 의롭고 충성스러운 신하 다윗을 죽이려 했습니다. 자기 아들을 위해 남의 집 귀한 아들을 죽이려 했습니다. 자기 아들을 위해 남의 집 아들을 죽이려고, 또 다른 남의 집 아들 3천 명을 특공대로 동원하기도 했습니다. 사울 왕에게 이 세상 모든 사람은 자신과 자기 자식을 위한 도구에 지나지 않았습니다. 자기 자신과 자식을 위해서라면 무슨 짓이든 서슴지 않았습니다. 하나님께서 그렇게 하라고 사울을 왕으로 세우신 것이 아니었습니다. 하나님께서 그에게 왕권을 주신 것은 권력의 선한 청지기가 되어 하나님의 공의를 좇아 백성을 바르게 섬기게 하시기 위함이었습니다. 그러나 왕이 된 사울은 하나님께서 그에게 위탁하신 권력으로 자신과 자기 자식을 위해 하나님의 공의를 철저하게 짓밟았습니다. 그 불의한 사울을, 그의 왕조를, 그를 세우신 하나님께서 폐하신 것은 사필귀정이었습니다. 사울은 자신의 왕권을 공고히 지키는 한, 자신의 왕조는 자기 자식을 거쳐 천년만년 이어지리라 기대했을 것입니다. 아니, 그렇게 하기 위해 그는 수단과 방법을 가리지 않고 의로운 다윗을 죽이려고 했습니다. 그러나 그의 왕조는 불과 40년 만에, 그의 당대에, 그의 자식과 함께 몰락하고 말았습니다.

우리는 여기에서 두 가지 귀중한 교훈을 얻게 됩니다. 첫 번째 교훈은 어느 나라, 어느 민족, 어느 왕조, 어느 정권도, 인간의 사욕을 위해 하나님의 공의를 짓밟으면 역사의 주관자이신 하나님께서 언젠가는 반드시 폐하신다는 것입니다. 유사 이래 인류의 역사가 이 사실을 증명해 주고 있습니다. 어느 나라, 어느 민족, 어느 왕조, 어느 정권이든 예외인 경우가 없었습니다. 인류의 역사 자체가 하나님의 섭리 속에 있기 때문입니다.

작년에 중앙일보에 '한국인 이야기'를 연재했던 이어령 선생님은 그 시리즈를 연재하는 이유를 밝히는 글에서 이런 말을 했습니다.

우리의 불행은 '로마인 이야기'는 재미있게 읽을 수 있어도 '한국인 이야기'는 이념 논쟁을 해야 하는 재미없는 역사교과서에서 배울 수밖에 없다는 데 있다. 일단 그 굴레에서 벗어나면 소설보다 재미있고 역사보다 엄숙하게 흐르는 한국인 이야기에 빠져들 수 있었을 텐데 말이다. 그래서 내가 쓰고 싶은 한국인의 이야기는 한 개인의 스토리가 되어서도 안 되며 추상적인 집단의 히스토리가 되어도 안 될 것이다.

생각해 보라. 누이가 나물 캐러 다니던 채집시대 때의 아이가 농경, 산업, 지식정보시대를 거쳐 우리 손으로 개를 복제하는 바이오시대의 전 문명 과정을 한꺼번에 겪으며 머리털이 세어 가는 그런 나라가 이 세상천지 어디에 있을 것인가. 큰 전쟁을 두 번씩이나 겪고 혁명을 서너 번 치르며 70여 년을 블랙홀 같은 소용돌이를 횡단한 사람들의 '집단 추억' 그런 이야기를 어느 사회에서 들을 수 있을 것인가.

적어도 이 땅에서 몇십 년을 산 사람이라면 무릎을 치며 동의하지 않을 수 없는 내용입니다. 저는 1949년에 태어났습니다. 그 시절 시골 아낙네들은 봄이면 으레 나물 캐러 다녔습니다. 오직 생존을 위해서였습니다. 그런데 저는 농경, 산업, 지식정보시대를 거쳐 지금은 정말 첨단 과학의 바이오시대에 살고 있습니다. 60년대까지만 해도 필리핀을 이상향으로 삼던 이 나라가 이제는 필리핀이 결코 넘볼 수 없는 나라가 되었습니다. 라디오 하나 만들지 못하던 이 나라의 전자회사들이 온 세계를 석권하고 있습니다. 해마다 보릿고개가 되면 먹을 것이 없어 초근목피草根木皮로 연명하던 이 나라에 지금은 먹을 것이 남아돌고 있습니다. 8·15, 6·25, 4·19, 5·16, 10·26, 12·12, 5·18, 6·10 등, 숫자로 대변되는 민족적 격랑과 정치적 소용돌이를 수없이 거치면서도 민주화와 산업화를 동시에 이루었습니다. 지난 몇십 년 동안 한국인을 제외하고는, 어느 나라 그 누구도 경험할 수 없었던 상상을 초월하는 눈부신 발전이었습니다. 이런 관점에서 우리나라 우리 민족은 하나님의 특별한 은총을 입었음이 분명합니다. 인간의 역사를 주관하시는 하나님의 섭리가 아니고는 도저히 설명할 수 없는 일이 우리 생애에 이 땅에서, 우리의 눈앞에서, 우리의 삶 속에서 일어났기 때문입니다.

해방 이후 우리나라에는 현재까지 총 열 분의 대통령이 있었습니다. 그 가운데 내각책임제 시절의 대통령과 과도기 시절의 대통령 두 분을 제외하면, 대통령으로 실제 권한을 행사한 대통령은 여덟 분입니다. 그중에서 전직 일곱 분에 대한 국민의 평가는 그리 후하지 않습니다. 이념과 지역과 계층을 초월하여 전 국민의 사랑과 지지를 받는 전직 대통령은 없다고 해도 과언이 아닙니다. 그러나 한 나라와 민족의 역사를 주관하는 분이 하나님이심을 우리가 진정으로 믿는다면, 어떤 대통령이 어떤 과정을 통해 대통령이 되었든, 그를 그 시기의 대통령으로 세우신 분이 하나님이심을 우리는 인정해야 합니다. 이 사실을 받아들이고 우리의 역사를 되돌아보면, 각 대통령마다 그 시대의 분명한 역할이 있었음을 알게 됩니다.

이승만 초대 대통령은 자유민주주의 대한민국을 건국하고 6·25전쟁으로부터 나라를 지키는 것이었습니다. 박정희 대통령은 대대로 이어져 오던 가난의 사슬을 끊고 경제개발의 막을 올리는 것이었습니다. 전두환 대통령은 박정희 대통령 시대에 시작된 경제발전을 연착륙시켜 결실을 거두는 것이었습니다. 노태우 대통령은 군사독재 정부에서 민주 정부로 이양되는 연결고리가 되는 것이었습니다. 김영삼 대통령은 정치군인집단인 하나회를 숙청하여, 이 나라의 역사에 군인이 다시는 총칼로 정권을 탈취하는 일이 없도록 쐐기를 박는 것이었습니다. 김대중 대통령은 그동안 정치적으로 홀대받던 호남인들의 긍지를 높이고, 북한 인민은 타도의 대상이 아니라 함께 살아야 할 동족임을 각인시켜 주는 것이었습니다. 노무현 대통령은 사회 각 계각층의 권위주의를 타파하고 소외 계층에 대한 관심을 확충하는 것이었습니다. 만약 '물태우' 소리를 들을 만큼 마음이 유연했던 노태우 대통령이 그때 대통령이 아니었더라면, 군사독재 정부가 민주정부로 이양되기까지는 더 많은 세월과 더 많은 대가를 필요로 했을 것입니다. 노태우 대통령 이후에 경상도 출신의 김영삼 대통령보다 호남 출신의 김대중 대통령이 먼저 대통령이 되었더라면, 호남 출신인 김대중 대통령이 경상도 출신의 정치군인 집단을 숙청하는 것은 결코 쉬운 일이 아니었을 것입니다. 하나님께서는 전직 대통령들을 당신의 방법을 통해 폐하시거나 재임 기간 중 국민의 격렬한 저항을 받게 하시면서도, 그분들로 하여금 자기 시대의 역할을 다하게 하셨습니다. 그 결과 우리는 불과 몇십 년 만에 농경시대에서 첨단 과학의 바이오시대에 진입하면서 산업화와 민주화를 이룬 세계 유일의 나라, 유일의 민족이 되었습니다.

그렇다면 우리는 바로 그 연장선상에서 이명박 현 대통령의 시대적 역할이 무엇인지 읽을 수 있습니다. 이명박 대통령은 '경제를 살리자'는 구호로 제17대 대통령에 당선되었습니다. 그리고 기업인 출신 대통령답게 경제적으로 더 부유한 나라를 만들기 위해 애쓰고 있습니다. 그러나 지난 역사의 연장선상에서 보면, 단순히 경제적으로 잘살자는 것은 이 시대의 명제가 아님을 알게 됩니다. 그것은 '잘살아 보세'라는 박정희 대통령의 시절로 되돌아가는, 과거 지향적 발상입니다. 우리나라가 과거의 연장선상에서 보다 선진화된 미래로 나아가기 위한 이 시대의 명제는 '바르게 살기'입니다. 잘사는 것보다 바르게 사는 것이 더 중요합니다. 잘사는 것 자체가 목적이 될 때 인간은 더 잘살기 위해 하나님의 공의를 짓밟기 마련이고, 하나님께서는 당신의 공의를 짓밟는 나라와 민족을 끝내 폐하신다는 것이 성경의 교훈인 동시에, 하나님의 섭리 속에 있는 인류 역사의 교훈이기도 합니다.

본문을 통해 얻을 수 있는 두 번째 교훈은, 하나님께서 농경시대에서 불과 몇십 년 만에 첨단 과학의 바이오시대를 누리는, 세계 역사상 전례 없는 은총을 우리 민족에 베풀어 주신 것은, 그 은총을 우리만 누리라 하심이 아니라는 것입니다. 우리로 하여금 그 은총의 청지기가 되어 세상을 향해 그 은총을 흘려 보내는 통로로 삼으시기 위함입니다. 그런데 오늘날 우리의 실상은 어떻습니까? 하나님을 믿지 않는 사람은 말할 것도 없고 하나님을 믿는 사람조차도 오직 세 가지에 집착하고 있습니다. 첫째는 돈이요, 둘째는 자기 자신이요, 셋째는 자기 자식입니다. 더 많은 돈을 얻기 위해 수단과 방법을 가리지 않습니다. 자기 자신과 자기 자식을 위해 편법과 탈법과 불법도 마다하지 않습니다. 자기 자식을 위해 남의 집 자식에게 불이익이 돌아가게 하는 일도 전혀 아랑곳하지 않습니다.

돈, 자신, 자식으로 꽉 차 있는 인간의 심령 속에 하나님께서 주인으로 거하실 틈이 있을 리 없습니다. 그들에게 하나님은 단지 그것들을 지키기 위한 도구일 뿐입니다. 하나님을 믿는다는 사람들이 돈, 자신, 자식을 위해 하나님의 공의를 짓밟고서도 그 사실을 깨닫지도 못하는 것이 오늘 우리의 현실입니다. 하나님을 믿는 대부분의 사람들이 본문의 사울 왕처럼 어리석은 삶을 살고 있는 것입니다. 그렇게 살면 분명히 더 많은 것을 소유할 수 있습니다. 더 큰 번영을 누릴 수 있습니다. 자식에게 더 많은 것을 물려줄 수 있습니다. 그러나 "여호와께서는 그들이 요구한 것을 그들에게 주셨을지라도 그들의 영혼은 쇠약하게 하셨도다"라는 시편 106편 15절 말씀과 같이 우리 자신은, 우리 자식들은, 이 민족은, 이 나라는, 바로 그 번영 때문에 하나님을 잃은 채 영혼이 쇠약해지다가 본문의 사울 왕조처럼 끝내 몰락해 버리고 말 것입니다. 하나님의 공의를 짓밟는 민족과 나라와 집단은 반드시 폐하신다는 것이 하나님의 공의이기 때문입니다.

이 시대에 이 나라를 이끌어 갈 지도자가 누구입니까? 대통령 한 분입니까? 국무총리와 장차관만입니까? 아닙니다. 하나님을 믿는 사람들이 모두 지도자입니다. 하나님께서는 당신을 경외하는 한 사람 한 사람을 통해 이 시대의 역사 속에 당신의 섭리를 이루시기 때문입니다. 이제 우리 모두 참회의 절기인 사순절 첫째 주일을 맞이하여, 그동안 하나님보다도 더 신뢰하던 돈, 자신, 자식이라는 우상을 깨어 버리십시다. 그것은 하나님 앞에서 자기 몰락을 자초하는 첩경입니다. 우리 모두 하나님의 공의를 좇아 바르게 사는 이 시대의 다윗이 되십시다. 우리가 진정으로 우리 자식을 사랑한다면 우리 자식에게 하나님을 경외하고 하나님의 공의를 좇는 바른 믿음의 삶을 유산으로 물려주십시다. 하나님의 공의를 짓밟으면서까지 자신과 자기 자식만을 위하려 했던 사울 왕은 자식과 함께 파멸하면서 나라마저 파탄시켰지만, 하나님을 경외하고 하나님의 공의를 좇는 바른 믿음의 삶을 유산으로 남겨 준 다윗의 경우, 그의 아들 솔로몬 시대에 이스라엘은 하나님의 은혜 속에서 더욱 건실해졌고, 예수 그리스도께서 그의 족보를 통해 이 땅에 오셨습니다.

우리 시대의 삶의 명제는 잘살기가 아니라 하나님의 공의를 좇아 바르게 살기입니다. 한 나라와 민족의 흥망성쇠는 경제력이 아니라 하나님의 공의에 의해 판가름 납니다. 한 나라와 민족을 세우시는 분도 하나님이시요, 폐하시는 분도 하나님이십니다.

우리 민족으로 하여금 불과 몇십 년 만에 농경, 산업, 지식정보시대를 거쳐 첨단 과학의 바이오시대로 진입하게 하시고, 산업화와 민주화를 동시에 이루게 하신 하나님. 인류 역사 이래 우리 민족에게 이처럼 전례 없는 은혜를 베풀어 주신 하나님. 그러나 우리는 그 은혜의 청지기가 되지 못했습니다. 그 은혜를 세상으로 흘려 보내는 하나님의 통로가 되지 못했습니다. 하나님께서 주신 번영 속에서 바르게 사는 것이 아니라, 오히려 더 잘살기 위해 믿지 않는 사람들처럼 돈, 자신, 자식이라는 우상을 섬겨 왔습니다. 더 많은 돈을 얻기 위해 수단과 방법을 가리지 않았고, 자신과 자식을 위해 편법과 탈법과 불법을 서슴지 않으며 남의 집 자식에게 피해를 주기까지 했습니다. 그 결과 이 세상은 말할 것도 없고, 하나님을 믿는 우리의 삶 속에서조차 하나님의 공의가 짓밟히고 있습니다. 그로 인해 우리 자신과 우리 자식의 영혼이 도리어 하나님을 잃고 파리해져 가고 있습니다.

참회의 절기인 사순절 첫째 주일을 맞아 이 모든 잘못을 회개하오니, 우리의 어리석음을 용서해 주십시오. 이제부터 우리 모두 하나님의 공의를 좇아 바르게 살기를 실천하게 해주십시오. 하나님을 믿는 우리로 인해 이 나라가 공의로운 선진국가가 되게 해주십시오. 사랑하는 자식들에게 공의로운 나라를 물려주는 지혜로운 믿음의 부모들이 되게 해주십시오. 사랑하는 자식들이 하나님 앞에서 바른 신앙심으로 정직하게 살 수 있는 공의로운 나라를 물려주는 것보다 더 큰 자식 사랑이 없음을 잊지 말게 해주십시오. 한 나라와 민족을 세우시는 분도 하나님이시요, 폐하시는 분도 하나님이심을 언제 어디서나 기억하며 살게 해주십시오. 아멘.

17. 하나님이 IV 사순절 둘째 주일

사도행전 13장 14-23절

그들은 버가에서 더 나아가 비시디아 안디옥에 이르러 안식일에 회당에 들어가 앉으니라 율법과 선지자의 글을 읽은 후에 회당장들이 사람을 보내어 물어 이르되 형제들아 만일 백성을 권할 말이 있거든 말하라 하니 바울이 일어나 손짓하며 말하되 이스라엘 사람들과 및 하나님을 경외하는 사람들아 들으라 이 이스라엘 백성의 **하나님이** 우리 조상들을 택하시고 애굽 땅에서 나그네 된 그 백성을 높여 큰 권능으로 인도하여 내사 광야에서 약 사십 년간 그들의 소행을 참으시고 가나안 땅 일곱 족속을 멸하사 그 땅을 기업으로 주시기까지 약 사백오십 년간이라 그 후에 선지자 사무엘 때까지 사사를 주셨더니 그 후에 그들이 왕을 구하거늘 **하나님이** 베냐민 지파 사람 기스의 아들 사울을 사십 년간 주셨다가 폐하시고 다윗을 왕으로 세우시고 증언하여 이르시되 내가 이새의 아들 다윗을 만나니 내 마음에 맞는 사람이라 내 뜻을 다 이루리라 하시더니 **하나님이** 약속하신 대로 이 사람의 후손에서 이스라엘을 위하여 구주를 세우셨으니 곧 예수라

3년 기한으로 제네바한인교회를 섬기기 위해 제가 한국을 떠난 것은 1998년 9월이었습니다. 제네바에 도착한 저는, 3년 동안 혼자 살아가는 데 필요한 비품을 먼저 구입하였습니다. 텔레비전 수상기를 구입하기 위해 전자상가에 들른 저는 씁쓸함을 금할 수가 없었습니다. 세계적인 브랜드의 텔레비전 수상기가 즐비한 가운데, 한국산 제품들은 한쪽 귀퉁이에서 가장 싸구려 제품으로 취급되고 있었습니다. 그중에서 삼성전자 제품의 가격표는 상대적으로 높은 가격이었습니다. '제대로 만들어 제 가격을 받는다'는 삼성의 전략이었습니다. 그러나 세계적인 브랜드에 눌려 고전을 면치 못하기는 마찬가지였습니다. 그날 한국산 제품 중에 가장 싼 제품을 구입하고 귀가하는 제 마음이 영 편치 않았습니다. 국내시장을 석권하고 있는 한국 유수의 전자회사와 세계적인 전자회사 간의 현격한 기술 격차를 직접 확인했기 때문입니다.

　그 이듬해 프랑스 파리에 갔다가 삼성전자 프랑스 법인장을 만났습니다. 프랑스 내에 있는 삼성전자 지사들을 총괄하는 총책임자였습니다. 그분은 삼성전자의 휴대폰 애니콜이 프랑스에서 2퍼센트의 점유율을 기록하고 있는데, 5년 내에 유럽 대륙 휴대폰 시장에서 상위 3위 이내에 진입하는 것이 목표라고 했습니다. 그것이 가능하냐고 묻자, 그분은 주저하지 않고 가능하다고 말했습니다. 그러나 그분의 말이 제게는 아무 감흥도 주지 못했습니다. 한국산 전자제품이 푸대접을 받고 있는 유럽에서 그분의 말은 도리어 황당하게 들렸습니다. 그러나 그로부터 불과 10여 년이 지난 지금은 어떻습니까? 10여 년 전 제네바의 전자상가에서 고전을 면치 못하던 삼성 텔레비전은 세계 최고의 텔레비전이 되었습니다. 전자제품의 본고장인 미국에서도 삼성 텔레비전은 최고가에 판매되고 있습니다. 10여 년 전 프랑스에서 겨우 2퍼센트의 점유율을 기록하던 삼성 휴대폰 애니콜은 유럽 대륙은 말할 것도 없고, 전 세계 휴대폰 시장의 20퍼센트를 점유하여 노키아에 이어 세계 2위가 되었고, 북미 대륙에서는 시장점유율 23.7퍼센트로 노키아를 제치고 1위를 달리고 있습니다. 언제부턴가 세계 어느 공항, 어느 도시든 삼성의 광고판이 보이지 않는 곳이 없습니다. 오대양 육대주에 한국은 몰라도 삼성을 아는 사람들이 가득합니다. 작년에는 일본 전자회사들의 이익을 다 합쳐도 삼성전자의 이익에 미치지 못할 정도로 삼성전자는 명실공히 세계 제1의 전자회사가 되었습니다. 저 같은 사람은 10년 전만 해도 상상조차 못했던 일입니다.

지난 2월 12일은 삼성그룹의 창업주 고 이병철 회장의 탄생 100주년 기념일이었기에, 기업인 이병철 회장에 대한 언론의 다양한 조명이 있었습니다. 이병철 회장의 최대 관심은 기업의 영속성이었고, 기업의 영속성을 가능하게 하기 위해 완전 기업을 추구했습니다. 완전 기업의 조건은 세 가지였습니다. 이익 창출, 최고의 품질, 적정 가격이었습니다. 완전 기업을 통한 기업의 영속성을 위해 이병철 회장은 인재제일주의를 철칙으로 삼았습니다. 최고의 인재를 발탁하여 완전 기업의 영속성을 추구하는 것이었습니다. 그것이 가능할 수 있게끔 삼성만의 독창적인 시스템과 기업문화를 구축했음은 물론입니다. 이병철 회장이 닦아 놓은 그 터전이 없었던들, 오늘날의 세계적인 삼성이 존재할 수 없었을 것임은 두말할 나위도 없습니다.

이병철 회장 탄생 100주년을 맞아 그분을 조명하는 각종 기획물을 접한 제게 두 가지 생각이 있었습니다. 첫째는, 어제 동계올림픽 피겨스케이팅에서 금메달을 획득한 한국 선수 김연아 양을 응원한 것과 같은 한국인의 심정으로, 한국 기업인 삼성이 기업의 사회적 책임을 다하는 모범적인 세계적 기업으로 계속 발전하면 좋겠다는 생각이었습니다. 두 번째 생각은, 기업과 교회를 비교해 보는 것이었습니다. 교회 역시 신학생들 가운데 가장 성적이 우수한 최고의 인재를 발탁하고 완벽한 시스템을 갖춤으로써 완전한 교회를 이룰 수 있고, 또 교회의 영속성을 꾀할 수 있겠는가? 몇 번이나 깊이 생각해 보았지만 그 대답은 '아니다'였습니다. 그 이유는 기업과 교회의 주체가 다르기 때문입니다. 기업의 주체는 사람이므로 최고의 인재들이 모여 최고의 시스템으로 완전 기업을 추구하면서 기업의 영속성을 꾀할 수 있습니다. 그러나 그것이 교회에 통용될 수 없는 것은, 교회의 주체는 사람이 아니기 때문입니다.

우리가 4주째 살펴보고 있는 본문은, 사도 바울이 비시디아 안디옥의 유대인 회당에서 행한 설교의 도입부 내용입니다. 아브라함의 후손인 이스라엘 백성은 이집트의 노예살이에서 출애굽한 뒤, 40년 동안의 광야 생활을 거쳐, 이미 원주민이 살고 있던 가나안 땅을 정복하고 그 땅의 주인이 되었습니다. 그 이후에 사사시대가 시작되었고, 사사시대가 끝난 뒤에는 왕정이 시작되었습니다. 첫 번째 왕은 사울이었지만 그의 왕조는 그의 당대에 막을 내리고 말았습니다. 그리고 베들레헴의 목동이었던 다윗이 다윗 왕조를 세웠습니다. 이것이 아브라함에서부터 다윗에 이르기까지 1천여 년에 걸친 이스라엘의 역사였습니다.

그러나 그 역사에 대한 사도 바울의 설교는 관점 자체가 달랐습니다. 하나님께서 아브라함을 통해 이스라엘 백성을 당신의 선민으로 선택하셨습니다. 하나님께서 이집트의 노예였던 그들을 높여 주셨습니다. 하나님께서 당신의 큰 권능으로 그들을 이집트의 노예살이에서 해방시켜 주셨습니다. 하나님께서 40년 동안 광야에서 그들의 소행을 참아 주셨습니다. 하나님께서 그들의 앞길을 가로막는 가나안 일곱 족속을 멸하셨습니다. 하나님께서 그 땅을 이스라엘 백성에게 기업으로 주셨습니다. 하나님께서 그 땅에 정착한 그들에게 사사를 주셨습니다. 하나님께서 왕을 요구하는 이스라엘 백성에게 사울을 왕으로 주셨다가, 하나님께서 그의 당대에 그를 폐하셨습니다. 그리고 하나님께서 다윗을 새로운 왕으로 세우셨습니다. 이처럼 아브라함에서부터 시작하여 다윗에 이르기까지 1천여 년에 걸친 이스라엘 역사는, 사도 바울의 관점에서는 그 주체가 철저하게 하나님이셨습니다. 그래서 우리는 지난 2주 동안, 한 인간의 인생과 가정을 세우시는 분도 하나님이시요 폐하시는 분도 하나님이시며, 한 민족과 나라를 세우시는 분도 하나님이시요 폐하시는 분도 하나님이심을 생각해 보았습니다.

바울의 설교는 다음과 같이 이어지고 있습니다.

> 내가 이새의 아들 다윗을 만나니 내 마음에 맞는 사람이라 내 뜻을 다 이루리라 하시더니 하나님이 약속하신 대로 이 사람의 후손에서 이스라엘을 위하여 구주를 세우셨으니 곧 예수라(22하–23절).

이스라엘 백성이 먼저 구원자를 요청하지 않았습니다. 하나님께서 그들을 위해 먼저 구원자를 보내 주셨습니다. 하나님께서 다윗의 족보를 통해 이 땅에 보내신 예수님이셨습니다. 예수님께서 어느 날 제자들에게 '너희에게 내가 누구냐'고 물으셨고, 베드로가 '당신은 그리스도요 살아 계신 하나님의 아들이시다'고 고백했습니다. 나사렛 빈민 목수 출신인 초라한 몰골의 예수님을 향해, 당신이 하나님께서 이 땅에 구원자로 보내신 성자 하나님이시라고 고백한 것입니다. 그 고백을 받으신 예수님께서 이렇게 말씀하셨습니다.

> 너는 베드로라 내가 이 반석 위에 내 교회를 세우리니 음부의 권세가 이기지 못하리라(마 16:18).

주님께서는 반석과도 같은 베드로의 고백 위에 '내가 내 교회를 세우리라'고 천명하심으로 두 가지 사실을 분명히 하셨습니다. 첫째 이 땅에 있는 모든 교회의 주인은 주님이시요, 둘째 이 땅의 모든 교회를 세우시는 분도 주님이시라는 것이었습니다. 목회자가 교회를 개척할 수 있고, 교인들이 교회를 시작할 수도 있습니다. 그러나 이 땅에서 교회를 세울 수 있는 권한이나 능력을 지닌 사람은 아무도 없습니다. 그들은 단지 겉으로 드러난 도구일 뿐이요, 그들을 도구 삼아 교회를 세우시는 분은 오직 삼위일체 하나님이십니다. 우리는 여기에서 귀중한 사실을 깨닫게 됩니다. 교회를 세우는 분이 하나님이시라면, 하나님께서 교회를 폐하실 수도 있다는 것입니다. 다음은 하나님께서 에베소교회와 라오디게아교회에 하신 말씀입니다.

> 너를 책망할 것이 있나니 너의 처음 사랑을 버렸느니라 그러므로 어디서 떨어졌는지를 생각하고 회개하여 처음 행위를 가지라 만일 그리하지 아니하고 회개하지 아니하면 내가 네게 가서 네 촛대를 그 자리에서 옮기리라(계 2:4-5).
>
> 내가 네 행위를 아노니 네가 차지도 아니하고 뜨겁지도 아니하도다 네가 차든지 뜨겁든지 하기를 원하노라 네가 이같이 미지근하여 뜨겁지도 아니하고 차지도 아니하니 내 입에서 너를 토하여 버리리라(계 3:15-16).

교회를 세우시는 분도 하나님이시요, 폐하시는 분도 하나님이십니다.

애당초 예루살렘성전을 건축하려 했던 사람은 다윗 왕이었습니다. 그러나 하나님께서 그의 성전 건축을 허락하시지 않았습니다. 하나님께서는 그 대신 그의 아들 솔로몬으로 하여금 예루살렘성전을 세우게 하셨습니다. 솔로몬은 하나님의 뜻에 따라 온 국력을 기울여 예루살렘성전을 건축하였습니다. 이스라엘 역사상 전무후무한 대역사였습니다. 그러나 그로부터 불과 400년 후 예루살렘성전은 바빌로니아 제국에 의해 무너지고 말았습니다. 하나님께서 바빌로니아의 침공으로부터 예루살렘성전을 지킬 능력을 지니지 못하셨기 때문입니까? 아닙니다. 하나님께서 바빌로니아 제국을 도구 삼아 예루살렘성전을 폐하신 것이었습니다. 그로부터 70년 뒤 하나님께서 유대 민족으로 하여금 성전을 재건하게 하셨지만, 주후 70년 로마제국의 티투스 장군을 시켜 예루살렘성전을 다시 초토화시킴으로 토해 버리셨습니다.

지금은 이슬람 땅인 터키 대륙은 신약성경의 보고寶庫입니다. 사도 바울의 고향과 사도 바울을 배출한 안디옥교회가 그곳에 있었고, 사도 바울의 1, 2차 전도 여행지가 그곳이었고, 에베소교회와 갈라디아교회처럼 사도 바울이 개척한 교회들이 그곳에 있었습니다. 어디 그뿐입니까? 요한 사도가 개척한 일곱 교회도 모두 그곳에 있었습니다. 하나님께서 그들을 도구 삼아 당신의 교회를 그곳에 세우신 것입니다. 그러나 지금 그 교회들이 어디에 있습니까? 사도 바울이 2천 년 전 그곳의 교인들과 함께 기도하고 예배드리던 곳이 어디인지 아는 사람은 아무도 없습니다. 지진과 같은 자연재해로 도시들이 폐허로 변했기 때문입니다. 사도 바울이 유럽 대륙에 개척했던 빌립보교회, 데살로니가교회, 고린도교회와 같은 교회들 역시 마찬가지였습니다. 대체 그 이유가 무엇이겠습니까? 천지가 소용돌이치는 자연재해 앞에서 하나님의 능력이 위축되었기 때문입니까? 아닙니다. 하나님께서 자연재해를 통해 폐하셨기 때문입니다. 북한 땅에 얼마나 많은 교회와 그리스도인들이 있었던지, 한때 평양이 동방의 예루살렘으로 불릴 정도였습니다. 그런데 그 많던 교회와 그리스도인들이 지금은 다 어디로 갔습니까? 하나님의 권능이 공산당의 위력보다 못하기 때문입니까? 아닙니다. 하나님께서 공산당을 도구 삼아 폐하셨기 때문입니다. 유럽 대륙 자체가 온통 기독교 대륙이었던 시절이 있지 않았습니까? 그런데 왜 지금은 그곳의 교회가 텅텅 비어 있습니까? 하나님께서 촛대를 옮기셨기 때문입니다.

그렇다면 우리는 하나님께서 왜 당신이 세우신 성전과 교회를 폐하셨는지 그 까닭을 생각해 볼 필요가 있습니다. 첫째는, 무엇보다도 인간의 타락으로 인함입니다. 하나님께서 선지자 예레미야에게 예루살렘성전과 관련하여 이스라엘 백성에게 다음과 같이 선포할 것을 명령하셨습니다.

> 너는 여호와의 집 문에 서서 이 말을 선포하여 이르기를 여호와께 예배하러 이 문으로 들어가는 유다 사람들아 여호와의 말씀을 들으라 만군의 여호와 이스라엘의 하나님께서 이와 같이 말씀하시되 너희 길과 행위를 바르게 하라 그리하면 내가 너희로 이곳에 살게 하리라 너희는 이것이 여호와의 성전이라, 여호와의 성전이라, 여호와의 성전이라 하는 거짓말을 믿지 말라(렘 7:2-4).

예수 그리스도께서는 또 이렇게 말씀하셨습니다.

> 기록된바 내 집은 기도하는 집이라 일컬음을 받으리라 하였거늘 너희는 강도의 소굴을 만드는도다(마 21:13).

하나님께서는 예루살렘성전을 가리켜 하나님의 성전이라고 하는 제사장들의 말은 '거짓말'이라고 판정하셨습니다. 예루살렘성전은 결코 당신의 성전이 아니라는 것이었습니다. 이 땅에 오신 주님께서는 예루살렘성전을 가리켜 '강도의 소굴'이라고 말씀하셨습니다. 당시 유대교는 유대인 최고의 인재들로 구성된 최고의 시스템을 지닌 최고의 조직이었습니다. 당시 이스라엘을 지배하던 로마제국을 제외하고 이스라엘 내에서 유대교에 필적할 시스템이나 조직은 없었습니다. 그러나 그 막강한 시스템과 조직은 하나님과 사람 간의 바른 관계를 가로막는 최대의 걸림돌이었습니다. 유대교는 유대교의 시스템과 조직을 절대시하면서, 그것을 지키기 위해 하나님의 말씀을 왜곡했습니다. 유대교가 예수 그리스도를 십자가에 못박아 죽인 것 역시 자신들의 시스템과 조직을 지키기 위함이었습니다. 하나님의 말씀도, 예루살렘성전도, 유대교의 시스템과 조직을 지키기 위한 수단에 지나지 않았습니다. 그러므로 하나님 보시기에 하나님의 성전은커녕 강도의 소굴에 지나지 않는 예루살렘성전을 하나님께서 폐하신 것은 당연한 결과였습니다.

　하나님께서 당신이 세우신 성전이나 교회를 폐하신 두 번째 이유는, 인간을 사랑하시는 당신의 뜻을 위해서입니다. 아시다시피 성경은 원본이 없습니다. 우리가 지닌 성경은 필사본에 근거한 것입니다. 만약 모세가 기록한 모세오경이나 바울에 의해 기록된 바울서신의 원본이 남아 있다면 지금 어떤 현상이 벌어지고 있겠습니까? 전 세계의 그리스도인들이 성경의 원본 그 자체를 우상시하느라, 정작 그 속에 들어 있는 하나님의 말씀은 놓치지 않겠습니까? 만약 예루살렘성전이 무너지지 않았더라면, 그 건물 자체를 절대시하느라 그리스도인들이 자기 자신을 성전으로 일구는 일에 소홀하지 않겠습니까? 만약 바울 사도가 개척한 갈라디아교회나 고린도교회가 오늘날에도 건재하고 있다면, 눈에 보이는 그 교회들로 인해 사도 바울이 그 교회 교인들을 위해 기록한 신약성경 갈라디아서와 고린도서는 우리의 삶 속에서 그 빛이 바래지 않겠습니까? 이런 의미에서 하나님께서 성경 속에 등장하는 가시적인 성전과 교회를 폐하신 것은 우리에게 보이지 않는 영원한 본질을 주시려는 하나님의 깊은 뜻이요, 사랑이 아닐 수 없습니다.

여기에서 우리는 교회와 관련하여 귀중한 교훈을 얻게 됩니다. 첫째, 교인이 많거나 예배당이 웅장하다고 하나님께서 기뻐하시는 교회는 아니라는 것입니다. 이스라엘 역사상 전무후무하게 거대했던 예루살렘성전은 무너지기 전까지 매일 유대교인으로 북적거렸지만, 하나님께서는 그 성전을 가리켜 당신의 성전이라고 하는 것은 거짓말이라고 판정하셨습니다.

둘째, 세상의 기업처럼 최고의 인재들로 구성된 완벽한 시스템과 조직으로 교회를 운영하려는 것은 교회의 주체이신 하나님의 역사를 가로막는 첫걸음이라는 것입니다. 그 경우 교회는 유대교처럼, 인간이 만든 시스템과 조직을 우선시하느라 하나님의 말씀을 수단으로 삼을 수밖에 없을 것이기 때문입니다. 유대교는 당시 최고의 엘리트로 구성된 최고의 시스템을 갖춘 이스라엘 내 최고의 조직이었지만, 하나님 보시기에 하나님의 말씀보다 자신들의 시스템과 조직을 더 중시하던 유대교는 예루살렘성전을 강도의 소굴로 만든 강도들의 집단에 지나지 않았습니다.

셋째, 교회는 교인 수가 얼마든지 감소할 수도 있다는 것입니다. 교회의 역사를 보면 박해 시대에, 반대로 천하태평 시대에도 교인들의 수는 항상 줄어들었습니다. 그러나 하나님께서는 언제나 마지막까지 남은 소수의 참된 그리스도인들을 통해 세상을 새롭게 하셨습니다. 그러므로 좋은 교회는 교인 수가 계속 늘어나야 한다는 것은 인간의 생각일 뿐입니다. 좋은 교회이기 때문에 도리어 교인 수가 줄어들 수도 있습니다.

마지막으로, 하나님께서는 당신의 뜻을 위해 눈에 보이는 교회를 폐하실 수도 있다는 것입니다. 갈라디아교회나 고린도교회는 안디옥교회처럼 무명의 사람들에 의해 개척된 교회가 아니었습니다. 그 교회들은 위대한 사도 바울이 개척한 교회들이었습니다. 하나님께서 사도 바울을 도구 삼아 그 시대의 역사 속에 친히 세우신 교회들이었습니다. 그러나 하나님께서는 그 교회들을 폐하셨습니다. 눈에 보이는 교회를 폐하심으로, 오히려 그들이 추구했던 보이지 않는 영원한 진리를 영원토록 보존해 주시기 위함이었습니다. 오늘날 교회의 흔적이 폐허로만 남아 있는 터키 땅이나 고린도에서, 그 어느 곳에서보다 영원한 진리의 말씀과 더욱 강렬한 부딪침이 우리에게 일어나는 까닭이 여기에 있습니다. 그러므로 교회가 기업처럼 교회의 영속성 그 자체를 목적으로 삼는 것도 하나님의 뜻과는 무관함을 알게 됩니다.

창립 4년 7개월째를 맞은 우리 교회는 매해 교인 수가 증가해 왔습니다. 각 봉사팀장으로 구성된 상임위원회와 구역장들로 구성된 운영위원회가 교회를 운영하는 우리만의 시스템도 갖추었습니다. 다른 교회와는 달리 우리 교회는 전임 교역자에게 사택을 제공하지 않음에도 기꺼이 헌신을 자청한 소명에 찬 젊고 유능한 목회자들도 있습니다. 우리에게는 한국 개신교의 성지인 양화진외국인선교사묘원과 용인순교자기념관을 관리 보존하는 거룩한 사명도 주어졌습니다. 그러나 이런 것들이 결코 좋은 교회의 조건들일 수는 없습니다. 오히려 그런 것들이 하나님과 우리 사이의 바른 관계를 가로막는 걸림돌이 될 수도 있음을 잊어서는 안 됩니다.

언젠가 하나님께서 당신의 뜻을 위해 교인의 수를 줄어들게 하실 수도 있습니다. 우리가 이곳 양화진에서 지키려는 진리의 정신을 보존하시기 위해, 갈라디아교회나 고린도교회처럼, 눈에 보이는 우리 교회를 이 땅에서 폐하실 수도 있습니다. 그런 것은 전적으로 하나님께서 결정하실 일입니다. 우리에게 중요한 것은 하나님 앞에서 우리 자신을 거룩한 성전, 참된 교회로 세우는 것입니다. 좋은 교회는 최고의 시스템이나 건물을 지닌 교회가 아니라, 교인 한 사람 한 사람이 하나님을 주인으로 모시고 자기 자신을 거룩한 성전, 참된 교회로 일구어 가는 교회입니다. 사람들의 모임인 눈에 보이는 교회는 무너질 수 있어도, 자기 자신을 거룩한 성전으로 일군 개개인의 교회는 결코 무너지지 않기 때문입니다.

　오늘날 한국 교회는 세상으로부터 비판을 넘어 아예 배척당하고 있습니다. 교회가 타락했다는 것은 어제오늘의 이야기가 아닙니다. 교회는 건물이나 제도가 아니지 않습니까? 교회는 삼위일체 하나님을 자신의 주인으로 모신 사람들의 모임이 아닙니까? 오늘날의 성전은 벽돌로 만들어진 건축물이 아니지 않습니까? 그것은 예배당일 뿐, 우리 각자의 몸이 하나님의 영이 거하시는 성전이지 않습니까? 그러므로 오늘 이 땅의 교회가 타락했다면, 그것은 목사인 저 자신을 포함하여 우리 모두가 우리 자신을 참된 교회, 거룩한 성전으로 일구지 못한 결과 아니겠습니까?

　참회의 절기인 사순절 둘째 주일을 맞이하여, 우리 모두 그동안 이 땅의 교회를 우리 손으로 허물어뜨려 온 우리의 잘못을 회개하십시다. 하나님의 말씀보다 세상의 가치를 더 좇고, 하나님보다 우리의 제도와 조직과 사람을 더 절대시했던 우리의 어리석음을 회개하십시다. 교인 수의 증감에 상관없이, 예배당의 소유나 크기에 상관없이, 우리 각자가 삼위일체 하나님을 주인으로 모시고 우리 자신을 참된 교회, 거룩한 성전으로 일구어 가십시다. 비록 우리가 보잘것없는 존재라 할지라도, 하나님께서는 우리를 도구 삼아 이 시대의 역사 속에 반드시 당신의 뜻을 이루실 것입니다. 교회의 주인이 하나님이시기에 교회를 세우시는 분도 하나님이시요, 폐하시는 분도 하나님이시기 때문입니다.

　우리는 이 땅의 교회가 타락했다고 한탄해 왔습니다. 그러나 나 자신을 참된 교회, 거룩한 성전으로 일구지 못한 내가 이 땅의 교회를 무너뜨려 온 장본인임은 애써 외면하고 살아왔습니다. 하나님보다도 세상의 가치를 더 절대시했습니다. 인간의 조직과 제도와 계획을 위해 하나님의 말씀을 수단으로 삼아 왔습니다. 하나님을 믿는다는 나 자신이 이런 삶을 살아왔으니, 내 주위의 사람들이 나를 보고 교회를 비판함은 당연한 결과일 수밖에 없었습니다. 참회의 절기인 사순절 둘째 주일을 맞아 이 모든 죄를 회개하오니, 십자가의 보혈로 깨끗하게 씻어 주십시오.

교회의 주인은 오직 삼위일체 하나님 한 분이심을 다시 확인시켜 주신 하나님. 교인 수의 증감, 예배당의 소유나 크기, 제도나 조직의 형태가 좋은 교회의 조건일 수 없음을 일깨워 주신 하나님. 나 자신을 참된 교회, 거룩한 성전으로 일구지 않고서는 내가 다니는 교회가 결코 좋은 교회일 수 없음을 깨닫게 해주신 하나님. 하나님의 뜻에 따라 교인 수가 줄어들 수도 있고, 역사 속에서 사라질 수도 있음을 깨우쳐 주신 하나님.

우리 모두 삼위일체 하나님을 우리의 주인으로 모시고 우리 자신을 참된 교회, 거룩한 성전으로 일구어 갈 수 있도록 인도해 주십시오. 그와 같은 삶을 살아가는 우리를 통해 이 땅의 교회와 이 시대의 역사가 새로워지게 해주십시오. 한 인간의 인생과 가정을 세우시는 분도 폐하시는 분도 하나님이시요, 한 민족과 나라를 세우시는 분도 폐하시는 분도 하나님이시요, 교회를 세우시는 분도 폐하시는 분도 하나님이심을 언제나 잊지 않게 해주십시오. 아멘.

18. 하나님이 V 사순절 셋째 주일

사도행전 13장 14-23절

그들은 버가에서 더 나아가 비시디아 안디옥에 이르러 안식일에 회당에 들어가 앉으니라 율법과 선지자의 글을 읽은 후에 회당장들이 사람을 보내어 물어 이르되 형제들아 만일 백성을 권할 말이 있거든 말하라 하니 바울이 일어나 손짓하며 말하되 이스라엘 사람들과 및 하나님을 경외하는 사람들아 들으라 이 이스라엘 백성의 **하나님이** 우리 조상들을 택하시고 애굽 땅에서 나그네 된 그 백성을 높여 큰 권능으로 인도하여 내사 광야에서 약 사십 년간 그들의 소행을 참으시고 가나안 땅 일곱 족속을 멸하사 그 땅을 기업으로 주시기까지 약 사백오십 년간이라 그 후에 선지자 사무엘 때까지 사사를 주셨더니 그 후에 그들이 왕을 구하거늘 **하나님이** 베냐민 지파 사람 기스의 아들 사울을 사십 년간 주셨다가 폐하시고 다윗을 왕으로 세우시고 증언하여 이르시되 내가 이새의 아들 다윗을 만나니 내 마음에 맞는 사람이라 내 뜻을 다 이루리라 하시더니 **하나님이** 약속하신 대로 이 사람의 후손에서 이스라엘을 위하여 구주를 세우셨으니 곧 예수라

우리가 5주째 살펴보고 있는 본문은 사도 바울이 비시디아 안디옥의 유대인 회당에서 행한 설교의 도입부 내용으로, 그 주어가 하나님이십니다. 하나님께서 아브라함을 통해 이스라엘 백성을 당신의 선민으로 선택해 주셨습니다. 하나님께서 이집트의 노예였던 그들을 높여 주셨습니다. 하나님께서 당신의 큰 권능으로 이집트의 노예살이에서 그들을 해방시켜 주셨습니다. 하나님께서 40년 동안 광야에서 그들의 소행을 참아 주셨습니다. 하나님께서 그들의 앞길을 가로막는 가나안 일곱 족속을 멸해 주셨습니다. 하나님께서 그 땅을 이스라엘 백성에게 기업으로 주셨습니다. 하나님께서 그 땅에 정착한 그들에게 사사를 주셨습니다. 하나님께서 왕을 요구하는 그들에게 사울을 왕으로 주셨다가, 하나님께서 그의 당대에 그를 폐하셨습니다. 그리고 하나님께서 다윗을 새로운 왕으로 세우셨습니다. 이처럼 인간의 역사를 주관하시는 분은 철저하게 하나님 한 분이셨습니다. 그래서 우리는 지난 3주 동안, 한 인간의 인생과 가정을 세우시는 분도 폐하시는 분도, 한 민족과 나라를 세우시는 분도 폐하시는 분도, 교회를 세우시는 분도 폐하시는 분도 오직 삼위일체 하나님이심을 생각해 보았습니다.

사도 바울의 설교는 다음과 같이 이어지고 있습니다.

> 내가 이새의 아들 다윗을 만나니 내 마음에 맞는 사람이라 내 뜻을 다 이루리라 하시더니 하나님이 약속하신 대로 이 사람의 후손에서 이스라엘을 위하여 구주를 세우셨으니 곧 예수라(22하-23절).

하나님께서 인간을 구원하실 예수 그리스도를 다윗의 족보를 통해 이 땅에 보내 주셨다는 증언입니다. 하나님께서 어느 날 갑자기, 즉흥적으로 그렇게 하신 것은 아니었습니다. 그것은 하나님께서 이미 오래전부터 당신의 말씀으로 약속해 오신 것이었습니다.

> 그러므로 내가 내 양 떼를 구원하여 그들로 다시는 노략거리가 되지 아니하게 하고 양과 양 사이에 심판하리라 내가 한 목자를 그들 위에 세워 먹이게 하리니 그는 내 종 다윗이라 그가 그들을 먹이고 그들의 목자가 될지라(겔 34:22-23).

하나님께서 에스겔 선지자를 통해, 당신의 백성을 구원하기 위한 구원자로 다윗을 보내리라고 약속하신 말씀입니다. 에스겔 선지자는 다윗 왕의 사후 400년이 지나 활동한 선지자였습니다. 그러므로 하나님께서 에스겔 선지자를 통해 언급하신 다윗은 400년 전에 이 세상을 떠난 다윗이 아니라, 하나님께서 다윗의 족보를 통해 이 땅에 보내실 예수 그리스도를 의미했습니다. 하나님께서는 이사야서 11장을 통해서도 동일한 약속의 말씀을 주셨습니다. 그리고 하나님의 때가 되었을 때 하나님의 그 약속의 말씀은 인류의 역사 속에서 한 치의 오차도 없이 성취되었습니다. 그래서 바울은 본문 속에서 하나님을 주어로 삼아 설교하면서, 예수 오심 역시 하나님께서 당신의 말씀을 이루신 결과임을 강조하고 있습니다. 바꾸어 말해 하나님의 모든 말씀은 인간의 역사 속에서 반드시 이루어진다는 것입니다.

성경은 하나님의 약속의 말씀입니다. 그 약속의 말씀은 인류의 역사 속에서 성취되었고, 지금도 성취되고 있으며, 앞으로 계속 성취될 것입니다. 그 말씀 자체가 하나님이시기 때문입니다. 그 말씀을 떠나서는 하나님을 제대로 알 수도, 바르게 믿을 수도 없습니다. 그러므로 믿음은 그 말씀의 절대성을 믿는 것입니다. 말씀의 절대성을 좇는 것입니다. 말씀의 절대성을 자신의 삶으로 지키는 것입니다. 하나님이 곧 말씀이신 까닭입니다. 그렇다면 말씀이신 하나님께서 당신의 말씀을 대하는 인간을 대체 어떻게 평가하고 계시겠습니까?

불교의 창시자인 석가모니의 핵심 사상은 '무아사상'입니다. '없을 무無'에 '나 아我', 즉 나는 실재하지 않는 무아라는 것입니다. 그런데도 인간이 실재하는 것처럼 착각하는 데서부터 생로병사의 고통이 수반되기에, 인간 스스로 무아임을 깨달음으로 모든 고통에서 해방될 수 있다고 설파한 석가모니는, 자기 사후에 자신의 시신을 화장火葬할 것을 제자들에게 명했습니다. 인생은 '무'임을 제자들에게 자신의 죽음으로 분명하게 각인시켜 주기 위함이었습니다. 그러나 석가모니의 시신을 화장한 제자들이 가장 먼저 한 일은, 젓가락으로 재를 뒤지며 사리舍利를 찾는 것이었습니다. 스승은 '무'를 강조하려 자신의 시신마저 태워 없앨 것을 명했건만, 제자들의 관심은 '무'가 아닌 '유有'였습니다. 그 이후 입적한 스님의 재 속에서 사리를 찾는 불교의 관습은 2500년이 지난 오늘날까지 이어져 오고 있습니다. 인간 '무아'임을 죽음으로도 가르치려 했던 석가모니의 제자들이 이렇듯 대를 이어 '유'에 집착하고 있다면, 그런 불자들에 의해 석가모니의 가르침이 과연 온전히 계승될 수 있겠습니까? 오히려 그 불자들에 의해 석가모니의 가르침은 왜곡되지 않겠습니까?

불경을 왜곡하는 사람이 있다면 그는 불경과 무관한 사람이 아닙니다. 불경은 불경을 아는 불자에 의해 왜곡되기 마련입니다. 이슬람교의 코란이나 힌두교의 베다 역시 그 종교를 믿는 사제와 교인들에 의해 왜곡되어 왔습니다. 종교의 역사는 실은 종교인에 의한 자기 경전의 왜곡의 역사라 해도 과언이 아님은 각 종교의 역사가 증명해 주고 있습니다. 그렇다면 성경을 하나님의 말씀으로 믿는 사람들의 경우는 예외이겠습니까? 이 질문에 대한 성경의 대답은, 제가 《인간의 일생》이란 책에서 상세하게 밝힌 것처럼, 불행하게도 '아니다'입니다.

하나님께서 아담과 하와를 창조하시고 그들로 에덴동산에서 살게 하시며 말씀하셨습니다.

동산 각종 나무의 열매는 네가 임의로 먹되 선악을 알게 하는 나무의 열매는 먹지 말라 네가 먹는 날에는 반드시 죽으리라(창 2:16하-17절).

'모트 타무트 מות תמות', 하나님께서는 '죽는다'는 동사 '무트 מות'를 반복하여 말씀하셨습니다. 히브리어 문법상 동일한 단어를 두 번 반복하는 것은 강조형입니다. 어떤 경우에든 반드시 죽는다는 의미였습니다. 그러나 사탄의 유혹을 받은 하와는 사탄에게 이렇게 말했습니다.

동산 중앙에 있는 나무의 열매는 하나님의 말씀에 너희는 먹지도 말고 만지지도 말라 너희가 죽을까 하노라 하셨느니라(창 3:3).

하와는 '반드시 죽으리라'는 하나님의 말씀을 '죽을까 하노라'로 교묘하게 왜곡하였습니다. 이유는 하나, 사탄의 유혹 앞에서 끓어오르는 자기 욕망으로 인함이었습니다. 그리고 하와는 거리낌 없이 금단의 열매를 범했습니다. 그 열매를 금하신 하나님의 말씀을 왜곡한 당연한 결과였습니다. 본래 선악과를 먹지 말라는 하나님의 명령을 먼저 받은 사람은 아담이었음에도 아담 역시 하와가 내민 선악과를 주저하지 않고 먹었다는 것은, 아담도 속으로는 이미 하나님의 말씀을 왜곡하고 있었음을 뜻합니다. 이처럼 하나님의 말씀은, 하나님의 말씀을 최초로 받았던 최초의 인간들에 의해 최초로 왜곡되고 말았습니다.

이집트의 노예살이에서 해방된 이스라엘 백성이 시내산 아래에 진을 쳤을 때의 일입니다. 하나님의 계명을 받으러 시내산으로 올라간 지도자 모세는 몇 주가 지나도 되돌아올 기미가 없었습니다. 이에 백성들의 요구에 따라 아론은 백성이 가져온 금붙이로 금송아지를 만든 다음 단을 쌓고 이렇게 선포했습니다.

> 모든 백성이 그 귀에서 금 고리를 빼어 아론에게로 가져가매 아론이 그들의 손에서 금 고리를 받아 부어서 조각칼로 새겨 송아지 형상을 만드니 그들이 말하되 이스라엘아 이는 너희를 애굽 땅에서 인도하여 낸 너희의 신이로다 하는지라 아론이 보고 그 앞에 제단을 쌓고 이에 아론이 공포하여 이르되 내일은 여호와의 절일이니라 하니(출 32:3-5).

아론은 자신의 손으로 빚어 만든 금송아지를, 자신들을 이집트에서 인도하여 내신 여호와 하나님이라 공포함으로 영이신 하나님의 형상을, 말씀을, 금송아지로 왜곡시켜 버렸습니다. 아론은 최초의 대제사장이었습니다. 그러나 대중에게 영합하려는 그 최초의 대제사장에 의해, 하나님은 영이시라는 하나님의 말씀은 금송아지로 무참하게 왜곡되고 말았습니다. 그 금송아지는 모세가 던진 계명의 돌판, 하나님의 말씀에 의해 박살났습니다. 아론이 말씀을 왜곡한 사람이었다면, 모세는 하나님의 말씀으로 하나님의 말씀을 지킨 말씀의 수호자였습니다.

우리는 그 어이없는 금송아지 사건 속에서 두 갈래의 지도자를 만나게 됩니다. 첫째는, 아론형 즉 시류에 편승하여 대중에게 영합하는 갈래로, 그렇게 함으로써 자신들의 기득권과 영향력을 지키고 또 확대하려는 사람들입니다. 문제는, 하나님의 말씀은 늘 이런 사람들에 의해 왜곡된다는 것입니다. 두 번째는, 모세형 갈래입니다. 대중으로부터 인기는커녕 원망과 모함, 비판과 비난을 받더라도 마땅히 이르러야 할 언약의 땅으로 대중을 인도해 가는 사람들입니다. 하나님의 말씀은 이런 사람들에 의해 지켜집니다. 그러나 가슴 아픈 것은, 어느 시대든 모세형보다 아론형의 지도자가 항상 압도적으로 많았음을 성경이 증언하고 있다는 사실입니다.

하나님이 세우신 제사장들은 이스라엘 백성에게는 하나님과 같은 존재였습니다. 모든 제사는 그들을 통해서만 유효했고, 그들의 말은 하나님의 말씀으로 간주되었습니다. 그러나 세월이 경과하자, 하나님께서는 제도권 내에 있는 제사장들과는 별도로 제도권 밖 선지자들을 함께 쓰기 시작하셨습니다. 예를 들면, 다윗 시대에 사독이나 아비아달 같은 제사장들이 있었음에도 하나님께서는 그들과는 별도로 선지자 나단을 사용하셨습니다. 게다가 열왕기상 17장의 엘리야 선지자를 기점으로 하나님께서는 더 이상 제도권의 제사장들을 쓰시지 않았습니다. 그때부터 예수님께서 이 땅에 오시기까지 하나님께서는 오직 제도권 밖 선지자만을 당신의 도구로 쓰셨습니다. 에스겔이나 예레미야와 같은 제사장 출신의 선지자들도 있었지만, 그들이 선지자로 쓰임 받을 때는 더 이상 제도권에 속해 있지 않았습니다. 하나님께서는 왜 엘리야를 기점으로 제도권 밖 선지자만을 당신의 도구로 쓰셨겠습니까? 그 해답은 엘리야에게 하신 하나님의 말씀 속에서 찾을 수 있습니다.

너는 여기서 떠나 동쪽으로 가서 요단 앞 그릿 시냇가에 숨고 그 시냇물을 마시라 내가 까마귀들에게 명령하여 거기서 너를 먹이게 하리라 그가 여호와의 말씀과 같이 하여 곧 가서 요단 앞 그릿 시냇가에 머물매

(왕상 17:3-5).

하나님의 말씀이 엘리야에게 임하셨습니다. 극심한 가뭄과 기근이 온 이스라엘을 강타했을 때였습니다. 동서고금을 막론하고 기근이 들면 도시로 가야 먹을 것을 구할 수 있습니다. 양식을 경작하는 농촌은 정작 기근이 들면 가장 먼저 먹을 것이 떨어집니다. 엘리야는 북이스라엘의 수도 사마리아에 있었습니다. 몰아닥친 기근에서 살아남기 위해서는 북이스라엘 최대의 도시 사마리아를 떠나지 말아야 했습니다. 더욱이 하나님께서 엘리야에게 가라고 말씀하신 곳은 엉뚱한 곳이었습니다. 하나님의 말씀을 좇아 사마리아에서 동쪽을 향해 요단을 건너면, 거기엔 양식 한 톨 구할 수 없는 길르앗 협곡이나 동굴 지대가 나올 뿐이었습니다. 기근에 생존은커녕 굶어 죽기 안성맞춤인 곳이었습니다. 그러나 엘리야는, 까마귀를 통해 먹이시겠다는 하나님의 약속의 말씀을 좇아 사마리아를 떠나 길르앗 협곡의 그릿 시냇가로 갔습니다. 까마귀가 먹을 것을 물어 오지 않으면 엘리야는 굶어 죽을 수밖에 없었습니다. 까마귀가 매일 먹을 것을 가져다주다니, 상식적으로 생각하면 얼마나 황당한 이야기입니까? 그러나 엘리야는 육체의 양식을 위해 어떤 형태로든 하나님의 말씀을 왜곡하려 하지 않았습니다. 그는 하나님의 말씀에 절대 순종, 하나님의 말씀에 자기 생명을 걸었습니다. 하나님의 말씀을 자신을 위한 종속변수로 삼으려 한 것이 아니라, 자기 생명을 걸어야 할 삶의 목적으로 삼아 절대 순종하였습니다.

하나님의 말씀에 대한 엘리야의 이 절대 순종을 계기로 하나님께서는 당신의 촛대를 제도권의 제사장들로부터 제도권 밖 선지자에게로 옮기셨습니다. 당시 제도권의 제사장들은 하나님의 말씀을 먹고살기 위한 도구로, 종속변수로 왜곡하는 인간들이었습니다. 그들에게 먹고사는 것이란 단지 육적 양식만을 의미하지 않았습니다. 그것은 종교적 기득권, 목회적 야망, 명예심과 조직 논리에 대한 집착 등, 인간 욕망의 총칭이었습니다. 제사장들은 성전에서 화려한 예복을 입고 장엄한 제사를 매일 주관했지만 바로 그들에 의해 하나님의 말씀이 왜곡되는 성전이 하나님 보시기에는, 지난 시간에 확인한 예수님의 말씀처럼 강도의 소굴에 지나지 않았습니다. 그래서 하나님께서는 말씀을 왜곡하지 않는 제도권 밖 선지자들을 당신의 도구로 쓰셔야만 했습니다. 하지만 선지자로 불린다고 해서 모두 선지자인 것도 아니었습니다.

> 여호와의 말씀이라 그러므로 보라 서로 내 말을 도둑질하는 선지자들을 내가 치리라 여호와의 말씀이니라 보라 그들이 혀를 놀려 여호와가 말씀하셨다 하는 선지자들을 내가 치리라 여호와의 말씀이니라 보라 거짓 꿈을 예언하여 이르며 거짓과 헛된 자만으로 내 백성을 미혹하게 하는 자를 내가 치리라 내가 그들을 보내지 아니하였으며 명령하지 아니하였나니 그들은 이 백성에게 아무 유익이 없느니라 여호와의 말씀이니라 (렘 23:30-32).

선지자로 불리는 사람들 역시 대부분은 하나님의 말씀을 왜곡하는 사람들이었습니다. 목전의 이득과 자기 욕망의 성취, 자기 영달과 자기 입지를 위함이었음은 두말할 나위도 없습니다. 그들은 자기 욕망 때문에 자기 영혼은 말할 것도 없고 타인의 영혼마저 죽이는 영적 살인자들이었습니다.

이처럼 성경은 하나님을 믿는다는 인간의 역사가 실은 하나님의 말씀에 대한 왜곡의 역사임을 적나라하게 보여 주고 있습니다. 하나님의 말씀은 불교 신자나 이슬람교도에 의해 왜곡되지 않았습니다. 언제나 하나님을 믿는다는 사람들, 하나님의 말씀을 잘 안다는 사람들, 그리고 하나님의 말씀을 맡았다는 직업적인 성직자들에 의해 왜곡되어 왔습니다. 어느 시대든 절대다수는 항상 왜곡의 편에 서 있었습니다. 소수의 사람들만 모세와 엘리야처럼 하나님의 말씀에 자신들의 생명을 걸었을 뿐입니다. 하지만 역설적이게도 그 소수에 의해 인류의 역사는 늘 정화되어 왔습니다. 하나님의 말씀은 당신의 말씀을 왜곡하지 않는, 다시 말해 당신의 말씀을 생의 목적으로 삼는 사람의 삶을 통해서만 이 땅의 역사 속에 육화incarnation되기 때문입니다. 오늘 본문의 바울 역시 그중의 한 사람이었습니다.

다음은 바울의 증언입니다.

> 우리는 수많은 사람들처럼 하나님의 말씀을 혼잡하게 하지 아니하고 곧 순전함으로 하나님께 받은 것같이 하나님 앞에서와 그리스도 안에서 말하노라(고후 2:17).

2천 년 전 바울 당시에, 이를테면 기독교 역사 초기에 이미 수많은 사람들이 하나님의 말씀을 혼잡하게 했습니다. '혼잡하게 하다'라는 의미의 헬라어 '카펠류오καπηλεύω'는 '행상行商'을 뜻하는 '카펠로스χάπηλος'에서 파생된 동사입니다. 붙박이 점포를 지녔기에 고정 고객을 확보하고 있는 상인들과는 달리, 오늘은 이 동네 내일은 저 동네로 떠돌아다니는 행상들은 포도주에 물을 부어 양을 늘렸습니다. 언제 다시 만날지 모르는 구매자들을 속여 더 많은 이득을 남기기 위함이었습니다. 그처럼 바울 당시의 수많은 사람들 역시 불순한 자기 욕망을 위해 하나님의 말씀을 왜곡했습니다. 그러나 바울은 그 수많은 사람들처럼 하나님의 말씀을 왜곡한 적이 결코 없었습니다. 그의 최대의 관심사는 하나님 말씀의 순전함을 자신의 삶으로 지키는 것이었습니다. 그래서 그는 또 이렇게 증언하였습니다.

> 이에 숨은 부끄러움의 일을 버리고 속임으로 행하지 아니하며 하나님의 말씀을 혼잡하게 하지 아니하고 오직 진리를 나타냄으로 하나님 앞에서 각 사람의 양심에 대하여 스스로 추천하노라(고후 4:2).

한글 성경으로는 '하나님의 말씀을 혼잡하게 하지 않는다'는 고린도후서 2장 17절의 내용을 바울이 되풀이한 것으로 보입니다. 그러나 고린도후서 4장 2절에 사용된 헬라어 동사는 고린도후서 2장 17절의 '카펠류오'와는 전혀 다른 '돌로오δολόω'로, '미끼를 삼다'라는 의미입니다. 바울 당시의 수많은 사람들이 하나님의 말씀을 왜곡한 것은, 그들에게 하나님의 말씀은 자기 욕망을 위한 미끼에 불과했기 때문입니다. 미끼로 말하자면 하나님의 말씀을 빙자한 미끼보다 더 좋은 미끼가 어디에 있겠습니까? 그러나 바울은 단 한 번도 하나님의 말씀을 미끼로 삼은 적이 없었습니다. 그는 하나님의 말씀에 절대 순종하기 위해 자신의 생을 걸었습니다. 그에게 하나님의 말씀은 미끼가 아니라, 그 말씀 속에서만 자신이 영원히 살 수 있는 유일한 삶의 목적이었습니다.

바울 당시 자기 욕망을 위해 하나님의 말씀을 왜곡하던 그 숱한 사람들이 다 어디로 갔습니까? 하나님의 말씀을 미끼로 삼던 그들이 살아생전 그들의 욕망이 요구하는 것들을 얻었을지라도 막상 그 자신들은 한 줌의 흙으로, 물거품처럼, 벌써 흔적도 없이 사라지고 말았습니다. 그들이 왜곡한 하나님의 말씀은 더 이상 하나님의 말씀일 수 없기에, 그들에 의해 왜곡된 말씀이 그들을 지켜 줄 수 없었기 때문입니다. 그러나 하나님의 약속의 말씀을 지키기 위해 참수형마저 마다치 않았던 사도 바울은 인류의 역사를 새롭게 하는 하나님의 통로가 되었을 뿐 아니라, 오늘도 우리 가운데 영원히 살아 있습니다. 그가 자기 생을 걸면서까지 지켰던 영원하신 하나님의 말씀이 그를 영원히 지켜 주고 계시기 때문입니다.

성경 속에서 끊임없이 하나님의 말씀을 왜곡해 온 어리석은 인간들이 바로 우리 자신들의 모습 아닙니까? 하나님을 믿는다면서도 우리는 하나님의 말씀을 단지 출세와 성공을 위한 미끼로 마구 왜곡해 오지 않았습니까? 그래서 하나님의 말씀에 대한 지식은 누구 못지않으면서도 말씀의 능력은 체험하지 못한 채, 영적으로 무기력에 빠져, 자기 자신은 말할 것도 없고 주위 사람들마저 해치며 살고 있는 것은 아닙니까? 교회에는 다니면서도 세상을 새롭게 하기는커녕, 도리어 이 세상을 오염시키는 데 일조하고 있는 것은 아닙니까? 그렇다면 우리 모두 참회의 절기인 사순절 셋째 주일을 맞아 우리의 어리석음을 하나님 앞에 회개하십시다. 인간을 창조하신 하나님께서 인간에게 주신 인생 사용설명서가 하나님의 말씀이라면, 피조물에 불과한 인간이 그 인생 사용설명서를 엉뚱한 목적을 위해 왜곡하거나 미끼로 삼는 것보다 더 미련한 자해 행위가 어디 있겠습니까?

하나님께서는 말씀이십니다. 하나님께서는 말씀으로 존재하시고, 말씀으로 말씀하십니다. 하나님의 말씀을 떠나서는 하나님을 알 수도, 믿을 수도 없습니다. 그 하나님의 말씀을 지키십시다. 하나님 말씀의 순전함을 우리의 삶으로 지키십시다. 하나님의 말씀에 우리의 생을 거십시다. 우리가 지키는 하나님 말씀이 도리어 우리를 영원토록 지켜 주실 것이요, 또 하나님의 말씀이 우리를 통로로 삼아 이 시대의 역사를 새롭게 하실 것입니다. 하나님의 말씀은 천지를 창조하신 능력의 말씀이요, 영원한 생명의 말씀이시기 때문입니다.

"태초에 말씀이 계시니라. 이 말씀이 하나님과 함께 계셨으니 이 말씀은 곧 하나님이시니라. 그가 태초에 하나님과 함께 계셨고, 만물이 그로 말미암아 지은 바 되었으니, 지은 것이 하나도 그가 없이는 된 것이 없느니라" (요 1:1-3).

말씀으로 천지 만물과 우리를 창조하시고, 우리에게 당신의 말씀을 인생 사용설명서로 주신 하나님! 말씀으로 말씀하시고, 말씀으로 존재하시는 말씀이신 하나님! 그러나 나는 그동안 하나님을 믿는다면서도 나의 욕망을 위해 하나님의 말씀을 왜곡해 왔습니다. 단지 하나님의 말씀을 내 욕망을 위한 미끼로만 삼아 왔습니다. 그래서 하나님의 말씀이 나의 삶 속에서 능력으로, 생명으로 육신을 입지는 못했습니다. 그 결과 나는, 하나님께서 주신 귀한 인생을 어이없이 자해하고 탕진하는 어리석음을 범해 왔습니다. 참회의 절기인 사순절 셋째 주일을 맞아 이 모든 허물과 어리석음을 회개하오니 용서해 주십시오.

천지를 창조하신 하나님의 말씀은 결코 왜곡될 수 없고, 내가 왜곡한 하나님의 말씀은 이미 하나님의 말씀일 수 없음을 깨닫게 해주신 하나님! 내 인생의 영원한 사용설명서요 나를 영원히 살리실 하나님의 말씀을 내 삶의 목적으로 삼아, 그 말씀에 나의 생을 걸게 해주십시오. 나의 삶으로 그 말씀의 순전함을 지키게 해주십시오. 하나님의 말씀을 지키는 것은, 영원하신 하나님의 말씀으로 나 자신을 영원히 지키는 유일한 길임을 잊지 말게 해주십시오. "우리는 부끄러워서 드러내지 못할 일들을 배격하였습니다. 우리는 간교하게 행하지도 않고, 하나님의 말씀을 왜곡하지도 않습니다. 우리는 진리를 환히 드러냄으로써, 하나님 앞에서 모든 사람의 양심에 우리 자신을 떳떳하게 내세웁니다"(고후 4:2, 새번역)라는 사도 바울의 고백이 우리의 고백이 되게 해주십시오. 우리 모두 모세와 엘리야 그리고 바울과 같은 말씀의 파수꾼이 됨으로, 우리의 삶을 통해 역사하시는 하나님의 말씀으로 인해 우리의 가정과 교회가, 이 사회와 이 시대의 역사가 새로워지게 해주십시오. 아멘.

19. 하나님이 VI 사순절 넷째 주일

사도행전 13장 14-23절

그들은 버가에서 더 나아가 비시디아 안디옥에 이르러 안식일에 회당에 들어가 앉으니라 율법과 선지자의 글을 읽은 후에 회당장들이 사람을 보내어 물어 이르되 형제들아 만일 백성을 권할 말이 있거든 말하라 하니 바울이 일어나 손짓하며 말하되 이스라엘 사람들과 및 하나님을 경외하는 사람들아 들으라 이 이스라엘 백성의 **하나님이** 우리 조상들을 택하시고 애굽 땅에서 나그네 된 그 백성을 높여 큰 권능으로 인도하여 내사 광야에서 약 사십 년간 그들의 소행을 참으시고 가나안 땅 일곱 족속을 멸하사 그 땅을 기업으로 주시기까지 약 사백오십 년간이라 그 후에 선지자 사무엘 때까지 사사를 주셨더니 그 후에 그들이 왕을 구하거늘 **하나님이** 베냐민 지파 사람 기스의 아들 사울을 사십 년간 주셨다가 폐하시고 다윗을 왕으로 세우시고 증언하여 이르시되 내가 이새의 아들 다윗을 만나니 내 마음에 맞는 사람이라 내 뜻을 다 이루리라 하시더니 **하나님이** 약속하신 대로 이 사람의 후손에서 이스라엘을 위하여 구주를 세우셨으니 곧 예수라

프랑스인이 인간의 삶에서 무엇을 가장 중요하게 여기는지를 보여 주는 이야기가 있습니다. 프랑스인 가운데 가장 뛰어난 사람은 예술가가 된답니다. 두 번째는 교사 혹은 교수와 같은 교육자가 되고, 세 번째는 기업인, 네 번째는 직업관료가 된답니다. 이를테면 프랑스인이 존경하는 직업인이 예술가, 교육자, 기업인, 직업관료의 순서로 자리매김하고 있습니다. 그럼 정치는 누가 하는가? 프랑스인에 의하면 프랑스에서 정치는 깡패가 한답니다. 정치인에 대한 프랑스인의 언급은 물론 농담이겠지만, 농담 속에 뼈가 있다고 프랑스에서도 정치인이 국민의 신뢰와 존경을 받지 못하는 것은 우리나라와 다르지 않은가 봅니다.

프랑스인이 존경하는 직업인의 순서는 '독창력'의 토대 위에 자리매김하고 있습니다. 프랑스인이 예술가를 가장 존경하는 것은 예술가가 가장 뛰어난 독창력을 지니고 있기 때문입니다. 문학가, 미술가, 음악가와 같은 예술가의 독창력으로 인해 인간의 삶이 내적으로 더욱 풍요해지기에, 프랑스인은 자신들의 삶의 질을 높여 주는 예술가를 가장 존경합니다. 프랑스 파리가 세계 예술의 중심지가 된 것은 결코 우연한 일이 아닙니다. 그것은 독창력을 가진 예술가를 가장 우대하는 프랑스인의 사고방식이 수반한 당연한 결과입니다. 그리고 프랑스인이 예술가 다음으로 교육자, 기업인, 직업관료의 순서로 존경하는 것은, 바로 그 순서대로 독창력이 발휘되는 것으로 프랑스인이 판단하고 있음을 의미합니다. 한마디로 말해 프랑스인이 인간의 삶에서 가장 중요하게 여기는 것은 독창력입니다. 그 독창력이 프랑스인만의 독창적인 역사와 전통과 문화를 낳았음은 재론의 여지도 없습니다.

그러나 독창력의 중요성은 비단 프랑스인에게만 국한된 이야기가 아닙니다. 독창력은 세계 어느 나라 누구에게든 예외 없이 중요합니다. 프랑스인이 지혜로운 것은 독창력의 중요성을 먼저 인식하고 독창력을 우대하는 사회적 분위기를 다른 나라보다 조금 더 빨리 구축했다는 것입니다. 왜 인간에게 독창력이 중요하겠습니까? 모두 독창력을 마음껏 발휘할 수 있는 예술가나 교육자가 되기 위함이겠습니까? 독창력이 중요한 것은, 독창력을 지녀야 자기 인생을 살 수 있기 때문입니다. 독창력을 지니지 못할 경우, 어쩔 수 없이 타인의 삶을 부러워하고 흉내 내려다가 자신의 삶을 상실하는 어리석음을 범치 않을 수 없기 때문입니다. 우리가 6주째 묵상하고 있는 본문 속에서 우리가 얻을 수 있는 마지막 교훈이 바로 이것입니다.

지난 시간에 우리는 바울이 비시디아 안디옥에서 행한 설교의 도입부인 본문을 통해, 인류의 역사를 주관하시는 하나님께서는 당신의 약속의 말씀을 반드시 이루는 분이심을 확인했습니다. 그것은 하나님께서 곧 말씀이시기 때문이라고 했습니다. 하나님은 말씀으로 존재하시고, 말씀으로 말씀하십니다. 따라서 우리가 하나님의 말씀을 지키고 하나님의 말씀에 우리의 생을 거는 것은, 말씀이신 하나님께서 우리의 삶을 영원히 지켜 주시도록 하나님께 우리의 삶을 의탁하는 것을 의미합니다. 우리가 하나님의 말씀을 소홀히 할 수 없는 까닭이 여기에 있습니다. 그리고 이것이 제가 매 주일마다 '순서설교'를 하는 이유이기도 합니다.

순서설교라는 말은 제가 만든 용어로, 문자 그대로 성경을 순서대로 설교하는 것입니다. 강해설교 역시 성경의 순서를 따릅니다. 그러나 강해설교는 일반적으로 본문을 한 장씩 넓게 잡기에 각 구절에 대한 비중이 떨어지기 쉽습니다. 그에 반해 순서설교는 각 구절을 본문으로 삼는 것입니다. 그러다 보니 성경 가운데 책 한 권을 설교하기 위해서는 상당한 햇수를 필요로 합니다. 그런데도 제가 목회를 시작한 이래 20여 년을 계속 순서설교를 하는 데엔 까닭이 있습니다. 1년에 주일은 52일밖에 없습니다. 그러므로 목회자가 한 교회에서 일평생 목회해도 주일예배 시간에 성경 66권의 내용을 모두 심도 있게 설교하는 것은 물리적으로 불가능합니다. 주일예배는 물론이고 새벽 기도회, 수요 성경공부, 구역 성경공부 등에 빠짐없이 참석하는 교인은 예외이겠지만, 주일예배에만 참석하는 대다수 교인들은 결국 일주일에 한 번 설교자가 선호하거나 의도하는 구절에 대한 설교만 듣게 됩니다. 그렇게 해서는 하나님의 말씀이신 성경 전체에 대한 바른 이해를 갖고, 이 혼탁한 세상 속에서 하나님의 말씀을 좇아 산다는 것은 지극히 어려운 일입니다. 그와 같은 단점을 보완하기 위해 매 주일 본문 구절의 깊이와 성경 전체의 넓이를 동시에 추구하자는 것이 순서설교입니다. 다시 말해 주일마다 각 구절을 깊이 있게 다루면서, 그 깊이만큼 해당 구절을 창으로 삼아 성경 전체에 대한 이해의 폭을 넓힘과 아울러, 그 구절을 일주일 동안 세상을 내다보는 안경으로 삼자는 것입니다.

성경은 창세기부터 요한계시록까지 거미줄보다 더 밀접하게 얽혀 있습니다. 그리고 성경의 각 구절은 그 전체를 들여다보는 신비로운 창입니다. 똑같은 풍경도 창의 모양과 색깔에 따라 다르게 투영되듯이, 성경을 들여다보는 창이 다양할수록 성경 전체를 더욱 입체적으로 이해할 수 있습니다. 바로 이것이 순서설교의 목적입니다. 그러므로 교우님들께 중요한 것은 단순히 주일예배 시에 순서설교를 경청하는 것으로 그치지 않고, 성경의 깊이와 넓이에 대한 이해의 폭을 넓혀 주는 매 주일의 본문을 안경 삼아 일주일 동안 세상 속에서 그 말씀이 인도하는 길을 좇아 바르게 살아가는 것입니다. 이것이 우리가 하나님의 말씀에 우리의 생을 거는 것이요, 그때 우리의 생을 건 하나님의 말씀이 도리어 우리를 지켜 주실 것입니다.

그 하나님의 말씀이 오늘은 우리에게 무엇이라 말씀하시는지 본문 23절을 보시겠습니다.

하나님이 약속하신 대로 이 사람의 후손에서 이스라엘을 위하여 구주를 세우셨으니 곧 예수라.

하나님께서 당신의 약속 말씀대로 다윗의 족보를 통해 구원자를 보내 주셨는데 곧 예수님이셨습니다. 그분은 임마누엘, 즉 우리와 함께하시기 위해 오신 성자 하나님이셨습니다. 성자 하나님께서 인간의 역사 속으로 친히 들어오신 것이었습니다.

그러나 성자 하나님이시라고 해서 인간이 알아볼 수 없는 모습으로 하늘에서 내려오신 것은 아니었습니다. 하나님께서는 예수님께서 이 땅에 오시기 700년 전 이사야 선지자를 통해 말씀하셨습니다.

보라 처녀가 잉태하여 아들을 낳을 것이요 그의 이름을 임마누엘이라 하리라(사 7:14하).

하나님의 이 말씀은 나사렛의 동정녀 마리아를 통해 이루어졌습니다. 동정녀 마리아가 임마누엘이신 예수님을 성령으로 잉태하여 낳은 것입니다. 예수님께서 인간의 몸을 통해 인간의 몸을 입고 오시기는 했지만, 본질적으로 죄인인 인간의 핏줄을 이어받은 것은 아니었습니다. 만약 예수님께서 인간의 핏줄을 타고나셨더라면 본질적인 죄인으로 태어난 예수님 역시 우리처럼 죄와 사망의 속박에서 벗어날 수는 없었을 것입니다.

그러므로 우리에게 큰 대제사장이 계시니 승천하신 이 곧 하나님의 아들 예수시라 우리가 믿는 도리를 굳게 잡을지어다 우리에게 있는 대제사장은 우리의 연약함을 동정하지 못하실 이가 아니요 모든 일에 우리와 똑같이 시험을 받으신 이로되 죄는 없으시니라(히 4:14–15).

육신을 입고 이 땅에 오신 예수님께서는 인간의 희로애락을 당신의 몸으로 몸소 겪으셨습니다. 그러나 인간의 핏줄을 타고나지 않은 임마누엘 하나님이셨기에 우리의 모든 사정을 다 아시고 온전히 도우실 뿐 아니라, 우리의 죄를 대속해 주는 온전한 제물이 되실 수 있었습니다.

그러므로 한 사람으로 말미암아 죄가 세상에 들어오고 죄로 말미암아 사망이 들어왔나니 이와 같이 모든 사람이 죄를 지었으므로 사망이 모든 사람에게 이르렀느니라(롬 5:12).

여기에서 '한 사람'은 인류 최초의 인간 '아담'입니다. '새신자반'을 통해 배운 것처럼 술 공장에서 나오는 제품은 모두 술입니다. 차이가 있다면 도수가 높은 술과 약한 술, 가격이 비싼 술과 싼 술의 차이밖에 없습니다. 술 공장에서는 어떤 경우에도 향기로운 화장품이 생산될 수 없습니다. 최초의 인간 아담이 하나님의 말씀을 어기고 금단의 열매를 범함으로 '죄인'이 되었습니다. 하나님의 말씀을 범한 '범죄'로 말미암아 아담이 '죄 공장'으로 전락해 버린 것입니다. 그래서 아담의 핏줄을 타고난 모든 인간은 태어나면서부터 죄 공장에서 출시된 본질적인 죄인이 되었습니다. 차이가 있다면 도덕적인 죄인과 비도덕적인 죄인, 현행법에 저촉되어 법의 제재를 받은 죄인과 요행히 법에 걸리지 않은 죄인, 교양 있는 죄인과 교양 없는 죄인, 유식한 죄인과 무식한 죄인, 피부색이 하얀 죄인과 검은 죄인, 돈이 많은 죄인과 가난한 죄인의 차이밖에 없습니다. 모든 인간이 예외 없이 죄인이요, 하나님 앞에서 죄의 삯은 죽음이기에 모든 인간이 죽을 수밖에 없는 존재일 뿐입니다.

> 한 사람이 순종하지 아니함으로 많은 사람이 죄인 된 것같이 한 사람이 순종하심으로 많은 사람이 의인이 되리라(롬 5:19).

아담 한 사람이 하나님의 말씀에 불순종하여 죄 공장이 됨으로 그의 피를 타고 태어난 모든 인간이 죽을 수밖에 없는 본질적 죄인이 된 것처럼, 예수님 한 분이 하나님의 말씀에 순종하여 인간을 대신한 제물이 되심으로 모든 사람이 예수님 안에서 하나님의 의로운 자녀가 되었습니다. 예수님께서 인간이 받아야 할 죽음의 형벌을 십자가에서 대신 받고 돌아가셨다가 죽음을 깨뜨리고 영원히 부활하심으로 영원한 생명 공장이 되셨습니다. 그래서 누구든지 예수 그리스도를 구원자로 믿으면, 예수 그리스도의 생명 공장 안으로 들어가기만 하면, 예수님의 보혈에 의한 죄 씻음을 통해 하나님의 의로운 자녀로 인정받게 됩니다. 이처럼 성부 하나님께서는 성자 하나님이신 예수님으로 하여금 인간이 받아야 할 죽음의 형벌을 십자가에서 대신 받게 하셨다가 부활하게 하심으로, 모든 죄인은 반드시 죽어야 한다는 하나님의 공의와 그럼에도 불구하고 모든 죄인을 반드시 구원하시려는 하나님의 사랑을 예수님의 십자가를 통해 동시에 완성하셨습니다.

그것은 결코 인간의 발상이 아니었습니다. 임마누엘 하나님께서 동정녀의 몸을 통해 인간의 몸을 입고 이 땅에 오신 것도, 인간의 희로애락을 몸소 겪으심으로 인간의 마음속 깊은 생각까지도 아시고 인간을 온전히 도우시는 것도, 나아가 임마누엘 하나님 당신 자신이 인간을 위한 십자가의 제물이 되심으로 죄인을 벌하시려는 당신의 공의와 인간을 구원하시려는 당신의 사랑을 십자가 위에서 완성시키신 것도, 하나님의 독창적인 생각이 아니고서야 어느 인간이 감히 이런 생각을 흉낸들 낼 수 있겠습니까? 그러므로 임마누엘 하나님이신 예수님께서 인간을 위해 인간의 몸을 입고 인간의 역사 속으로 들어오신 것이야말로 하나님의 독창성이 낳은 위대한 구원의 드라마였습니다.

그러고 보면 우리는 성경 전체에서 하나님의 독창성을 확인하게 됩니다. 하나님께서는 당신의 말씀으로 우주 만물을 창조하셨습니다. 당신의 형상을 따라 진흙으로 인간을 빚으시고 당신의 생기를 불어넣어 주심으로 생령이 되게 하셨습니다. 하나님께서는 사랑하는 당신의 선민 이스라엘 백성을 화려한 왕궁에서 호의호식하게 하시지 않고, 도리어 이집트의 노예살이부터 시작하게 하심으로 그들을 이 세상에서 가장 강한 민족으로 단련시켜 주셨습니다. 그들을 가로막는 홍해를 갈라 주셨고, 물 한 방울 풀 한 포기 없는 시내 광야를 거칠 때는 하늘에서 만나를 내려 주시고, 반석에서 강이 터지게 해주셨습니다. 광야에서 작열하는 폭염의 열기는 구름 기둥으로, 한밤의 추위는 불 기둥으로 막아 주셨습니다. 이 모든 것은 인간으로서는 상상조차 할 수 없었던 일로서, 오직 하나님의 독창성이 빚어낸 대역사들이었습니다. 창세기에서부터 요한계시록에 이르기까지 성경은 온통 하나님의 독창성으로 가득 차 있습니다. 성경 자체가 독창적인 하나님의 말씀이시기 때문입니다. 그 누구도 감히 넘볼 수조차 없는 독창성을 지니신 여호와 하나님, 그래서 여호와 하나님만 유일한 하나님이십니다.

이처럼 우리가 하나님의 말씀이신 성경을 통해 하나님의 독창성을 확인할 수 있다면, 우리는 귀중한 깨달음을 얻게 됩니다. 독창적인 하나님께서 우리를 무의미하게 창조하시지 않았다는 것입니다. 독창적인 하나님께서는 당신의 독창성으로 우리 개개인을 창조해 주셨습니다. 우리 한 사람 한 사람에게 당신의 독창성을 부어 주셨다는 말입니다. 아무리 위대한 화가라도 반드시 모델을 필요로 하는 것은, 모델 없이 화가의 머릿속 상상만으로는 인간의 얼굴을 그려 내는 데 한계가 있기 때문입니다. 그러나 이 세상 60억이 넘는 인간의 얼굴은 다 같지 않습니다. 쌍둥이까지도 어딘가는 차이가 나기 마련입니다. 하나님의 독창성이 아니고는 불가능한 일입니다. 하나님의 독창성은 우리의 외모에만 배어 있는 것이 아닙니다. 하나님의 독창성은 우리의 인격과 성품에도 스며 있습니다. 우리 각자는 하나님의 독창성이 빚어낸 하나님의 독창적인 작품입니다. 그러므로 당신의 독생자이신 예수님의 십자가를 통해 당신의 공의와 사랑을 동시에 완성하신 하나님의 독창적인 구원을 입은 그리스도인이라면, 누구의 삶도 흉내 내지 않고 자신의 삶을 사는 하나님의 독창적인 자녀가 되어야 합니다.

　미디안 광야의 늙은 양치기 모세는 팔십 노인이었습니다. 그가 지닌 것은 모두 장인 것일 뿐, 그의 소유물이라고는 양을 치는 마른 지팡이 하나뿐이었습니다. 그 가진 것 없고 늙은 모세에게 하나님께서는 이스라엘 백성을 이집트의 노예살이에서 해방하라고 명령하셨습니다. 모세는 당시 세계 최대의 제국이던 이집트를 제압하는 데 필요한 군대를 하나님께 요구하지 않았습니다. 첨단 무기를 요구한 적도 없었습니다. 그는 하나님의 말씀에 순종하여 자신의 유일한 소유물인 마른 지팡이 하나만을 들고 이집트로 향했습니다. 모세는 남을 부러워하거나 흉내 내지 않는 독창적인 사람이었습니다. 그때부터 그의 마른 지팡이가 하나님의 지팡이가 되었습니다. 하나님께서 모세의 마른 지팡이를 통해 역사하기 시작하신 것이었습니다. 모세가 그 지팡이를 내밀면 홍해가 갈라졌고, 내리치면 반석에서 강물이 터졌습니다. 하나님의 말씀을 좇아 하나님께서 원하시는 자신의 삶에 자신을 용기 있게 던졌을 때 하나님께서 그와 함께하신 결과였습니다. 모세가 타인의 삶을 흉내 내려

했던들 결코 일어날 수 없었던 독창적인 일들이었습니다.

이스라엘을 침공한 블레셋 거인 골리앗의 위세에 눌린 이스라엘의 모든 장군들이 전의를 상실한 탓에 이스라엘이 풍전등화의 위기에 처했을 때, 나이 어린 다윗이 거인 골리앗과 맞서겠다고 자원하였습니다. 다른 대안이 있을 리 없었던 사울 왕은 다윗에게 자신의 갑옷과 투구 그리고 칼을 착용토록 했습니다. 전쟁터에서 갑옷과 투구와 무기를 착용하지 않는 것은 적장에게 자신의 목을 그냥 헌납하는 것과 같습니다. 사울 왕의 갑옷과 투구와 칼이라면 이스라엘 최고의 명품들이었음에 틀림없습니다. 그러나 사울 왕의 갑옷과 투구와 칼을 착용해 본 다윗은 오히려 그것들을 사양하였습니다. 자기 몸에 맞지도 않을뿐더러, 난생처음 착용해 보는 것들인지라 익숙하지도 않았습니다. 그는 입고 있던 옷을 그대로 입고, 평소 양을 치면서 맹수를 격퇴할 때 사용하던 물맷돌 하나로 거인 골리앗을 격침시켰습니다. 다윗 역시 남을 부러워하거나 흉내 내지 않는 독창적인 젊은이였습니다. 만약 다윗이 사울 왕의 갑옷과 투구와 칼을 착용하고 사울 왕 흉내를 내려 했다면 그의 목은 거인 골리앗의 단칼에 날아가고 말았을 것입니다. 왕의 갑옷과 투구와 무기를 조금도 부러워하지 않고 기꺼이 자기 삶을 고수한 그 독창적인 다윗을 독창적인 하나님께서 당신의 독창적인 통로로 사용하셨음은 조금도 이상한 일이 아니었습니다.

성경에는 수많은 사람들이 하나님의 도구로 등장하고 있습니다. 그중에는 신분이 고귀한 사람도 있고 천한 사람도 있으며, 남자도 있고 여자도 있으며, 부자도 있고 가난한 사람도 있으며, 노인도 있고 젊은이도 있으며, 도시 사람도 있고 농촌 사람도 있습니다. 그들의 삶의 정황은 다 달랐지만, 그러나 그들에게는 한 가지 공통점이 있습니다. 그들은 예외 없이 다른 사람의 삶을 부러워하거나 흉내 내려 하지 않았다는 것입니다. 그들은 한결같이 자기 삶에 충실한 독창적인 사람들이었습니다. 그 이유는 간단했습니다. 독창적인 하나님께서 그들 개개인을 독창적인 인간으로 창조하셨고, 믿음은 하나님의 독창성으로 남을 흉내 내지 않고 자기 삶을 용기 있게 사는 것이기 때문입니다.

삼위일체 하나님께서는 당신 자신이 인간을 위한 십자가의 제물이 되는 독창성으로, 죄인을 반드시 벌하시는 당신의 공의와 그럼에도 불구하고 죄인을 구원하시려는 당신의 사랑을 동시에 완성하셨습니다. 그리고 그 누구도 흉내 낼 수 없는 당신의 그 독창적인 구원을 우리에게 주셨습니다. 하나님의 독창성으로 지음 받고 하나님의 독창적인 구원의 은총을 입은 우리 각자는 독창적인 존재입니다. 그러므로 우리에게 믿음은 어떤 정황 속에서든 남을 부러워하거나 흉내 내지 않고 하나님의 말씀을 좇아 자기 인생을 용기 있게 사는 것입니다. 바꾸어 말해 자신을 통해 이 시대의 역사 속에 이루기 원하시는 하나님의 독창적인 뜻을 이루는, 하나님의 독창적인 통로로 살아가는 것입니다.

그러나 우리의 삶은 어떻습니까? 까닭 없이 타인의 삶을 부러워하고 흉내 내느라, 정작 자기 삶은 상실해 버리지는 않았습니까? 자기 자식이 자신의 삶을 바르게 찾아 살도록 도와주는 것이 믿음의 부모 역할임에도, 도리어 자기 자식더러 남의 자식을 흉내 내라고 다그치면서 자식의 인격마저 자기 이기심의 틀 속에 마구 구겨 넣고 있지는 않습니까? 만약 그렇다면 우리 모두 참회의 절기인 사순절 넷째 주일을 맞아 우리의 어리석음을 회개하십시다. 그것은 모세가 어설픈 군대를 이끌고 세계 최대의 제국 이집트를 제압하려는 것처럼, 다윗이 사울 왕의 갑옷과 투구와 칼을 걸치고 거드름을 피우며 거인 골리앗과 맞서려는 것처럼, 자기 인생을 스스로 망치는 지름길일 뿐입니다. 우리 모두 마른 지팡이 하나 들고 하나님께서 원하시는 자기 인생을 살기 위해 이집트로 향하는 팔십 노인 모세처럼, 평상복을 입고 평소의 물맷돌로 자기 인생을 살기 위해 거인 골리앗과 맞서는 다윗처럼, 하나님께서 원하시는 우리 자신의 삶을 용기 있게 살아가십시다. 우리가 지닌 것이 비록 마른 지팡이 하나라 할지라도 하나님의 지팡이가 될 것이요, 우리 손에 들린 하찮은 물맷돌도 거인 골리앗을 일격에 무너뜨리는 하나님의 도구가 될 것입니다. 우리는 독창적인 하나님에 의해 독창적으로 지음 받은 독창적인 존재들이고, 예수님의 십자가를 통해 하나님의 독창적인 구원의 은총을 입은 하나님의 독창적인 자녀들이기 때문입니다.

하나님께서는 당신의 독창력으로 우리 개개인을 독창적인 인간으로 창조하셨습니다. 우리 각자는 이 세상 누구와도 동일하지 않는, 세계 유일의 독창적인 존재입니다. 우리는 삼위일체 하나님께서 당신 자신을 십자가의 제물로 삼아, 죄인을 반드시 벌하시는 당신의 공의와 그럼에도 불구하고 죄인을 반드시 구원하시려는 당신의 사랑을 동시에 완성하신 하나님의 독창적인 구원을 입은 하나님의 독창적인 자녀들입니다. 그럼에도 우리는 이제껏 우리 자신의 인생을 용기 있게 살려 하지는 않았습니다. 공연히 다른 사람의 삶을 부러워하면서, 다른 사람의 삶을 뒤좇고 흉내 내느라 우리 자신의 인생을 어처구니없이 상실해 버렸습니다. 우리 자식들이 자신들의 독창적인 인생을 살게끔 도와주기는커녕, 도리어 남의 집 자식을 흉내 내라고 다그치며 자식의 인격마저 우리 이기심의 틀 속에 마구 구겨 넣었습니다.

우리 모두 참회의 절기인 사순절 넷째 주일을 맞아 우리의 어리석음을 회개하오니 용서해 주십시오. 믿음은 하나님의 독창적인 말씀을 좇아, 자신의 삶을 용기 있게 살면서, 하나님의 독창적인 도구가 되는 것임을 잊지 말게 도와주십시오. 마른 막대기 하나만을 들고 자기 삶을 살기 위해 이집트로 향하는 용기 있는 모세를 본받게 해주십시오. 왕의 갑옷과 투구 그리고 칼을 조금도 부러워하지 않고, 목동인 자기 모습 그대로 평소와 같이 평상복에 물맷돌을 들고 거인 골리앗과 맞서는 용기 있는 다윗을 닮게 해주십시오. 지위의 고하, 경제적인 여건, 지적 수준의 정도, 건강 상태나 나이에 상관없이, 주어진 정황 속에서 누구도 부러워하거나 흉내 내지 않고, 오직 하나님의 말씀을 좇아 하나님께서 원하시는 나의 인생을 용기 있게 살게 해주십시오.

행복은 자기 인생을 사는 것이요, 남의 삶을 흉내 내려는 것으로부터 불행의 비극이 시작됨을 잊지 말게 해주십시오. 그리하여 이 시대의 역사 속에 하나님의 독창적인 뜻을 이루는 하나님의 독창적인 도구로 쓰임 받는, 절대적인 기쁨 속에서 살아가게 해주십시오. 아멘.

20. 달려갈 길을 마칠 때 사순절 다섯째 주일

사도행전 13장 24-25절
그가 오시기에 앞서 요한이 먼저 회개의 세례를 이스라엘 모든 백성에게 전파하니라 요한이 그 **달려갈 길을 마칠 때**에 말하되 너희가 나를 누구로 생각하느냐 나는 그리스도가 아니라 내 뒤에 오시는 이가 있으니 나는 그 발의 신발끈을 풀기도 감당하지 못하리라 하였으니

우리는 지난 6주 동안 사도 바울이 비시디아 안디옥의 유대인 회당에서 행한 설교 도입부 내용을 살펴보았습니다. 주어가 하나님이셨던 그 내용의 핵심은, 인간의 역사를 주관하시는 하나님께서 인간을 구원하기 위한 구원자로 예수님을 보내 주셨다는 것이었습니다. 그리고 계속되는 오늘의 본문은 예수님의 길을 예비하는 역할을 했던 요한에 대한 내용입니다. 그는 광야에서 이스라엘 백성들에게 회개할 것을 외치면서 요단강에서 세례를 베풀었습니다. 그래서 예수님의 직계 제자인 사도 요한과 구별하기 위해 그는 세

례 요한이라 불리고 있습니다.

본문 24절은 이렇게 시작되고 있습니다.

그가 오시기에 앞서 요한이 먼저.

예수님께서 공생애를 시작하시기 전에 세례 요한이 먼저 사역하였다는 말입니다. 우리말 번역문으로는 세례 요한의 활동이 먼저 있었고 그 이후에 예수님의 공생애가 시작되었다는 식으로, 단지 순서상의 차이만 밝혀 주는 내용입니다. 그러나 헬라어 원문은 더 깊은 의미를 내포하고 있습니다. 헬라어 원문은 '요한이 예수님의 얼굴 앞에서 먼저' 사역한 것으로 기록되어 있습니다. 예수님께서 공생애를 시작하시기 전에 이스라엘 백성들은 예수님보다 세례 요한의 얼굴을 먼저 보았습니다. 이스라엘 백성들에게 세례 요한이 소개하는 예수님의 얼굴이 아니라, 예수님을 소개하는 세례 요한의 얼굴이 먼저 보였다는 말입니다.

이것은 세례 요한만의 이야기가 아닙니다. 이것은 우리 모두의 이야기이기도 합니다. 우리는 모두 예수님을 우리 인생의 주인으로 모신 그리스도인입니다. 그래서 우리는 예수님의 말씀을 좇으면서 이 세상 속에서 예수님의 증인으로 살기를 원합니다. 우리의 삶을 통해 예수님을 세상 사람들에게 보여 주기를 원하는 것입니다. 그러나 영으로 역사하시는 예수님은 보이지 않습니다. 우리가 세상 사람들에게 아무리 예수님을 보여 주려 해도 세상 사람들에게 먼저 보이는 것은 예수님의 얼굴이 아니라 우리의 얼굴입니다. 그러므로 본문은 우리가 이 세상에서 어떤 자세로 살아가야 하는지를 일깨워 주고 있습니다.

24절을 다시 보시겠습니다.

> 그가 오시기에 앞서 요한이 먼저 회개의 세례를 이스라엘 모든 백성에게 전파하니라.

요한은 '회개'와 '세례'라는 두 단어를 사용하였습니다. 그 두 단어는 동전의 양면처럼 불가분의 관계를 이루고 있습니다. 회개는 돌아서는 것, 길을 바꾸는 것, 두 손으로 움켜쥐고 있던 것을 놓아 버리는 행동을 의미합니다. 자기 인생의 방향이 잘못되었음을 알고 돌아서야겠다는 생각만 하는 것은 회개가 아닙니다. 잘못된 방향에서 180도 돌아서는 것이 회개입니다. 자신이 걷던 길이 그릇된 길임을 깨닫고 바른길로 길을 바꾸어야겠다고 결심만 하는 것은 회개가 아닙니다. 그릇된 길에서 바른길로 당장 길을 바꾸는 것이 회개입니다. 자신이 움켜쥐고 있는 것이 백해무익한 것임을 자각만 하는 것은 회개가 아닙니다. 놓아야 할 것을 미련 없이 놓아 버리는 것이 회개입니다. 그러므로 행동을 떠나서는 회개가 불가능합니다. 회개는 머릿속 깨달음에서 시작하여 마음속 결단을 거쳐 몸의 행동으로 이루어지는 것입니다.

누가복음 15장에는 그 유명한 탕자의 이야기가 있습니다. 부잣집 둘째아들이 아버지에게 아버지의 재산 중 자기 몫을 요구했습니다. 그리고 그는 타국으로 가서, 자신이 수고하고 땀 흘리지 않고 얻은 아버지의 재산으로 허랑방탕한 삶을 살았습니다. 방탕한 삶은 반드시 비참한 결과를 초래합니다. 방탕은 전 재산의 탕진 아니면 자기 건강의 상실로 끝나기 마련이기 때문입니다. 허랑방탕하게 살던 그 탕자는 건강을 잃지 않는 대신 아버지께 받은 전 재산을 날려 버리고 말았습니다. 흥청망청 돈을 뿌려 대던 부잣집 아들이 졸지에 거지가 되었습니다. 설상가상으로 그가 살던 곳에 큰 흉년이 들었습니다. 돈을 물 쓰듯 할 때 그 많던 친구들은 모두 그의 곁을 떠났고 그에게 빵 한 조각 주는 사람도 없었습니다. 겨우 일자리를 구했는데 들에서 돼지를 치는 일이었습니다. 그러나 돼지의 주인 역시 임금을 지불할 능력이 없는 가난한 사람이었습니다. 하는 수 없이 탕자는 돼지가 먹는 쥐엄 열매로 배를 채우려 했지만 그나마도 부족했습니다. 그제야 그는 비로소 아버지를 생각했습니다.

> 이에 스스로 돌이켜 이르되 내 아버지에게는 양식이 풍족한 품꾼이 얼마나 많은가 나는 여기서 주려 죽는구나(눅 15:17).

아버지의 집에서는 아버지의 종들 역시 모두 배부르게 먹었습니다. 그러나 아버지를 떠나 돼지 먹이인 쥐엄 열매조차 먹지 못하는 탕자는 자신의 어리석음과 한심함을 비로소 깊이 뉘우쳤습니다. 그러나 그것은 머릿속 생각이었을 뿐 회개는 아니었습니다.

> 내가 일어나 아버지께 가서 이르기를 아버지 내가 하늘과 아버지께 죄를 지었사오니 지금부터는 아버지의 아들이라 일컬음을 감당하지 못하겠나이다 나를 품꾼의 하나로 보소서 하리라 하고(눅 15:18-19).

'이제 내가 아버지께 돌아가리라. 아버지를 뵈면 이렇게 말씀드려야지. 아버지, 하늘과 아버지께 죄를 범한 저는 이제 더 이상 아버지의 아들이 아닙니다. 제발 이 어리석은 놈을 아버지 집의 종으로 받아 주십시오.' 탕자는 이렇게 결심했습니다. 그러나 그것 역시 마음속 결단이었을 뿐 회개는 아니었습니다.

이에 일어나서 아버지께로 돌아가니라(눅 15:20상).

마침내 탕자가 일어났습니다. 그리고 아버지에게로 돌아갔습니다. 머릿속 생각으로만이 아니라, 마음속 결단으로만이 아니라, 그의 몸으로 행동으로 아버지께로 돌아갔습니다. 방탕의 길이 잘못되었음을 깨닫고 그 방탕의 길에서 180도 돌아선 것입니다. 그릇된 방탕의 길에서 아버지의 집으로 향하는 길로 길을 바꾼 것입니다. 두 손으로 움켜쥐고 있던 헛되고도 헛된 방탕의 삶을 미련 없이 던져 버린 것이었습니다. 자신의 삶이 잘못되었다는 머릿속 자각이, 아버지 집의 종이 될망정 아버지의 집으로 돌아가야겠다는 마음속 결단을 거쳐, 자기 몸의 행동으로 아버지에게 돌아간 탕자는 진정한 '회개의 사람'이 되었습니다. 회개를 이야기할 때마다 누가복음 15장의 탕자가 언급되는 이유가 여기에 있습니다. 회개하고 돌아온 아들을 아버지는 종이 아니라 변함없는 자신의 아들로 받아 주었습니다. 그것이 아버지와 아들의 관계인 까닭입니다.

회개의 가시적인 표식이 세례입니다. 죄와 사망의 속박 속에서 살던 인간이 자신의 삶이 그릇되었음을 깨닫고, 인간의 죗값을 대신 치러 주신 예수 그리스도 안에서 하나님의 자녀로 살아가는 생명의 길로 돌아섰다는 가시적인 표식이 세례인 것입니다. 세례는 자신의 삶이 그릇되었다는 머릿속 자각을 선포하는 예식이 아닙니다. 예수 그리스도 안에서 새로운 삶을 살겠다는 마음속 결단을 위한 예식도 아닙니다. 세례는 머릿속 자각이 마음속 결단을 거쳐 몸의 행동으로 드러났음을 공포하는 예식입니다. 그래서 회개와 세례는 분리될 수 없습니다. 회개의 가시적인 표식이 세례이고, 세례의 핵심이 회개입니다. 회개와 세례의 동인動因이 인간 자신이 아니라, 누가복음 15장의 탕자의 아버지처럼, 누구든지 돌아오기만 하면 당신의 자녀로 영원히 품어 주시는 하나님 아버지의 사랑에 있음은 두말할 나위가 없습니다. 그래서 예수님의 길을 예비하는 세례 요한은 모든 이스라엘 백성에게 회개의 세례를 촉구하였습니다. 예수 그리스도 안에서 자신의 그릇된 삶으로부터 몸의 행동으로 돌아서지 않는 한, 돌아서야겠다고 머릿속에서 생각만 하거나 마음속으로 결심만 하는 것으로 그쳐서는, 영원하신 하나님의 자녀로 영원한 생명의 삶을 살 도리가 없기 때문이었습니다.

본문은 25절에서 다음과 같이 이어지고 있습니다.

  요한이 그 달려갈 길을 마칠 때에.

세례 요한의 인생이 이 땅에서 막을 내릴 때가 다가왔음을 본문은 "그 달려갈 길을 마칠 때"라고 표현했습니다. 우리말 '달려갈 길'로 번역된 헬라어 '드로모스δρόμος'는 '인생 여정'을 뜻합니다. 그리고 우리말 '마치다'의 헬라어 '플레로오πληρόω'는 '가득 채우다'란 의미입니다. 이것은 인생이 무엇인지 일깨워 주는 더없이 좋은 표현입니다. 인생은 자기 인생 여정을 자기 삶으로 채우는 것입니다. 인생은 다른 사람이 나의 인생 여정을 채워 주는 것이 아닙니다. 모든 인간은 예외 없이 자기 인생 여정을 자기 삶으로 채웁니다. 그렇기에 인생은 철저하게 자기 책임입니다. 자기 인생의 결과를 놓고 남의 탓할 일이 아닙니다. 모든 인간의 인생은 지난 세월 동안 자기 인생 여정을 자기 삶으로 채워 온 결과일 뿐입니다. 그러므로 중요한 것은 자기 인생을 어떤 삶으로 채우느냐는 것입니다.

죽음을 목전에 둔 세례 요한은 자기 인생을 어떤 삶으로 채워 왔습니까?

요한이 그 달려갈 길을 마칠 때에 말하되 너희가 나를 누구로 생각하느냐 나는 그리스도가 아니라 내 뒤에 오시는 이가 있으니 나는 그 발의 신발 끈을 풀기도 감당하지 못하리라 하였으니(25절).

죽음이 임박한 세례 요한은 자신에게 몰려든 이스라엘 백성을 향해 "너희가 나를 누구로 생각하느냐? 나는 그리스도가 아니다!"라고 외쳤습니다. 헬라어 원문에는 그리스도란 단어가 빠져 있습니다. 그 대신 세례 요한은 1인칭 주어와 동사를 모두 사용하여 '나는 아니다'라고 강조했습니다. 헬라어 동사는 우리말과는 달리 주어에 따라 동사의 어미가 바뀝니다. 그래서 주어를 사용하지 않는 것이 관례입니다. 동사만으로 주어가 누구인지 식별되기 때문입니다. 그러나 동사와 함께 주어마저 사용하는 경우는 특별히 주어를 강조할 때입니다. 따라서 세례 요한이 1인칭 주어와 동사를 모두 사용하였다는 것은 '나는 정말 아니다'라고 말했음을 의미합니다.

'나는 아니다'와 '나는 정말 아니다'라는 말 사이에는 단순 강조 이상의 차이가 있습니다. '나는 아니다'가 일회성 표현이라면, '나는 정말 아니다'는 반복적 의미의 표현입니다. 이를테면 세례 요한은 본문 이전에도 '나는 아니다'라고 계속 말해 왔다는 뜻입니다. 요한복음 1장 20절에 의하면 유대인들이 세례 요한에게 '네가 누구냐?'고 묻자, 그는 1인칭 주어와 동사를 동시에 사용하여 '나는 정말 그리스도가 아니다'라고 대답했습니다. 본문의 세례 요한이 헬라어 원문에서 '나는 정말 아니다'라고 말한 것을 영어 성경 NIV는 '나는 그가 아니다'로, 한글 성경은 '나는 그리스도가 아니다'로 번역하였습니다. 그러나 원문의 의미를 정확하게 옮기면, '나는 정말 그리스도가 아니다'라는 말이었습니다. 세례 요한이 이처럼 '나는 그리스도가 아니다'라는 말을 계속 반복한 이유가 무엇이겠습니까? 이 질문에 대한 해답은 누가복음

3장 15절이 제시해 주고 있습니다.

> 백성들이 바라고 기다리므로 모든 사람들이 요한을 혹 그리스도신가 심중에 생각하니.

　로마제국의 압제에 시달리던 이스라엘 백성은 오래전부터 하나님께서 약속하신 메시아를 대망하고 있었습니다. 그런데 어느 날 광야에 세례 요한이 나타났습니다. 그는 예루살렘성전에서 화려한 예복을 입고 종교적 권위를 내세우며 백성 위에 군림하는 제사장들 같지 않았습니다. 광야에서 낙타 털옷에 가죽띠를 띠고 메뚜기와 석청을 양식으로 삼은 세례 요한은 회개의 세례를 전파하였습니다. 그의 설교에는 영적 울림과 힘이 있었습니다. 마가복음 1장 5절에 의하면 그의 설교를 들은 유대 지방과 예루살렘 사람들이 모두 그에게서 세례를 받았습니다. 세례 요한에게 영적 능력이 없었던들 결코 일어날 수 없는 일이었습니다. 이스라엘 백성들은 자신들의 눈앞에서 벌어진 그 놀라운 광경을 목격하면서, 세례 요한이야말로 하나님께서 자신들을 구원하시기 위해 보내 주신 메시아, 즉 그리스도임이 틀림없다고 믿었습니다. 그래서 세례 요한은 '나는 그리스도가 아니다'라고 단호하게 말했습니다. 그러나 이스라엘 백성들은 세례 요한의 말을 믿지 않았습니다. 그들은 세례 요한의 그 말을 그의 겸손으로 받아들였습니다. 그래서 세례 요한은 기회가 있을 때마다 자신이 그리스도가 아님을 거듭거듭 강조하였습니다.

　그리고 자신의 생애가 곧 끝날 것임을 안 그는 본문 속에서 이스라엘 백성들에게 이렇게 반문하였습니다. '너희가 나를 누구로 생각하느냐?' 그것은 '너희가 아직까지도 나를 그리스도라고 생각하고 있지?'라는 의미였습니다. 그 질문에 대하여 세례 요한은 스스로 대답했습니다. '나는 정말 그리스도가 아니다.' 그리고 세례 요한은 계속하여 '내 뒤에 오시는 이가 있으니, 나는 그의 신발 끈을 풀기도 감당하지 못하리라'고 말했습니다. 2천 년 전 지체 높은 집에서는 주인이 외출할 때 노예가 주인에게 신을 신기고 신발 끈을 묶어 주었습니다. 주인이 귀가하면 역시 노예가 주인의 신발 끈을 풀고 신을 벗겨 주었습니다. 세례 요한은 자신이 정말 그리스도가 아닌 것은 말할 것도 없고, 감히 그리스도의 신에 손을 대는 노예조차 될 수 없음을 밝혔습니다. 성자 하나님이신 그리스도는 한낱 피조물에 지나지 않는 세례 요한 자신과는 비교 자체가 불가능함을 이스라엘 백성들에게 그런 식으로 각인시켜 준 것입니다.

세례 요한은 예수 그리스도의 길을 예비하면서 회개의 세례를 전파했습니다. 그가 회개의 세례를 전파했다는 것은 그 자신이 회개의 세례를 받은 사람임을 의미했습니다. 그가 죄와 사망의 길에서 벗어나 예수 그리스도 안에서 영원한 생명의 길로 돌아선 사람이었다는 말입니다. 그렇다면 우리는 본문의 세례 요한을 통해 참된 회개의 사람, 참된 세례의 사람은 어떤 사람인지 알게 됩니다. 세례 요한은 예수님의 얼굴 앞에서 사역한 사람이었습니다. 이스라엘 백성들은 예수님보다 세례 요한의 얼굴을 먼저 보았습니다. 이스라엘 백성들에게는 세례 요한이 소개하는 예수님은 보이지 않고, 예수님을 소개하는 세례 요한의 얼굴만 보인 것입니다. 그래서 그를 만난 사람들은 모두 그가 그리스도라고 믿었습니다. 그러나 세례 요한은 단 한 번이라도 자신을 드러내려 한 적이 없었습니다. 자기 얼굴로 살지 않을 수는 없지만 그러나 '나는 그리스도가 아니다'라고, '나는 정말 그리스도가 아니다'라고 끊임없이 자신을 가렸습니다. 자기 얼굴을 통해 그리스도만 드러나게 하기 위함이었습니다. 이 땅에서 자신의 생이 끝나는 마지막 순간에도 자신은 그리스도가 아님을 거듭 강조하면서, 자신은 그리스도의 발치에도 미칠 수 없는 존재임을 밝혔습니다. 죽기까지 자신은 가리고 오직 그리스도만 드러나게 했습니다.

인간의 일생은 자기 인생 여정을 자기 삶으로 채우는 것이라고 했습니다. 세례 요한은 일평생 자신을 가리고 그리스도만을 드러내는 삶으로 자기 인생 여정을 채웠습니다. 세례 요한에게는 그것이 회개의 삶이요, 세례의 삶이었습니다. 세례 요한이 삼위일체이신 주님을 향해 돌아섰다는 것은, 자신을 드러내고 자기 욕망만 좇던 자신의 옛 삶이 죽음을 향했었던 데 반해, 주님을 향해 돌아서는 것은 영원한 생명의 길로 진입하는 것임을 깨달았음을 의미했습니다. 그러므로 그에게 또다시 자신을 드러내는 것은 자기 생명을 스스로 갉아먹는 어리석은 짓이었고, 자신을 가리고 오직 그리스도만을 드러내는 것은 유한한 자기 인생을 영원에 접목시키는 것이었습니다.

살아생전의 세례 요한은 이미 언급한 것처럼 예루살렘성전에서 화려한 예복을 입고 세상의 권세와 부귀를 누리던 제사장들과는 달리, 광야에서 아무 재산도 지니지 못한 빈손으로 살았습니다. 세상의 권세나 부귀영화는 말할 것도 없고 반듯한 직책을 지닌 적도 없었습니다. 그는 일평생 가난과 고독 속에서 살다가 비참하게 참수형을 당해 죽었습니다. 세상적인 관점에서 보면 그의 인생은 완전 실패작이었습니다. 그러나 뭇사람의 열광과 찬사 앞에서 '나는 정말 그리스도가 아니다'라며 일평생 자신을 가리고 오직 그리스도만을 드러내는 삶으로 자기 인생 여정을 채웠던 그의 인생은 어떻게 되었습니까? 예수 그리스도의 길을 예비한 '복음시대의 개막자'로 그는 영원히 살아 있습니다. 그가 죽기까지 자신을 가리면서 드러내고자 했던 예수 그리스도께서 그의 인생을 영원으로 건져 올려 주셨기 때문입니다. 그는 주님을 향해 돌아선 진정한 회개의 사람, 참된 세례의 사람이었습니다.

지난 밴쿠버 동계올림픽 피겨스케이팅에서 한국의 김연아 선수에게 밀려 은메달을 목에 걸고 눈물을 삼키며 일본으로 돌아간 아사다 마오 양이 이런 말을 남겼습니다.

"길다고 생각했는데, 순식간에 끝나 버렸다."

그것이 인생입니다. 마오 양은 이제 20세 청년입니다. 마오 양이 먼 훗날 인생을 다 살고 난 뒤에도 똑같은 말을 할 것입니다.

"길다고 생각했는데, 순식간에 끝나 버렸다."

인생은 긴 것처럼 여겨집니다. 실제로 길기도 합니다. 그러나 살다 보면 순식간에 끝나는 것이 인생입니다. 언젠가 순식간에 자신의 인생이 끝나는 순간, 후회하지 않는 지혜로운 사람이 되기를 원하십니까? 그렇다면 참회의 절기인 사순절 다섯째 주일을 맞이하여, 우리의 얼굴로 예수 그리스도를 가리고 우리 자신만을 드러내며 헛된 자기 욕망만을 좇던 우리의 어리석은 삶을 청산하십시다. 그것은 자기 생명을 스스로 갉아먹는 미련한 짓입니다. 우리 모두 길이요 진리요 생명이신 예수 그리스도, 우리의 죗값을 대신 치러 주신 예수 그리스도, 우리의 생명을 영원으로 건져 올려 줄 유일한 구원자이신 예수 그리스도를 향해 확실하게 돌아서십시다. 언제 어디서나 우리 자신을 가리고 예수 그리스도를, 예수 그리스도의 말씀을, 예수 그리스도의 생명을, 예수 그리스도의 사랑을, 예수 그리스도의 정의를 드러내는 삶을 사십시다. 그때 우리가 아무리 보잘것없는 존재라 해도 주님께서는 우리의 삶을 통해 반드시 당신의 뜻을 이루실 것입니다. 주님께서는 언제나 참된 회개의 사람, 진정한 세례의 사람을 통해 역사하시기 때문입니다.

주님, 나는 주님을 믿는 사람입니다. 주님을 주인으로 모신 그리스도인입니다. 그런데도 나의 삶을 통해 주님이 드러나지는 않았습니다. 언젠가 흙으로 돌아가 버릴 내 얼굴로 주님을 가리고 살았기 때문입니다. 그동안 나는 주님을 믿는다면서도 나 자신만을 드러내고, 나 자신의 욕망만을 좇는 어리석은 삶으로 내 인생 여정을 채워 왔습니다. 그래서 내가 원하는 것을 얻었다 한들, 나의 죽음 이후를 책임져 주지 못할 것들과 나의 소중한 생명을 맞바꾸는 어리석음을 범해 왔습니다.

우리를 구원하시기 위해 십자가의 제물로 돌아가신 주님의 고난을 기리는 사순절 다섯째 주일을 맞아, 이제 우리 모두 이 허망한 죽음의 길에서, 길이요 진리요 생명이신 주님을 향해 돌아섭니다. 주님 가신 그 영원한 생명의 길을 향해 우리의 두 발을 내디딥니다.

인생이 긴 것 같지만, 자기 욕망을 좇아 살기에는 턱없이 짧아 순식간에 끝나 버림을 잊지 않도록 도와주십시오. 세례 요한처럼 우리 자신을 철저하게 가리고 오직 예수 그리스도를, 예수 그리스도의 말씀을, 예수 그리스도의 생명을, 예수 그리스도의 사랑을, 예수 그리스도의 정의를 드러내는 삶으로 우리의 인생 여정을 채워 갈 수 있도록 인도해 주십시오. 그리하여 우리의 삶을 통해 이 시대를 위한 주님의 뜻이 이루어지게 하시고, 언젠가 우리의 호흡이 멎는 순간, 우리 가운데 그 누구도 주님 앞에서 후회하지 않게 해주십시오. 아멘.

21. 죽여 달라 하였으니 고난 주일

사도행전 13장 26-30절

형제들아 아브라함의 후손과 너희 중 하나님을 경외하는 사람들아 이 구원의 말씀을 우리에게 보내셨거늘 예루살렘에 사는 자들과 그들 관리들이 예수와 및 안식일마다 외우는 바 선지자들의 말을 알지 못하므로 예수를 정죄하여 선지자들의 말을 응하게 하였도다 죽일 죄를 하나도 찾지 못하였으나 빌라도에게 **죽여 달라 하였으니** 성경에 그를 가리켜 기록된 말씀을 다 응하게 한 것이라 후에 나무에서 내려다가 무덤에 두었으나 하나님이 죽은 자 가운데서 그를 살리신지라

우리는 8주째 사도 바울이 비시디아 안디옥의 유대인 회당에서 행한 설교 내용을 살펴보고 있습니다. 6주 동안 살펴본 설교 도입부의 핵심은 인간의 역사를 주관하시는 하나님께서 인간을 구원하기 위한 구원자로 예수님을 이 땅에 보내 주셨다는 것이었습니다. 지난 시간에 살펴본 내용은 예수 그리스도의 길을 예비하는 역할을 했던 세례 요한에 관한 증언으로, 세례 요한은 철저하게 자신을 가림으로 자신의 삶 속에서 오직 예수 그리스도만

드러나게 한 참믿음의 사람이었습니다. 그리고 오늘의 본문부터는 본격적으로 예수님을 증언하는 내용입니다. 먼저 23절을 보시겠습니다.

> 하나님이 약속하신 대로 이 사람의 후손에서 이스라엘을 위하여 구주를 세우셨으니 곧 예수라.

이미 우리가 알고 있는 바와 같이 하나님께서 당신의 약속대로 다윗의 족보를 통해 구원자 예수님을 보내 주셨다는 말입니다. 이제 오늘의 본문 26절을 보시겠습니다.

> 형제들아 아브라함의 후손과 너희 중 하나님을 경외하는 사람들아 이 구원의 말씀을 우리에게 보내셨거늘.

본문은 인간을 구원하기 위해 이 땅에 오신 예수님을 '구원의 말씀'이라 정의하고 있습니다. 하나님은 말씀이십니다. 말씀이신 하나님께서 "빛이 있으라" 말씀하시매 빛이 생겼습니다. 그 말씀은 전능하신 창조의 말씀, 영원한 생명의 말씀이셨습니다. 그 말씀이 '육화incarnation'되어, 즉 인간의 육신을 입고 오신 분이 예수님이셨습니다. 예수님을 가리켜 말씀이신 성부 하나님과 본체가 같은 성자 하나님이시라는 까닭이 여기에 있습니다. 그러므로 예수님을 믿는 것은 곧 하나님의 말씀을 믿는 것이요, 하나님의 말씀을 알고 믿는 것은 이 땅에 오신 예수님을 알고 믿는다는 말입니다. 따라서 하나님의 말씀을 바르게 알고 믿지 않고서는 예수님을 바르게 알고 믿는 길이 있을 수 없습니다. 그러나 당시 예수님을 만난 유대인의 반응이 어떠했었는지는 27절이 밝혀 주고 있습니다.

예루살렘에 사는 자들과 그들 관리들이 예수와 및 안식일마다 외우는 바 선지자들의 말을 알지 못하므로 예수를 정죄하여 선지자들의 말을 응하게 하였도다.

유대인들은 안식일마다 회당에 모여 모세의 율법과 선지자들의 글을 큰 소리로 낭독하였습니다. 그 소리는 회당을 가득 채울 뿐 아니라 회당에 참석한 모든 유대인들의 귀에 쟁쟁하게 울렸습니다. 그러나 유대교 지도자들은 그들이 안식일마다 회당에서 낭독하는 하나님의 말씀이 이 땅에 오신 구원의 말씀, 다시 말해 육신을 입고 이 땅에 오신 예수님이심을 알려고도 믿으려고도 하지 않았습니다. 그래서 그들은 안식일마다 하나님의 말씀을 낭독하면서도 말씀이신 예수님을 정죄하고 말았습니다. 우리말 '정죄하다'로 번역된 헬라어 동사 '크리노κρίνω'는 '재판하다', '심판하다'라는 의미입니다. 하나님의 심판의 대상인 인간들이, 인간을 구원하기 위해 이 땅에 오신 성자 하나님을 도리어 심판하는 어처구니없는 짓을 저질렀습니다. 안식일마다 하나님의 말씀을 낭독하던 그들이 말씀이신 예수 그리스도를 정죄함으로, 예수 그리스도의 고난을 예언한 하나님의 말씀을 그들 자신이 응하게 하는 아이러니를 범했습니다.

죽일 죄를 하나도 찾지 못하였으나 빌라도에게 죽여 달라 하였으니 성경에 그를 가리켜 기록한 말씀을 다 응하게 한 것이라 (28-29절 상).

말씀이신 예수님께 죄가 있을 리 만무했습니다. 그러나 진리이신 예수님으로 인해 자신들의 종교적 기득권이 약화될 것을 우려한 유대교 지도자들은 예수님을 신성모독죄, 로마 황제에 대한 반역죄로 몰아 로마 총독 빌라도에게 죽여 달라고 요구했습니다. 예수님을 사형에 처할 것을 요구한 것입니다. 단순 요구가 아니라 백성들을 선동하여 만약 빌라도 총독이 예수님에게 사형을 선고하지 않을 경우 민란을 일으킬 것처럼 빌라도를 압박하여 그로 하여금 사형을 선고하지 않을 수 없도록 만들었고, 예수님은 결국 십자가에 못박혀 돌아가셨습니다. 그 결과 예수님의 고난을 예언한 하나님의 말씀이 온전히 이루어지게 되었습니다.

하나님께서는 예수님이 이 땅에서 당할 고난과 관련하여 일찍이 이사야 선지자를 통해 이렇게 말씀하셨습니다.

그는 실로 우리의 질고를 지고 우리의 슬픔을 당하였거늘 우리는 생각하기를 그는 징벌을 받아 하나님께 맞으며 고난을 당한다 하였노라 그가 찔림은 우리의 허물 때문이요 그가 상함은 우리의 죄악 때문이라 그가 징계를 받으므로 우리는 평화를 누리고 그가 채찍에 맞으므로 우리는 나음을 받았도다 우리는 다 양 같아서 그릇 행하여 각기 제 길로 갔거늘 여호와께서는 우리 모두의 죄악을 그에게 담당시키셨도다 그가 곤욕을 당하여 괴로울 때에도 그의 입을 열지 아니하였음이여 마치 도수장으로 끌려가는 어린 양과 털 깎는 자 앞에서 잠잠한 양같이 그의 입을 열지 아니하였도다 그는 곤욕과 심문을 당하고 끌려갔으나 그 세대 중에 누가 생각하기를 그가 살아 있는 자들의 땅에서 끊어짐은 마땅히 형벌 받을 내 백성의 허물 때문이라 하였으리요(사 53:4-8).

예수님이 이 땅에 오시기 700년 전에 하나님께서 이사야 선지자를 통해 말씀하신 대로 예수님은 이 땅에서 고난을 당하셨습니다. 예수님께서는 대제사장들과 헤롯과 빌라도 총독에게 차례로 끌려가 곤욕과 심문을 당하셨습니다. 로마 군병들에게 채찍질을 당하셨습니다. 도수장으로 끌려가는 어린 양처럼 십자가를 지고 골고다로 끌려가셨습니다. 그리고 십자가에 사지가 못박히고 창에 찔리는, 비참한 십자가 죽음의 형벌을 당하셨습니다. 하나님의 말씀이 그대로 이루어진 것입니다.

놀랍게도 예수님의 고난을 예언하신 하나님의 말씀은, 하나님의 말씀으로 밥 먹고 사는 유대교 지도자들이 하나님의 말씀이신 예수님을 무고하게 정죄함으로 일점일획도 어김없이 이루어졌습니다. 더욱 놀랍고도 신비스러운 것은, 말씀이신 예수님을 무고히 정죄하여 십자가에 못박아 죽인 유대교 지도자들에 의해, 인간을 죄와 사망의 올무에서 구원하시려는 하나님의 구원의 대역사가 성취된 것입니다. 예수님께서 징계를 받으심으로 우리가 하나님과의 관계에서 진정 평화를 누리게 되었습니다. 예수님께서 채찍질을 당하심으로 우리의 연약함이 나음을 입었습니다. 예수님께서 창에 찔리고 십자가에 못박혀 돌아가심으로 우리가 죄와 사망의 올무에서 해방되었습니다. 자신들의 종교적 기득권을 지키기 위해 하나님의 말씀이신 예수님을 십자가에 못박아 죽인 유대교 지도자들에 의해, 역설적이게도 인간을 구원하시려는 하나님의 말씀이 완벽하게 성취된 것이었습니다.

이상과 같은 사실을 전해 주는 오늘의 본문을 통해 우리는 귀중한 교훈을 얻게 됩니다. 22절 하반절에서 23절을 다시 보시겠습니다.

> 내가 이새의 아들 다윗을 만나니 내 마음에 맞는 사람이라 내 뜻을 다 이루리라 하시더니 하나님이 약속하신 대로 이 사람의 후손에서 이스라엘을 위하여 구주를 세우셨으니 곧 예수라.

하나님께서 다윗의 족보를 통하여 예수 그리스도를 이 땅에 보내신 것은, 하나님께서 다윗의 후손을 통해 당신의 백성을 구원하시리라 약속하신 당신의 말씀을 이루시기 위함이었습니다. 그래서 우리는 3주 전 해당 본문을 묵상하면서 하나님의 말씀은 인간의 역사 속에서 반드시 이루어짐을 재확인하였습니다. 중요한 사실은 하나님께서 인간의 역사 속에서 당신의 말씀을 반드시 이루시되 언제나 인간을 도구 삼아 이루신다는 것입니다.

예수님께서 인간이 받아야 할 죽음의 형벌을 대신 받기 위해 고난을 당하심으로 인간을 죄와 사망의 올무에서 해방시키시리라는 하나님의 말씀은, 예수님을 무고하게 정죄한 유대교 지도자들에 의해 성취되었습니다. 그 반면 말씀이신 하나님께서 인간의 몸을 입고 이 땅에 오시리라는 하나님의 말씀은, 처녀가 아이를 배면 돌에 맞아 죽는다는 율법의 무서움을 알고서도 성령님의 역사에 자신의 생사를 맡기고 예수님을 잉태한 동정녀 마리아에 의해 이루어졌습니다. "자기의 육체를 위하여 심는 자는 육체로부터 썩어질 것을 거두고"(갈 6:8상)라는 말씀은, 육체의 욕망을 위해 은 30냥에 예수님을 배신했다가 스스로 생을 마감한 가룟 유다의 삶 속에서 성취되었습니다. 그리고 "성령을 위하여 심는 자는 성령으로부터 영생을 거두리라"(갈 6:8하)는 말씀은, 풍토병에 걸려서도 집으로 돌아가기는커녕 험산준령의 타우루스 산맥을 넘어 비시디아 안디옥의 유대인 회당에서 본문의 설교를 행하고 있는 바울의 삶 속에서 성취되었습니다. 악인을 반드시 벌하신다는 하나님의 말씀은 악인의 삶을 통해 성취되고, 하나님의 나라와 그의 의를 먼저 구하는 사람을 책임지신다는 하나님의 말씀은 하나님의 말씀에 자신을 던지는 사람에 의해 성취됩니다.

이처럼 악인의 삶을 통해서도, 의인의 삶을 통해서도, 하나님을 아는 사람을 통해서도, 하나님을 알지 못하는 사람을 통해서도 하나님의 말씀은 어김없이 성취되고 있습니다. 이 세상 모든 사람이, 단 한 사람의 예외도 없이, 모두 하나님의 뜻을 이 땅에 이루는 도구들입니다. 단지 차이가 있다면 본문의 유대교 지도자들처럼 예수님을 정죄하고 못박아 죽인 악한 도구인가, 아니면 나사렛의 동정녀 마리아와 사도 바울처럼 하나님의 구원의 말씀을 이루는 선한 도구냐의 차이뿐입니다. 우리가 하나님의 말씀을 믿는 그리스도인으로서 겸손한 마음으로 늘 하나님의 말씀에 대해 깨어 있어야 할 이유가 여기에 있습니다. 우리가 한시라도 하나님의 말씀보다 우리의 욕망을 앞세울 때, 우리 자신이 의식하지도 못하는 가운데 본문의 유대교 지도자들처럼 우리의 삶 속에서 하나님의 말씀이신 예수님을 못박는 악한 도구가 될 수 있기 때문입니다. 그러나 겸손한 마음으로 하나님의 말씀에 대해 늘 깨어 있을 때 우리가 이 세상에서 아무리 보잘것없는 존재라도, 마치 빈민촌 나사렛의 가난한 처녀 마리아처럼, 한때 교회를 짓밟는 폭도였던 바울처럼, 우리의 사지백체는 이 시대의 역사 속에 하나님의 말씀을 잉태하는 하나님의 선한 도구가 될 것입니다. 썩어 문드러질 우리의 육체로 하나님의 말씀이 육신을 입게 하는 것보다 더 아름답고 가치 있는 삶이 어디에 있겠습니까?

오늘의 본문을 통해 얻게 되는 또 하나의 교훈은, 고난은 참생명에 이르는 필수적인 과정이라는 것입니다. 고난이 고난으로 끝나는 고난이라면, 그것은 무의미한 고난일 수밖에 없습니다. 예수님께서 죄인인 우리가 받아야 할 죽음의 형벌을 대신 받기 위해 십자가에 못박혀 돌아가시는 것으로만 끝나 버리셨다면, 그 예수님은 결코 우리를 살리는 생명의 구주가 될 수 없습니다. 당신 자신이 죽음의 먹이에 지나지 않는 분이 어떻게 인간을 죽음의 올무에서 구해 낼 수 있습니까? 그러나 예수님의 죽음의 고난은 죽음의 고난으로 끝나지 않았습니다.

죽일 죄를 하나도 찾지 못하였으나 빌라도에게 죽여 달라 하였으니 성경에 그를 가리켜 기록한 말씀을 다 응하게 한 것이라 후에 나무에서 내려다가 무덤에 두었으나 하나님이 죽은 자 가운데서 그를 살리신지라 (28-30절).

예수님을 제물 삼아 인간을 구원하시려는 하나님의 섭리를 위해, 당신 자신을 기꺼이 죽음의 고난에 내던진 예수님을 하나님께서 죽음으로부터 다시 살리셨습니다. 예수님께서 죽음을 깨뜨리고 부활하신 것입니다. 그래서 예수님께서는 모든 인간을 죽음의 올무에서 영원히 건져 올리는 영원한 생명의 구주가 되셨습니다. 만약 예수님께서 죽음의 고난을 통과하시지 않았던들 결코 이룰 수 없는 참생명의 승리였습니다. 오늘 본문은 하나님께서 이 땅에 구원자로 보내신 예수님을 가리켜 '구원의 말씀'이라고 정의했습니다. 죄인들이 사는 이 세상은 늘 악합니다. 이 악한 세상에서 하나님의 말씀은 언제나 고난받기 마련입니다. 그러나 하나님의 말씀이 악에 의해 십자가에 못박혀 죽음의 나락으로 떨어지고서도 도리어 죽음을 깨뜨리고 부활하심으로, 하나님의 말씀은 이 세상의 모든 악을 이기는 영원한 생명이심이 증명되었습니다. 죽음의 고난을 통해서만 증명될 수 있는 참생명의 힘이요, 능력이었습니다.

성경의 이야기는 2천 년 전에 종결된 것이 아닙니다. 성경의 이야기는 언제 어디서나 반복되고 있습니다. 1천 년 전에도 반복되었고, 우리가 살고 있는 이 시대에도 반복되고 있으며, 주님 오시는 날까지는 1천 년 후에도 그대로 반복될 것입니다. 2천 년 전 하나님의 말씀이신 예수님께서 유대교 지도자들에 의해 십자가에 못박히셨던 것처럼, 오늘날에도 하나님의 말씀대로 살려는 사람은 이 악한 세상에서 온갖 고난을 당하게 됩니다. 그러나 하나님의 말씀으로 인한 고난을 두려워하지 않는 사람을 통해 하나님의 말씀은 오늘날에도, 종이 위에 인쇄된 문자가 아니라 살아 역사하는 생명의 능력으로 드러납니다. 그리고 그와 같은 사람을 통해 하나님의 말씀은 오늘날에도 이 세상을 새롭게 하십니다.

3년 반 전에 독일의 디트리히 본회퍼Dietrich Bonhoeffer 목사에 대해 언급한 적이 있었습니다. 1933년 히틀러의 나치당이 일당독재 체제를 확립한 이후 독일국가교회German Christian Church는 히틀러 정권의 하부 기관으로 전락하고 말았습니다. 본회퍼 목사를 비롯한 뜻있는 그리스도인들이 고백교회Confessing Church를 결성했습니다. 나치의 선전 도구로 전락한 국가교회에 맞서 오직 예수 그리스도만을 구주로 고백하는 신앙부흥·교회회복 운동이었습니다. 히틀러가 가만히 둘 리가 없었습니다. 히틀러의 탄압 속에서 고백교회 지도자들이 체포당하면서 외형상 고백교회는 와해되고 말았습니다. 그러나 본회퍼를 비롯하여 체포를 면한 지도자들은 지하활동을 계속했습니다. 1939년 본회퍼는 자신이 예전에 수학했던 미국 뉴욕 유니언 신학교를 방문했습니다. 그를 아끼는 많은 사람들이 독일로 돌아가지 말고 미국에 망명할 것을 권했습니다. 그 가운데에는 독일에서 미국으로 이미 망명한 그 유명한 신학자 라인홀드 니부어Reinhold Niebuhr 교수도 있었습니다. 그들의 권유에 본회퍼의 마음이 흔들리지 않은 것은 아니지만, 결국 라인홀드 니부어 교수에게 다음과 같은 편지를 남기고 생지옥과 같은 독일로 되돌아갔습니다.

"만일 지금 내 동포와 함께 시련을 당하지 않는다면, 나는 전쟁이 끝난 뒤 독일에서 그리스도인의 삶을 재건하는 일에 참여할 권리가 없게 될 것입니다."

그에게 그리스도인의 삶을 재건하는 일이란 '하나님의 말씀을 지키는 것'을 의미했습니다. 하나님의 말씀을 지키기 위해 고난의 길을 피하지 않고 고난이 기다리는 독일로 되돌아간 본회퍼는, 1943년에 체포되었다가 2년 후인 1945년 4월 9일 히틀러의 특명에 의해 교수형을 당했습니다. 히틀러가 베를린의 지하 벙커에서 그의 애인 에바 브라운Eva Braun과 자살하기 불과 3주 전의 일이었습니다. 그때 본회퍼 목사는 39세의 젊은이였습니다. 그가 전쟁이 끝나기도 전에 죽었으므로, 그리스도인의 삶을 재건하겠다던 그의 희망은 무산된 것입니까? 결코 아닙니다. 하나님의 말씀을 지키기 위해 죽음의 고난마저 불사했던 그로 인해, 무너졌던 독일 교회가 회복되었습니다. 하나님의 말씀을 위해 죽음도 두려워하지 않는 그를 통해 하나님의 말씀이 죽음을 초월하는 생명의 능력으로 드러난 것입니다.

본회퍼가 유별났기 때문에 그만 그런 행동을 취한 것은 아닙니다. 본회퍼와 동시대의 인물인 독일의 천재 물리학자 베르너 하이젠베르크Werner Heisenberg도 마찬가지였습니다. 본회퍼보다 다섯 살 연상이던 하이젠베르크는 약관 26세에 불확정성원리Uncertainty Principle를 발표하여 세상을 놀라게 했고, 31세의 나이에 노벨물리학상을 받아 다시 한 번 세상을 놀라게 했습니다. 그러나 반나치와 친유대적인 성향의 하이젠베르크 역시 나치의 탄압을 받기는 마찬가지였습니다. 본회퍼가 미국을 방문했던 1939년 하이젠베르크도 미국 시카고 대학의 초청을 받아 그곳에서 수개월 동안 특강을 했습니다. 그의 재능과 인품에 감동한 수많은 사람들이 그에게도 미국 망명을 권했음은 두말할 나위가 없습니다. 그러나 하이젠베르크 역시 다음과 같은 이유로 망명 제의를 사양하고 대서양을 건너 독일로 돌아갔습니다.

"독일을 엄습하고 있는 죽음의 폭풍 속에서 몇 사람이나 살아남을는지 모르지만, 그 속에서 사는 사람만 독일을 바르게 지킬 수 있기 때문입니다."

귀국한 그는 폰 바이츠제커C. F. von Weizsäcker와 함께 우라늄 프로젝트의 책임자가 되었습니다. 쉽게 말해 원자탄을 개발하라는 히틀러의 명령을 받은 것입니다. 당시 독일이 우라늄 프로젝트에 관한 한 더 많은 기술을 축적하고 있었음에도 원자탄 개발이 미국에 뒤진 것은 하이젠베르크가 원자탄 개발을 지연시켰기 때문인 것으로 전해지고 있습니다. 그는 히틀러 정권의 몰락을 앞당기는 것이 하루라도 더 빨리 독일과 세계를 살리는 길이라 믿고, 자기 생명을 걸고 원자탄 개발을 지연시킨 것이었습니다. 그 역시 그리스도인이었습니다. 하이젠베르크도 하나님의 공의를 위해 자기 생명을 건 사람이었기에, 본회퍼처럼 독일을 살리는 그리스도인 가운데 한 사람이 될 수 있었습니다. 그들은 연약한 인간에 지나지 않았지만 그들이 죽음을 감수하면서까지 지키려 했던 하나님의 말씀은 영원한 생명의 말씀이기 때문이었습니다.

오늘은 우리의 죗값을 대신 치르시기 위해 예수님께서 십자가에 못박혀 돌아가신 예수님의 고난을 기리는 고난 주일입니다. 예수님께서 사지가 못박히는 고난을 받으시고 피를 흘리심으로 우리가 우리의 사지백체로 지은 모든 죄가 깨끗이 씻겨졌음을 정녕 믿으십니까? 예수님께서 죽음의 고난을 당하셨기에 죽음의 권세를 깨뜨리고 부활하실 수 있었고, 그 결과 우리가 예수 그리스도 안에서 죽음 너머의 영원한 생명에 접속될 수 있었음을 진정으로 믿으십니까? 그렇다면 우리 모두 이 시대의 역사 속에 하나님의 말씀을 이루는 선한 도구가 되게끔, 예수 그리스도의 보혈로 깨끗함을 얻은 우리의 사지백체를 하나님의 말씀이신 예수님께 드리십시다. 하나님의 말씀을 위해 어떤 고난도 두려워하지 마십시다. 하나님의 말씀으로 인해 당해야 하는 불이익을 기꺼이 감수하십시다.

하나님의 말씀을 위하여 고난을 당하고 불이익을 감수하는 것은 하나님 앞에서는 결코 고난도 불이익도 아닙니다. 그것이야말로 하나님의 말씀이 우리의 삶 속에서 생명으로 역사하시게 하는 길이요, 하나님의 말씀이 우리를 통해 이 시대를 살리시게 하는 유일한 길입니다. 하나님의 말씀은 십자가에 못박혀 돌아가신 예수님을 죽음에서 다시 살리신 영원한 생명과 능력의 말씀이시기 때문입니다.

하나님의 말씀이 육신을 입고 이 땅에 오신 예수님께서 가시관을 쓰시고 머리에서 피를 흘려 주셨기에, 내가 나의 머리로 지은 죄가 씻음 받았습니다. 예수님의 손이 못박히어 피를 흘리셨기에, 나의 손이 지은 죄가 대속되었습니다. 예수님의 발에 대못 박히어 피를 쏟으셨기에, 내가 다녀서는 안 될 곳을 다님으로 나의 두 발이 지은 죄가 사함 받았습니다. 예수님의 허리가 창에 찔려 마지막 피 한 방울까지 다 소진되셨기에, 내가 썩어 문드러질 내 몸뚱이로 지은 죄가 용서받았습니다.

이처럼 나를 살리시기 위해 주님께서 십자가에서 당하신 죽음의 고난을 기리는 고난 주일을 맞아, 예수 그리스도의 보혈로 새로워진 나의 사지백체를 이제 하나님께 드립니다. 나의 사지백체가 하나님의 말씀을 이 시대의 역사 속에 이루는 하나님의 도구가 되되, 본문의 유대교 지도자나 가룟 유다와 같은 악한 도구가 아니라, 마리아와 바울 같은 선한 도구가 되게 해주십시오. 하나님의 말씀을 지키기 위해 그 어떤 고난도, 그 어떤 불이익도 두려워하지 않고 기꺼이 감수하게 해주십시오. 그리하여 우리의 삶 속에서 하나님의 말씀이 생명의 능력으로 역사하게 하시고, 우리의 삶 속에서 역사하시는 하나님의 말씀으로 인해 죽음 같은 절망 속에서도 우리의 가정이, 우리의 일터가, 우리의 교회가, 우리의 사회가, 인류의 역사가 새로워지게 해주십시오.

특별히 서해에서 나라를 지키다가 순국한 젊은이들의 가족들을 위로해주시고, 그 젊은이들의 죽음이 이 나라를 살리는 생명의 힘으로 승화되게 해주십시오. 아멘.

22. 하나님이 살리신지라 부활 주일

> 사도행전 13장 26-30절
> 형제들아 아브라함의 후손과 너희 중 하나님을 경외하는 사람들아 이 구원의 말씀을 우리에게 보내셨거늘 예루살렘에 사는 자들과 그들 관리들이 예수와 및 안식일마다 외우는 바 선지자들의 말을 알지 못하므로 예수를 정죄하여 선지자들의 말을 응하게 하였도다 죽일 죄를 하나도 찾지 못하였으나 빌라도에게 죽여 달라 하였으니 성경에 그를 가리켜 기록한 말씀을 다 응하게 한 것이라 후에 나무에서 내려다가 무덤에 두었으나 **하나님이** 죽은 자 가운데서 그를 **살리신지라**

하나님은 말씀이십니다. 그 말씀이 육신을 입고 이 땅에 오신 분이 성자 하나님, 인간을 죄와 사망의 덫에서 구원하시기 위한 예수님이셨습니다. 하나님의 말씀이신 예수님께 죄가 있을 리 없었습니다. 그러나 진리이신 예수님으로 인해 자신들의 종교적 기득권이 위축될 것을 우려한 유대교 지도자들은 유대 민중을 선동하여, 빌라도 총독에게 예수님을 사형에 처하도록 압력을 넣었습니다. 자칫 민란이 일어날 것을 우려한 빌라도 총독은 예수님의 무죄를 알면서도 예수님께 사형을 선고했고, 죄 없는 예수님께서는 골고다 동산에서 손과 발이 십자가에 못박혀 운명하시고 말았습니다. 불의가 진리를 못박다니, 악이 선을 짓밟고 숨통을 끊어 버리다니, 어찌 이런 일이 있을 수 있습니까? 왜 하나님의 정의에 어긋나는 이런 일이 버젓이 일어나고 있습니까? 하나님이 정녕 살아 계시다면, 왜 이처럼 어처구니없는 일을 방치하시는 것입니까? 이와 같은 질문들에 대하여 본문은 이렇게 대답하고 있습니다.

> 죽일 죄를 하나도 찾지 못하였으나 빌라도에게 죽여 달라 하였으니 성경에 그를 가리켜 기록한 말씀을 다 응하게 한 것이라(28-29절 상).

죄 없는 예수님께서 죄인들에 의해 못박혀 돌아가신 것은 하나님께서 계시지 않기 때문이 아니라, 살아 계신 하나님께서 당신의 독생자를 제물 삼아 인간을 죄와 사망의 덫에서 구원하시리라는 당신의 말씀을 이루시기 위함이었습니다. 의로운 예수님께서 죄인들의 손에 못박혀 죄인들이 받아야 할 죽음의 형벌을 대신 받으심으로, 도리어 죄인들을 구원하시려는 하나님의 섭리가 신비롭게 성취된 것이었습니다.

여기에서 우리는 창조주이신 하나님과 피조물인 우리의 차이를 다시 한 번 겸손한 마음으로 고백하지 않을 수 없습니다. 우리는 우리의 경험과 인식의 범주 내에 있는 것만을 믿으려 합니다. 그러나 이사야 선지자의 증언처럼, 하나님의 생각은 '하늘이 땅보다 높음같이' 우리의 생각보다 높으십니다. 하늘의 높이는 끝이 없지 않습니까? 따라서 하늘과 땅의 차이란 비교 자체가 불가능한 차이란 말입니다. 하나님의 생각과 우리의 생각은 그렇듯 비교 자체가 불가능합니다. 하나님께서 당신의 생각을 성취하시는 방법 또한 피조물인 우리의 상상을 초월합니다. 그러므로 우리는 우리의 삶 속에서 혹은 이 세상에서 일어나고 있는, 우리의 이성과 지성으로는 도무지 이해할 수 없는 사건들 속에서도 우리의 상상을 초월하는 하나님의 신비로운 섭리가 한 치의 오차도 없이 이루어지고 있음을 믿는 '믿음의 여백'을 지니고 있어야 합니다. 이것이 바로 하박국 선지자가 깨달은 진리였습니다.

유다 왕국이 몰락하기 직전에 활동했던 하박국 선지자에게는 이 세상이 온통 의문투성이였습니다. 이 세상을 이해할 수 없으니, 이 세상을 주관하시는 하나님을 이해할 수 있을 리 만무했습니다. 그는 하나님을 향해 절규하며 질문하였습니다.

> 여호와여 내가 부르짖어도 주께서 듣지 아니하시니 어느 때까지리이까 내가 강포로 말미암아 외쳐도 주께서 구원하지 아니하시나이다 어찌하여 내게 죄악을 보게 하시며 패역을 눈으로 보게 하시나이까 겁탈과 강포가 내 앞에 있고 변론과 분쟁이 일어났나이다 이러므로 율법이 해이하고 정의가 전혀 시행되지 못하오니 이는 악인이 의인을 에워쌌으므로 정의가 굽게 행하여짐이니이다(합 1:2-4).

하박국 시대에 하나님의 정의는 땅에 떨어지고 하나님의 말씀은 악에 유린되었습니다. 겁탈과 강포가 횡행하였고, 패역한 인간들이 의인을 마구 짓밟는 악순환이 계속되었습니다. 그래서 하박국 선지자는 왜 내가 부르짖어도 하나님 당신은 듣지 아니하시느냐고, 이 악한 세상 속에서 당신의 말씀을 좇아 사느라 핍박당하는 의인을 왜 구원해 주시지 않느냐고 절규하며 질문하지 않을 수 없었습니다.

하박국 선지자에게는 또 다른 질문이 있었습니다. 하나님의 말씀을 짓밟는 패역한 유다 백성을 하나님께서 심판하시되, 어찌 악한 유다 백성보다 더 악한 바빌로니아 제국을 심판의 도구로 사용하실 수 있느냐는 것이었습니다. 패역한 유다 민족을 멸망시킨 바빌로니아는 의로운 민족이 아니었습니다. 그들은 유다 민족보다 더 강포하고 불의한 민족이었습니다. 그래서 하박국은 어떻게 정의로운 하나님께서 악이 악을 징벌하게 내버려 두심으로, 그 과정에서 수많은 의인이 고통당하도록 내버려 두시느냐고 하나님께 또다시 절규하며 질문하지 않을 수 없었습니다.

그 질문에 대해 하박국 선지자가 하나님께로부터 받은 응답은 "의인은 그의 믿음으로 말미암아 살리라"(합 2:4하)는 것이었습니다. 대체 무슨 믿음이겠습니까? 인간의 지성과 이성으로는 이해할 수도, 수용할 수도 없는 사건 속에서도 그 시대를 위한 하나님의 신비로운 구원의 섭리는 반드시 이루어진다는 믿음이었습니다. 이를테면 하박국 선지자가 자신의 이성과 지성이 미치지 못하는 곳에서도 인간의 상상을 초월하는 하나님의 신비로운 섭리가 이루어지고 있음을 믿는 믿음의 여백을 지니게 된 것이었습니다. 그 믿음의 여백을 지니면서부터 하박국은 이 세상과 자기 삶의 현실에 대해 전혀 새로운 관점을 갖게 되었습니다.

> 비록 무화과나무가 무성하지 못하며 포도나무에 열매가 없으며 감람나무에 소출이 없으며 밭에 먹을 것이 없으며 우리에 양이 없으며 외양간에 소가 없을지라도 나는 여호와로 말미암아 즐거워하며 나의 구원의 하나님으로 말미암아 기뻐하리로다(합 3:17-18).

1년 동안 수고하고 땀 흘리며 애쓴 결과가 빈손일지라도, 패역한 사람에게 자신의 몫이 강탈당할지라도 하박국은 더 이상 의문을 제기하거나 불평하지 않고, 구원의 하나님으로 인해 도리어 기뻐하리라고 고백했습니다. 이해할 수 없는 사건 속에서도 하나님의 신비로운 구원의 섭리가 현재진행형으로 이루어지고 있음을 믿는 믿음의 여백을 지닌 결과였습니다.

하나님을 믿는 사람이 믿음의 여백을 지니는 것은 이처럼 중요합니다. 믿음이 실은 자신의 지성과 이성이 미치지 못하는 곳에서 이루어지는 하나님의 섭리를 믿는 믿음의 여백을 지니는 것입니다. 믿음의 여백을 지니지 못할 때 우리는 전능하신 하나님을 믿는다면서도 하나님을 우리의 생각과 판단 속에 가두어 두는 어리석음으로부터 탈피할 수 없습니다. 믿음은 전능하신 하나님 앞에서 어리석은 나를 탈피하는 것이고, 그 결과는 믿음의 여백으로 나타납니다. 오늘 본문은 우리가 믿음의 여백을 지녀야 하는 당위성을 밝혀 주고 있습니다.

후에 나무에서 내려다가 무덤에 두었으나(29절 하).

주님께서는 분명히 십자가에 못박혀 돌아가셨습니다. 물론 십자가가 나무로 만들어지긴 했지만, 십자가와 나무는 같은 말이 아닙니다. 십자가는 당시 사형수에게 사형을 집행하는 죽음의 형틀이었지만 나무 자체는 죽음의 형틀이 아니었습니다. 그런데도 본문은 십자가 위에서 운명하신 예수님의 시신을 십자가에서 내려 무덤에 안치했다고 말하지 않고, '나무에서 내렸다'고 증언하고 있습니다. 그 역시 하나님의 말씀이 응했음을 밝히기 위함이었습니다.

> 사람이 만일 죽을죄를 범하므로 네가 그를 죽여 나무 위에 달거든 그 시체를 나무 위에 밤새도록 두지 말고 그날에 장사하여 네 하나님 여호와께서 네게 기업으로 주시는 땅을 더럽히지 말라 나무에 달린 자는 하나님께 저주를 받았음이니라(신 21:22-23).

이스라엘 백성이 요단강을 건너 가나안 땅으로 입성하기 직전에 모세가 모압 광야에서 이 율법을 공포할 때, 이스라엘 백성은 그때까지 십자가를 본 적도 없었고, 알지도 못했습니다. 그들은 단지 어떤 형태의 나무이든 나무에 매달려 죽은 사람은 모두 하나님의 저주를 받은 사람이라는 율법을 받았고, 대를 이어 가며 그렇게 알고 살아왔습니다. 본문이 예수님의 시신을 십자가가 아니라 나무에서 내렸다고 증언하는 이유가 거기에 있었습니다. 예수님께서 십자가에 아무리 처참하게 못박혀 돌아가셨더라도, 그 십자가가 금속으로 만들어진 것이었다면 예수님의 죽음이 저주받은 죽음일 수는 없었습니다. 예수님께서 매달리신 십자가가 나무였기에 예수님의 죽음이 저주받은 죽음이었음을 본문이 강조하고 있는 것입니다. 예수님의 죽음은 유대교 지도자들을 비롯하여 예수님을 죽음으로 몰아넣은 인간들로부터 저주받은 죽음이요, 동시에 죄인을 대신한 죽음이었기에 죄인은 거룩하신 하나님 앞에서 반드시 죽어야 한다는 하나님의 율법으로부터 저주받은 죽음이었습니다. 율법과 인간으로부터 동시에 저주를 받고 저주의 나무에 못박혀 돌아가신 예수님의 죽음, 그보다 더 저주받은 죽음은 있을 수 없었습니다.

저주받은 예수님의 시신은 저주의 나무에서 내려져 무덤에 안치되었습니다. 저주받은 시신이 안치된 무덤이라면 그 무덤 역시 저주받은 무덤임에 틀림없었습니다. 죽음과 무덤은 모든 것이 끝났다는 의미입니다. 저주의 나무에서 저주의 죽음을 당한 저주의 시신으로 저주의 무덤에 안치된 예수님의 일생은, 그래서 그것으로 종결되고 말았습니까?

> 하나님이 죽은 자 가운데서 그를 살리신지라(30절).

하나님께서 예수님을 죽은 자 가운데서 다시 살리셨습니다. 우리말 '죽은 자'로 번역된 헬라어 '네크로스νεκρός'는 '시체'를 뜻하는 '네퀴스νέχυς'의 형용사형입니다. 하나님께서 중병에 걸려 사경을 헤매던 예수님을 살리신 것이 아니었습니다. 의식불명의 가사假死 상태에 있던 예수님을 살리신 것도 아니었습니다. 십자가에 못박혀 마지막 피 한 방울까지 다 쏟고 심장의 박동이 멈춘 시신, 무덤 속에 안치된 시신, 모든 것의 종결을 뜻하는 시신을 살리신 것이었습니다. 시신이 된 예수님께서 시신의 상태에서 하나님에 의해 부활하신 것이었습니다. 그래서 예수님께서 못박혀 돌아가신 지 사흘째 되는 날 새벽, 여인들이 유대인의 관습에 따라 예수님의 시신에 향품을 발라 드리기 위해 예수님의 무덤을 찾아갔을 때 무덤은 비어 있었습니다. 예수님께서 이미 부활하셨기 때문이었습니다. 죽은 사람의 시신을 땅에 매장하는 우리의 관습과는 달리 유대인들은 죽은 사람의 시신을 바위동굴 속에 안치하고 무덤 입구를 돌로 막았습니다. 그러므로 동굴의 돌문을 열면 누구든 언제나 무덤 속으로 드나들 수 있었습니다.

무덤은 무덤의 핵인 시신이 있어야 무덤이 됩니다. 예수님의 시신이 그 무덤에 안치되기 전까지 그 동굴은 무덤이 아니었습니다. 그것은 아리마대 지방의 거부 요셉이, 자신이 죽으면 무덤으로 사용하기 위해 미리 바위 속에 만들어 둔 인공 동굴일 뿐이었습니다. 바로 그 빈 동굴에 예수님의 시신이 안치되는 순간부터 그 동굴은 무덤이 되었습니다. 동굴 속에 시신이 들어옴으로 동굴이 무덤이 될 필요충분조건을 갖춘 까닭이었습니다. 그러나 그 무덤 속에 시신으로 안치되어 있던 예수님을 하나님께서 다시 살리심으로 그 무덤은 더 이상 무덤일 수 없게 되었습니다. 무덤의 핵인 시신이 부재하기 때문이었습니다. 하나님에 의해 부활하신 예수님께서 그 무덤에서 당신의 두 발로 걸어 나오신 것이었습니다. 저주의 나무에서 저주의 죽음을 당한 저주받은 시신이 안치되어 저주의 무덤이 된 그 무덤으로부터 하나님께서 예수님의 시신을 다시 살리심으로, 그 무덤이 무덤의 핵인 시신이 없는 빈 여백이 되었습니다. 그 여백은 인간의 죽음을 깨뜨리는 하나님의 생명이 역사하는 여백, 인간을 속박하는 모든 저주의 사슬을 끊어 버리는 하나님의 은혜가 넘치는 여백, 인간의 절망을 소망이 되게 하는 하나님의 사랑이 충만한 여백, 인간의 종결을 영원과의 접점이 되게 하는 하나님의 영원으로 이어지는 여백이었습니다. 예수 부활의 참된 의미가 바로 그 여백 속에 있었습니다.

우리가 무덤 속에 안치된 예수님의 시신을 살리신 하나님을 믿는 부활 신앙을 지닌다는 것은 바로 그 여백, 그 믿음의 여백을 지니는 것입니다. 예수님께서는 십자가에 못박혀 돌아가시기 전, 당신의 제자들에게 수차례에 걸쳐 당신의 죽음과 부활을 예고하셨습니다. 예루살렘에서 유대교 지도자들에 의해 죽임을 당하지만 사흘째 되는 날 죽음을 깨뜨리고 부활하실 것을 분명히 밝히신 것입니다. 그러나 예수님께서 십자가에 못박혀 돌아가시는 죽음의 현장에서 두려움에 사로잡혀 뿔뿔이 도망갔던 제자들은, 사흘째 되는 날 예수님께서 부활하셨다는 여인들의 증언을 듣고서도 두려움에 계속 떨며 마가의 다락방에 숨어 있었습니다. 예수님으로부터 직접 부활 예고를 들었고, 부활하신 예수님을 목격한 여인들로부터 예수 부활의 증언도 들었고, 더욱이 베드로는 예수 부활을 증언하는 여인들의 말을 듣고 직접 예수님의 무덤으로 뛰어가 예수님의 무덤이 비어 있음을 자신의 두 눈으로 확인하였음에도, 제자들은 하나님께서 시신이 된 예수님을 다시 살리실 수 있음을 믿는 믿음의 여백을 지니지 못하고 있었습니다. 그들의 믿음은 죽은 시신은 절대로 살아날 수 없다는 자기 생각과 판단에 갇힌 폐쇄적인 믿음에 불과했습니다.

그러나 제자들의 믿음은 그 상태에 멈추어 있지 않았습니다. 그들은 참수형을 당하면서도, 불에 타 죽으면서도, 원형경기장에서 맹수에게 찢겨 죽으면서도, 오직 예수 부활을 외쳤습니다. 부활하신 예수님을 목격한 그들이 믿음의 여백을 지니게 되었기 때문입니다. 자신들이 죽을망정 예수님의 시신을 살리신 하나님께서 자신들을 반드시 책임져 주실 것이요, 자신들이 비록 보잘것없는 존재라 할지라도 자신들이 뿌린 믿음의 씨앗들은 인류의 역사 속에서 시간과 공간을 초월하여 반드시 결실될 것임을 믿는 믿음의 여백이었습니다. 자기 속에 갇혀 있던 그들의 폐쇄적인 믿음이 전능하신 하나님을 향해 활짝 열린 성숙한 믿음으로 승화된 것이었습니다. 하나님께서 그들의 믿음의 여백을 통로로 삼아 지난 2천 년 동안 당신의 섭리를 이루셨고, 오늘 이 시대에도 이루고 계시며, 앞으로도 계속 이루어 가실 것임은 두말할 나위가 없습니다.

4주 전 목요강좌 시간에 이어령 교수님께서, 어린 시절 죽음을 인식한 자신이 밤에 잠을 자면서 혹 어머니가 돌아가신 것은 아닌가 확인하기 위해 주무시는 어머니의 코끝에 손가락을 대보곤 한 이야기를 하셨습니다. 저도 어린 시절에 비슷한 경험이 있습니다. 제가 태어나고 얼마 지나지 않아 초등학교 4학년이던 제 형이 뇌막염으로 죽었습니다. 아버지와 어머니는 장남을 살리기 위해 부모로서 할 수 있는 모든 방법을 다 동원했지만 끝내 장남을 잃고 말았습니다. 차남으로 태어났던 저는 형의 죽음으로, 태어나자마자 위로 누나 다섯 명을 둔 외아들이 되었습니다. 제가 말을 하고 들을 수 있게 되었을 때부터 부모님으로부터 기회가 있을 때마다 들은 이야기는 "네 형이 죽었으니 너는 조심해야 한다"는 것이었습니다. 사랑하는 장남을 잃었기에 하나 남은 독자만은 어떻게든 지키겠다는 사랑의 발로였습니다. 그 덕분에 어린 시절부터 제 뇌리에는 죽음이 깊이 각인되었습니다. 사람은 언제든 죽을 수 있다는 죽음의 두려움 속에서 산 것입니다. 밤에 잠자리에 들 때면 오늘 밤에 부모님이 돌아가시면 어떡하나 걱정하기도 했고, 어쩌다가 한밤중에 깨면 혹시 돌아가시지나 않았을까 으레 아버지와 어머니의 코끝에 귀를 갖다 대보곤 했습니다.

1996년 12월 19일 새벽 2시 30분이었습니다. 어머님의 오른쪽 목 동맥이 두 번 뛰더니 멈추었습니다. 어머님의 코에 가만히 제 귀를 갖다 대었습니다. 더 이상 어머님의 숨결을 느낄 수 없었습니다. 어머님의 코끝에서 숨이 멈춘 것이었습니다. 3년 동안 병상에 누워 계시던 어머님은 86세를 일기로 제 앞에서 그렇게 운명하셨습니다. 조금 전까지 사람이었던 어머님이 호흡이 없는 시신이 된 것이었습니다. 나는 어머님의 시신 앞에서 생전의 어머님이 즐겨 부르시던 찬송을 불렀습니다.

주가 맡긴 모든 역사 힘을 다해 마치고
밝고 밝은 그 아침을 맞을 때
요단강을 건너가서 주의 손을 붙잡고
기쁨으로 주의 얼굴 뵈오리
나의 주를 나의 주를 내가 그의 곁에 서서 뵈오며
나의 주를 나의 주를 손의 못 자국을 보아 알겠네

우리가 이 세상 떠날 때에 예수의 손목을 굳게 잡고

영원히 즐거운 천국에서 주 함께 살겠네
찬송하세 찬송하세 주님 나를 구하셨네
찬송하세 찬송하세 주가 구원하셨네

찬송을 부르는 제 뺨을 타고 눈물이 흘러내렸습니다. 두려움의 눈물도, 한탄의 눈물도, 슬픔의 눈물도 아니었습니다. 감사와 기쁨의 눈물이었습니다. 어린 시절 살아 계신 어머님의 코끝에 귀를 대어 보면서 혹 돌아가시지나 않았나 죽음의 두려움에 사로잡히곤 했던 제가, 시신이 된 어머님의 코에 귀를 대어 보고 사람이었던 어머님이 시신이 되었음을 확인하고서도, 어떻게 어머님의 시신을 두려워하기는커녕 어머님의 시신 앞에서 감사와 기쁨의 눈물을 흘리며 찬송을 부를 수 있었겠습니까? 제가 슬픔이나 두려움을 억제할 만큼 나이가 들었기 때문이었겠습니까? 어머님의 수壽가 86세에 이르는 호상이기 때문이었겠습니까? 제게 죽음을 죽음으로만 받아들이지 않는 믿음의 여백이 생겼기 때문이었습니다. 무덤 속 예수님의 시신을 영원히 살리신 하나님께서 어머님의 죽음을 예수 그리스도 안에서 영원한 삶을 향한 출발점으로 삼아 주실 뿐 아니라, 어머님이 일평생 그리스도인으로 뿌린 믿음의 씨앗들이 후손들의 삶을 통해 이 땅의 역사 속에서 시간과 공간을 초월하여 반드시 결실될 것을 믿는 믿음의 여백이었습니다.

삼위일체 하나님을 믿는 것은 예수님의 시신이 안치되었던 무덤이 예수님의 부활로 인해 텅 비어 버린 그 믿음의 여백을 지니는 것입니다. 믿음이 크다는 것은 그 믿음의 여백이 크다는 말입니다. 그 여백이 클수록 예수님을 살리신 하나님의 능력이 그 여백 속에서 더 크게 역사하시기 때문입니다. 빌립보서는 참수형을 앞둔 사도 바울이 로마의 감옥에서 빌립보 교인에게 보낸 편지입니다. 그 편지 속에서 사도 바울은 "주 안에서 항상 기뻐하라. 내가 다시 말하노니 기뻐하라"(빌 4:4)고 권면합니다. 참수형을 목전에 둔 사람이 어떻게 기뻐하며 타인에게 그 기쁨을 전할 수 있겠습니까? 사도 바울이 믿음의 여백을 지니고 있었기 때문입니다. 그 여백은 인간의 죽음을 하나님의 생명으로, 인간의 저주를 하나님의 사랑으로, 인간의 절망을 하나님의 소망으로, 인간의 종결을 하나님의 시작으로 대체하는 하나님의 섭리를 위한 여백이었습니다.

사랑하는 교우 여러분!

우리의 죗값을 대신 치르시기 위해 인간과 율법의 저주를 동시에 받고 저주의 나무에서 저주의 죽음을 받아 저주의 시신이 된 예수님을 하나님께서 다시 살리셨음을 정녕 믿으십니까? 그렇다면 예수님의 무덤이 예수 부활로 빈 여백이 된 그 여백을 우리 믿음의 여백으로 삼으십시다. 그 믿음의 여백을 지니는 순간부터 우리 삶의 가치와 의미, 수준과 질이 달라질 것입니다. 그 믿음의 여백이야말로 하나님께서 우리를 위해 당신의 생명으로, 당신의 사랑으로, 당신의 은총으로, 당신의 소망으로 친히 역사하시는 하나님의 공간이기 때문입니다.

율법의 저주와 죄인의 저주를 받아 저주의 십자가에서 저주의 죽음을 당해 저주의 무덤에 저주의 시신으로 안치된 예수님을, 하나님께서 다시 살리셨음을 믿습니다. 저주의 무덤 속에 저주의 시신으로 안치되었던 예수님께서, 저주의 죽음을 깨뜨리고 저주의 무덤으로부터 걸어 나오셨음을 믿습니다. 예수님의 부활로 인해 예수님의 시신이 안치되었던 무덤이 빈 여백이 되었음을 믿습니다. 그 여백이 우리 믿음의 여백이 되게 해주십시오. 하나님을 믿는다면서도 나의 지성과 이성, 나의 생각과 판단 속에 갇혀 있던 우리의 폐쇄적인 믿음이, 예수님의 무덤을 빈 여백이 되게 하신 하나님을 향해 활짝 열린 성숙한 믿음이 되게 해주십시오. 오직 삼위일체 하나님을 믿는 우리 믿음의 여백이 우리의 이성과 지성, 우리의 생각과 판단을 초월하여 날로 확장되게 해주십시오.

불의에 이리저리 치이고, 수고하고 땀 흘리며 애쓴 결과가 빈손이었는데도, 도리어 구원의 하나님을 기뻐하던 하박국 선지자의 믿음의 여백이 우리의 여백이 되게 해주십시오. 진리를 좇은 결과가 참수형임에도 오히려 주님 안에서 기뻐하며 그 기쁨을 나누어 주던 사도 바울의 믿음의 여백이 우리의 여백이 되게 해주십시오. 참수형을 당하면서도, 불에 타 죽으면서도, 맹수의 밥이 되어 온몸이 찢기면서도 오직 예수 부활을 외치던 제자들의 믿음의 여백이 우리의 여백이 되게 해주십시오.

그 여백으로 인해 우리의 삶이 하나님의 생명으로, 하나님의 사랑으로, 하나님의 능력으로, 하나님의 소망으로, 하나님의 평안으로 날마다 충만하게 해주셔서, 우리의 매일매일이 부활의 새날이 되게 해주십시오. 아멘.

23. 보이셨으니 I

사도행전 13장 26-31절
형제들아 아브라함의 후손과 너희 중 하나님을 경외하는 사람들아 이 구원의 말씀을 우리에게 보내셨거늘 예루살렘에 사는 자들과 그들 관리들이 예수와 및 안식일마다 외우는 바 선지자들의 말을 알지 못하므로 예수를 정죄하여 선지자들의 말을 응하게 하였도다 죽일 죄를 하나도 찾지 못하였으나 빌라도에게 죽여 달라 하였으니 성경에 그를 가리켜 기록한 말씀을 다 응하게 한 것이라 후에 나무에서 내려다가 무덤에 두었으나 하나님이 죽은 자 가운데서 그를 살리신지라 갈릴리로부터 예루살렘에 함께 올라간 사람들에게 여러 날 **보이셨으니** 그들이 이제 백성 앞에서 그의 증인이라

10년 전 제네바한인교회를 목회할 때 교우님들 가운데 제네바국제콩쿠르에 출전한 전문 성악인들이 있었습니다. 그 덕분에 저도 뮌헨, 브뤼셀, 프라하콩쿠르와 함께 세계에서 가장 오랜 역사를 지닌 그 유서 깊은 제네바콩쿠르의 예선과 본선, 그리고 결선을 모두 관람하는 영예를 누렸습니다. 마

지막 결선은 예선과 본선과는 모든 면에서 달랐습니다. 수많은 출전자 가운데 예선에서 뽑힌 열다섯 명이 본선에 올랐고, 다시 본선을 통과한 여섯 명만 마지막 결선 무대에 설 수 있었습니다. 예선과 본선은 모두 제네바음악원Conservatoire의 그랑드 살La Grande Salle에서 열렸습니다. 그랑드 살이라고 해보아야 관객 200명 정도를 수용하는 작은 공연장이 있고, 출전자들은 모두 피아노 반주에 맞추어 노래를 불렀습니다. 그러나 마지막 여섯 명을 놓고 최종 순위를 결정하는 결선은 객석 1,644석의 대형 공연장 빅토리아 홀Victoria Hall에서 열렸습니다. 예선 및 본선과는 규모 자체가 달랐습니다. 더욱이 출전자들은 그 큰 무대에서 스위스 로망드Suisse Romande 오케스트라의 반주 속에서 노래를 불러야 했습니다. 스위스 로망드 오케스트라 역시 세계적으로 오랜 역사를 지닌 오케스트라로서 70명이 넘는 단원으로 구성되어 있었습니다. 제네바콩쿠르의 결선이 그처럼 대형 공연장의 대형 무대에서 대형 오케스트라의 연주 속에서 치러지는 이유는 단순히 세계적으로 오랜 역사를 지닌 제네바콩쿠르의 이름에 걸맞은 규모를 지향하기 위함이거나, 제네바콩쿠르의 이름으로 한 사람이라도 더 많은 유료 관객을 불러 모으기 위함이 아니었습니다. 1,644명의 관객이 꽉 찬 대형 공연장의 대형 무대에서 울려 퍼지는 대형 오케스트라의 연주 속에서도 출전자의 노랫소리가 관객에게 정확하게 전달되는지를 확인하기 위함이었습니다.

 마침내 만석의 빅토리아 홀에서 2000년 제네바콩쿠르 결선이 열렸습니다. 결선에 오른 여섯 명의 성악인이 차례로 무대에 올라 주최 측에서 지정한 노래 한 곡과 자신이 선택한 한 곡, 총 두 곡씩을 오케스트라의 반주에 맞추어 불렀습니다. 예선과 본선 때에는 저 같은 음악의 문외한은, 그 많은 출전자들 가운데에서 누가 노래를 더 잘하는지 구별하기 어려웠습니다. 그것은 제 실력을 넘어서는 일이었습니다. 그러나 결선 때는 달랐습니다. 결선 때에는 굳이 전문 심사위원이 아니더라도, 저 같은 문외한도 무대에 차례로 오른 여섯 사람의 순위를 매길 수 있었습니다. 무대 위에서 울려 퍼지는 오케스트라 연주 소리를 뚫고 관객의 폐부에까지 전달되는 소리와, 오케스트라의 연주 소리에 파묻혀 무대 위에서 사라져 버리는 소리를 확연하게 구별할 수 있었습니다. 그날 미국 남성과 독일 여성 성악인이 공동 1위를 차지했고, 제네바한인교회 교인이었던 한국 여성 성악인은 2위였습니다. 그 세 성악인은 나머지 세 사람이 넘볼 수 없는 소리를 지니고 있었습니다. 그들의 노랫소리는 웅장한 오케스트라의 반주 소리를 뚫고 관객들에게 정확하게 전달되었습니다.

저 개인적으로는 공동 1위를 차지한 미국과 독일 성악인의 노래보다 2위에 머문 한국 성악인의 노래가 더 감동적이었습니다. 그분이 나와 같은 한국인이요, 또 제네바한인교회 교인이라는 이유 때문이 아니었습니다. 공동 1위를 차지한 미국 남성과 독일 여성은 훤칠한 키에 체격도 당당했습니다. 파워 있는 성량을 지닌 성악인임을 한눈에 알아볼 수 있는 외모의 소유자들이었습니다. 그러나 2위에 머문 한국 여성은 키가 160센티미터에도 미치지 않는 단신에 체구도 왜소했습니다. 누가 보아도, 저 작은 몸으로 저 큰 무대에서 과연 제대로 노래할 수 있을까 의구심이 들 정도로 왜소한 체구였습니다. 그러나 그 작은 체구에서 나오는 그녀의 노랫소리는 관객을 압도했습니다. 그녀는 고음으로만 이어지는 노래를 부른 것도 아니었습니다. 때로는 속삭이듯 작은 소리로 노래를 불렀습니다. 그러나 그녀의 노랫소리는 그 웅장한 오케스트라의 연주 소리를 뚫고 나와 그 거대한 빅토리아 홀을 가득 채우면서 듣는 이의 폐부 속으로 스며들었습니다. 왜소한 체구에서 나오는 소리가 70개가 넘는 악기 소리를 제압하는 것 자체가 제게는 경이였고, 그것은 폭포 소리를 뚫고 나오는 명창의 판소리를 연상케 했습니다.

판소리를 하는 국악인들은 득음을 위해 눈물겨운 과정을 거칩니다. 그분들 가운데에는 득음을 위한 마지막 과정으로 폭포 훈련을 거치는 분도 있습니다. 폭포 뒤쪽에서 판소리를 불러 자신의 노랫소리가 폭포를 뚫고 나가게 하는 것입니다. 폭포 소리마저 뚫고 나갈 수 있으면 득음한 것입니다. 오래전 저는 폭포 훈련을 통해 득음한 명창의 판소리를 그분의 면전에서 직접 들은 적이 있었습니다. 그때도 온몸에서 소름이 돋는 것과 같은 감동을 받았던 기억이 지금도 생생합니다.

그런데 좀 이상하지 않으십니까? 상식적으로 따진다면, 단원 70명이 넘는 대오케스트라의 웅장한 연주 소리를 한 사람의 노랫소리가 이긴다는 것은 불가능하지 않습니까? 만약 우리가 그 무대에 선다면 아무리 큰 소리를 외쳐도 오케스트라의 연주 소리에 우리 소리는 파묻혀 버리지 않겠습니까? 그런데도 한 사람의 노랫소리가 어떻게 오케스트라의 연주 소리를 뚫고 나올 수 있겠습니까? 웬만한 폭포 소리 앞에서는 바로 곁에서 큰 소리로 말하는 이야기도 알아듣기 어렵지 않습니까? 그런데 어떻게 연약한 인간의 목소리가 천지를 진동시키는 폭포 소리를 꿰뚫을 수 있습니까?

그것은 그들의 소리 자체가 크기 때문이 아닙니다. 소리의 크기로 따지자면 오케스트라의 연주와 폭포 소리가 인간의 소리를 압도합니다. 그런데도 그보다 훨씬 작은 성악가와 국악인의 노랫소리가 오케스트라의 연주와 폭포 소리를 뚫고 나올 수 있는 것은 그들의 소리가 그것들과는 구별된 파장을 지니고 있기 때문입니다. 동일한 파장의 소리 간에는 작은 소리가 큰 소리에 파묻힐 수밖에 없습니다. 그러나 이 세상 모든 소리와는 구별된 파장을 지니고 있다면 비록 작은 소리일지라도 그 파장은 이 세상의 모든 소리를 뚫고 나갈 수 있습니다. 그러므로 성악가나 국악인이 득음했다는 것은 다른 사람이나 사물과는 구별된 파장을 얻었음을 의미합니다.

그리스도인이 된다는 것 역시 이 세상과는 다른 파장을 지니는 것을 의미합니다. 성악가와 국악인의 득음이 다른 사람과 구별되는 파장을 얻는 것을 뜻하듯이, 그리스도인이 '이신득의以信得義, justification by faith'— 즉 믿음으로 의롭다 함을 얻었다는 것도 세상과 구별된 파장을 얻었음을 의미합니다. 그리스도인이 이 세상을 새롭게 하고 또 이 세상을 감화 감동시킬 수 있다면, 그것은 그리스도인의 수가 많거나 그리스도인의 소리가 크기 때문이 아닙니다. 그리스도인이 이 세상과 다른 파장을 지니고 있기 때문입니다. 세상과 다른 파장이기에 그 파장이 세상의 모든 소음과 분주함과 요란함을 뚫고 세상 사람들의 폐부 속으로 스며드는 것입니다. 오늘날 그리스도인들이 이 세상을 새롭게 하지도, 세상을 감화 감동시키지도 못한다면, 그것은 그리스도인들의 수가 적거나 목소리가 작기 때문이 아닙니다. 그리스도인들이 아직 세상과 구별된 파장을 지니지 못한 까닭입니다. 그리스도인들이 도리어 세상과 똑같은 파장을 지니고 있기에, 그 파장이 세상의 소음과 분주함과 요란함의 파장 속에 파묻혀 버리는 것입니다.

그리스도인이 세상과 구별된 파장을 지녀야 함은 우리 주님이신 예수 그리스도께서 세상과 구별된 파장을 지닌 분이셨기 때문입니다. 예수님이 이 땅에 오시기 700년 전에 하나님께서 이사야 선지자를 통해 이 땅에 오실 예수님에 대해 다음과 같이 말씀하셨습니다.

내가 붙드는 나의 종, 내 마음에 기뻐하는 자 곧 내가 택한 사람을 보라 내가 나의 영을 그에게 주었은즉 그가 이방에 정의를 베풀리라 그는 외치지 아니하며 목소리를 높이지 아니하며 그 소리를 거리에 들리게 하지 아니하며 상한 갈대를 꺾지 아니하며 꺼져 가는 등불을 끄지 아니하고 진실로 정의를 시행할 것이며 그는 쇠하지 아니하며 낙담하지 아니하고 세상에 정의를 세우기에 이르리니 섬들이 그 교훈을 앙망하리라 (사 42:1-4).

여기에서 "섬들이 그 교훈을 앙망하리라"는 말은, 섬들이 붙어 있지 않고 모두 떨어져 있듯이 한 지역의 사람들뿐 아니라 제각각 떨어져 있는 모든 지역의 사람들, 다시 말해 세계 만민이 주님의 말씀을 앙망할 것이라는 의미입니다. 세계 만민이 모두 주님의 말씀을 앙망하게 하려면 주님께서 당신의 말씀을 큰 소리로 외치셔야만 할 것 같습니다. 그러나 이사야 선지자는 이 땅에 오실 예수님께서 큰 소리로 외치시지도 않을 것이요, 누구와 다투느라 언성을 높이시지도 않을 것이요, 방 안에서 길거리에 나갈 정도의 큰 목소리로 말씀하시지도 않을 것이라고 증언하였습니다. 그로부터 700년이 지나 예수님께서 이 땅에 오셨을 때 예수님의 제자 마태는 마태복음 12장 19절에서 이사야 선지자의 바로 그 증언을 인용하여 예수님을 묘사했습니다. 이 땅에 오신 예수님께서 실제로 고함을 지르시거나, 화를 내어 언성을 높이신 적이 없었기 때문입니다. 다음은 예수님께서 설교하신 산상수훈의 일부입니다.

심령이 가난한 자는 복이 있나니 천국이 그들의 것임이요 애통하는 자는 복이 있나니 그들이 위로를 받을 것임이요(마 5:3-4).

우리는 예수님께서 이런 설교를 하실 때 목에 핏발이 설 정도로 소리치시는 예수님의 모습을 상상할 수 없습니다. 예수님께서는 얼굴을 스치는 부드러운 미풍처럼 온유한 음성으로 말씀하셨을 것입니다. 때로 예수님께서 바리새인들과 서기관들의 위선을 질책하신 적도 있었습니다.

화 있을진저 외식하는 서기관들과 바리새인들이여 회칠한 무덤 같으니 겉으로는 아름답게 보이나 그 안에는 죽은 사람의 뼈와 모든 더러운 것이 가득하도다(마 23:27).

이런 질책의 말씀마저도 지극히 절제되고 차분한 목소리로 말씀하셨을 것입니다. 이사야와 마태의 증언처럼 예수님께서는 언성을 높이는 분이 아니시기 때문입니다. 그런데도 어떻게 그분의 말씀이 온 세계에 미치고, 세계 만민이 그분의 말씀을 앙망할 수 있습니까? 그분이 세상과 구별된 다른 파장을 지니신 까닭이었습니다. 그것은 대체 어떤 파장이었습니까?

예수님으로 인해 자신들의 종교적 기득권이 위축될 것을 우려한 유대교 지도자들은 예수님에게서 죽일 죄를 하나도 찾지 못했지만 예수님을 십자가형에 처하도록 빌라도 총독에게 압력을 가했습니다. 빌라도 총독은 예수님의 무죄를 확신하면서도 민란이 일어날 것을 우려하여 예수님께 사형을 선고했습니다. 로마 군인들은 예수님께 채찍질을 가한 뒤, 골고다로 끌고 가 십자가에 못박아 버렸습니다. 예수님의 길을 예비하는 역할을 했던 세례 요한에게 군인들이 찾아가 자신들이 어떻게 살아야 하는지 묻자, 세례 요한은 "사람들에게서 강탈하지 말며 거짓으로 고발하지 말고 받는 급료를 족한 줄로 알라"(눅 3:14)고 대답했습니다. 한마디로 권력을 불의하게 남용하지 말라는 것이었습니다. 예수님께 사형을 선고한 빌라도 총독을 비롯하여 예수님께 십자가 사형을 집행한 사람들은 모두 로마제국의 군인들이었습니다. 그들이 죄 없는 예수님께 권력을 남용한 것입니다. 예수님에 대한 거짓 고발을 묵인한 것입니다. 예수님께 권력의 이름으로 불의한 폭력을 행사한 것입니다. 죄 없는 예수님의 생명을 강탈한 것입니다. 세례 요한의 관점으로라면 예수님께서 왜 권력을 남용하느냐고, 왜 무고한 사람의 생명을 강탈하느냐고 큰 소리로 꾸짖거나, 하늘나라의 천사들을 불러 내려 불의한 군인들을 응징하고 보복하심이 마땅할 판이었습니다. 그러나 예수님께서는 도리어 바른 사리 분별력을 결여한 그들을 용서해 달라고 하나님께 기도하셨습니다.

아침 9시에 십자가에 못박히신 예수님께서는 여섯 시간 만인 오후 3시에 운명하셨습니다. 그 말을 들은 빌라도 총독이 벌써 죽었느냐고 깜짝 놀랄 만큼 예수님의 운명은 빨랐습니다. 일반적으로 건장한 남자가 십자가형에 처해졌을 경우 숨이 넘어가기까지 2, 3일이 소요되었음을 감안하면, 예수님께서는 십자가에서 여섯 시간 이상 버틸 수 없을 정도로 허약 체질이셨습니다. 이처럼 십자가형에 처해진 사람이 죽기까지는 상당한 시간이 필요했으므로 못박힌 사람은 자기 악에 받쳐 온갖 욕을 다하기 마련이었습니다. 로마 군인들은 못박힌 죄수들이 로마 황제를 욕하지 않는 한 그냥 내버려 두었습니다. 체면이나 안면을 몰수한 죄수들의 욕지거리 자체가 당시 사람들에게는 좋은 볼거리였기 때문입니다. 그러나 예수님께서는 십자가에 매달려 계시는 여섯 시간 동안 그 누구에게 그 어떤 욕도 하시지 않았습니다. 마태복음 27장 46절에 의하면 십자가에 못박히신 예수님께서 하늘을 향해 "엘리 엘리 라마 사박다니"라고 말씀하셨습니다. '나의 하나님, 나의 하나님, 어찌하여 나를 버리셨나이까'라는 의미였습니다. 반면에 누가복음 23장 46절은 예수님께서 "아버지, 내 영혼을 아버지 손에 부탁하나이다"라고 말씀하신 뒤 운명하신 것으로 증언하고 있습니다. 그래서 내용이 일치하지 않는 마태복음과 누가복음의 증언 사이에는 아무 연관성이 없어 보입니다.

그러나 가톨릭 신자로 세계 기독 지성인들에게 지대한 영향을 미친 일본 작가 엔도 슈사쿠遠藤周作는 《예수의 생애》에서, 십자가에 못박히신 예수님께서 운명하시기 전까지 시편 22편 1절부터 31편 5절까지를 암송하셨다고 밝혔습니다. 시편 22편 1절은 "내 하나님이여, 내 하나님이여, 어찌 나를 버리셨나이까"이고, 시편 31편 5절은 "내가 나의 영을 주의 손에 부탁하나이다"입니다. 마태복음과 누가복음의 증언과 정확하게 일치하는 내용입니다. 그 당시는 신약성경이 기록되기 전이었고 구약성경에도 장과 절이 없었으므로 당시 사람들은 내용을 듣고서 그 내용이 구약성경 어디에 해당하는지를 알았습니다. 따라서 마태복음은 십자가에 못박히신 예수님께서 시편 22편 1절부터 암송하기 시작하셨음을 밝히기 위해 그 구절을 기록하였고, 그 이후에 기록된 누가복음은 예수님께서 시편 31편 5절까지 암송하셨음을 밝히려 그 구절을 기록했다는 것입니다. 저는 개인적으로 엔도 슈사쿠의 견해에 동의합니다. 당시 경건한 유대인들이 극심한 고통을 이기기 위해 하나님의 말씀을 소리 내어 외우는 것은 흔히 있는 일이었기 때문입니다.

시편 22편 1절부터 31편 5절까지에는 시편 중에서도 시편의 진수가 담겨 있습니다.

> 내 하나님이여 내 하나님이여 어찌 나를 버리셨나이까(시 22:1상).
> 여호와는 나의 목자시니 내게 부족함이 없으리로다 그가 나를 푸른 풀밭에 누이시며 쉴 만한 물가로 인도하시는도다 내 영혼을 소생시키시고 자기 이름을 위하여 의의 길로 인도하시는도다 내가 사망의 음침한 골짜기로 다닐지라도 해를 두려워하지 않을 것은 주께서 나와 함께하심이라 주의 지팡이와 막대기가 나를 안위하시나이다 주께서 내 원수의 목전에서 내게 상을 차려 주시고 기름을 내 머리에 부으셨으니 내 잔이 넘치나이다 내 평생에 선하심과 인자하심이 반드시 나를 따르리니 내가 여호와의 집에 영원히 살리로다(시 23:1-6).

여호와는 나의 빛이요 나의 구원이시니 내가 누구를 두려워하리요 여호와는 내 생명의 능력이시니 내가 누구를 무서워하리요(시 27:1).
내가 나의 영을 주의 손에 부탁하나이다(시 31:5상).

십자가에 못박히신 예수님께서 운명하시기까지 이처럼 하나님의 말씀을 암송하셨다면, 단지 육체의 고통을 이기시기 위함이었겠습니까? 아니었습니다. 본문을 보시겠습니다.

형제들아 아브라함의 후손과 너희 중 하나님을 경외하는 사람들아 이 구원의 말씀을 우리에게 보내셨거늘(26절).

2주 전에 확인했듯이 본문은 예수님을 '구원의 말씀'이라 정의하고 있습니다. 십자가에 못박히신 예수님, 그분이 이 땅에 육신을 입고 오신 로고스, 곧 하나님의 말씀이셨습니다. 예수님 당신이 말씀이셨기에 말씀이신 예수님께서는 운명하시기까지 말씀을 외우셨습니다. 예수님께서는 말씀으로 말씀이신 당신을 지키셨고, 말씀으로 당신이 말씀이심을 증명하셨고, 말씀으로 당신의 생각을 방어하셨고, 말씀으로 당신을 통한 하나님의 뜻을 변호하셨습니다. 그리고 십자가 위에서 끝내 운명하신 예수님의 생은 그것으로 끝나 버렸습니까? 지난 시간에 살펴본 것처럼 하나님께서 시신이 된 예수님을 시신 상태에서 다시 살리셨습니다.

갈릴리로부터 예루살렘에 함께 올라간 사람들에게 여러 날 보이셨으니 그들이 이제 백성 앞에서 그의 증인이라(31절).

부활하신 예수님께서는 제자들에게 여러 날 동안 부활하신 당신을 보여 주셨고, 자신들의 눈으로 부활하신 예수님을 목격한 제자들은 예수 부활의 증인이 되었습니다. 그렇다면 말씀이신 예수님께서 당신의 죽음과 부활을 통해 제자들에게 궁극적으로 보여 주신 것이 대체 무엇이었습니까? 하나님의 말씀은 이 세상의 그 어떤 불의에 의해서도, 그 어떤 악이나 폭력에 의해서도 결코 죽지 않는다는 것이었습니다. 하나님의 말씀은 죽음 속에서도 죽음을 이기는 생명으로 역사하신다는 것입니다. 어떻게 그것이 가능할 수 있겠습니까? 하나님의 말씀은 이 세상의 불의나 악이나 폭력은 말할 것도 없고 죽음마저 꿰뚫는, 아니 죽음마저 살리는 영원한 생명과 사랑과 정의의 파장이기 때문입니다. 그러므로 제자들이 부활하신 주님의 증인이 되었다는 것은 바로 그 파장을 지니게 되었다는 말입니다. 그들이 배운 것 없고 가진 것 없는 하찮은 소수에 지나지 않았지만 그들의 소리가 세상의 소음에 파묻히지 않고 도리어 세상을 새롭게 할 수 있었던 것은, 그들이 세상과 구별된 영원한 생명과 사랑과 정의의 파장을 지닌 참된 그리스도인이었기 때문입니다.

어떻게 우리가 본 적도 없는 예수님을 믿게 되었습니까? 2천 년 전에 못 박혀 돌아가신 예수님께서 죽음을 깨뜨리고 부활하시어 내 삶의 주인이 되심을 우리가 어떻게 믿게 되었습니까? 그분의 생명과 사랑과 정의의 파장이 당신의 말씀을 통해 2천 년의 시간과 공간을 뚫고 우리 각자의 심령 속으로 스며들어 왔기 때문입니다. 그렇다면 우리가 주님의 증인으로 산다는 것 역시 하나님의 말씀 안에서 그 파장을 전하는 것임을 알게 됩니다.

이 세상의 불의와 악이 아무리 기승을 부리고 우리를 괴롭혀도 세상의 악으로 악을 이기려 하고, 세상의 불의로 불의를 응징하려는 유혹에 빠지지 마십시다. 오직 하나님의 말씀으로 우리 자신을 지키고, 하나님의 말씀으로 우리 자신이 그리스도인임을 증명하고, 하나님의 말씀으로 우리의 생각을 방어하고, 하나님의 말씀으로 하나님의 뜻을 변호하는 말씀의 사람이 되십시다. 그때부터 우리가 아무리 보잘것없는 존재라 할지라도 우리의 삶을 통해 참생명과 사랑과 정의의 파장이 퍼져 나가게 될 것입니다. 성악인의 노랫소리가 웅장한 오케스트라의 연주 소리를 뚫고 나와 온 공연장을 가득 채우듯, 국악인의 판소리가 폭포를 뚫고 전해지듯, 우리로부터 퍼져 나가는 그 파장은 세상의 모든 소음과 분주함과 요란함을 뚫고 이 세상을 가득 채우며 이 시대를 새롭게 할 것입니다. 그 파장은 이 세상의 모든 불의와 폭력, 악과 죽음마저 깨뜨린 삼위일체 하나님의 파장이기 때문입니다.

하나님, 대오케스트라의 연주 소리를 뚫고 온 공연장을 자신의 노랫소리로 가득 채우는 성악인의 파장과 같은 파장을 갖기 원합니다. 피눈물 나는 훈련 끝에 폭포를 뚫는 소리를 득음한 명창과 같은 파장을 지니기 원합니다. 그리스도인으로서 이 세상과 구별된, 이 세상의 모든 소리를 뚫고 나갈 수 있는 믿음의 파장을 얻기 원합니다. 아니, 우리가 아무 노력이나 훈련을 기울이지 않았음에도 우리에게 이신득의—오직 믿음으로 의롭다 인정받는 은총이 이미 우리에게 주어졌고, 이 세상과 구별된 하나님의 생명과 사랑과 정의의 파장이 우리에게 임해 계심을 이 시간에 깨닫게 해주셔서 감사합니다.

우리에게 임한 그 파장이 소멸되지 않도록, 그 파장의 원천인 하나님의 말씀 속에서 살아가게 해주십시오. 세상의 불의와 악이 아무리 우리를 괴롭혀도 세상의 악으로 악을 이기고, 세상의 불의로 불의를 제압하려는 유혹에 빠지지 않게 해주십시오. 그것은 더 큰 불의와 악의 구렁텅이로 자신을 몰아넣는 자기 파멸의 첩경임을 잊지 않게 해주십시오. 언제 어디서나 주님을 본받아 오직 하나님의 말씀으로 우리 자신을 지키고, 하나님의 말씀으로 우리 자신이 그리스도인임을 증명하고, 하나님의 말씀으로 우리의 생각을 방어하고, 하나님의 말씀으로 하나님의 뜻을 변호하는 말씀의 사람이 되게 해주십시오.

그리하여 이 세상과 구별된 하나님의 생명과 사랑과 정의의 파장이 우리의 삶을 통해, 이 세상의 모든 소음과 분주함과 요란함을 뚫고 이 세상으로 퍼져 나가게 해주셔서, 이 어둔 세상에서 주님의 참된 증인으로 살아가는 삶의 보람을 누리게 해주십시오. 아멘.

24. 보이셨으니 II

> **사도행전 13장 26-31절**
>
> 형제들아 아브라함의 후손과 너희 중 하나님을 경외하는 사람들아 이 구원의 말씀을 우리에게 보내셨거늘 예루살렘에 사는 자들과 그들 관리들이 예수와 및 안식일마다 외우는 바 선지자들의 말을 알지 못하므로 예수를 정죄하여 선지자들의 말을 응하게 하였도다 죽일 죄를 하나도 찾지 못하였으나 빌라도에게 죽여 달라 하였으니 성경에 그를 가리켜 기록한 말씀을 다 응하게 한 것이라 후에 나무에서 내려다가 무덤에 두었으나 하나님이 죽은 자 가운데서 그를 살리신지라 갈릴리로부터 예루살렘에 함께 올라간 사람들에게 여러 날 **보이셨으니** 그들이 이제 백성 앞에서 그의 증인이라

본문 26절은 2천 년 전 이 땅에 오셨던 예수님을 가리켜 '구원의 말씀'이라 증언하고 있습니다. 하나님께서 죄와 사망으로부터 인간을 구원하시기 위해 당신의 말씀을 이 땅에 보내셨습니다. 그 말씀이 인간의 육신을 입고 오신 분, 그분이 곧 나사렛 예수님이셨습니다. 그러나 진리이신 예수님으로

인해 자신들의 종교적 기득권이 위축될 것을 우려한 유대교 지도자들은 민중을 선동하여 예수님을 사형에 처하도록 빌라도 총독에게 압력을 가했습니다. 자칫 민란이 일어날 것을 우려한 빌라도 총독은 예수님의 무죄를 확신하면서도 예수님을 십자가형에 처해 버리고 말았습니다. 그러나 예수님께서 십자가에 못박혀 돌아가신 사흘째 되는 날, 하나님께서 무덤 속에 시신으로 안치되어 있는 예수님을 시신 상태에서 다시 살리심으로, 당신의 독생자를 제물 삼아 인간을 죄와 사망의 올무에서 구원하시려는 하나님의 신비스러운 섭리가 완벽하게 이루어지게 되었습니다.

> 하나님이 죽은 자 가운데서 그를 살리신지라 갈릴리로부터 예루살렘에 함께 올라간 사람들에게 여러 날 보이셨으니 그들이 이제 백성 앞에서 그의 증인이라(30-31절).

부활하신 하나님께서는 제자들에게 여러 날 동안 부활하신 당신을 보여 주셨고, 자신들의 눈으로 부활하신 예수님을 목격한 제자들은 예수 부활의 증인들이 되었습니다. 말씀이신 예수님께서 당신의 죽음과 부활을 통해 궁극적으로 보여 주신 것은 하나님의 말씀은 이 세상의 그 어떤 불의에 의해서도, 그 어떤 악이나 폭력에 의해서도 결코 죽지 않는다는 것이었습니다. 다시 말해 하나님의 말씀은 죽음 속에서도 죽음을 이기는 생명으로 역사하신다는 것이었습니다. 지난 시간에 말씀드린 것처럼 하나님의 말씀은 이 세상의 불의와 악 그리고 폭력은 말할 것도 없고 죽음마저 꿰뚫는, 아니 죽음마저 살리는 영원한 생명과 사랑과 정의의 파장이기 때문입니다. 그러므로 제자들이 부활하신 주님의 증인들이 되었다는 것은 바로 그 파장을 지니게 되었음을 의미한다고 했습니다. 그들이 배운 것 없고 가진 것 없는 하찮은 빈민에 지나지 않았지만 그들의 소리가 세상의 소음에 파묻히지 않고 도리어 세상을 새롭게 할 수 있었던 것은, 그들이 세상과 구별된 영원한 생명과 사랑과 정의의 파장을 지닌 진정한 그리스도인들이었기 때문입니다.

그래서 우리는 지난 시간에 말씀이신 예수 그리스도의 증인으로 살아가는 삶의 구체적인 의미를 생각해 보았습니다. 이 세상의 불의와 악이 아무리 기승을 부리고 우리를 괴롭혀도 세상의 악으로 악을 이기고 세상의 불의로 불의를 응징하려는 유혹에서 벗어나, 오직 하나님의 말씀으로 우리 자신을 지키고, 하나님의 말씀으로 우리 자신이 그리스도인임을 증명하고, 하나님의 말씀으로 우리의 생각을 방어하고, 하나님의 말씀으로 하나님의 뜻을 변호하는 말씀의 증인이 되어야 함은, 우리의 삶을 통해 참생명과 사랑과 정의의 파장이 퍼져 나가게 하기 위함이라 했습니다. 성악가의 노랫소리가 웅장한 오케스트라의 연주 소리를 뚫고 나와 온 공연장을 가득 채우듯, 국악인의 판소리가 폭포 소리를 뚫고 전해지듯, 우리가 아무리 보잘것없는 존재라도 우리의 삶을 통해 퍼져 나가는 그 파장은 세상의 모든 소음과 분주함과 요란함을 뚫고 이 세상을 가득 채우며 이 세상을 새롭게 할 것입니다. 그 파장은 이 세상의 모든 불의와 폭력과 죽음마저 깨뜨리는, 아니 죽음마저 다시 살리는 삼위일체 하나님의 파장이기 때문입니다.

본문 31절을 다시 보시겠습니다.

> 갈릴리로부터 예루살렘에 함께 올라간 사람들에게 여러 날 보이셨으니 그들이 이제 백성 앞에서 그의 증인이라.

이미 말씀드린 것처럼 부활하신 예수님께서는 부활하신 당신을 제자들에게 여러 날 동안 보여 주셨습니다. 사도행전 1장 3절에 의하면 부활하신 예수님께서는 승천하시기까지 40일 동안 제자들과 함께하셨습니다. 이 시간에 우리가 주목하고자 하는 것은 부활하신 예수님께서 제자들에게 어떤 모습으로 당신을 보여 주셨느냐는 것입니다. 부활하신 예수님께서 처음으로 제자들에게 당신의 모습을 보여 주신 내용은 요한복음 20장 19절이 밝혀 주고 있습니다.

이날 곧 안식 후 첫날 저녁 때에 제자들이 유대인들을 두려워하여 모인 곳의 문들을 닫았더니 예수께서 오사 가운데 서서 이르시되 너희에게 평강이 있을지어다.

예수님께서 십자가에 못박혀 돌아가신 지 사흘째 되는 날, 그러니까 예수님께서 부활하신 날 저녁이었습니다. 그날 새벽에 이미 예수님께서 부활하셨지만 제자들은 그때까지도 예수님의 부활을 믿지 못했습니다. 예수님을 죽음으로 몰아넣은 유대인들이 혹 자신들에게도 위해를 가하지나 않을까 두려움에 사로잡힌 제자들은 소위 마가의 다락방이라 불리는 곳에서 문들을 닫고 숨어 있었습니다. 우리말 '닫았다'로 번역된 헬라어 '클레이오 κλείω'는 영어로 'lock', '안에서 문을 잠그다'라는 의미입니다. 그들은 자신들이 숨어 있는 방의 문들을 모두 안쪽에서 걸어 잠그고 두려움에 떨고 있었습니다. 그런데 아무도 문을 열어 준 사람이 없었는데도 예수님께서 홀연히 그 방 한가운데 나타나셨습니다. 그리고 제자들에게 아직도 못과 창 자국이 선명한 당신의 손과 옆구리를 보여 주셨습니다. 부활하신 주님을 목격한 제자들이 기뻐하였음은 물론입니다. 그러나 예수님의 제자 가운데 도마만은 그 자리에 없었습니다. 다른 제자들로부터 예수 부활의 소식을 전해 들은 도마는, 자신의 손으로 예수님의 못 자국과 창 자국을 확인해 보기 전까지는 예수 부활을 믿을 수 없노라고 강변했습니다. 그로부터 8일 후에 예수님께서 제자들이 모여 있는 곳에 다시 나타나셨습니다. 당신의 부활을 믿지 못하는 도마에게 당신을 보여 주시기 위함이었습니다.

> 여드레를 지나서 제자들이 다시 집 안에 있을 때에 도마도 함께 있고 문들이 닫혔는데 예수께서 오사 가운데 서서 이르시되 너희에게 평강이 있을지어다 하시고(요 20:26).

여기에서 '닫혔다'로 번역된 헬라어 동사 역시 방금 살펴본 클레이오입니다. 그날도 제자들은 방문들을 모두 안쪽에서 걸어 잠그고 있었습니다. 예수님께서 문밖에서 문을 노크하신 적도 없었고, 제자 가운데 예수님께서 오셨음을 알고 문을 열어 준 사람도 없었습니다. 그런데 그날도 8일 전과 마찬가지로 예수님께서 제자들이 모여 있는 방 한가운데 홀연히 나타나셨습니다. 어떻게 이런 일이 가능할 수 있겠습니까?

지금 우리가 예배드리는 이 예배당의 문을 모두 안쪽에서 걸어 잠갔다고 하십시다. 그리고 우리 가운데 어느 한 사람 문을 열어 주는 사람도 없다고 치십시다. 그런데도 만약 누군가가 홀연히 우리 가운데 나타나려면 어떻게 해야 하겠습니까? 시간과 공간을 초월하는 수밖에 없습니다. 2006년 9월 1일 이 양화진흥보관 건물을 짓기 위해 첫 삽을 뜨기 전 이곳은 빈터였습니다. 누군가가 4년 8개월 전으로 거슬러 올라가 빈터였던 이곳에 섭니다. 그리고 그가 2010년 4월 25일 오늘 이 시간으로 되돌아오면, 그는 누구도 문을 열어 주지 않아도 우리 가운데 홀연히 나타날 수 있습니다. 사람 중에서 이런 일을 행할 수 있는 사람은 없습니다. 이 세상의 모든 인간은 시간과 공간의 지배 속에 살고 있기 때문입니다. 그러나 2천 년 전 부활하신 예수님께서는 제자들이 모여 있는 방 안에 두 번 모두 그렇게 나타나셨습니다. 부활하신 예수님께서는 시간과 공간을 초월하는 하나님이셨기 때문입니다.

부활하신 주님께서 제자들이 숨어 있는 다락방을 찾아가셔서 문이 잠겨 있는 것을 아시고 문을 노크하실 수도 있었습니다. 혹 유대교 지도자들이 자신들마저 잡으러 올까 두려움에 떨며 숨어 있던 제자들이 노크 소리에 깜짝 놀라 문을 살며시 열었다가, 문밖에 서 계신 예수님을 확인하고 기쁨의 환호성을 터뜨리며 부활하신 예수님과 극적인 상봉의 감격을 나눌 수도 있었을 것입니다. 그러나 부활하신 예수님께서는 그런 방법을 택하시지 않았습니다. 예수님께서는 시간과 공간을 초월하여 그들 가운데 홀연히 나타나시는 방법을 택하셨습니다. 예수님께서 부활하신 당신이 시간과 공간을 초월하는 분이심을 제자들에게 각인시켜 주시기 위함이었습니다. 이처럼 부활하신 예수님께서는 시간과 공간을 초월하는 모습으로 당신을 제자들에게 보여 주셨습니다. 그리고 제자들은 시간과 공간을 초월하시는 예수님의 증인들이 되었습니다. 부활하신 예수님을 만남으로 제자들이 시간과 공간을 초월하는 믿음을 지니게 된 것입니다. 이것은 우리에게 중요한 사실을 일깨워 주고 있습니다. 시간과 공간을 초월하는 믿음을 지니지 않고서는 예수님의 증인으로 살 수 없다는 것입니다. 대체 시간과 공간을 초월하는 믿음이란 구체적으로 무슨 의미이겠습니까?

지난 목요일 '목요강좌'의 강사는 카이스트KAIST의 안철수 교수였습니다. '컨버전스convergence 시대를 살아가는 사람들에게'라는 제목의 강연에서 그분은 두 눈으로 세상을 바라볼 것을 주목하면서, 미국 애플사가 만든 아이폰을 예로 들었습니다. 한국 굴지의 전자회사 경영자들은 휴대폰 하드웨어의 기능만 뛰어나게 만들면 얼마든지 아이폰을 따라잡을 수 있다고 믿지만, 그것은 현실을 한 눈으로만 보고 속단하는 것으로서 실패의 지름길이 될 것이라고 했습니다. 아이폰이 세계적으로 선풍적인 인기를 끄는 이유는 하드웨어의 기능뿐 아니라, 그 하드웨어로 구동할 수 있게끔 수많은 인재들과 업체들이 개발해 내는 소프트웨어에 있다고 했습니다. 그러므로 하드웨어를 보는 한 눈에 소프트웨어를 보는 또 다른 눈을 합하여 동시에 두 눈으로 보지 않는 한 아이폰을 능가할 수 있는 길은 없다고 단언했습니다. 백번 옳은 말입니다. 그러나 그것은 아이폰에만 국한되는 말이 아닙니다.

우리가 살고 있는 이 세상은 원근遠近이나 요철凹凸 그리고 대소大小가 없는 평면이 아닙니다. 가까이 있는 것이 있는가 하면 멀리 있는 것이 있고, 볼록 튀어나온 것이 있는가 하면 오목 들어간 것도 있고, 큰 것이 있는 반면에 작은 것도 있습니다. 한마디로 이 세상은 입체적으로 이루어져 있습니다. 그래서 하나님께서는 우리에게 두 눈을 주셨습니다. 하나의 눈으로는 입체적인 이 세상을 바르게 분별할 수 없기 때문입니다. 그러므로 우리는 하나님께서 주신 두 눈으로 눈에 보이는 것의 원근과 요철 그리고 대소를 분별할 뿐 아니라, 보이는 것 이면의 것도 동시에 볼 수 있어야 합니다. 이를테면 밤이 오면 동시에 아침을 볼 수 있어야 하고, 여름이 되면 겨울을 보고 대비할 수 있어야 하며, 웃는 얼굴 속에 감추어진 슬픔을 보고, 정적 속에서 휘몰아치는 폭풍을 보는 두 눈을 지녀야 합니다. 두 눈을 지니지 않고서는 입체적인 이 세상을 바르게 분별할 수도 없고, 인격적이고 성숙한 삶을 살 수도 없습니다. 이처럼 눈에 보이는 세상살이를 위해서도 두 눈이 필요하다면 하물며 눈에 보이지 않는 믿음의 세계, 영성의 세계에서야 두말해 무엇하겠습니까?

400년에 걸친 이집트의 노예살이에서 해방된 이스라엘 백성이 홍해 앞에 당도했을 때, 갑자기 마음이 변한 이집트의 파라오가 이집트의 모든 기병과 전차를 끌고 이스라엘 백성을 추격해 왔습니다. 앞으로는 홍해 바다요, 뒤로는 천하무적을 자랑하는 이집트 군대의 추격 속에 있는 이스라엘 백성은 독 안에 갇힌 쥐와 같았습니다. 절망에 빠진 이스라엘 백성은 공포에 질려 그들의 지도자인 모세를 원망하였습니다. 그러나 모세는 똑같은 상황 속에서도 전혀 두려워하지 않았습니다. 그는 도리어 백성을 향해 이렇게 외쳤습니다.

> 너희는 두려워하지 말고 가만히 서서 여호와께서 오늘 너희를 위하여 행하시는 구원을 보라 너희가 오늘 본 애굽 사람을 영원히 다시 보지 아니하리라 여호와께서 너희를 위하여 싸우시리니 너희는 가만히 있을지니라 (출 14:13-14).

이스라엘 백성이 하나님을 믿는다면서도 절망적인 공포에 사로잡혔던 것은 자신들의 앞길을 가로막고 있는 홍해와 뒤에서 추격하는 이집트 군대만 보는 한 눈만 지녔기 때문이요, 모세가 똑같은 상황 속에서도 의연할 수 있었던 것은 모세는 바로 그 상황 속에서도 시간과 공간을 초월하여 역사하시는 하나님을 바라보는 또 하나의 눈을 지니고 있었기 때문입니다.

다윗은 우리가 잘 아는 시편 23편을 통해 이렇게 고백했습니다.

> 내가 사망의 음침한 골짜기로 다닐지라도 해를 두려워하지 않을 것은 주께서 나와 함께하심이라 주의 지팡이와 막대기가 나를 안위하시나이다 (시 23:4).

다윗은 일평생 동안 전쟁터에서, 그를 시기한 사울 왕의 살해 위협 속에서, 그의 왕위를 노리는 아들 압살롬의 쿠데타 속에서 수도 없이 사망의 음침한 골짜기를 지나야만 했습니다. 그럼에도 그가 흔들리지 않을 수 있었던 것은 그 역시 자신의 인생이 맞닥뜨린 사망의 음침한 골짜기를 직시하는 눈 이외에, 그 사망의 음침한 골짜기에서 시간과 공간을 초월하여 역사하시는 하나님을 보는 또 다른 눈을 지닌 까닭이었습니다.

비시디아 안디옥의 유대인 회당에서 본문의 설교를 행한 사도 바울은 고린도후서 4장 18절을 통해 이렇게 고백했습니다.

> 우리가 주목하는 것은 보이는 것이 아니요 보이지 않는 것이니 보이는 것은 잠깐이요 보이지 않는 것은 영원함이라.

사도 바울이 자신의 자랑으로 삼았던 것을 배설물처럼 미련 없이 버릴 수 있었던 것도, 풍토병에 걸려서도 목숨을 걸고 험한 준령의 타우루스 산맥을 넘어 비시디아 안디옥을 찾았던 것도, 바울 또한 영원을 바라보는 또 하나의 눈을 지닌 결과였습니다. 영원이란 시간과 공간을 초월하는 개념입니다. 바울은 언젠가 소멸될 유한한 세상을 바라보는 눈 이외에, 시간과 공간을 초월하여 영원 속에서 역사하시는 영원하신 주님을 바라보는 또 하나의 눈을 지니고 있었습니다. 영원 속에서 시간과 공간을 초월하여 영원히 역사하시는 영원하신 주님 앞에서는 이 세상의 그 무엇도 목적이 될 수 없었고, 영원하신 주님을 위해서라면 참수형마저도 기꺼이 감수할 수 있었습니다. 그것이야말로 공동묘지를 뛰어넘어 영원하신 주님 안에서 영원히 사는 길임을 보고 아는 눈을 지닌 덕분이었습니다.

그렇다면 시간과 공간을 초월하는 믿음을 지닌다는 것은 두 눈을 지니고 사는 것임을 알 수 있습니다. 주어진 현실을 직시하는 눈과, 그 현실 속에서 시간과 공간을 초월하여 역사하시는 삼위일체 하나님을 바라보는 믿음의 눈을 동시에 지니는 것입니다. 모세, 다윗, 바울의 경우에서 보았듯이 성경에 등장하는 신앙의 위인들은 모두 하나님과 세상을 동시에 바라보는 두 눈을 지닌 사람들이었습니다. 두 눈을 지닌다는 것은 두 개의 영상, 즉 멀티비전multi-vision을 지니는 것을 의미합니다. 내게 주어진 현실이라는 영상과, 그 현실 속에서 주님의 말씀을 좇아 나아갈 때 주님에 의해 주어질 미래의 영상들을 동시에 지니는 것입니다. 이처럼 멀티비전을 지닐 때 현재 주어진 현실이 아무리 절망적이라 해도 기꺼이 감수할 수 있습니다. 눈앞의 현실은 주님께서 주시려는 새로운 미래를 향한 과정임을 멀티비전을 통해 확인할 수 있기 때문입니다.

모세가 두 눈 다시 말해 멀티비전을 지녔을 때, 이집트 군대의 추격 속에서 자신의 앞을 가로막고 있는 홍해는 하나님께서 약속하신 가나안을 향한 승리의 출발점이었습니다. 다윗이 멀티비전을 지녔을 때, 그가 처한 사망의 음침한 골짜기는 하나님께서 그를 위해 예비하신 푸른 초장과 쉴 만한 물가를 향한 은혜의 관문이었습니다. 예수님께서 고난당하시기 전, 당신이 십자가에 못박혀 돌아가시지만 사흘째 되는 날 부활하실 것을 여러 차례 제자들에게 밝히셨습니다. 주님께서 십자가 죽음의 현실을 보는 눈과 그 죽음 끝에 누리게 될 부활의 영광을 보는 두 눈, 멀티비전을 지니고 계셨기 때문입니다. 주님께서 이미 부활하셨음에도 주님의 부활을 믿지 못한 채 두려움에 사로잡혀 숨어 있던 제자들이 그 이후 불에 타 죽고 맹수에게 찢겨 죽으면서도 예수 부활의 증인이 되었던 것은, 부활하시어 시간과 공간을 초월하시는 예수님을 만난 제자들이 주어진 현실과 그 현실 속에서 시간과 공간을 초월하여 역사하시는 주님을 보는 두 눈, 멀티비전을 지니게 되었기 때문입니다. 사도 바울이 기꺼이 참수형을 감수할 수 있었던 것도 한 줌의 재로 끝나 버릴 이 세상과 예수 그리스도 안에서 영원을 바라보는 두 눈, 멀티비전을 지닌 결과였습니다.

구약성경 룻기의 주인공인 룻이 한 일이라고는 남편을 여의고서도 국적이 다른 시어머니를 지성으로 섬겼다가, 그 시어머니의 주선으로 개가하여 오벳이라는 아들을 낳은 것밖에 없습니다. 그것은 웬만한 여자라면 다 하는 일입니다. 그러나 룻기는 그 오벳의 손자가 이스라엘 역사를 새롭게 한 다윗임을 밝히는 것으로 끝나고 있습니다. 지금 눈앞에 보이는 것은 갓 태어난 핏덩이 오벳뿐입니다. 그런데도 성경은 태어나지도 않은, 그 핏덩이 오벳의 손자 다윗을 동시에 보여 주고 있습니다. 그 이유가 무엇이겠습니까? 우리로 하여금 태어난 핏덩이만 보는 한 눈이 아니라, 그 핏덩이를 통해 이스라엘 역사를 새롭게 한 다윗이 태어났음을 보는 두 눈, 멀티비전을 지니게 해주기 위함입니다. 주부가 집안 살림만 살아도 한 민족의 역사가 새로워질 수 있음도, 어떠한 고통 속에서도 새로운 미래가 반드시 다가오고 있음도, 오직 믿음의 두 눈—멀티비전을 지닐 때만 볼 수 있고, 알 수 있고, 믿을 수 있기 때문입니다.

우리가 믿는 주님은 죽음을 깨뜨리고 다시 사신 부활의 주님이십니다. 부활하신 주님은 시간과 공간을 초월하는 하나님이십니다. 그 부활의 주님을 정녕 믿는다면, 우리 모두 주어진 현실과 그 현실 속에서 시간과 공간을 초월하여 역사하시는 주님을 동시에 보는 두 눈, 멀티비전을 지니십시다. 어떤 현실 속에서든 주님의 말씀을 좇는 주님의 증인이 되십시다. 집안 살림만 사는 주부를 통해서도 이 민족의 역사는 새로워지고, 어떤 절망 속에서도 눈부신 미래는 반드시 다가올 것입니다. 우리가 믿는 주님은, 시간과 공간을 초월하여 영원 속에서 역사하시는 영원하신 하나님이시기 때문입니다.

주님, 오늘 본문 말씀을 통해 그동안 내가 어리석게도 세상만 바라보는 외눈으로 살아왔음을 깨닫게 해주셔서 감사합니다. 하나님께서 분명히 두 눈을 주셨건만 그동안 외눈으로 살아오느라, 전능하신 하나님을 믿는다고 고백하면서도 주어진 현실에 대한 두려움과 불안과 근심과 회의와 절망 속에서 살아온 나의 어리석음을 회개하오니 용서해 주십시오. 이제부터 하나님으로부터 두 눈을 선물로 받은 사람답게 살아갈 수 있도록 도와주십시오.

내가 믿는 주님은 죽음을 깨뜨리고 다시 살아나신 부활의 주님이시요, 부활의 주님은 시간과 공간을 초월하는 하나님이심을 믿사오니, 주어진 현실을 보는 눈과 그 현실 속에서 시간과 공간을 초월하여 역사하시는 하나님을 동시에 바라보는 두 눈으로 살아가게 해주십시오. 보잘것없는 나의 삶과 하찮은 나의 일을 통해서도 이 민족과 인류의 미래가 능히 새로워질 수 있으며, 칠흑 같은 절망 속에서도 새로운 미래가 나를 향해 어김없이 다가오고 있음을 믿음의 눈으로 보고, 알고, 확인하는 멀티비전을 지니게 해주십시오.

그리하여 우리 모두 모세와 다윗과 사도들처럼 어떤 상황 속에서도 오직 주님의 말씀을 좇아 살아가는, 이 시대를 위한 주님의 증인들이 되게 해주십시오. 시간과 공간을 초월하여 영원 속에서 우리를 위하여 한 치의 오차도 없이 역사하고 계시는 예수 그리스도의 이름으로 기도드립니다. 아멘.

25. 조상들에게 주신 약속 _{가정 주일}

사도행전 13장 32-35절
우리도 **조상들에게 주신 약속**을 너희에게 전파하노니 곧 하나님이 예수를 일으키사 우리 자녀들에게 이 약속을 이루게 하셨다 함이라 시편 둘째 편에 기록한 바와 같이 너는 내 아들이라 오늘 너를 낳았다 하셨고 또 하나님께서 죽은 자 가운데서 그를 일으키사 다시 썩음을 당하지 않게 하실 것을 가르쳐 이르시되 내가 다윗의 거룩하고 미쁜 은사를 너희에게 주리라 하셨으며 또 다른 시편에 일렀으되 주의 거룩한 자로 썩음을 당하지 않게 하시리라 하셨느니라

가정 주일을 맞아 한 교우님께서 지인으로부터 받은 감동적인 글을 제게 보내 주셨습니다. 그 내용은 다음과 같습니다.

나의 고향은 경남 산청입니다. 지금도 비교적 가난한 곳입니다. 그러나 아버지는 가정 형편도 안 되고 머리도 안 되는 나를 대구로 유학을 보냈습니다. 대구중학을 다녔는데 공부가 하기 싫었습니다. 1학년 8반 68명 중

에 석차는 68등, 꼴찌를 했습니다. 부끄러운 성적표를 가지고 고향에 가는 어린 마음에도 그 성적을 내밀 자신이 없었습니다. 당신이 교육받지 못한 한을 자식을 통해 풀고자 했는데, 꼴찌라니……. 끼니를 제대로 잇지 못하는 소작농을 하면서도 아들을 중학교에 보낼 생각을 한 아버지를 떠올리면 그냥 있을 수가 없었습니다. 궁리 끝에 잉크로 기록된 성적표를 1등으로 고쳐 아버지께 보여 드렸습니다. 아버지는 보통학교도 다니지 않으셨으므로 내가 1등으로 고친 성적표를 알아차리지 못하실 것으로 생각했습니다. 대구로 유학한 아들이 집으로 돌아왔으니 친지들이 몰려와 "찬석이는 공부를 잘했더냐"고 물었습니다. 아버지는 "앞으로 봐야제…… 이번에는 어쩌다가 1등을 했는가배……" 했습니다. 친지들은 "명순(아버지)이는 자식 하나는 잘 뒀어. 1등을 했으면 책거리를 해야제" 했습니다. 당시 우리 집은 동네에서 가장 가난한 살림이었습니다.

이튿날 강가에서 멱을 감고 오니, 아버지는 한 마리뿐인 돼지를 잡아 동네 사람들을 모아 놓고 잔치를 하고 있었습니다. 그 돼지는 우리 집 재산 목록 1호였습니다. 기가 막힌 일이 벌어진 것입니다. "아부지……" 하고 불렀지만 다음 말을 할 수가 없었습니다. 그리고 달려 나갔습니다. 그 뒤로 나를 부르는 소리가 들렸습니다. 겁이 난 나는 강으로 가 죽어 버리고 싶은 마음에 물속에서 숨을 쉬지 않고 버티기도 했고, 주먹으로 내 머리를 내리치기도 했습니다. 충격적인 그 사건 이후 나는 달라졌습니다. 그 일이 항상 머릿속에 맴돌고 있었기 때문입니다.

그로부터 17년 후 나는 대학교수가 되었습니다. 그리고 나의 아들이 중학교에 입학했을 때, 그러니까 내 나이 45세가 되던 어느 날, 부모님 앞에 33년 전의 일을 사과하기 위해 "어무이…… 저 중학교 1학년 때 1등은요……" 하고 말을 시작하려는데…… 옆에서 담배를 피우시던 아버지께서 "알고 있었다. 그만해라. 민우(손자)가 듣는다"고 하셨습니다. 자식의 위조한 성적을 알고도, 재산 목록 1호인 돼지를 잡아 잔치를 하신 부모님의 마음을, 박사이고 교수이고 대학 총장인 나는, 아직도 감히 알 수가 없습니다.

이 글을 쓰신 분은 경북대학교 총장을 역임한 박찬석 교수로서, 도저히 헤아릴 수 없는 부모의 사랑을 더없이 잘 보여 주는 감동적인 이야기입니다.

오늘 우리가 어떻게 존재할 수 있게 되었습니까? 부모님의 사랑 덕분입니다. 우리가 부모님 슬하에서 자랄 때 부모님을 얼마나 많이 속였습니까? 부모님이 무식해서, 몰라서 속은 것이 아닙니다. 다 알면서도 속아 주셨습니다. 왜입니까? 사랑하셨기 때문입니다. 우리가 부모님의 속을 썩인 적은 또 얼마나 많았습니까? 그래도 부모님은 속앓이를 하면서도 내색하지 않으실 때가 더 많았습니다. 왜입니까? 사랑하셨기 때문입니다. 우리를 위해 당신의 재산 목록 1호를 기꺼이 포기하신 적도 한두 번이 아니었습니다. 왜입니까? 사랑하셨기 때문입니다. 우리를 위해서라면 당신이 수고하고 땀 흘리는 것은 말할 것도 없고 당신의 인생이 망가지는 것도 개의치 않으셨습니다. 왜입니까? 사랑하셨기 때문입니다. 우리를 사랑하는 만큼 부모님의 생명은 소진되었고, 부모님의 생명이 소진되는 만큼 우리의 생명이 성장했습니다. 그 사랑 덕분에 오늘의 우리가 있게 되었습니다.

그렇다면 자식인 우리가 어떻게 부모님의 사랑에 보답할 수 있겠습니까? 가정 주일을 맞아 부모님의 가슴에 카네이션을 달아 드리는 것으로 보답할 수 있겠습니까? 어버이날에 부모님의 손에 억만금을 쥐어 드리고, 모시고 나가 외식을 하는 것으로 족할 수 있겠습니까?

제 어머님은 세상을 떠나시기 전 3년 동안 병상에 누워 계셨습니다. 3년 동안 꼼짝 않고 병상에 누워 계신다는 것이 어머님 당신께는 엄청난 고통이었겠지만, 그 어머님을 지켜보는 제게는 그 3년이 은혜의 기간이었습니다. 어머님은 평생 그리스도인으로 사신 분이었습니다. 병상에 누우실 때까지 새벽 기도회를 빠지신 적이 없었고, 삶의 최우선 순위는 언제나 하나님이셨습니다. 신앙을 빼고서는 어머님의 삶 자체가 존립할 수 없었습니다. 그 어머님께서 3년 동안 병상에 누워, 한 그리스도인이 시시각각 다가오는 죽음을 내다보며 자신의 인생을 어떻게 마감하는지를 몸소 보여 주셨습니다. 그래서 그 기간은 이 세상 그 어떤 책에서도 배울 수 없는 것을 배우는 은혜의 기간이었습니다. 어머님께서는 매듭을 풀어야 할 사람이 생각나면 그분을 오시게 해서 매듭을 풀었고, 나누어야 할 것을 나누어야 할 대상에게 나누어 주고 처분해야 할 것을 처분하심으로써, 이제 곧 하나님 앞에 서야 할 당신의 삶을 정리하셨습니다.

어느 날 어머님께서 당신 홀로 해결할 수 없는 마음속의 근심을 제게 털어놓았습니다. 어머니로서 자식에게가 아니라, 교인으로서 목사에게 상담을 요청한 셈이었습니다. 어머님께서 하나님 앞에 설 날을 대비하기 위해 당신이 할 수 있는 모든 것을 정리하고 있는데, 현실적으로 불가능한 것이 있다고 말씀하셨습니다. 당신의 부모님께 효도를 다하지 못하셨다는 것입니다. 하나님께서 십계명 제5계명을 통해 '네 부모를 공경하라'고 명령하셨는데, 아무리 생각해도 당신의 부모님을 제대로 공경하지 못하셨다는 것입니다. 그러나 당신의 부모님은 이미 이 세상에 계시지 않아 효도를 하려고 해도 할 길이 없으니, 어떻게 '네 부모를 공경하라'고 명령하신 하나님 앞에 설 수 있겠느냐는 고민이었습니다.

제가 어머님께 이렇게 말씀드렸습니다.

"어머님, 부모 사랑은 내리사랑이지 않습니까? 이 세상 어느 자식이 부모 사랑에 온전히 보답할 수 있겠습니까? 어머님께서는 어머님의 부모님으로부터 받은 내리사랑으로 어머님의 자식들을 사랑하시지 않았습니까? 어머님은 자식들을 사랑하심으로써 어머님의 부모님께 받은 사랑을 갚으셨고 또 효도를 다하신 것입니다. 이다음에 어머님께서 하나님 앞에 서시면 하나님께서 어머님을 칭찬하실 것입니다."

그 이후 어머님께서는 당신의 부모님께 효도하지 못했는데 어떻게 하나님 앞에 설 수 있겠느냐는 걱정을 다시는 하지 않으셨습니다.

흐르는 물이 낮은 곳을 향하듯이 참된 사랑도 내리사랑입니다. 하나님께서 인간에게 내려 주시는 사랑만큼 하나님을 사랑할 수 있는 인간은 아무도 없습니다. 그래서 인간에게 하나님을 사랑한다는 것은, 하나님의 내리사랑이 또 다른 사람에게 흘러갈 수 있도록 그 사랑의 통로가 되는 것입니다. 부모 사랑도 마찬가지입니다. 부모 사랑 역시 내리사랑이기에 부모가 자식을 사랑한 만큼 자식이 부모를 사랑한다는 것은 불가능한 일입니다. 그러므로 부모에 대한 자식의 효도와 공경은, 부모의 내리사랑이 조금도 훼손되지 않고 자기 자식에게 흘러내릴 수 있도록 그 사랑의 통로가 되는 것입니다. 자기 부모로부터 사랑받은 만큼 자기 자식을 사랑하는 것입니다. 한마디로 자식을 사랑하되 진정으로 그리고 바르게 사랑하는 좋은 부모가 되는 것입니다. 자식이 자기 자식을 사랑하고 좋은 부모가 되는 것보다 자신을 사랑해 준 부모에 대한 더 큰 효도는 없습니다. 그렇다면 과연 어떤 부모가 좋은 부모이겠습니까?

본문 32절을 보시겠습니다.

우리도 조상들에게 주신 약속을 너희에게 전파하노니.

여기에서 '우리'는 사도 바울과 바나바를 일컫습니다. 버가에서 험산준령의 타우루스 산맥을 넘어 비디시아 안디옥으로 이동한 바울과 바나바는 안식일을 맞아 유대인 회당을 찾아갔다가 회당장들의 요청으로 바울이 설교를 하게 되었습니다. 우리가 12주째 살펴보고 있는 바울의 그 설교가 중요한 것은, 그것이 사도행전에 나타난 바울의 첫 체계적인 설교이기 때문이라고 했습니다. 이미 우리가 알고 있는 것처럼 그 설교의 주어는 하나님이시고, 핵심은 예수 그리스도이십니다.

> 하나님이 죽은 자 가운데서 그를 살리신지라 갈릴리로부터 예루살렘에 함께 올라간 사람들에게 여러 날 보이셨으니 그들이 이제 백성 앞에서 그의 증인이라(30-31절).

유대인들이 못박아 죽여 무덤 속에 시신으로 안치된 예수님을 하나님께서 시신 상태에서 살리셨습니다. 부활하신 예수님께서는 갈릴리로부터 예루살렘에 함께 올라간 사람들에게 여러 날 동안 부활하신 당신을 보여 주셨습니다. 갈릴리에서 예루살렘에 함께 올라간 사람들은 갈릴리에서부터 예수님을 좇던 예수님의 제자들이었습니다. 그들은 예수님께서 십자가에 못박혀 돌아가시는 가장 결정적인 순간에 예수님을 배신하고 도망간 비겁한 인간들이었지만, 부활하신 예수님을 목격한 이후로 그들은 모두 자신들의 생명을 내어놓고 예수 부활을 증언하는 예수님의 증인들이 되었습니다. 그래서 바울은 본문에서 자신과 바나바를 가리켜 '우리도 전파한다'고 증언했습니다. 자신과 바나바는 갈릴리 출신도 아니었고, 예수님께서 이 땅에 계시는 동안 예수님을 직접 만난 예수님의 직계 제자도 아니었지만, 자신들 역시 부활하신 예수님의 부르심을 받았기에 '우리도 전파한다'는 것입니다. 자신들도 갈릴리 출신의 제자들처럼 예수님의 증인으로 산다는 말입니다. 본문의 '우리도'는 바울과 바나바를 일컫는 동시에 본문을 접하는 우리 모두를 지칭하기도 합니다. 우리 역시 부활하신 주님의 부르심을 받은 그리스도인들이기에 예수님의 증인으로 전파하는 삶을 살아야 한다는 의미입니다.

우리말 '전파하다'로 번역된 헬라어 '유앙겔리조$\epsilon\dot{\upsilon}\alpha\gamma\gamma\epsilon\lambda\dot{\iota}\zeta\omega$'는 '좋은 소식을 전하다'라는 뜻입니다. 그리스도인이 주님의 증인으로 전해야 할 좋은 소식은 무엇인지 32절을 다시 보시겠습니다.

우리도 조상들에게 주신 약속을 너희에게 전파하노니.

그리스도인이 전해야 할 좋은 소식은 '조상들에게 주신 약속'입니다. '조상들에게 주신 약속'으로 번역된 헬라어 문장을 헬라어 문법에 맞게 정확하게 옮기면 '조상들에게 이루어진 약속'입니다. 약속의 중요성은 약속 그 자체에 있지 않습니다. 공수표로 끝나는 약속이 허다하기 때문입니다. 약속의 내용도 중요하지만 약속의 생명은 지켜지는 데 있습니다. 그러므로 '조상들에게 이루어진 약속'이란, 이스라엘 조상들에게 주어졌을 뿐 아니라 그 이후에 성취된 약속이란 의미입니다.

곧 하나님이 예수를 일으키사 우리 자녀들에게 이 약속을 이루게 하셨다 함이라(33절 상).

하나님께서 이스라엘 조상들에게 주신 약속의 내용은 예수님을 죽은 자

가운데서 다시 살리신다는 것이었고, 하나님께서 당신의 그 약속을 성취하신 때는 이스라엘 자녀들의 때, 다시 말해 후손들 때였습니다.

시편 둘째 편에 기록한 바와 같이 너는 내 아들이라 오늘 너를 낳았다 하셨고(33절 하).

"너는 내 아들이라. 오늘 내가 너를 낳았도다"라는 시편 2편 7절 말씀은 하나님께서 이스라엘 조상들에게 인간을 구원하기 위해 당신의 아들을 보내시겠다는 약속의 말씀이었고, 그 약속은 하나님의 독생자이신 예수님께서 인간의 몸을 입고 이 땅에 오심으로 성취되었습니다.

또 하나님께서 죽은 자 가운데서 그를 일으키사 다시 썩음을 당하지 않게 하실 것을 가르쳐 이르시되 내가 다윗의 거룩하고 미쁜 은사를 너희에게 주리라 하셨으며(34절).

하나님께서 예수님을 이 땅에 보내시기 700년 전에 이사야 선지자를 통하여 이스라엘 조상들에게 이렇게 말씀하셨습니다.

너희는 귀를 기울이고 내게로 나아와 들으라 그리하면 너희의 영혼이 살리라 내가 너희를 위하여 영원한 언약을 맺으리니 곧 다윗에게 허락한 확실한 은혜이니라(사 55:3).

하나님께서 이스라엘 조상들에게, 다윗에게 확실한 은혜를 허락하실 것이라는 영원한 약속을 주셨는데 그 약속은, 하나님께서 예수님을 죽은 자

가운데서 다시 살리셔서 영원히 썩지 않는 영원한 생명의 구주로 삼으시리라는 약속이었고, 그 약속 역시 예수님께서 하나님에 의해 죽음을 깨뜨리고 부활하심으로 실제로 성취되었습니다.

> 또 다른 시편에 일렀으되 주의 거룩한 자로 썩음을 당하지 않게 하시리라 하셨느니라(35절).

이것은 시편 16편 10절 말씀으로서 그 말씀도 예수님을 가리키는 하나님의 약속이었고, 그 약속 또한 하나님에 의한 예수님의 부활로 성취되었습니다.

이처럼 예수님과 관련하여 이스라엘 조상들에게 주신 당신의 모든 약속을 하나님께서는 이스라엘 후손들 때에 다 성취하셨습니다. 하나님께서 이 땅에 보내신 메시아가 인간의 죗값을 대신 치르기 위하여 십자가에 못박혀 돌아가셨다가 죽음을 깨뜨리고 부활하심으로, 인간을 죄와 사망으로부터 구원하시리라는 하나님의 약속이 인류의 역사 속에서 성취된 것은 기적 이상의 일입니다. 어떻게 그 놀라운 일이 이스라엘 후손들 때에 이루어질 수 있었겠습니까? 이스라엘 조상들이 자신들에게 임한 하나님의 약속을 믿었기 때문입니다. 그 약속의 말씀을 좇았기 때문입니다. 그 약속의 말씀을 자식들에게 유산으로 넘겨주었기 때문입니다. 그 약속의 말씀을 자식들의 심령 속에 새겨 주었기 때문입니다. 그래서 그들의 후손들이 그 약속이 성취되는 것을 보는 영광을 누렸고, 결과적으로 그 약속이 시간과 공간을 초월하여 이스라엘 조상들에게 이루어지게 된 것입니다.

오늘 가정 주일을 맞아 하나님께서 우리에게 주신 본문 속에서 우리의 주목을 끄는 세 단어가 있습니다. '조상들', '우리' 그리고 '우리 자녀들'입니다. '우리'는 이미 말씀드린 것처럼 바울과 바나바를 일컫고, '조상들'은 이스라엘 조상들, 그리고 '우리 자녀들'은 이스라엘 후손들입니다. 그러므로 이스라엘 조상들이 하나님께로부터 받은 약속의 말씀을 자녀들에게 유산으로 전해 주었듯이, 예수 그리스도의 죽음과 부활을 통해 성취된 하나님의 약속을 바울과 바나바 자신들도 이스라엘 자녀들에게 전파하겠다는 것이 본문의 일차적인 의미입니다. 동시에 우리는 가정 주일을 맞아 본문 속에서 또 다른 의미를 찾게 됩니다. '조상들'과 '우리 자녀들' 사이에 있는 '우리'는 곧 '부모'를 뜻하기도 합니다. 그러므로 본문은, 우리 조상들이 자녀들에게 약속의 말씀을 전해 주는 믿음의 부모, 믿음의 조상이었듯이, 우리 역시 우리 자녀들을 위한 믿음의 부모, 믿음의 조상이 되겠다는 의미이기도 합니다. 바로 이것이 가정 주일을 맞은 우리에게 하나님께서 본문을 통해 주시는 메시지입니다.

　이 세상의 모든 인간은 누구의 자식으로 태어났다가 때가 되면 누구의 부모가 되고, 이 세상을 떠난 뒤에는 누구의 조상으로 불리게 됩니다. 특별한 경우를 제외하고서는, 모든 인간이 부모가 되고 조상이 된다는 데에는 예외가 없습니다. 단지 차이가 있다면 어떤 부모, 어떤 조상이 되느냐의 차이밖에 없습니다. 그렇다면 앞서 제기했던 질문으로 되돌아가 과연 어떤 부모가 좋은 부모이고, 어떤 조상이 좋은 조상이겠습니까? 두말할 것도 없이 하나님의 약속의 말씀으로 자신을 채우고 그 약속의 말씀을 자식들의 심령에 담아 줄 줄 아는 믿음의 부모, 믿음의 조상입니다. 다음 시간에 상세하게 살펴보겠지만, 이 세상의 것만으로는 결국 자식을 썩게 만들 뿐입니다. 영원하신 하나님의 약속의 말씀, 죽음마저 깨뜨리는 하나님의 생명의 말씀만이 자식을 영원히 살릴 수 있습니다.

그러므로 그리스도인이 주님의 증인이 된다는 것은 자신의 친자식에게는 말할 것도 없고, 본문의 사도 바울처럼 이 세상 모든 사람들에게 하나님의 말씀을 전하는 믿음의 부모, 믿음의 조상이 되는 것입니다. 자기 조상과 부모에 대해 그보다 더 큰 효도와 공경은 없습니다. 자기 자식을 영원히 살리는 믿음의 부모가 된다는 것은, 조상과 부모로부터 이어받은 생명을 극대화하는 길일 뿐 아니라 예수 그리스도 안에서 영원으로 승화시키는 길이기에 조상과 부모에게 그보다 더 큰 영광은 있을 수 없습니다.

아므람과 요게벳 부부는 이집트의 노예였습니다. 그러나 그들은 노예가 사내아이를 낳으면 죽이라는 이집트 파라오의 명령을 어기고 오직 하나님의 약속을 믿는 믿음으로 목숨을 걸고 아들 모세를 살리는 믿음의 부모가 되었고, 그들의 아들 모세에 의해 이스라엘 백성은 400년에 걸친 이집트의 노예살이에서 해방되었습니다. 아므람과 요게벳이 믿음의 부모가 되지 않았던들 그들의 아들 모세에 의한 출애굽의 대역사는 불가능했을 것입니다. 아므람과 요게벳 부부는 믿음의 부모가 됨으로써 자기 부모, 자기 조상에 대해 누구보다 더 큰 효도를 한 자식이 되었습니다. 모세 역시 이스라엘 모든 백성들에게 하나님의 말씀을 전하고 그들을 가나안까지 인도하는 믿음의 부모가 됨으로써, 파라오의 명령을 어기고 오직 믿음으로 자신을 살려 준 자기 부모 사랑에 대한 효도를 다했습니다.

가정 주일을 맞아 좋은 부모가 되기를 원하십니까? 그렇다면 자식에게 세상의 것만을 요구하고 자식이 세상의 것을 충족시켜 주는 것만을 효도로 여기는 어리석음을 버리십시다. 그것은 자식의 마음을 부모로부터 멀어지게 하는 첩경입니다. 사랑하는 자식에게 그의 자녀가 있다면, 그의 자녀를 약속의 말씀으로 바로 세우는 믿음의 부모가 되는 것보다 부모인 자기에게 더 큰 효도가 없음을 깨닫는 믿음의 부모가 되십시다. 그것은 자신이 믿는 약속의 말씀을 후손의 삶을 통해 영원 속에서 자기 자신에게 이루어지게 하는 것이기에, 그것이야말로 자신과 후손을 영원히 결속시키는 지혜 중의 지혜입니다.

가정 주일을 맞아 부모에게 효도하는 좋은 자식이 되기를 원하십니까? 그렇다면 물질로 효도하려는 미련함을 버리고 자기 자신을 믿음의 부모로 가꾸십시다. 그것은 부모에게 물려받은 생명과 사랑을 극대화시키는 길이요, 예수 그리스도 안에서 영원으로 승화시키는 유일한 길입니다. 좋은 그리스도인이 된다는 것은 남녀노소를 막론하고 예수 그리스도 안에서 좋은 믿음의 부모, 좋은 믿음의 조상이 되는 것입니다. 청년들이 경건의 훈련을 쌓는 궁극적인 목적도 좋은 믿음의 부모, 좋은 믿음의 조상이 되기 위함입니다. 이 세상의 출발점은 가정이고, 자식보다 부모가 먼저 있기 마련이며, 좋은 자식이 좋은 부모를 만드는 것이 아니라 좋은 부모가 좋은 자식을 만들기 때문입니다.

하나님의 약속을 받은 아브라함은, 하나님의 약속을 믿고 하나님의 약속에 자신의 삶을 던졌습니다. 그리고 그 약속의 말씀을 자신의 아들 이삭의 심령에 심어 주는 믿음의 부모의 책임을 다했습니다. 이삭 역시 믿음의 부모가 되는 것으로 아버지 아브라함에 대한 효도와, 아들 야곱에 대한 사랑의 의무를 다했고, 야곱 또한 마찬가지였습니다. 하나님께서는 그들이 믿고 전했던 당신의 약속의 말씀을 그들의 후손들의 때에 성취해 주심으로, 결과적으로 당신의 약속의 말씀이 영원 속에서 아브라함과 이삭 그리고 야곱에게 성취되게 해주셨고, 그들은 모두 영원한 믿음의 조상이 되었습니다.

오늘 뜻깊은 가정 주일을 맞아 참된 그리스도인이 되는 것은 이처럼 좋은 믿음의 부모, 좋은 믿음의 조상이 되는 것임을 일깨워 주신 하나님 아버지. 좋은 믿음의 부모, 좋은 믿음의 조상이 되는 것은 자기에게 생명을 전해 준 부모에 대한 가장 큰 효도요, 자신으로부터 생명을 이어받은 자식에 대한 가장 깊은 사랑인 동시에, 하나님의 약속이 영원 속에서 자기에게 성취되게 하는 길임을 잊지 말게 해주십시오. 결혼을 준비하는 사람들은 믿음의 부모가 될 수 있게끔 하나님의 약속의 말씀으로 자신을 가꿀 줄 알게 하시고, 이미 부모가 된 사람은 코끝에서 호흡이 멈추는 순간까지 하나님의 약속의 말씀 속에서 믿음의 부모로 살아가게 해주십시오. 하나님의 약속의 말씀으로 자신의 핏줄을 이어받은 자식뿐 아니라, 이 세상 많은 사람들을 품는 넉넉한 믿음의 부모가 되게 해주십시오. 하나님의 약속의 말씀을 믿고 전하는 믿음의 부모로 살아가는 우리를 통해 이 세상 많은 사람들이 하나님의 내리사랑을 맛보아 알게 해주십시오. 그리하여 어디든 우리가 두 발 딛고 서 있는 곳이 온통 하나님의 사랑이 넘치는 큰 가정이 되게 해주십시오. 아멘.

26. 썩음을 당하지 않게

사도행전 13장 34-39절

또 하나님께서 죽은 자 가운데서 그를 일으키사 다시 썩음을 당하지 않게 하실 것을 가르쳐 이르시되 내가 다윗의 거룩하고 미쁜 은사를 너희에게 주리라 하셨으며 또 다른 시편에 일렀으되 주의 거룩한 자로 **썩음을 당하지 않게** 하시리라 하셨느니라 다윗은 당시에 하나님의 뜻을 따라 섬기다가 잠들어 그 조상들과 함께 묻혀 썩음을 당하였으되 하나님께서 살리신 이는 썩음을 당하지 아니하였나니 그러므로 형제들아 너희가 알 것은 이 사람을 힘입어 죄사함을 너희에게 전하는 이것이며 또 모세의 율법으로 너희가 의롭다 하심을 얻지 못하던 모든 일에도 이 사람을 힘입어 믿는 자마다 의롭다 하심을 얻는 이것이라

한때 국민소득 2만 달러를 넘던 남태평양의 섬나라 나우루Nauru가 어떻게 하루아침에 남의 나라에 구걸하는 처지로 전락했는지를 밝혀 주는 기사가 지난 5월 1일 조선일보에 게재되었습니다. 우리에게 많은 것을 생각하게 해주는 내용이기에 이 시간에 다시 읽어 드리겠습니다.

호주와 하와이 사이에 있는 섬나라 나우루는 국토 면적이 21제곱킬로미터에 불과하다. 울릉도의 3분의 1 크기다. 인구는 2010년 현재 1만 명 정도다. 산호초로 둘러싸인 이 작은 섬에는 갈매기와 앨버트로스albatross 천지였다. 섬을 찾은 새들은 산호초와 섬 위에 수천 년 동안 똥을 쌓았다. 1888년 나우루를 찾은 독일 자본가들은 섬 전체에서 대량의 인광석燐鑛石을 발견했다. 인광석은 화학비료 재료로 쓰인다. 새들의 똥이 산호충과 결합해 인광석으로 변했고 나우루 전체가 인광석 노천광이 된 것이다. 이후 독일, 호주, 뉴질랜드, 영국 자본이 나우루인들을 고용해 노천에서 인광석을 실어 갔다.

1945년 2차 세계대전이 끝나고 1968년 신탁통치가 종료되면서 나우루는 공화국으로 독립했다. 인광석 광산은 나우루 소유가 됐다. 나우루 정부는 외국 자본이 한 그대로 인광석을 채굴했다. 땅을 걷어 내면 순도 높은 인광석이 나오니 기술도 필요 없었다. 현금이 쏟아져 들어왔다. 나우루 주민들은 더 이상 노동을 하지 않았다. 외국인 노동자들을 고용한 채굴장 수입으로 먹고살았다. 농장은 모조리 인광석 광산으로 변했다. 사람들은 통조림을 수입해 냉장고에 쟁여 놓고 먹었다. 세금도 없었다. 초등학교 공짜, 의료비 공짜, 주택도 공짜였다.

1980년대 중반 나우루는 1인당 국민소득이 2만 달러를 넘기도 했다. 한 번도 외국을 나간 적 없는 사람들이 전세기를 타고 하와이와 피지와 싱가포르로 쇼핑 관광을 가는가 하면, 전세기로 호주 멜버른으로 날아가 럭비 경기를 구경했다. 고급 스포츠카도 수입했다. 나우루에는 일주도로가 하나 있다. 길이는 18킬로미터에 제한속도가 40킬로미터였다. 지금은 곳곳이 부서져 차량이 제대로 움직이지 못한다. 한 주민은 외국 언론과의 인터뷰에서 이렇게 말했다. "경찰 간부 한 명이 최고급 스포츠카인 람

보르기니를 수입했는데 운전석에 들어가지 못할 정도로 몸이 뚱뚱해 제대로 타보지도 못했다"는 것이다. 이 주민은 "심지어 1달러 지폐를 화장지로 쓴 미친 사람도 있었다"고 했다.

1990년대 초 문제가 두 가지 터졌다. 전 주민의 90퍼센트가 비만이고 50퍼센트가 당뇨를 앓고 있었던 것이다. 채소와 어류 대신에 수입한 가공식품에만 매달린 결과였다. 지표면을 뒤덮었던 인광석이 고갈됐다는 사실은 더 심각했다. 정부가 부랴부랴 어업 부활을 위해 항구를 개발했다. 주민들은 거기에서 고기를 잡는 대신 해수욕을 즐겼다. 농장을 개발하려 했지만 표토表土가 사라진 땅에는 농사가 불가능했다. 뼈만 남은 땅에 관광산업 개발은 더 불가능했다. 낮아진 지표 때문에 나우루는 지구 온난화에 따른 수면 상승효과의 대표적인 피해 국가가 됐다. 1990년대 나우루 정부는 외국에 투자해 둔 부동산을 담보로 외채를 빌려 썼다. 세금 떼먹는 외국인이나 테러리스트에게 국적을 팔고 스위스식 비밀은행업도 벌였다. 2001년 9·11테러 이후 미국은 나우루은행 자산을 동결했다. 그해 나우루 정부는 현금 지원을 대가로 호주 난민수용소를 자기 땅에 유치했다. 2003년 인광석이 공식적으로 고갈됐다. 2005년 12월에는 국적기 에어나우루가 운항을 중단했다. 2008년에는 호주가 난민수용소를 폐쇄했다. 지구상에서 나우루를 위한 돈줄기가 사라진 것이다.

우리나라 울릉도 3분의 1 크기의 국토에서 흥청망청 먹고 마시던 나우루 주민 1만 명의 번영은 이처럼 불과 30년 만에 일장춘몽으로 끝나 버리고 말았습니다.

이 조그마한 나우루 섬을 확대하면 우리가 살고 있는 이 지구가 될 것입니다. 지금 지구 곳곳에서도 똑같은 일이 벌어지고 있습니다. 인간들이 지구 자원을 마구 파헤치고 있는 것입니다. 그러나 지구 자원은 결코 무궁무진하지 않습니다. 나우루 섬의 인광석처럼 반드시 고갈될 때가 도래하고 말 것입니다. 그것이 사실이라면 인간들이 지금과 같은 소비문화에서 벗어나지 않는 한, 언젠가는 모든 자원이 고갈된 이 지구에서 인간들은 나우루 섬의 주민들처럼 쪽박을 차는 대재앙을 맞을 수밖에 없지 않겠습니까?

반대로 이 나우루 섬을 축소시키면 우리 개개인의 인생이 될 것입니다. 이 땅에서 우리의 인생은 결코 영원무궁하지 않습니다. 나우루 섬의 인광석처럼 반드시 끝날 때가 있습니다. 그런데도 사람들은 마치 자기 인생이 영원무궁한 것처럼 자기 욕망을 좇아 흥청망청 자기 생명을 고갈시키고 있습니다. 그러고는 인광석의 고갈로 폐허화된 나우루 섬처럼 그 심령이 황폐화된 채 살아가고 있습니다. 남태평양 나우루 섬의 이야기는 멀리 떨어져 있는 먼 나라 남의 이야기가 아닙니다. 나우루 섬은 오늘도 천하보다 더 귀한 자신의 생명을 물거품 같은 욕망으로 허망하게 고갈시키고 있는 우리 모두의 자화상입니다.

400년에 걸친 이집트의 노예살이에서 해방된 이스라엘 백성의 최종 목적지는 가나안 땅이었습니다. 그 땅은 이스라엘 백성이 임의로 정한 목적지가 아니었습니다. 하나님께서 이스라엘의 조상 아브라함 때부터 약속하신 언약의 땅이었습니다. 하나님께서 약속하신 땅이라면 그 땅이 얼마나 아름답겠습니까? 그래서 성경은 가나안 땅을 가리켜 '젖과 꿀이 흐르는 땅'이라 불렀습니다. 모세는 40년간의 광야 생활을 거쳐 이스라엘 백성을 가나안 동쪽 모압 평지로 인도했습니다. 모세의 임무는 거기까지였습니다. 이스라엘 백성을 인도하여 요단강을 건너 가나안 땅에 입성하는 것은 모세의 후계자인 여호수아의 몫이었습니다. 그래서 모세는 그 모압 평지에서 이스라엘 백성에게 마지막 유언을 남겼는데, 그 내용이 구약성경의 신명기입니다. 신명기가 온통 모세의 유언인 셈입니다. 그중에 다음과 같은 내용이 있습니다.

> 너희는 스스로 삼가라 두렵건대 마음에 미혹하여 돌이켜 다른 신들을 섬기며 그것에게 절하므로 여호와께서 너희에게 진노하사 하늘을 닫아 비를 내리지 아니하여 땅이 소산을 내지 않게 하시므로 너희가 여호와께서 주신 아름다운 땅에서 속히 멸망할까 하노라(신 11:16-17).

노예였던 이스라엘 백성이 아름다운 가나안 땅에 입성한 뒤, 눈에 보이는 가나안 땅을 삶의 목적으로 삼느라 그 땅을 주신 하나님을 잊는 어리석음을 범하지 말라는 모세의 경고입니다. 그 내용 가운데 두 단어가 중요합니다. '아름다운'과 '속히'입니다. 모세는 이스라엘 백성에게, 너희가 하나님을 등지면 하나님께서 주신 땅에서 망할 것이라고 말하지 않았습니다. 모세는 "너희가 여호와께서 주신 아름다운 땅에서 속히 멸망할까 하노라"고 말했습니다. 모세의 그 말이 성경에 기록되었다는 것은 그것이 곧 하나님의 말씀이었기 때문입니다.

모세의 후계자로 이스라엘 백성을 인도하여 가나안 땅에 입성, 가나안을 정복하고 이스라엘 백성에게 가나안 땅을 분배하는 사명을 완수한 여호수아 역시 이 세상을 떠나기 전 다음과 같은 유언을 남겼습니다.

> 너희의 하나님 여호와께서 너희에게 말씀하신 모든 선한 말씀이 너희에게 임한 것같이 여호와께서 모든 불길한 말씀도 너희에게 임하게 하사 너희의 하나님 여호와께서 너희에게 주신 이 아름다운 땅에서 너희를 멸절하기까지 하실 것이라 만일 너희가 너희의 하나님 여호와께서 너희에게

명령하신 언약을 범하고 가서 다른 신들을 섬겨 그들에게 절하면 여호와의 진노가 너희에게 미치리니, 너희에게 주신 아름다운 땅에서 너희가 속히 멸망하리라 하니라(수 23:15-16).

여호수아도 모세와 똑같은 말을 했습니다. "너희에게 주신 아름다운 땅에서 너희가 속히 멸망하리라." 그리고 여호수아의 그 유언 역시 하나님의 말씀으로 성경에 기록되었습니다.

이상과 같은 하나님의 말씀은 우리에게 두 가지 사실을 일깨워 주고 있습니다. 첫째는, 인간은 아름다운 땅에서 망한다는 것입니다. 인간은 척박한 땅에서는 망하지 않습니다. 척박한 땅에서는 인간의 심령이 병들 겨를이 없기 때문입니다. 인간은 언제나 아름다운 땅, 풍족한 상황, 넘치는 여건 속에서 망하는 법입니다. 물질적 풍요로움을 절대시하느라 인간의 심령이 병들지 않을 수 없는 탓입니다. 만약 나우루 섬이 온통 무가치한 돌산으로 이루어져 있었다면, 그 섬 주민들은 오늘도 어업에 종사하면서 하루하루 근면하고 행복하게 살고 있을 것입니다. 하지만 그 섬이 온통 돈다발인 인광석으로 뒤덮여 있었기에 그들은 그 아름다운 섬에서 망하고 말았습니다.

두 번째 깨달음은, 일단 망하기 시작하면 속히 망한다는 것입니다. 거대한 둑에 바늘구멍만 한 구멍이 났다고 하십시다. 처음에는 그 조그마한 구멍에서 물이 스며나는 것조차 감지되지 않을 것이고, 둑에 그 어떤 영향도 주지 못할 것입니다. 그러나 아무리 작아도 그 구멍을 메우지 않고 그대로 두면 바늘구멍만 하던 구멍이 커지고 물줄기가 세지는 것으로 그치지 않습니다. 어느 한순간 둑 자체가 순식간에 무너져 내리고 맙니다. 인간이 망하는 것도 이와 같습니다. 망조가 들어도 처음에는 아무 일도 없는 것처럼 보입니다. 그러나 망조의 원인을 제거하지 않으면 한순간에 몰락해 버리고 맙니다. 새들의 똥이 축적되고 누적되어 나우루 섬이 온통 인광석 천지가 되는 데는 수천 년을 필요로 했습니다. 하지만 나우루 섬 주민들이 인광석을 다 파먹고 망하는 데에는 30년이면 족했습니다. 그들은 아름다운 나우루 섬에서 천년만년 걸려 망한 것이 아니라, 속히 망했습니다.

'망한다'는 것은 '없어진다'는 것입니다. 나라가 망하고 기업이 없어졌다는 것은 그 국가와 기업이 없어졌다는 말입니다. 한반도에 '신라'가 더 이상 존재하지 않는 것은 1천 년 전에 신라가 망했기 때문입니다. 이처럼 인생이 망했다는 것 역시 남은 것이 없다는 의미입니다. 삶은 실체가 없는 논리이거나 추상적인 유희가 아닙니다. 삶은 인간의 육체를 통해 드러나는 구체적인 행위이기에, 그 구체적인 행위들로 이루어지는 인간의 인생 또한 대단히 구체적입니다. 우리가 매일 우리 삶의 자리에서 얼마나 구체적으로 살고 있습니까? 그런데 구체적인 실체로 나타나는 인간의 인생이 어떻게 흔적도 남기지 않고 사라져 버릴 수 있습니까?

지금 이 탁자 위에 물고기가 한 마리 있다고 가정해 보십시다. 싱싱하게 살아서 펄떡펄떡 튀어 오르는 물고기입니다. 우리가 물고기를 인식할 수 있는 것은 물고기가 실체를 지닌 까닭입니다. 그러나 물고기가 실체를 지녔다고 천년만년 살아 있는 것은 아닙니다. 지금은 펄떡펄떡 튀어 오르는 싱싱한 실체를 지닌 물고기도 시간이 지나면 흔적도 없이 사라져 버리고 말 것입니다. 반드시 썩기 마련이기 때문입니다. 썩는 것은 결국엔 없어지고 맙니다. 구체적인 실체로 드러나 보이는 것 같은 인간의 인생이 흔적도 없이 사라지는 것은 물고기처럼 인간의 육체도 썩어 없어지는 탓이요, 인간이 추구하는 이 세상의 것들 또한 반드시 썩기 때문입니다.

그렇다면 우리는 하나님께서 당신이 약속하신 가나안 땅으로 이스라엘 백성을 인도하신 후에, 너희가 아름다운 땅에서 속히 망하리라고 거듭 경고하신 말씀의 참뜻을 이해하게 됩니다. 하나님께서 주신 아름다운 땅에서 세상의 아름다운 것들만을 삶의 목적으로 삼으면, 그 삶이 아무리 화려하고 구체적인 것처럼 보여도 반드시 썩어 없어지고 만다는 것입니다. 그러므로 언젠가 썩어 문드러질 육체에 생명이 있는 동안, 육체가 움직이는 동안, 영원히 썩지 않을 영원한 가치를 추구하라는 것입니다. 영원히 썩지 않을 영원한 것에 자신을 접목시키라는 것입니다. 그러나 아름다운 가나안 땅에 입성한 이스라엘 백성은 하나님을 외면하고 아름다운 땅만 탐닉하다가 그 아름다운 땅에서 속히 망하고 말았습니다.

언젠가 썩어 없어질 우리 육체에 호흡이 있는 동안 우리가 추구해야 할 영원히 썩지 않는 영원은 대체 어디에 있습니까? 오늘 본문이 그 해답을 제시해 주고 있습니다.

> 또 하나님께서 죽은 자 가운데서 그를 일으키사 다시 썩음을 당하지 않게 하실 것을 가르쳐 이르시되(34절 상).

우리가 13주째 살펴보고 있는 본문은 사도 바울이 비시디아 안디옥의 유대인 회당에서 행한 설교 내용으로 주어는 하나님이시고, 핵심은 예수 그리스도이십니다. 사도 바울은 그 설교에서 하나님께서 십자가에 못박혀 돌아가신 예수님을 다시 살리신 것을 가리켜 '예수님을 썩음을 당하지 않게 하신' 것으로 설명했습니다.

또 다른 시편에 일렀으되 주의 거룩한 자로 썩음을 당하지 않게 하시리라 하셨느니라(35절).

바울은 다시 시편 16편 10절을 인용하여 하나님께서 예수님으로 하여금 썩음을 당하지 않게 하셨음을 되풀이하여 설명했습니다.

다윗은 당시에 하나님의 뜻을 따라 섬기다가 잠들어 그 조상들과 함께 묻혀 썩음을 당하였으되(36절).

이스라엘 백성치고 다윗 왕조의 창시자인 다윗을 흠모하지 않는 사람은 없었습니다. 그러나 그 위대한 다윗마저도 예수님과 같을 수는 없었습니다. 다윗은 일국의 왕으로서 화려한 삶을 살았지만 그의 코끝에서 호흡이 멎음과 동시에 그의 육체는 썩어 없어져 버렸기 때문입니다.

하나님께서 살리신 이는 썩음을 당하지 아니하였나니(37절).

사도 바울은 하나님께서 예수님으로 하여금 썩음을 당하지 않게 하셨음을 또다시 강조했습니다. 왜 바울은 이처럼 예수님께서 썩음을 당하지 않으셨음을 되풀이하여 강조하고 있습니까? 그것이 예수 부활의 참된 의미이기 때문입니다. 예수님께서는 인간의 죗값을 대신 치르시기 위해 십자가의 제물이 되어 분명히 돌아가셨습니다. 로마 군인은 운명한 예수님의 허리를 창으로 찔러 예수님의 죽음을 확인했고, 사람들은 예수님의 시신을 동굴무덤 속에 안치했습니다. 그렇다면 그 순간부터 예수님의 시신은 썩기 시작해야 합니다. 썩어져 형체도 없이 사라지기 시작해야 하는 것입니다. 그러나 예수님의 시신은 썩기는커녕 하나님께서 시신 상태의 예수님을 다시 살리심으로 예수님은 영원히 썩음을 당하지 않으셨습니다. 그 사실을 바울이 몇 번씩이나 되풀이하여 강조하면서 역설하고자 하는 것은, 그러므로 영원히 썩음을 당하지 않으신 예수 그리스도 안에만 영원히 썩지 않는 영원이 있다는 것입니다. 오직 예수 그리스도 말씀만이 언젠가 썩어 없어질 우리를 영원과 접목시켜 줄 수 있다는 것입니다. 이 세상 그 누구로도 되지 않습니다. 오직 예수 그리스도로만, 예수 그리스도의 말씀으로만 가능합니다. 영원히 썩음을 당하지 않고 오히려 영원히 썩음을 이기신 분은 예수 그리스도밖에 없기 때문입니다.

그리스도인은 예수 그리스도 안에서 참생명을 얻은 사람입니다. 참생명은 언젠가 썩어 없어질 육체의 생명을 뜻하지 않습니다. 참생명은 결코 썩음을 당하지 않는 영원한 생명으로, 썩어야 할 시신 상태에서 하나님의 능력으로 살아나시어 영원히 썩음을 당하지 않으신 예수님 안에 있는 바로 그 생명입니다. 그러므로 우리가 예수 그리스도 안에서 참생명을 얻었다는 증거는 하나일 수밖에 없습니다. 예수 그리스도의 말씀 안에서 영원히 썩지 않을 것을 삶의 목적으로 삼고 추구하는 것입니다. 그리스도인이라면서도 언젠가 썩어 없어질 것에 여전히 자기 생을 걸고 있다면, 그는 썩음을 당하지 않으신 예수 그리스도의 생명의 의미를 아직 모르는 사람이요, 지금의 삶에서 돌이키지 않는 한 그가 처한 상황이 아름다우면 아름다울수록 그는 그 아름다운 땅에서 속히 망하고 말 것입니다. 참생명을 지니지 못한 그의 인생은 이미 시시각각 썩어가고 있기 때문입니다.

이곳 양화진 선교기념관 앞에는 수령樹齡 200년으로 추정되는 느티나무가 있습니다. 서울특별시가 1981년에 보호수로 지정한 이후, 마포구청은 일정 기간마다 그 나무의 활력을 측정하여 포도당 성분의 영양제를 수간樹幹주사하는 등 온갖 정성을 다 쏟고 있습니다. 사람도 일정 기간마다 영양제 주사를 맞는 것은 쉬운 일은 아닙니다. 그런데 국가기관이 국민의 세금으로 그 나무에 영양제를 주사하면서까지 그 나무를 보호하는 이유가 무엇이겠습니까? 그 나무가 200년 동안 썩지 않고 살아 있기 때문입니다. 200년 전에 심겨진 다른 나무들처럼 썩어져 형체도 없이 사라지지 않고, 그 속에 아직 생명이 있기 때문입니다. 그 나무가 앞으로도 썩지 않는 한, 계속 생명을 지니고 있는 한, 세월이 흘러가면 흘러갈수록, 그 나무의 수령이 많아질수록 사람들은 그 나무를 보호하기 위해 더욱 최선을 다할 것입니다.

나무도 썩지 않고 생명을 지니고 있으면 세월이 흘러갈수록 사람들로부터 더 귀하게 대접받는다면, 하물며 우리의 심령이 썩지 않고 예수 그리스도 안에서 참생명을 누리며 영원한 삶을 추구할 때, 예수님으로 하여금 썩음을 당하지 않게 하신 하나님께서 예수 그리스도 안에서 우리의 삶 역시 영원히 썩음을 당하지 않도록 어찌 책임져 주시지 않겠습니까?

사랑하는 교우 여러분!

우리 모두 예수 그리스도 안에 있는 참생명을 누리십시다. 예수 그리스도의 생명의 말씀 속에서 썩어져 없어질 세상의 것이 아니라, 영원히 썩지 않을 영원한 생명의 삶을 추구하십시오. 비록 우리의 코끝에서 호흡이 멎어 우리의 사지백체가 형체도 없이 썩어 문드러진다 해도, 우리가 추구한 영원한 삶은 예수 그리스도 안에서 영원한 생명의 보석으로 빛날 것입니다. 예수 그리스도는, 오직 예수 그리스도만, 영원히 썩음을 당하지 않는 분이시기 때문입니다.

약속의 땅인 가나안 땅에 입성한 이스라엘 백성은 그 땅을 주신 하나님을 외면하고 하나님께서 주신 땅을 삶의 목적으로 삼다가, 하나님께서 주신 그 아름다운 땅에서 그들의 인생이 속히 썩어 버리고 말았습니다. 하나님께서 선물로 주신 인광석을 단지 욕망의 도구로 삼았던 나우루 섬 주민들의 인생 역시, 하나님께서 주신 그 아름다운 섬에서 속히 썩고 말았습니다. 그 어리석은 이스라엘 백성과 나우루 섬 주민들을 통해 우리 자신의 실상을 깨닫게 해주셔서 감사합니다. 주님을 믿는다면서도 세상의 썩어질 것들에 우리의 인생을 거느라, 지난 세월 동안 우리의 생명을 어이없이 썩혀 왔음을 회개하오니 용서해 주십시오.

하나님께서 영원히 썩음을 당하지 않게 하신 예수님의 참생명, 그 생명이 이미 우리에게 임해 계심을 잊지 말게 해주십시오. 날마다 말씀과 기도를 통해 그 생명을 먹고 마시게 해주십시오. 이 세상에서 주어진 삶에 최선을 다하되 그 자체가 목적이어서가 아니라, 그 삶을 통해 영원한 생명을 구현하기 위함이게 해주십시오. 그리하여 하나님께서 우리에게 주신 이 아름다운 땅에서, 우리의 인생이 예수 그리스도 안에서 영원히 썩음을 당치 않는 영원한 생명의 보석으로 날마다 가다듬어지게 해주십시오. 아멘.

27. 이 사람을 힘입어

사도행전 13장 34-39절
또 하나님께서 죽은 자 가운데서 그를 일으키사 다시 썩음을 당하지 않게 하실 것을 가르쳐 이르시되 내가 다윗의 거룩하고 미쁜 은사를 너희에게 주리라 하셨으며 또 다른 시편에 일렀으되 주의 거룩한 자로 썩음을 당하지 않게 하시리라 하셨느니라 다윗은 당시에 하나님의 뜻을 따라 섬기다가 잠들어 그 조상들과 함께 묻혀 썩음을 당하였으되 하나님께서 살리신 이는 썩음을 당하지 아니하였나니 그러므로 형제들아 너희가 알 것은 **이 사람을 힘입어** 죄사함을 너희에게 전하는 이것이며 또 모세의 율법으로 너희가 의롭다 하심을 얻지 못하던 모든 일에도 **이 사람을 힘입어** 믿는 자마다 의롭다 하심을 얻는 이것이라

로마서 6장 23절은 "죄의 삯은 사망"이라고 못박고 있습니다. 거룩하신 하나님 앞에서는 티끌 같은 죄도 용납될 수 없기에 하나님 앞에서 죄의 삯, 죄의 대가는 죽음일 수밖에 없습니다. 죽음은 코끝에서 호흡이 멎는 것이라고 했습니다. 그리고 그다음에는 악취를 풍기며 썩어져 형체도 없이 사라져 버

리는 것, 그것이 죽음입니다.

하나님께서 태초에 흙으로 사람을 빚으시고 당신의 생기를 불어넣으심으로 생령이 되게 하셨습니다(창 2:7). 하나님께서 인간에게 불어넣어 주신 생기는 언젠가 멈추거나 썩어져 소멸될 유한한 기운이 아니었습니다. 영원하신 하나님의 영원한 생기였습니다. 그러므로 하나님의 영원한 생기를 받아 생령이 된 인간은 죽지 않는 존재였습니다. 그러나 사탄의 유혹에 빠져 하나님의 명령을 어기고 금단의 열매를 범한 인간에게 하나님께서는 "너는 흙이니 흙으로 돌아갈 것이니라"(창 3:19)고 말씀하셨습니다. 멀쩡하게 형체를 지닌 인간이 어떻게 한 줌의 흙으로 해체되어 버릴 수 있겠습니까? 죄의 삯은 죽음이기에, 죽음으로 인해 썩어 없어져 버리는 탓입니다. 그래서 하나님의 영원한 생기를 받아 영원한 생령으로 지음 받았던 최초의 인간 아담과 하와는 죄로 말미암아 죽은 뒤 그 육체가 썩어져 형체도 없이 사라져 버리고 말았습니다.

그러나 비극은 그것으로 그치지 않았습니다. 8주 전에 말씀드린 것처럼 아담과 하와가 하나님의 말씀을 범하는 '범죄'로 말미암아 '죄인'이 되므로 그들이 '죄 공장'으로 전락해 버리고 말았습니다. 술 공장에서 생산되는 제품은 모두 술이라고 했습니다. 차이가 있다면 도수가 높은 술과 약한 술, 가격이 비싼 술과 싼 술의 차이밖에 없습니다. 술 공장의 설비로는 어떤 경우에도 향기로운 화장품이 생산될 수 없습니다. 이와 마찬가지로 죄 공장으로 전락한 아담과 하와의 핏줄을 타고난 모든 인간은 태어나면서부터 죄 공장에서 출시된 본질적인 죄인이 되었습니다. 차이가 있다면 도덕적인 죄인과 비도덕적인 죄인, 요행히 법에 걸리지 않은 죄인과 현행법에 저촉되어 법의 심판을 받고 있는 죄인, 교양 있는 죄인과 교양 없는 죄인, 유식한 죄인과 무식한 죄인, 피부색이 하얀 죄인과 검은 죄인, 돈이 많은 죄인과 가난한 죄인의 차이밖에 없다고 했습니다. 모든 인간이 예외 없이 죄인인 것입니다.

그런데 죄의 삯은 사망이지 않습니까? 아담과 하와가 죄 공장이 되었다는 것은 죽음의 공장이 되었다는 말입니다. 그러므로 아담과 하와의 핏줄을 타고난 모든 인간은 죽음의 공장에서 출시된 죽음의 제품입니다. 인간의 출생은 죽음을 향한 제1보라는 말이 있지 않습니까? 인간은 살기 위해 태어난다기보다는 죽기 위해 태어난다는 말입니다. 이런 말이 가능한 것은 모든 인간이 죽음의 공장에서 출시된 죽음의 제품이기 때문입니다. '죄의 삯은 사망'이라는 로마서 6장 23절 말씀에서 우리말 '삯'으로 번역된 헬라어 '옵소니온ὀψώνιον'은 본래 군인에게 지급하는 봉급을 일컫는 단어입니다. 군인이 받는 봉급의 의미는 다른 직업인에게 지급되는 봉급과 같을 수 없습니다. 군인은 자신의 생명을 담보로 봉급을 받는 사람입니다. 언제든 나라를 지키기 위해 자기 생명을 내어놓아야 합니다. 그와 같은 군인처럼 인간이 아무리 자기 목숨을 아끼지 않을 정도로 열심히 일하고 최선을 다해 살아도 그에게 돌아가는 최후의 삯은 죽음일 뿐입니다. 죽음의 공장에서 출시된 죽음의 제품인 탓입니다.

죽음은 또 썩음과 동의어입니다. 죽는다는 것은 썩어져 없어짐을 뜻한다고 하지 않았습니까? 최초의 인간인 아담과 하와가 죽음의 공장이 되었다는 것은 그들이 썩음의 공장으로 전락했음을 뜻하기에, 그 핏줄을 이어받은 모든 인간은 썩음 공장에서 출하된 썩음 제품일 수밖에 없습니다. 그래서 모든 인간은 썩어져 없어지기 마련입니다. 도덕적인 인간과 비도덕적인 인간도, 요행히 법에 걸리지 않은 인간과 현행법에 저촉되어 법의 심판을 받고 있는 인간도, 교양 있는 인간과 교양 없는 인간도, 유식한 인간과 무식한 인간도, 피부색이 하얀 인간과 검은 인간도, 돈이 많은 인간과 가난한 걸인도 똑같이 썩어 없어집니다. 흉악 범죄를 저질러 사형당해 죽은 사람과 아방궁

같은 대저택 안방에서 죽은 사람도, 동일하게 썩어 없어진다는 면에서는 아무튼 차이가 있을 수 없습니다.

그래서 사도 바울은 본문 36절을 통해 이렇게 증언했습니다.

> 다윗은 당시에 하나님의 뜻을 따라 섬기다가 잠들어 그 조상들과 함께 묻혀 썩음을 당하였으되.

'조상들과 함께 묻혔다'는 것은 '조상들 곁에 안치되었다'는 의미입니다. 유대인들은 죽은 사람의 시신을 조상 대대로 사용해 오는 바위동굴 속의 가족묘실에 안치했습니다. 다윗의 시신 역시 조상들의 시신이 놓여 있던 옆자리에 안치되었습니다. 그때 조상들의 시신은 이미 썩어져 몇 점의 유골만 남아 있었을 것입니다. 그러므로 그 옆에 안치된 다윗의 시신 역시 조상들의 시신처럼 썩음을 당하여 없어져 버렸다는 것입니다. 그 다윗은 블레셋의 거인 골리앗을 제압한 그 다윗이었습니다. 하나님을 사랑했고, 하나님께서 끔찍이 사랑하셨던 그 다윗이었습니다. 온 이스라엘 백성이 흠모하고 닮기를 바라던 위대한 다윗, 바로 그 다윗이었습니다. 그러나 다윗이 아무리 위대하고 아무리 이스라엘 백성이 그를 흠모해도 그가 인간을 위한 구원자일 수는 없었습니다. 그의 육체 역시 썩음을 당해 없어져 버렸기 때문입니다. 다윗 또한 썩음 공장에서 썩음 제품으로 태어난 본질적인 죄인에 지나지 않았습니다.

이미 우리가 알고 있는 것처럼 본문은 사도 바울이 비시디아 안디옥의 유대인 회당에서 행한 설교 내용입니다. 사도 바울이 평생 처음 찾은 비시디아 안디옥에서 처음 만난 유대인들을 앞에 놓고 설교하던 도중에, 모든 유대인들이 흠모하는 다윗이 썩음을 당했음을 강조한 의도가 무엇이었겠습니까? 물론 다윗이 구원자일 수 없음을 밝히기 위함이었습니다. 그와 동시에 우리는 또 하나의 의도를 발견할 수 있습니다. 그 위대한 다윗마저도 썩음을 당하였으니 하물며 바울 자신은 두말할 나위도 없다는 것입니다. 위대한 사도 바울이 비시디아 안디옥의 유대인들에게 이스라엘의 역사에서부터 시작하여 예수님의 고난과 부활에 이르기까지의 내용을 설교했습니다. 난생처음으로 바울의 설교를 들은 그곳 사람들은 처음 만난 바울에 대한 호기심으로 바울에게 온 관심을 집중하지 않았겠습니까? 그러므로 그들로 하여금 바울 자신이 아니라, 자신의 메시지에 집중하게 해주려는 의도였습니다. 바울 자신 역시 썩음을 당해 형체도 없이 사라질 썩음 제품에 지나지 않기 때문이었습니다.

제게는 고혈압이 있습니다. 눈에는 심한 안구 건조증이 있어 무엇에든 오래 집중하면 상이 이지러져 보여 초점을 맞출 수가 없습니다. 오른쪽 눈은 녹내장으로 시야의 30퍼센트가 잠식되었습니다. 약 2년 전부터 거의 매일 잠겨 있는 목소리는 작년에 필요하다는 수술을 받았지만 전혀 호전될 기미가 없습니다. 환절기 때만 되면 심한 호흡기 질환에 밤낮 시달립니다. 폐에는 폐 공기증의 상흔이 남아 있고, 왼쪽 무릎은 연골제거 수술을 받아 조금만 무리해도 통증이 찾아옵니다. 하루에 복용하는 약이 최소한 열다섯 알입니다. 그리고도 체질이 강하지 못해 주일에 네 번 예배를 드리고 난 뒤 탈진한 몸은 화요일이 되어서야 겨우 정상적으로 회복됩니다. 주중에도 오전 11시 이전에는 공식적인 약속을 할 수가 없습니다. 오전 11시 이전에는 실수 없이 논리적인 사고와 판단이 가능할 정도로 정신이 들지 않기 때문입니다. 올해 우리 나이로 제 나이 62세가 되었으니, 앞으로 이런 증세가 심해지면 심해지지 개선되기는 어려울 것입니다. 태어나서 햇수로 62년을 살아오는 동안 제 육체가 그만큼 쇠퇴한 것입니다. 그러다가 제 코끝에서 호흡이 멈추면 이 육체는 썩음을 당해 흙으로 해체되고 말 것입니다.

제가 이 시간에 굳이 이 말씀을 드리는 것은 많은 분들이 저를 보고 우리 교회를 찾으시기 때문입니다. 여러분이 이곳에 오셔서 저만 보시고 제게만 관심을 갖고 집중하시면, 지난 월요일 새교우환영회에서도 말씀드린 것처럼 여러분들에게는 얻을 것이 아무것도 있을 수 없습니다. 도리어 시간 낭비요, 인생 낭비일 수밖에 없습니다. 여러분이나 저나 똑같이 죄 공장에서 태어난 죄인이요, 죽음 공장에서 출하된 죽음의 제품이요, 썩음 공장에서 출시된 썩음 제품에 불과하기 때문입니다. 그러므로 여러분이 혹 저를 보고 이곳을 찾으셨다고 해도 여러분은 지금부터 제가 아니라 제가 전하고자 하는 메시지, 제 메시지가 가리키는 분, 100주년기념교회를 교회다운 교회 되게 하시는 분에게 집중하셔야 합니다. 그분은 말할 것도 없이 예수 그리스도이십니다.

본문 38절을 보시겠습니다.

그러므로 형제들아 너희가 알 것은 이 사람을 힘입어 죄사함을 너희에게 전하는 이것이며.

사도 바울은 '너희가 알 것은' 하면서 드디어 결론을 맺고 있습니다. '이 사람을 힘입어'에서 '이 사람'은 '예수 그리스도'를 일컫고, 우리말 '힘입어'로 번역된 헬라어 '디아$\delta\iota\alpha$'는 '……을 통하여', '……를 통로로 삼아'라는 의미입니다. 무엇을 통하거나 통로로 삼는다는 것은 그 속에 들어가는 것을 뜻합니다. 그리고 '죄사함을 너희에게 전한다'는 내용이 원어에는 수동태로 '죄사함이 너희에게 전해지고 있다'고 기록되어 있습니다. 그러므로 본문을 원문에 충실하게 옮기면 '너희가 알 것은, 예수 그리스도를 통하여 너희에게 지금 죄사함이 전해지고 있다'는 말입니다. 다시 말하면 예수 그리스도께서 지금 사도 바울을 도구로 삼아 바울의 설교를 듣는 사람들에게 죄사함을 전해 주고 계시다는 것입니다.

죄사함은 구체적으로 무슨 의미입니까? 죄의 삯은 죽음이요, 죽음은 곧 썩음이라고 했습니다. 따라서 죄사함은 바로 그 반대 현상임을 알 수 있습니다. 죄사함은 죽음으로부터의 탈피요, 썩음에서 벗어나는 것입니다. 죽음과 썩음으로부터 벗어나는 죄사함이 지금 전해지고 있다는 것입니다. 누구를 통해? 예수 그리스도를 통해! 예수 그리스도가 누구시기에 죽음과 썩음으로부터의 탈피를 뜻하는 죄사함이 그분을 통해 전해지고 있다는 것입니까?

> 하나님께서 살리신 이는 썩음을 당하지 아니하였나니(37절).

인간의 죗값을 대신 치르시기 위해 십자가의 제물로 못박혀 돌아가셨다가 사흘째 되는 날에 하나님에 의해 다시 사신 예수님께서는 영원히 썩음을 당하지 아니하셨습니다. 영원히 썩음을 당하지 않으셨다는 사실이 왜 중요합니까? 영원히 썩음을 당하지 않으셨다는 것은 썩음을 초래하는 죽음을 영원히 이기셨다는 말이요, 죽음을 영원히 이기셨다는 것은 죽음의 원인인 죄의 권세를 영원히 이기셨다는 뜻입니다. 그래서 영원히 썩음을 당하지 않으신 예수 그리스도를 통해서만, 그분을 통로로 삼아서만 죄사함이 전해질 수 있는 것입니다. 다시 말해 누구든지 영원히 썩음을 당하지 않으신 그분 안에 있기만 하면 죄의 삯인 죽음과 썩음으로부터 벗어날 수 있습니다.

또 모세의 율법으로 너희가 의롭다 하심을 얻지 못하던 모든 일에도 이 사람을 힘입어 믿는 자마다 의롭다 하심을 얻는 이것이라(39절).

여기에서도 '이 사람'은 '예수 그리스도'를 칭하고, '힘입어'로 번역된 '엔έν' 역시 '……안에'라는 의미입니다. 모세의 율법 안에서는 그 누구도 의롭다 하심을 받을 수 없습니다. 의로우신 하나님 앞에서 의롭다는 것은 또 구체적으로 무슨 의미이겠습니까? 하나님 보시기에 일말의 죄도 없다는 것이요, 죄가 없다는 것은 죽지 않는다는 것이요, 죽지 않는다는 것은 썩음을 당하지 않는다는 것입니다. 그러므로 모세의 율법 안에서는 의롭다 하심을 받을 수 있는 인간은 아무도 없습니다. 죄 공장에서 본질적인 죄인으로 태어난 인간에게는 율법을 온전히 지킬 능력이 없기에, 율법 안에서는 모든 인간이 죄인으로 죽어 썩음을 당할 수밖에 없는 까닭입니다.

그러나 예수 그리스도 안에 있으면, 누구든지 예수 그리스도 안에서는 의롭다 하심을 받을 수 있습니다. 예수 그리스도께서는 영원히 썩음을 당하지 않으신 분이시기에 예수 그리스도만 하나님 앞에서 완전한 의인이십니다. 따라서 누구든지 예수 그리스도 안에 있으면 그는 여전히 죄인이지만, 예수 그리스도의 완전한 의를 힘입어 영원히 썩음을 당하지 않는 의인으로 인정받게 되는 것입니다. 이처럼 예수 그리스도께서 우리에게 죄사함을 주실 수 있는 것도, 우리로 하여금 하나님으로부터 의롭다고 인정받게 해주실 수 있는 것도 모두 당신이 영원히 썩음을 당하지 않으심으로 영원한 생명 공장이 되셨기에 가능할 수 있었습니다. 이것이 바울 설교의 결론입니다. 예수님의 머리끝에서부터 발끝까지 어느 부위 하나라도 썩음을 당하였다면, 그분이 우리에게 죄사함을 주고 우리로 하여금 의롭다고 인정받게 해주는 구원자가 되실 수는 결코 없었을 것입니다. 사도 바울이 본문 34절에서, 35절에서, 37절에서, 예수님께서 썩음을 당하지 않으셨음을 연거푸 세 번씩이나 되풀이하여 강조한 까닭이 여기에 있습니다.

사도 바울은 또 다음과 같이 증언하였습니다.

> 이 썩을 것이 반드시 썩지 아니할 것을 입겠고 이 죽을 것이 죽지 아니함을 입으리로다(고전 15:53).

우리의 코끝에서 호흡이 멈추어 우리의 육체가 썩어 문드러지기 시작해도, 우리의 영혼은 썩음을 당하지 않으신 예수 그리스도 안에서 영원한 생명을 누리게 될 것임을 우리는 이미 알고 있습니다. 그러나 하나님의 구원은 우리의 영혼에만 국한된 부분적 구원이 아닙니다. 하나님께서 태초에 인간을 창조하실 때 육체가 없는 영혼으로 창조하신 것이 아닙니다. 하나님께서는 흙으로 인간을 빚으시고 당신의 영원한 생기를 불어넣어 주심으로 인간이 영혼과 육체를 함께 지닌 생령이 되게 하셨습니다. 그러므로 하나님의 구원은 우리의 영혼은 말할 것도 없고 마지막 날 우리의 육체도 살리시는 전인적인 구원입니다. 이것이 우리가 매 주일 사도신경을 통하여 우리의 몸이 다시 사는 것을 믿는다고 고백하는 이유입니다. 우리의 육체가 마지막 날에 다시 살아남으로 애초 인간에게 육체를 주신 하나님의 구원이 완성되는 것입니다. 그러나 마지막 날에 다시 사는 몸은 지금 우리의 육체처럼 고혈압과 녹내장과 호흡기 질환 같은 각종 질병에 시달리면서 늙고 쇠퇴해 가는 이 육체가 아니라, 예수 그리스도 안에서 영원히 썩음을 당하지 않는 몸으로 다시 사는 것입니다. 아담과 하와가 범죄하기 이전에 지녔던, 영원한 생령이었던 신령한 몸으로 다시 살게 되는 것입니다. 오직 예수 그리스도 안에서만 그것이 가능함은 그분만 영원히 썩음을 당하지 않으신 생명 공장이시기 때문입니다.

만일 이 사실을 우리가 믿는다면 우리는 한 걸음 나아가 더욱 귀중한 사실을 깨닫게 됩니다. 죽음 공장이요, 썩음 공장인 죄 공장에서 본질적인 죄인으로 태어났기에 죽어서 썩음을 당할 수밖에 없는 우리가 생명 공장이신 예수 그리스도 안에서 영원히 썩음을 당하지 않게 되었다면, 주님을 위한 우리의 거룩한 뜻 역시 영원히 썩음을 당하지 않는다는 것입니다.

다음은 로마서 15장 28절을 통한 바울의 증언입니다.

> 그러므로 내가 이 일을 마치고 이 열매를 그들에게 확증한 후에 너희에게 들렀다가 서바나로 가리라.

바울이 고린도에서 로마서를 기록할 때 그의 계획은 로마를 들렀다가 서바나 즉 스페인으로 가는 것이었습니다. 당시의 땅끝이라 여긴 스페인에도 주님의 복음을 전하기 위함이었습니다. 그러나 로마에 당도한 바울은 그곳에서 참수형을 당하고 말았습니다. 로마를 거쳐 스페인까지 찾아가려던 바울의 뜻이 로마에서 무산되어 버린 것입니다. 그래서 그것으로 끝나 버렸습니까? 스페인을 최후의 목적지로 삼았던 바울의 인생은 실패로 끝나 버리고 말았습니까? 아니었습니다. 그가 참수형을 당한 지 300년 만에 그가 순교의 피를 뿌린 로마제국, 스페인을 포함한 로마제국이 복음화됨으로써 스페인까지 복음을 전하려던 그의 뜻은 온전히 이루어졌습니다.

오늘 본문 속에서 영원히 썩음을 당하지 않으신 예수님을 세 번씩이나 되풀이하여 강조한 바울은, 그가 영원한 생명 공장으로 믿었던 예수 그리스도 안에서 그의 영혼만 영원히 썩음을 당하지 않은 것이 아닙니다. 참수형을 당했던 그의 육체가 마지막 날에 영원히 썩음을 당하지 않을 몸으로 다시 살게 되는 것만으로 그에 대한 하나님의 구원의 은총이 종결될 것도 아닙니다. 바울이 자신을 구원해 주신 예수 그리스도를 위해 품었던 그의 거룩한 뜻과 계획 역시 조금도 썩음을 당하지 않고 영원 속에서 다 이루어지게 되었습니다. 이 사실을 깨달으면 우리는, 그리스도인에게는 "모든 것이 협력하여 선을 이루느니라"(롬 8:28)는 바울의 고백이 지닌 깊은 뜻을 이해하게 됩니다. 주님을 위한 그리스도인의 거룩한 뜻과 계획은 영원히 썩음을 당하지 않는다는 것입니다. 그리스도인의 뜻과 계획은 무산되는 것처럼 보여도 영원 속에서 어떤 형태로든 반드시 이루어진다는 것입니다. 한마디로 그리스도인에게는 세상의 실패가 실패가 아니라는 것입니다.

네덜란드가 낳은 세계적인 화가 빈센트 반 고흐는 할아버지와 아버지가 모두 목사였습니다. 그래서 고흐 역시 어릴 때부터 목사가 되어 가난하고 소외된 사람들에게 주님의 사랑을 전하려는 뜻을 품고 있었습니다. 그러나 목사가 되려던 그의 뜻은 물거품이 되고 말았습니다. 목사 대신 복음 전도자로 살기 위해 신학교가 아닌 전도사 양성학교에 들어갔지만 그 계획 역시 실패하고 말았습니다. 그 이후 가난하고 소외된 사람들을 화폭에 담기 시작함으로, 가난하고 소외된 사람에게 주님의 사랑을 전하며 살려던 그의 뜻은 그의 그림 속에서 영원히 살아남았습니다. 목사와 전도사가 되려던 계획은 실패했지만, 정신 질환에 시달린 그의 인생은 실패한 것 같았지만, 주님의 사랑과 생명을 전하려 했던 그의 거룩한 뜻은 영원히 썩음을 당하지 않고 도리어 불후의 명작으로 영원히 살아 있습니다. 주님을 위한 그의 거룩한 뜻이 예수 그리스도 안에서 합력하여 선으로 귀결된 것입니다. 만약 목사와 전도사가 되려던 그의 뜻이 성공했더라면 결코 얻지 못했을 역설적인 성공이었습니다. 목사 천 명의 설교를 합친다 한들, 어찌 고흐가 가난하고 소외된 사람들을 예수 그리스도의 사랑으로 화폭에 담은 그림 한 점을 당할 수 있겠습니까?

　우리가 생명 공장이신 예수 그리스도 안에서 영육 간에 영원히 썩음을 당하지 않는 그리스도인임을 정녕 믿으십니까? 그렇다면 주님을 위한 우리의 거룩한 뜻 역시 영원히 썩음을 당하지 않음을 믿으십시다. 주님 안에서는 세상의 성공이 성공이 아니며, 세상의 실패가 실패가 아님을 잊지 마십시다. 세상의 성공에 자만하지 말고, 세상의 실패를 두려워하지도 마십시다. 주님을 위하여 거룩한 뜻을 세우고, 그 일을 위해 우리 자신을 담대하게 던지십시다. 우리의 인생이 비록 사도 바울이나 반 고흐처럼 이 세상에서 실패로 끝난다 해도, 우리의 삶은 예수 그리스도 안에서 영원한 불후의 명작으로 반드시 부활할 것입니다. 우리가 믿는 예수 그리스도께서는 영원히 썩음을 당하지 않으신, 영원한 생명 공장이시기 때문입니다.

　로마제국의 네로 황제가 사도 바울에게 참수형을 내릴 때, 네로 황제는 세상에서 가장 성공한 사람이었습니다. 로마를 거쳐 스페인까지 찾아가 주님의 복음을 전하려던 바울이 로마에서 참수형을 당할 때, 그는 세상에서 가장 비참한 실패자였습니다. 그러나 2천 년이 지난 지금 우리는 성공자였던 네로 황제가 실은 실패자이고, 실패자였던 바울이 도리어 성공자임을 알고 있습니다. 스페인까지 주님의 복음을 전하려던 바울의 뜻이 비록 바울의 생전에는 무산되었지만, 그의 뜻은 예수 그리스도 안에서 썩음을 당하지 않고, 그가 참수형을 당한 지 300년 후 스페인을 포함한 로마제국이 복음화됨으로써 영원 속에서 이루어졌습니다. 바울이 자신의 생명을 걸고 믿었던 주님께서 영원히 썩음을 당하지 않으신 영원한 생명 공장이셨기 때문입니다.

영원히 썩음을 당하지 않으신 영원한 생명 공장이신 예수 그리스도를 믿는다는 것은, 우리의 코끝에서 호흡이 멎은 뒤 우리 육체가 썩어 문드러져도 우리의 영혼은 영원한 생명을 누리게 될 것을 믿는 것만도 아니요, 마지막 날 우리의 몸이 영원히 썩지 않을 신령한 몸으로 다시 살게 될 것만을 믿는 것도 아니요, 주님을 위한 우리의 거룩한 뜻 역시 주님 안에서 영원히 썩음을 당하지 않는 것까지 믿는 것임을 깨닫게 해주신 주님!

세상의 실패를 두려워하지 않게 해주십시오. 세상의 성공에 속지도 말게 해주십시오. 세상의 실패가 실패가 아님을 잊지 않게 도와주십시오. 우리의 코끝에 호흡이 있는 동안 주님을 위하여 거룩한 뜻을 세우고, 그 일을 위하여 우리 자신을 온전히 내던지는 용기 있는 그리스도인으로 살게 해주십시오. 그리하여 세상에서는 혹 우리의 인생이 실패하는 것처럼 보여도, 영원히 썩음을 당하지 않으신 주님 안에서 주님을 위한 영원한 불후의 명작으로 부활하게 해주십시오. 아멘.

28. 은혜 가운데 있으라 성령강림 주일

사도행전 13장 40-43절
그런즉 너희는 선지자들을 통하여 말씀하신 것이 너희에게 미칠까 삼가라 일렀으되 보라 멸시하는 사람들아 너희는 놀라고 멸망하라 내가 너희 때를 당하여 한 일을 행할 것이니 사람이 너희에게 일러 줄지라도 도무지 믿지 못할 일이라 하였느니라 하니라 그들이 나갈새 사람들이 청하되 다음 안식일에도 이 말씀을 하라 하더라 회당의 모임이 끝난 후에 유대인과 유대교에 입교한 경건한 사람들이 많이 바울과 바나바를 따르니 두 사도가 더불어 말하고 항상 하나님의 **은혜 가운데 있으라** 권하니라

우리는 오늘로 15주째 사도 바울이 비시디아 안디옥의 유대인 회당에서 행한 설교 내용을 살펴보고 있습니다. 설교 도입부의 내용은, 한 나라와 민족과 개인을 세우기도 하고 폐하기도 하는 역사의 주관자이신 하나님께서 죄와 사망으로부터 인간을 구원하기 위한 구원자로 당신의 독생자이신 예수님을 이 땅에 보내 주셨다는 것이었습니다. 그 설교의 본론은 예수님의

고난과 부활에 대한 내용이었습니다. 예수님으로 인해 자신들의 종교적 기득권이 위축될 것을 우려한 유대교 지도자들은 유대 민중을 선동하여 빌라도 총독에게 예수님을 사형에 처하도록 압력을 넣었습니다. 자칫 민란이 일어날 것을 우려한 빌라도 총독은 예수님의 무죄를 알면서도 예수님께 사형을 선고했고, 죄 없는 예수님께서는 십자가에 못박혀 운명하셨습니다. 사람들은 운명하신 예수님의 시신을 바위 동굴무덤 속에 안치했지만, 그것은 끝이 아니라 새로운 시작이었습니다. 하나님께서 시신이 된 예수님을 시신 상태에서 다시 살리신 것이었습니다.

그리고 바울의 설교는 결론에 이르러, 예수님의 부활을 '썩음을 당하지 않으신 것'으로 정의하였습니다. 거룩하신 하나님 앞에서 모든 인간은 죄인이고, 죄의 삯은 죽음입니다. 죽음은 썩어져 형체도 없이 사라져 버리는 것입니다. 그래서 온 이스라엘 백성이 흠모하고 닮기를 원하던 위대한 신앙 영웅 다윗마저도 인간의 구원자일 수는 없었습니다. 그 역시 죄인이었기에 썩어져 형체도 없이 사라져 버렸기 때문입니다. 그러나 예수님께서는 영원히 썩음을 당하지 않으셨습니다. 영원히 썩음을 당하지 않으셨다는 것은 썩음을 초래하는 죽음을 영원히 이기셨다는 말이요, 죽음을 영원히 이기셨다는 것은 죄의 삯은 죽음이기에 죽음의 원인인 죄의 권세를 영원히 이기셨다는 뜻입니다. 그래서 영원히 썩음을 당하지 않으신 예수님만 죄의 삯인 죽음과 썩음에서 벗어나는 죄사함을 주실 수 있습니다.

그뿐 아닙니다. 모세의 율법 안에서는 그 누구도 의롭다 하심을 받을 수 없습니다. 하나님 앞에서 의롭다는 것은 하나님 보시기에 일말의 죄도 없다는 것이요, 죄가 없다는 것은 죽지 않는다는 것이요, 죽지 않는다는 것은 썩음을 당하지 않는다는 말입니다. 그러므로 모세의 율법 안에서는 그 어떤 인간도 의로울 수 없습니다. 타락한 인간은 스스로 율법을 지킬 능력을 지니지 못했기에 율법 안에서는 모든 인간이 죄인으로 죽어 썩음을 당할 수밖에 없습니다. 그러나 영원히 썩음을 당하지 않으신 예수님께서는 하나님 앞에서 완전한 의인이십니다. 예수님께서 썩음을 당하지 않으셨다는 것은 하나님 보시기에 예수님께는 죄가 없음을 의미하기 때문입니다. 따라서 누구든지 예수 그리스도 안에 있으면 그 자신은 여전히 죄인이지만, 영원히 썩음을 당하지 않으신 예수 그리스도의 완전한 의를 힘입어 하나님으로부터 의롭다고 인정받게 되는 것입니다.

예수님께서 우리를 위한 온전한 구원자가 되시는 것은 이처럼 예수님께서 영원히 썩음을 당하지 않으셨기 때문입니다. 예수님께서 영원히 썩음을 당하지 않으셨기에, 우리의 코끝에서 호흡이 멎고 우리의 육체가 썩어 문드러져도 우리의 영혼은 예수님 안에서 영원히 살 수 있습니다. 예수님께서 영원히 썩음을 당하지 않으셨기에, 우리가 마지막 날에 영원히 썩지 않을 신령한 몸을 주님 안에서 다시 입을 수 있습니다. 예수님께서 영원히 썩음을 당하지 않으셨기에, 주님을 위해 살려는 우리의 거룩한 뜻 역시 절대로 썩지 않고 시간과 공간을 초월하여 주님의 방법으로 이 땅의 역사 속에서 반드시 이루어집니다. 우리가 살든지 죽든지 오직 예수님 안에 거해야 함은, 예수님만 영원히 썩음을 당하지 않으신 우리의 구원자시기 때문입니다.

바울의 설교는 마침내 다음과 같이 대단원의 막을 내리고 있습니다.

> 그런즉 너희는 선지자들을 통하여 말씀하신 것이 너희에게 미칠까 삼가라 일렀으되 보라 멸시하는 사람들아 너희는 놀라고 멸망하라 내가 너희 때를 당하여 한 일을 행할 것이니 사람이 너희에게 일러 줄지라도 도무지 믿지 못할 일이라 하였느니라 하니라(40-41절).

사도 바울은 구약성경 하박국 1장 5절을 인용하면서, 그와 같이 멸망하지 않도록 조심하라는 경고로 자신의 설교를 끝맺었습니다. 하박국 선지자는 바빌로니아 제국에 의해 예루살렘이 멸망당하기 직전에 활동했던 선지자였습니다. 당시 유대인들은 하나님을 등지고 살았습니다. 하나님의 공의는 하나님을 믿는다는 사람들에 의해 짓밟혔고, 악과 불의가 온 세상을 지배했습니다. 하나님의 말씀을 좇아 산다는 것이 아무런 의미도 없는 것처럼 보였습니다. 선지자들이 하나님의 심판을 외쳐도 아무도 귀 기울여 듣지도 믿지도 않았습니다. 그러나 하나님께서는 하박국 선지자를 통해 머지않아 예루살렘이 멸망할 것을 분명히 밝히셨고, 하나님의 그 말씀은 주전 586년 바빌로니아 제국에 의해 예루살렘이 멸망당함으로 인류의 역사 속에서 성취되었습니다.

바울이 그 역사적 사실을 상기시키는 것으로 자신의 설교를 마무리한 것은, 예수 그리스도를 믿지 않으면 누구든지 예루살렘이 멸망당한 것처럼 멸망할 수밖에 없다는 의미였습니다. 다시 말해 예수 그리스도가 아니고서는 그 누구도 하나님의 심판을 피할 수 없다는 것이었습니다. 그 이유가 무엇이겠습니까? 영원히 썩음을 당하지 않으신 예수 그리스도를 통하지 않고는, 죄의 삯은 죽음이기에 모든 인간은 자기 죄로 인해 죽고 썩어져 없어져 버리기 때문입니다. 인간이 일평생 열심을 다해 수고하고 애쓰며 산 대가가 고작 썩어져 형체도 없이 사라져 버리는 것이라면 인간에게 그보다 더 무서운 멸망, 더 가공할 심판이 어디에 있겠습니까? 그러므로 바울의 설교가 하박국 1장 5절을 인용하는 것으로 끝난 것은, 예수님의 부활을 영원히 썩음을 당하지 않는 것으로 정의한 바울의 결론에 더없이 적합한 끝맺음이었습니다.

그들이 나갈새 사람들이 청하되 다음 안식일에도 이 말씀을 하라 하더라 (42절).

설교를 끝낸 바울이 바나바와 함께 유대인 회당을 나서려는데, 사람들이 바울에게 그다음 주 안식일에도 영원히 썩음을 당하지 않으신 예수님에 대해 설교해 줄 것을 요청했습니다. 평생 처음 듣는 복음의 생명력에 그들이 사로잡힌 것이었습니다.

회당의 모임이 끝난 후에 유대인과 유대교에 입교한 경건한 사람들이 많이 바울과 바나바를 따르니 두 사도가 더불어 말하고 항상 하나님의 은혜 가운데 있으라 권하니라(43절).

회당 모임이 완전히 파했음에도 많은 유대인들과 유대교에 입교한 이방인들이 흩어지지 않고 바울과 바나바를 뒤쫓았습니다. 바울과 바나바는 그들과 함께 이야기를 나눈 뒤, 그들과 헤어지면서 "항상 하나님의 은혜 가운데 있으라"고 권했습니다.

'항상 하나님의 은혜 가운데 있으라.'
바울의 이 짧은 말 속에는 복음의 진수가 담겨 있습니다. 하나님의 은혜 속에 있으라는 말은, '지금 하나님의 은혜가 너희에게 임해 계시다'는 의미입니다. 하나님의 은혜가 임하시지 않았다면 하나님의 은혜 안에 있으라는 말 자체가 불가능합니다. 하나님의 은혜가 이미 임해 계시므로, 하나님의 그 은혜에서 벗어나는 어리석음을 범치 말라는 것입니다. 그들에게 이미 임한 하나님의 은혜는 대체 어떤 은혜였습니까? 영원히 썩음을 당하지 않으신 예수 그리스도 안에서 죄사함을 얻고 하나님의 의로운 자녀가 되어, 영육 간에 영원히 썩지 않는 영원한 생명을 얻는 영원한 구원의 은혜였습니다. 비시디아 안디옥 사람들이 그 은혜를 먼저 알고 하나님께 간구했기에 그 은혜가 그들에게 주어졌습니까? 아니었습니다. 그때까지 그들은 예수님의 '예' 자도 몰랐습니다. 그런데도 하나님께서 그들에게 당신의 은혜를 일방적으로 베풀어 주셨습니다. 그 도구는 바울이었습니다. 그렇다면 하나님께서 바울을 통해 그들에게 은혜를 베푸신 과정은 어떠했습니까?

본문의 시점에서 최소한 17년 전 다메섹 도상에서 극적인 사건이 일어났습니다. 유대교에서 장래가 보장되어 있던 청년 바울이 예수 그리스도 안에서 하나님께 사로잡힌 것이었습니다. 바울이 예수님께서 구원자이심을 먼저 알고 하나님의 은혜를 간구했기 때문이 아닙니다. 그때 바울은 교회를 짓밟고 그리스도인들을 색출, 연행, 투옥시키기를 천직으로 삼던 예수님의 대적이었습니다. 그런데도 예수 그리스도 안에서 그를 구원하시려는 하나님의 은혜가 일방적으로 그에게 임했습니다. 그 은혜에 감격한 바울은 즉각 다메섹에서 예수 그리스도의 복음을 전하려 했지만, 바울을 배교자로 간주한 유대교인들이 바울을 죽이려 함으로 바울은 뜻을 이룰 수 없었습니다. 아라비아 광야에서 3년 동안 홀로 경건의 훈련을 거친 바울은 예루살렘으로 올라가 복음을 전하려 했지만, 예루살렘의 유대교인들 역시 배교자 바울을 죽이려 하기는 매한가지였습니다. 어쩔 수 없이 고향 다소로 낙향한 바울은 그곳에서 무려 13년 동안이나 실패자처럼 칩거해야만 했습니다.

그 와중에 다소에서 멀지 않은 시리아의 안디옥에 교회가 세워졌습니다. 기독교 역사상 이방 세계에 이방인을 위하여 세워진 최초의 교회였습니다. 안디옥교회 소식을 접한 예루살렘 모교회 지도자들은 안디옥교회의 목회자로 바나바를 파송하였습니다. 안디옥으로 내려와 목회를 시작한 바나바는 자기 홀로 부흥하는 안디옥교회를 감당하기에는 역부족임을 확인했습니다. 그는 예전에 예루살렘에서 만난 적이 있었던 바울을 기억하고, 다소에서 칩거 중인 바울을 찾아가 그를 안디옥으로 청하여 그와 함께 안디옥교회를 이끌었습니다.

1년이 지났을 때 안디옥교회 교인들은 성령님의 뜻을 좇아 바나바와 바울을 이방 세계를 위한 전도자로 파송하였습니다. 수행원 마가를 포함하여 총 세 명으로 구성된 그 전도팀의 우두머리는 바나바였습니다. 그러나 그들의 첫 전도지였던 구브로 섬을 관통하는 도중에 전도팀의 우두머리가 바나바에서 바울로 바뀌었습니다. 구브로 섬에서 그다음 행선지를 밤빌리아의 버가로 결정한 사람은 전도팀의 새로운 우두머리가 된 바울이었습니다. 배를 타고 버가에 도착하자마자 수행원이었던 마가가 자신의 집이 있는 예루살렘으로 돌아가 버렸고, 바울은 풍토병에 걸리고 말았습니다.

그러나 바울은 전도 여행을 포기하지 않았습니다. 목숨을 걸고 험산준령의 타우루스 산맥을 넘어 풍토병이 만연한 저지대 버가와는 정반대의 환경 조건을 지닌 고지대 비시디아 안디옥으로 갔습니다. 풍토병에 걸린 몸으로 타우루스 산맥을 넘었기에 그의 건강은 최악의 상황이었을 것임에도, 비시디아 안디옥에 당도한 바울은 요양원을 찾지 않았습니다. 바울이 그곳에 당도하자 안식일이 돌아왔고, 그가 가장 먼저 찾아간 곳은 유대인 회당이었습니다. 그리고 회당장들의 요청으로 바울이 영원히 썩음을 당하지 않으신 예수 그리스도 안에서 하나님께서 성취하신 구원의 은혜를 전함으로, 비로소 그곳 사람들이 하나님의 신비스러운 구원의 은혜를 접하게 되었습니다.

만약 본문의 시점에서 최소한 지난 17년 동안 바울의 삶 속에서 단 한 과정만 다르게 전개되었더라면, 이를테면 17년 전 다메섹 도상에서 바울이 주님을 만나지 못했더라면, 회심한 바울이 다메섹과 예루살렘에서 복음을 전하려 했을 때 그곳 유대교인들이 바울을 죽이려 하지 않아 다메섹이나 예루살렘에서 목회자로 정착했다면, 바울이 13년 동안 칩거했던 고향 다소에서 멀지 않은 시리아의 안디옥에 자생적으로 안디옥교회가 생기지 않았다면, 안디옥교회 목회자로 파송된 바나바가 홀로 안디옥교회를 목회하기에는 역부족임을 알고서도 바울을 기억하지 못해 다른 사람을 동역자로 청했다면, 안디옥교회가 최초의 전도팀을 파송하면서 바울을 대원으로 택하지 않았다면, 첫 전도지인 구브로 섬을 관통하면서 바울이 다음 행선지를 결정하는 권한을 지닌 전도팀의 우두머리로 부상하지 않았다면, 바울이 버가에서 풍토병에 걸리지 않아 구태여 타우루스 산맥을 넘을 필요 없이 평지에서만 복음을 전했다면, 풍토병에 걸린 바울이 험산준령의 타우루스 산맥을 넘다가 기운이 다해 죽어 버렸다면, 타우루스 산맥을 넘었더라도 비시디아 안디옥을 제쳐놓고 다른 도시를 찾아갔다면, 비시디아 안디옥에서 유대인 회당을 찾아갔더라도 회당장들이 바울에게 설교를 요청하지 않았다면, 하나님의 은혜는 비시디아 안디옥 사람들에게 결코 전해지지 못했을 것입니다.

　바울이 그처럼 비시디아 안디옥을 찾아가지 않을 수 없도록 한 치의 오차도 없이 바울의 삶을 주관하신 분은 두말할 것도 없이 하나님이셨습니다. 하나님께서는 일찍이 비시디아 안디옥 사람들을 선택하셨습니다. 그리고 당신이 작정하신 때, 미리 예비해 두신 바울을 도구 삼아 비시디아 안디옥 사람들에게 구원의 은혜를 베푸셨습니다. 하나님의 도구로 쓰임 받으면서 하나님의 은혜가 자신을 통해 어떻게 비시디아 안디옥에까지 전해지게 되었는지 누구보다 잘 아는 바울이었기에, 그는 그곳 사람들에게 '항상 하나님의 은혜 가운데 있으라'고 권했습니다. 그 은혜는 하나님께서 영원히 썩음을 당하지 않으신 예수 그리스도 안에서 성취하신 영원한 생명의 은혜, 영원한 구원의 은혜였습니다. 그 은혜를 외면한다는 것은 썩어져 형체도 없이 사라져 버리는 죽음의 길로 내닫는 어리석은 짓이었습니다. 그래서 바울은 간절한 심정으로 그들에게 말했습니다.

"항상 하나님의 은혜 가운데 있으라."

지난 화요일 밤 '성숙자반'의 주제는 '회개'였습니다. 공부가 끝난 뒤에 타 교회 교인이라는 교우님이 제게 "회개하지 않으면 하나님 나라를 못 얻습니까?" 하고 물었습니다. 그래서 제가 "인간의 회개보다도 하나님의 은혜가 먼저 임해 계시다는 것이 더 중요합니다"라고 대답드렸습니다. 회개는 죽음의 길을 걷던 인간이 하나님을 향해 돌아서는 것이기에 그리스도인에게 회개는 대단히 중요합니다. 그러나 회개는 인간의 행위입니다. 인간의 행위인 회개만 강조하면 자칫 회개는 인간의 공로가 되어 버립니다. 인간이 회개라는 자신의 공로를 통해 구원을 얻는 셈이 되는 것입니다. 그것은 성경이 전하는 복음이 아닙니다. 복음은 인간이 회개하기도 전에, 하나님을 알기도 전에 하나님의 은혜가 먼저 임하셨다는 것입니다. 하나님의 은혜가 먼저 임하셨기에 하나님의 은혜 속에서, 하나님의 은혜를 힙입어 하나님을 향해 돌아서는 인간의 회개가 수반되는 것입니다. 인간의 행위인 회개의 동기는 인간 자신이 아니라 인간에게 먼저 임하신 하나님의 은혜라는 말입니다. 이것은 인간의 회개에만 국한된 이야기가 아닙니다. 출애굽한 이스라엘 백성들이 40년간의 광야 생활을 거쳐 마침내 가나안 땅에 입성하기 전, 하나님께서 모세를 통해 그들에게 말씀하셨습니다.

> 그러므로 네가 알 것은 네 하나님 여호와께서 네게 이 아름다운 땅을 기업으로 주신 것이 네 공의로 말미암음이 아니니라 너는 목이 곧은 백성이니라(신 9:6).

하나님께서 이스라엘 백성에게 젖과 꿀이 흐르는 가나안 땅을 주신 것은 그들이 공의로운 민족이었기 때문이 아니었습니다. 그들은 하나님 앞에서 목이 곧은 교만한 민족이었습니다. 그렇다고 그들의 신분이 고귀했던 것도 아닙니다. 그들은 400년 동안이나 이집트에서 노예살이를 한 가장 비천한 민족이었습니다. 그런데도 그 목이 곧고 비천한 이스라엘 백성에게 하나님께서 가나안 땅을 주신 것은, 그들의 조상 아브라함 때부터 그 땅을 주시리라고 약속하신 하나님의 일방적인 은혜로 인함이었습니다. 하나님의 그 은혜 속에서 자식도 없던 아브라함은 믿음의 조상이 되었습니다. 하나님의 그 은혜 속에서 가진 것이라고는 마른 지팡이 하나뿐이던 팔십 노인 모세는 출애굽의 지도자가 되었습니다. 하나님의 그 은혜 속에서 베들레헴의 이름 없던 목동 다윗은 블레셋의 거인 골리앗을 제압하고 이스라엘의 성군이 되었습니다. 하나님의 그 은혜 속에서 갈릴리의 무식한 어부 베드로와 교회를 짓밟던 폭도 바울이 위대한 사도가 되었습니다. 이처럼 성경은 오직 하나님의 은혜 속에서만 인간은 하나님을 향해 돌아서는 회개를 할 수 있고, 하나님의 은혜 속에서만 하나님께서 언약하신 가나안을 얻을 수 있고, 하나님의 은혜 속에서만 하나님의 뜻을 좇아 영원한 생명의 삶을 살 수 있음을 초지일관 밝혀 주고 있습니다.

사도 바울은 본문 속에서 하나님의 그 은혜가 너희에게 임하였으므로 항상 하나님의 은혜 가운데 있으라고 권면하였습니다. 이것은 본문 속 비시디아 안디옥 사람들뿐 아니라, 시간과 공간을 초월하여 지금 본문을 접하고 있는 우리에게도 해당됩니다. 우리가 영원히 썩음을 당하지 않는 구원받은 그리스도인으로 지금 이 자리에 앉아 있는 것은, 하나님의 은혜가 먼저 우리에게 임하셨기 때문입니다. 그래서 바울은 지금 본문을 통해 우리 각자에게 '항상 하나님의 은혜 가운데 있으라'고 권면하고 있습니다. 우리에게 임하신 하나님의 은혜를 떠나서는 우리는 썩어져 형체도 없이 사라져 버릴 것이기 때문입니다. 하나님의 은혜가 우리에게 임하셨다는 것은, 하나님께서 영으로 임하셨다는 말입니다. 다시 말해 성령 하나님께서 임하셨다는 뜻입니다. 비시디아 안디옥 사람들에게 하나님의 은혜가 임하셨다는 것은, 바울이 비시디아 안디옥에 이를 수밖에 없도록 바울의 삶을 한 치의 오차도 없이 주관하신 성령 하나님께서 바울을 통로로 삼아 친히 그들에게 임하셨다는 말입니다. 따라서 '항상 하나님의 은혜 가운데 있으라'는 것은, 하나님의 은혜로 이미 우리에게 임해 계신 '성령님 안에 있으라'는 의미임을 알게 됩니다. 예수 그리스도 안에 있다는 것 역시 성부 하나님의 영인 동시에 성자 하나님의 영이신 성령님 안에 있음을 뜻합니다.

오늘은 2천 년 전 오순절에 성령 하나님께서 이 땅에 강림하셨음을 기리는 '성령강림 주일'입니다. 그 성령 하나님께서 우리가 그분을 알기도 전에 우리에게 먼저 임하셨습니다. 만약 우리의 지난 삶 속에서 단 한 과정만 어긋났더라도 우리가 지금 이런 모습으로 이 자리에 앉아 있지는 못할 것입니다. 우리가 구원받은 그리스도인으로 지금 이 자리에 앉아 있지 않을 수 없도록 우리의 지난 삶을 한 치의 오차도 없이 주관해 주신 분이, 우리가 그분을 알기도 전에 우리에게 먼저 임하신 성령 하나님이셨습니다.

이 사실을 정녕 믿는다면, 성령 하나님을 우리에게 보내 주신 하나님의 은혜 가운데서 살아가십시다. 성부 하나님께서 우리에게 보내 주신 성령 하나님의 빛 속에서 살아가십시다. 오직 성령 하나님의 빛 속에서만, 우리는 영원히 썩음을 당하지 않으신 예수님께서 닦아 주신 영원한 생명의 길을 좇을 수 있습니다. 성령 하나님의 빛 속에서 그 길을 좇을 때에만 우리의 생명도, 우리의 뜻도 영원히 썩음을 당하지 않을 수 있습니다. 그 영원한 길을 비춰 주시기 위해 성령 하나님께서 지금 우리에게 임해 계십니다.

우리가 하나님을 알기도 전에, 하나님께서 먼저 우리를 택해 주셨습니다. 우리가 하나님께 구원을 요청하기도 전에, 하나님께서 당신의 독생자 예수님을 우리의 구원자로 먼저 보내 주셨습니다. 우리 자신이 죄인임을 자각하기도 전에, 하나님께서 예수님으로 하여금 우리의 죄를 대신하여 죽음의 형벌을 받게 하시고, 사흘째 되는 날 예수님을 다시 살리시고 영원히 썩음을 당하지 않게 하심으로, 죄의 삯인 죽음과 썩음의 올무에서 벗어나는 영원한 생명의 길을 우리에게 열어 주셨습니다.

이처럼 하나님께서는 목이 곧고 비천하고 볼품없는 우리에게 하나님의 은혜를 먼저 베풀어 주셨습니다. 그 은혜를 베풀어 주시기 위해 하나님의 영이신 성령님께서 우리를 먼저 찾아와 주셨습니다. 우리가 성령 하나님을 의식하기도 전에, 성령 하나님께서 우리의 마음을 감동시키시고 하나님을 향해 돌아서게 해주셨습니다. 그리고 성령 하나님의 빛으로 우리가 걸어가야 할 영원한 생명과 진리의 길을 밝히 비춰 주셨습니다. 그것이 우리의 삶 속에서 가능할 수 있도록, 성령 하나님께서 지난 세월 동안 우리 각자의 삶을 주관하시며 한 치의 오차도 없이 역사해 주셨습니다.

우리 모두 성령 하나님의 그 은혜에 감사드리면서, 오늘 성령강림 주일을 맞이하여 항상 성령 하나님의 은혜 가운데 있기를 소망합니다. 말씀과 기도를 통해, 언제나 성령 하나님의 빛 속에 거하기를 소망합니다. 성령 하나님께서 늘 우리의 마음을 진리의 빛으로 밝혀 주셔서, 언제 어디서나 예수 그리스도 안에서 영원히 썩음을 당하지 않는 생명의 길을 걷게 해주십시오. 그리하여 바울이 비시디아 안디옥 사람들을 위해 성령 하나님의 도구로 신묘막측하게 쓰임 받았듯, 우리 역시 성령 하나님께서 은혜 베풀기 원하시는 그 누군가를 위해 성령 하나님의 신비로운 도구로 쓰임 받게 해주십시오. 아멘.

29. 시기가 가득하여

사도행전 13장 44-52절

그 다음 안식일에는 온 시민이 거의 다 하나님의 말씀을 듣고자 하여 모이니 유대인들이 그 무리를 보고 **시기가 가득하여** 바울이 말한 것을 반박하고 비방하거늘 바울과 바나바가 담대히 말하여 이르되 하나님의 말씀을 마땅히 먼저 너희에게 전할 것이로되 너희가 그것을 버리고 영생을 얻기에 합당하지 않은 자로 자처하기로 우리가 이방인에게로 향하노라 주께서 이같이 우리에게 명하시되 내가 너를 이방의 빛으로 삼아 너로 땅끝까지 구원하게 하리라 하셨느니라 하니 이방인들이 듣고 기뻐하여 하나님의 말씀을 찬송하며 영생을 주시기로 작정된 자는 다 믿더라 주의 말씀이 그 지방에 두루 퍼지니라 이에 유대인들이 경건한 귀부인들과 그 시내 유력자들을 선동하여 바울과 바나바를 박해하게 하여 그 지역에서 쫓아내니 두 사람이 그들을 향하여 발의 티끌을 떨어 버리고 이고니온으로 가거늘 제자들은 기쁨과 성령이 충만하니라

우리는 지난 15주 동안 사도 바울이 비시디아 안디옥 회당에서 행한 설교 내용을 살펴보았습니다. 시리아의 안디옥을 출발한 바울 일행이 구브로 섬

을 관통하고 밤빌리아의 버가를 거쳐 험산준령의 타우루스 산맥을 넘어 비시디아 안디옥에 이르러, 그곳의 유대인 회당에서 복음을 전했다는 것은 신비스러운 하나님의 섭리였습니다. 바울의 지난 인생 여정에서 단 한 과정만 어긋났더라도 바울을 통해 구원의 복음이 비시디아 안디옥 사람들에게 전해질 수는 없었을 것입니다.

바울의 설교가 끝나자 그곳 사람들은 바울에게 그다음 안식일에도 복음을 전해 줄 것을 요청했습니다. 평생 처음 들은 복음의 생명력에 그들이 사로잡힌 것이었습니다. 회당 모임이 완전히 파했음에도 많은 유대인들과 유대교에 입교한 이방인들은 흩어지지 않고 바울과 바나바를 뒤쫓았습니다. 바울은 그들과 함께 이야기를 나눈 뒤, 그들에게 '항상 하나님의 은혜 가운데 있으라'고 권면했습니다. 바울이 풍토병에 걸려 비시디아 안디옥을 찾아가지 않을 수 없도록 하나님께서 역사하신 것 자체가 비시디아 안디옥 사람들을 구원하시기 위해 하나님께서 그들에게 베풀어 주신 은혜였고, 하나님께서 그 도구로 바울을 사용하셨다는 것은 한때 교회를 짓밟는 폭도였던 바울 개인에 대한 하나님의 은혜였습니다. 그러므로 바울이 비시디아 안디옥 사람들에게 '항상 하나님의 은혜 가운데 있으라'고 권면한 것은, 그 자신이 하나님의 은혜로 그리스도인이 되었음을 누구보다 잘 알고 있었기 때문입니다.

오늘날 터키 술탄 산맥의 남쪽 자락에 위치한 얄바츠Yalvaç를 찾아가면, 북쪽으로 약 1킬로미터 지점에 비시디아 안디옥의 유적 터가 발굴되어 있습니다. 거대한 헬라제국을 일으킨 알렉산더대왕이 33세의 젊은 나이로 요절하자 그의 제국은 휘하 장군 네 명에 의해 분할되었는데, 그때 중동지역을 석권한 셀레우코스 1세는 자신의 이름을 좇아 셀레우코스 왕조를 세웠습니다. 그는 자신의 아버지인 안티오쿠스를 기념하기 위하여 자신이 통치하는 영토 내에 안디옥이란 이름의 도시를 열여섯 개나 건설하였습니다. 사도 바울이 출발한 시리아의 안디옥과 본문의 비시디아 안디옥은 모두 그중의 하나들이었습니다. 그리고 이미 우리가 알고 있는 바와 같이 안디옥교회의 파송을 받은 바울 일행이 첫 번째 전도 대상지였던 구브로 섬으로 가기 위해 배를 탔던 항구 실루기아의 헬라어 명칭은 셀류케이아였는데, 그것은 그 항구를 건설한 셀레우코스 자신의 이름을 딴 것이었습니다.

그러나 그로부터 300년이 지난 뒤 셀레우코스 왕조의 영토는 로마제국의 차지가 되었습니다. 로마 황제는 시리아의 안디옥을 행정구역상 시리아 지역의 수도로 삼고 대대적으로 확장하여, 2천 년 전에 인구가 무려 50만 명에 달했던 시리아의 안디옥은 로마제국 내에서 로마, 알렉산드리아에 이어 세 번째로 큰 도시였습니다. 로마 황제는 셀류케이아 항구 역시 확장한 뒤에 로마 황제의 직속 관할하에 두는 자유항으로 삼았습니다. 그리고 로마 황제는 본문의 비시디아 안디옥을 비시디아 지역의 수도로 지정하여 확장한 뒤에 로마의 자매도시로 삼았습니다. 그 세 도시의 공통점은 세 도시 모두 로마 황제의 신전이 인간을 압도하는 황제의 도시였다는 것입니다. 바울은 황제의 도시 시리아의 안디옥을 출발하여, 황제의 항구 셀류케이아에서 배를 탔고, 또 다른 황제의 도시인 비시디아 안디옥에 이른 것이었습니다.

주후 45년 바울이 비시디아 안디옥을 방문했을 때 그곳은 인구 약 10만 명의 대도시였습니다. 도시 오른쪽에 있는 돌산을 깎은 곳에 거대한 황제의 신전이 버티고 있었고, 유대인 회당은 도시 왼쪽의 평지에 자리 잡고 있었습니다. 그 황제의 도시에서, 영원히 썩음을 당하지 않으신 예수 그리스도의 복음을 증언한 사도 바울은 그곳 사람들에게 '항상 하나님의 은혜 가운데 있으라'고 권면했습니다. 끝내 썩어 없어질, 그러나 당장 눈앞에 보이는 황제의 도시에서 보이지 않는 영원한 진리의 길을 좇는 것은 하나님의 은혜를 힘입지 않고는 불가능하기 때문이었습니다.

그 이후 비시디아 안디옥은 십자군전쟁이 일어났을 때 십자군의 최초 집결지였을 정도로 주요 도시로서의 기능을 계속했지만, 13세기 지진으로 인해 초토화됨으로써 역사의 뒤안길로 사라져 버리고 말았습니다. 오늘날 모든 것이 폐허로만 남아 있는 비시디아 안디옥을 찾아가면, 2천 년 전 풍토병에 걸린 병약한 바울이 영원히 썩음을 당하지 않으신 예수 그리스도의 복음을 전한 유대인 회당 터가 발굴되어 검은색 그물로 울타리 쳐져 있습니다. 황제의 신전에서 인간의 경배를 받던 로마 황제는 썩어져 형체도 없이 사라져 버렸고, 그가 군림하던 황제의 도시마저 오직 '폐허'라는 두 글자만으로 존재하는 그 폐허의 현장을 거닐면, 2천 년 전 그곳 사람들에게 간절한 심정으로 '항상 하나님의 은혜 가운데 있으라'고 말한 사도 바울의 권면이 귓전을 울리면서 가슴속 깊이 새겨짐을 느끼게 됩니다. 하나님의 은혜를 외면하는 사람의 인생은 결국 그곳의 폐허처럼 허망하게 끝나 버릴 수밖에 없음을, 그 폐허의 현장에서 뼈저리게 확인할 수 있기 때문입니다.

본문 44절을 보시겠습니다.

> 그다음 안식일에는 온 시민이 거의 다 하나님의 말씀을 듣고자 하여 모이니.

바울은 그곳 사람들의 요청으로 그다음 안식일에도 유대인 회당에서 하나님의 말씀을 전했습니다. 이번에는 수많은 사람들이 운집했습니다. 지난 안식일에 바울의 설교를 듣고 감화받은 사람들의 입소문으로 회당에 올 수 있는 사람은 거의 다 모인 것이었습니다.

유대인들이 그 무리를 보고 시기가 가득하여 바울이 말한 것을 반박하고 비방하거늘(45절).

하나님을 알지 못하던 수많은 사람들이 하나님의 말씀을 듣기 위해 회당으로 운집하였다면 그것은 얼마나 고무적인 일입니까? 또 그 동기를 제공한 사도 바울은 존경받음이 마땅하지 않겠습니까? 그러나 어이없이 바울을 시기하는 사람들이 있었습니다. 그들이 바울을 시기하는 이유도 기가 막혔습니다. 본문은 "그 무리를 보고 시기가 가득하여"라고 증언하고 있습니다. 바울이 무슨 잘못을 범했거나 실수를 저질렀기에 그들이 바울을 시기한 것이 아니었습니다. 그런 이유라면 그들이 바울을 꾸짖을지언정 시기하지는 않았을 것입니다. 그들이 바울을 시기한 이유는 단 하나, 바울의 설교를 듣기 위해 수많은 사람들이 운집한 것이었습니다. 이것을 뒤집어 말하면, 그날 바울의 설교를 듣기 위해 회당으로 모여든 사람들의 수가 일주 전과 동일했거나 그보다 적었던들 그들은 바울을 시기하지 않았을 것입니다. 지난 안식일과는 비교도 할 수 없을 만큼 많은 사람들이 모여든 것이 화근이었습니다.

사람들이 많이 모여들었다는 이유만으로 바울을 시기한 사람들이 대체 누구입니까? 본문은 그들이 유대인들이었음을 밝히고 있습니다. 그렇다면 비시디아 안디옥의 모든 유대인들이 다 바울을 시기했다는 말입니까? 아닙니다. 유대인 회당에 나오는 사람들은 유대교에 입교한 이방인을 제외하면 거의 다 유대인들이었습니다. 그러므로 그 전 안식일에 바울의 설교를 듣고 다음 안식일에도 설교해 줄 것을 바울에게 요청한 사람들 대부분은 유대인들이었습니다. 그뿐만이 아닙니다.

회당의 모임이 끝난 후에 유대인과 유대교에 입교한 경건한 사람들이 많거늘 이 바울과 바나바를 따르니(43절 상).

회당 모임이 완전히 끝난 뒤에도 계속 바울을 뒤쫓았던 많은 사람들 중의 대부분도 유대인들이었습니다. 그 유대인들이 바울로부터 들은 하나님의 말씀의 은혜를 다른 사람들에게 전했고, 그들의 입소문으로 인해 그다음 안식일에 수많은 사람들이 유대인 회당으로 운집하였습니다. 따라서 그 유대인들은 그날 수많은 사람들이 유대인 회당으로 모여드는 것을 보고 기뻐하였으면 기뻐하였지, 그로 인해 바울을 시기할 사람들이 아니었습니다. 그렇다면 바울을 시기한 유대인들은 구체적으로 어떤 유대인들이었습니까? 그들은 두말할 것도 없이 그동안 유대인 회당에서 설교를 도맡아 온 유대교 지도자들과 그 추종자들이었습니다. 평상시 그들이 설교할 때 그만한 인파가 몰려든 적이 단 한 번도 없었습니다. 그런데 어느 날 갑자기 나타난 바울이 단 한 번 설교했을 뿐인데, 그 바울의 설교를 듣고자 자신들이 상상조차 할 수 없는 인파가 모여드는 것을 보고 유대교 지도자 무리는 불타는 시기심에 사로잡히고 말았습니다. 느닷없이 나타난 바울로 인해 자신들의 권위와 자존심이 큰 손상을 입었다고 여긴 탓이었습니다.

이것은 우리에게 참으로 중요한 교훈을 안겨다 줍니다. 어떤 인간에게든 시기의 대상은 언제나 자신이 속해 있는 분야에 있는 사람이라는 것입니다. 영어로 '경쟁자'를 뜻하는 '라이벌rival'은 '강'을 의미하는 '리버river'에서 파생된 단어입니다. 같은 동네에서 같은 강물을 마시는 사람이 서로 경쟁자가 된다는 말입니다. 다른 동네에서 다른 강물을 마시는 사람은 경쟁의 대상이 될 리가 없습니다. 같은 동네, 같은 강가, 같은 분야에서 살고 일하는 사람끼리 경쟁자가 되고 그릇된 경쟁심이 시기로 나타나는 법입니다. 선생이 학생을 시기한다거나 반대로 학생이 선생을 시기한다는 말을 들을 수 없는 것은,

선생과 학생은 서로 다른 강가에 거하기 때문입니다. 선생은 선생을 시기하고, 학생은 학생을 시기하기 마련입니다. 정치인은 정치인을 시기하고, 기업인은 기업인을 시기합니다. 공무원은 공무원을 시기하고, 예술가는 예술가를 시기합니다. 형제가 형제를 시기하고, 친구가 친구를 시기합니다. 교인이 교인을 시기하고, 목사는 목사를 시기합니다. 우리 자신도 예외일 수는 없습니다. 우리가 정말 깨어 있지 않으면, 우리 역시 본문의 유대교 지도자 무리처럼 우리 자신과 같은 강가에 있는 사람들을 시기할 수밖에 없습니다.

시기가 무서운 것은, 인간의 시기는 절대 시기 그 자체만으로 멈추지 않기 때문입니다. 45절을 다시 보시겠습니다.

> 유대인들이 그 무리를 보고 시기가 가득하여 바울이 말한 것을 반박하고 비방하거늘.

바울을 시기한 유대교 지도자 무리는 바울이 한 말을 반박하였습니다. 헬라어 원문에는 '반박하다'라는 동사가 미완료형으로 기록되어 있습니다. 그들이 바울이 한 말을 한 번 반박하고 그친 것이 아니라 거듭하여 반박했다는 의미입니다. 이를테면 바울이 말할 때마다 반박한 것입니다. 반박한다는 것은 상대가 말한 내용을 부정해 버리는 것입니다. 바울은 자신의 말을 하지 않았습니다. 그는 하나님의 말씀을 전했습니다. 따라서 유대교 지도자 무리가 바울이 한 말을 반박했다는 것은 곧 하나님의 말씀을 부정했다는 의미였습니다. 그들은 그것도 모자라 바울을 비방하기까지 했습니다. 그러나 그것이 끝이었던 것도 아니었습니다.

이에 유대인들이 경건한 귀부인들과 그 시내 유력자들을 선동하여 바울과 바나바를 박해하게 하여 그 지역에서 쫓아내니(50절).

그들은 비시디아 안디옥의 귀부인들과 유력자들을 선동하여 바울과 바나바를 박해하도록 했습니다. 우리말 '박해하다'로 번역된 헬라어 '디오그모스 διωγμός'는 신체적인 위해를 뜻하는 단어입니다. 그들은 결국 바울과 바나바의 몸에 위해를 가하면서까지 그 두 사람을 비시디아 안디옥에서 쫓아내 버리고 말았습니다. 바울과 바나바의 존재 자체를 부정해 버렸다는 말입니다. 그 이유는 오직 하나, 그들 자신들이 설교할 때와는 비교할 수도 없을 만큼 많은 인파가 몰려든 데 대한 시기심 때문이었습니다.

그러나 이것은 우리가 성경에서 처음 접하는 광경인 것은 아닙니다. 구약성경 첫머리인 창세기에 등장하는 야곱은 열두 아들 중에 열한 번째 아들인 요셉을 가장 사랑하였습니다. 요셉에게만 채색옷을 지어 주고 요셉만 편애한 것입니다. 요셉 위로 열 명의 형들이 요셉을 시기하였고, 그 시기심은 요셉을 죽여 버리자는 논의를 거쳐 그를 이집트의 노예로 팔아 버리는 것으로 나타났습니다. 요셉에 대한 형들의 시기심이 요셉의 존재 자체를 없애 버리는 것으로 귀결된 것이었습니다. 신약성경 첫머리에서도 우리는 똑같은 광경을 접하게 됩니다. 예루살렘의 유대교 지도자들이 유대 민중을 선동하여 예수님을 빌라도 총독에게 끌고 가, 예수님에게 사형을 언도하도록 압력을 넣었습니다. 마태복음 27장 18절은 그때 빌라도 총독은 그들이 예수님을 죽이려는 이유가 그들의 시기심 때문임을 이미 알고 있었음을 밝혀 주고 있습니다. 다음은 요한복음 7장 1절의 증언입니다.

그 후에 예수께서 갈릴리에서 다니시고 유대에서 다니려 아니하심은 유대인들이 죽이려 함이러라.

그 이전에 대체 무슨 일이 있었기에 유대교 지도자들이 그 이후부터 예수님을 죽이려 했겠습니까? 그 직전에 있었던 일은 예수님께서 떡 다섯 조각과 생선 두 토막으로 남자 장정만 5천 명을 먹이시는 오병이어의 표적을 행하신 것이었습니다. 그 놀라운 표적에 경탄한 유대 민중들은 그 즉석에서 예수님을 왕으로 옹립하려 하였지만 예수님께서는 단호하게 거절하셨습니다. 예수님께서 이 땅에 오신 것은 인간의 배만을 채워 주는 지상의 왕이 되시기 위함이 아니었기 때문입니다. 그러나 그렇지 않아도 유대 민중이 구름떼처럼 예수님께 몰려드는 것을 시기하던 유대교 지도자들은, 예수님께서 오병이어의 표적을 베푼 후에 유대 민중이 예수님을 왕으로 옹립하려는 것을 보고 그때부터 예수님을 죽이려 했습니다. 예수님을 그대로 두었다가는 그들이 누리는 기득권의 기반인 유대교가 와해될 것이 뻔했기 때문입니다. 그리고 그들은 끝내 예수님을 로마황제에 대한 반역 죄인으로 몰아 십자가에 못박아 죽여 버리고 말았습니다. 예수님에 대한 그들의 시기심 역시 예수님의 존재 자체를 부정하는 것으로 드러난 것이었습니다.

형제를 시기하여 동생을 이집트의 노예로 팔아 버린 요셉의 형들, 예수님을 시기하여 끝내 국사범으로 십자가에 못박아 죽인 예루살렘의 유대교 지도자들, 풍토병에 걸린 병약한 몸으로 목숨을 걸고 타우루스 산맥을 넘어 비시디아 안디옥 사람들에게 생명의 말씀을 전한 바울을 시기하여 쫓아 버린 그곳 유대교 지도자 무리, 그들의 이야기는 결코 남의 이야기가 아닙니다. 우리 각자가 살고 있는 우리의 인생 강가에는 우리 자신만 있는 것이 아닙니다. 우리의 인생 강가에는 수많은 사람들이 우리와 함께 살고 있습니다. 가정에서도, 일터에서도, 교회에서도, 사회 속에서도, 우리는 수많은 사람들과의 관계 속에서 살고 있습니다. 그러므로 우리 역시 우리의 인생 강가에서 얼마든지 누군가를 시기하고, 그의 존재 자체를 부정하려는 불의의 범죄를 저지를 수 있습니다. 대체 어떻게 해야 우리가 요셉의 형들이나 유대교 지도자들처럼 스스로 시기의 덫에 빠지는 어리석음에서 탈피할 수 있겠습니까?

하나님과의 바른 관계 속에서 자기 존재에 대한 절대적 의미를 깨닫는 것입니다. 하나님 앞에서 우리 각자는 상대적인 존재가 아닙니다. 우리 각자는 하나님에 의해 개별적으로 지음 받은 '절대적인 존재'입니다. 이 사실을 깨닫는 사람만 자기 자신을, 자신이 행하는 일을 다른 사람과 비교하지 않기에 이 세상 그 누구도 시기하지 않을 수 있습니다. 2천 년 전 사도 바울보다 더 똑똑하고 더 잘난 사람이 얼마나 많았겠습니까? 그러나 하나님의 부르심을 받은 이후에 바울이 그 누구 한 사람 시기하지 않은 것은, 하나님 앞에서 자기 자신이 절대적인 존재임을 그가 깨달았기 때문입니다. 그래서 그는 끊임없는 시기와 모함과 박해 속에서도 자신이 걸어야 할 길을 조금도 흔들림 없이 꿋꿋하게 걸을 수 있었습니다.

지난 목요강좌의 강사는 고 박목월 시인의 장남이자, 부모의 신앙을 이어받은 독실한 그리스도인인 박동규 교수님이었습니다. 아버지 박목월 선생의 삶과 시를 조명한 그분의 강연은 큰 감동과 함께 듣는 이의 눈시울을 뜨겁게 했습니다. 그분은 진실의 발견은 자신을 바꾸어 주는 힘을 가지고 있다면서, 시인은 생명의 가치에 대한 발견과 그에 따른 변화의 양식을 가꾸어 가는 사람이라고 했습니다. 그리고 자신의 자작시를 읊었습니다.

나는 들꽃이어라

아무도 알아주지 않아도 괜찮아

외로우면 바람하고 놀고

쓸쓸하면 별들하고 얘기하고 살아도

나의 이 소박한 향기를

이 세상 들판에

돈 안 받고 환하게 풍기다가 가리라

자기 자신이 하나님께서 정성 들여 빚으신 하나님의 절대적인 존재임을 깨달은 들꽃이 백합화를 시기하겠습니까? 하나님께서 빚으신 백합화가 소중한 것처럼 하나님에 의해 빚어진 자기 자신도 소중한 들꽃임을 알지 않겠습니까? 들꽃인 자신의 소박한 향기가 소중하기에 백합화의 짙은 향기가 비로소 소중할 수 있음을 알지 않겠습니까? 그래서 이 세상 그 누구도 알아주지 않아도 자신을 절대적 존재로 빚어 주신 하나님 앞에서, 하나님을 위해, 하나님께서 주신 향기를 이 삭막한 세상 들판 속에 환하게 뿌리며 살지 않겠습니까?

박동규 교수님은 또 인생은 동물적 본능으로 사는 것이 아니라, 감수성의 더듬이로 가슴 깊은 곳까지 더듬어 인간의 사랑에 대한 인식과 정서를 스스로 가꾸어 가는 것이라고 말했습니다.

사랑하는 교우 여러분!

우리 모두 예수 그리스도 안에서 새로운 생명을 얻었다는 의미에서, 그 생명의 가치에 대한 발견과 그에 걸맞은 변화를 꾀하는 영적 시인이 되십시다. 당신의 독생자를 버리시기까지 우리를 사랑하신 하나님의 깊은 사랑을 말씀과 기도 속에서 믿음의 더듬이로 더듬어, 그 사랑 앞에서 하나님의 절대적인 존재로 일어서십시다. 우리 자신이 아무리 볼품없고 이 세상 그 누구도 알아주지 않는 들꽃이라 해도, 우리를 당신의 절대적 존재로 빚어 주신 하나님 앞에서, 하나님을 위해, 하나님께서 주신 진리의 향기를 이 삭막한 세상 들판에 환하게 풍기는 진리의 시인으로 살아가십시다. 그때 하나님께서 우리의 삶을 통해 우리의 인생 강가를 향기로운 진리의 꽃밭으로 일구어 주실 것입니다. 우리를 당신의 절대적인 존재로 빚어 주신 이유가 바로 거기에 있습니다.

    그동안 나는 형제를 시기하여 이집트에 노예로 팔아 버린 요셉의 형이었습니다. 그동안 나는 예수님을 시기하여 십자가에 못박아 죽인 대제사장이었습니다. 그동안 나는 풍토병에 걸린 병약한 몸으로 타우루스 산맥을 넘어 비시디아 안디옥에 생명의 말씀을 전한 사도 바울을 시기하여, 귀부인들과 유력자들을 선동하여 바울을 쫓아 버린 유대교 지도자 무리였습니다. 그래서 나의 삶에는 진리의 모습만 있었을 뿐 진리의 향기는 없었고, 내가 살고 있는 인생의 강가에는 매사에 시기하고 비방하는 나로 인해 수많은 사람들이 고통당해 왔음을 이 시간에 깨닫게 해주셔서 감사합니다. 나의 이 어리석음을 회개하오니, 하나님의 자비로우심으로 용서해 주십시오.

이제 말씀과 기도 속에서, 나를 살리신 하나님의 사랑을 믿음의 더듬이로 더듬어 알게 해주십시오. 하나님께서 주신 새 생명의 가치를 깨닫게 하시고, 그 생명에 걸맞게 자기 변화를 꾀하는 영적 시인이 되게 해주십시오. 하나님의 사랑 앞에서 나 자신을 누구와도 비교하지 않는 하나님의 절대적인 존재로 우뚝 서게 해주십시오. 아무리 나의 모습이 초라하고 이 세상 그 누구도 알아주지 않는다 해도 오직 하나님 앞에서, 하나님을 위해,

하나님께서 주신 진리의 향기를 이 세상 들판에 환하게 풍기게 해주십시오. 그렇게 살아가는 우리로 인해 우리의 인생 강가가, 날이 갈수록 향기로운 진리의 꽃밭으로 일구어지게 해주십시오. 아멘.

30. 이방인에게로 향하노라

사도행전 13장 44-52절

그다음 안식일에는 온 시민이 거의 다 하나님의 말씀을 듣고자 하여 모이니 유대인들이 그 무리를 보고 시기가 가득하여 바울이 말한 것을 반박하고 비방하거늘 바울과 바나바가 담대히 말하여 이르되 하나님의 말씀을 마땅히 먼저 너희에게 전할 것이로되 너희가 그것을 버리고 영생을 얻기에 합당하지 않은 자로 자처하기로 우리가 **이방인에게로 향하노라** 주께서 이같이 우리에게 명하시되 내가 너를 이방의 빛으로 삼아 너로 땅끝까지 구원하게 하리라 하셨느니라 하니 이방인들이 듣고 기뻐하여 하나님의 말씀을 찬송하며 영생을 주시기로 작정된 자는 다 믿더라 주의 말씀이 그 지방에 두루 퍼지니라 이에 유대인들이 경건한 귀부인들과 그 시내 유력자들을 선동하여 바울과 바나바를 박해하게 하여 그 지역에서 쫓아내니 두 사람이 그들을 향하여 발의 티끌을 떨어 버리고 이고니온으로 가거늘 제자들은 기쁨과 성령이 충만하니라

버가에서 풍토병에 걸린 사도 바울이 목숨을 걸고 험산준령의 타우루스 산맥을 넘어 찾아간 비시디아 안디옥은 로마 황제의 신전이 인간을 압도하

는 황제의 도시였습니다. 사람들은 그곳에서 황제의 논리, 욕망의 법칙을 좇아 자신의 생명을 허망하게 갉아먹고 있었습니다. 병약한 몸으로 그 도시에 도착한 사도 바울은, 도시 오른쪽 언덕에 버티고 있는 황제의 신전과 대각선을 이루는 왼쪽 평지에 위치한 유대인 회당에서 하나님의 말씀을 전했습니다. 그날의 설교 주제는 영원히 썩음을 당하지 않으신 구원자 예수 그리스도였습니다. 그 설교가 중요한 것은, 그것이 사도행전에 기록된 바울의 첫 체계적 설교이기 때문이라고 했습니다. 즉 사도행전에 소개된 바울의 첫 체계적 설교는 그가 황제의 도시에서 행한 설교였습니다.

그렇다면 우리는 사도 바울이 그 황제의 도시에서 왜 예수님의 부활을 영원히 썩음을 당하지 않으신 것으로 표현했는지 쉽게 깨달을 수 있습니다. 황제의 도시 속에 사는 사람들은 황제의 신전에서 인간의 경배를 받는 로마 황제도, 황제의 논리도, 황제의 도시도, 영원하리라는 착각 속에서 살고 있었습니다. 사도 바울은 그 어리석은 사람들에게 영원히 썩음을 당하지 않으신 예수 그리스도를 통하지 않고서는 로마 황제도, 황제의 도시도, 반드시 썩어져 형체도 없이 사라져 버릴 것을 일깨워 준 것이었습니다.

바울의 설교가 끝나자 사람들은 바울에게 그다음 안식일에도 설교해 줄 것을 요청했습니다. 평생 처음 들은 복음의 생명력에 그들이 사로잡힌 것이었습니다. 회당 모임이 완전히 파하였음에도 많은 유대인들과 유대교에 입교한 이방인들은 계속 바울을 뒤쫓았습니다. 바울은 그들과 이야기를 나눈 뒤 헤어지기 전에 그들에게 '항상 하나님의 은혜 가운데 있으라'고 권면했습니다. 반드시 썩어 없어질, 그러나 당장 눈앞에 보이는 황제의 도시 속에서, 눈에 보이지 않는 영원한 진리의 길을 좇는다는 것은 하나님의 은혜를 힘입지 않고서는 불가능하기 때문이었습니다. 그리고 2천 년이 지난 지금, 바울의 설교는 역사 속에서 그대로 성취되었습니다. 황제의 신전에서 인간의 경배를 받던 로마 황제는 이미 썩어져 형체도 없이 사라졌고, 그가 군림하던 황제의 도시 비시디아 안디옥은 단지 '폐허'라는 두 글자로만 존재하고 있습니다. 그러나 예수 그리스도를 영원히 썩음을 당하지 않게 하신 하나님의 은혜를 좇던 바울의 설교는 단순한 공기의 진동으로 사라지지 않고, 2천 년의 시간과 공간을 뛰어넘어 오늘날에도 하나님의 말씀으로 살아 역사하고 있습니다. 아니, 주님 오시는 날까지 하나님의 말씀으로 살아 역사할 것입니다. 누구든지 영원히 썩음을 당하지 않으신 예수 그리스도 안에 있으면, 그 역시 영원히 썩음을 당하지 않는다는 그의 증언이 그 자신의 삶에 의해 증명된 것이었습니다.

　그다음 안식일이 되자 아무도 상상하지 못한 일이 일어났습니다. 큰 인파가 유대인 회당으로 몰려든 것이었습니다. 일주일 전 바울의 설교를 듣고 감동을 받은 많은 유대인들과 유대교에 입교한 이방인들의 입소문을 듣고 유대인 회당에 올 수 있는 사람들 대부분이 회당으로 몰려온 것이었습니다. 하나님을 알지도 못하던 사람들이 하나님의 말씀을 듣기 위해 모여들었다면, 적어도 하나님을 믿는 사람이라면 응당 기뻐해야 할 일이었습니다. 그러나 상상치도 못한 인파가 몰려든 것을 기뻐하기는커녕, 도리어 그로 인해 바울을 시기하는 사람들이 있었습니다. 그들은 그동안 유대인 회당에서 설교를 도맡아 왔던 비시디아 안디옥의 유대교 지도자들과 그 추종자들이었습니다. 평소 그들이 설교할 때 그만한 인파가 몰려든 적이 단 한 번도 없었습니다. 그러나 어느 날 갑자기 나타난 사도 바울이 단 한 번 설교했을 뿐인데, 일주일 후 그 바울의 설교를 듣기 위해 상상치도 못한 인파가 몰려드는 것을 본 유대교 지도자 무리는 불타는 시기심에 사로잡히고 말았습니다. 느닷없이 나타난 바울 한 사람으로 인해 자신들의 종교적 권위와 자존심이 손상되었다고 여긴 탓이었습니다.

시기심에 사로잡힌 유대교 지도자 무리는 바울의 설교 내용을 조목조목 반박하였습니다. 그것도 모자라 그들은 바울을 비방하기까지 했습니다. 우리말 '비방하다'로 번역된 헬라어 동사 '블라습헤메오βλασφημέω'는 중상하고, 모욕하고, 참담한 말로 모독하고, 말을 하지 못하도록 훼방한다는 의미입니다. 한마디로 유대교 지도자 무리는 사도 바울이 더 이상 유대인 회당에서 설교하지 못하도록 방해했습니다. 바울은 그곳에서 자신의 말을 하지 않았습니다. 그는 하나님의 말씀을 전했습니다. 그러므로 비시디아 안디옥의 유대교 지도자들은 하나님의 이름으로 밥 먹고 살면서도 하나님의 말씀을 가로막는 어리석음을 범하고 말았습니다. 이유는 오직, 바울의 설교를 듣기 위해 상상치 못한 인파가 몰려든 데 대한 시기심 때문이었습니다. 한심하기 짝이 없는 그들의 행동은 우리로 하여금 예수님의 말씀을 상기하게 합니다. 예수님께서는 예루살렘에 있는 유대교 지도자 무리를 다음과 같이 질타하셨습니다.

> 화 있을진저 외식하는 서기관들과 바리새인들이여 너희는 천국 문을 사람들 앞에서 닫고 너희도 들어가지 않고 들어가려 하는 자도 들어가지 못하게 하는도다 화 있을진저 외식하는 서기관들과 바리새인들이여 너희는 교인 한 사람을 얻기 위하여 바다와 육지를 두루 다니다가 생기면 너희보다 배나 더 지옥 자식이 되게 하는도다(마 23:13-15).

이것은 실은 우리 모두를 향한 주님의 말씀이십니다. 우리가 하나님을 믿어도 정말 하나님 앞에서 깨어 있지 않으면, 우리의 사사로운 감정이나 이권에 사로잡혀 우리 역시 진리를 좇으려는 사람들의 앞길을 가로막는 어리석음을 얼마든지 범할 수 있음을 잊지 말아야 합니다.

유대교 지도자 무리가 바울이 유대인 회당에서 더 이상 설교하지 못하도록 바울을 훼방한 데 대한 바울과 바나바의 반응은 본문 46-47절이 증언해 주고 있습니다.

> 바울과 바나바가 담대히 말하여 이르되 하나님의 말씀을 마땅히 먼저 너희에게 전할 것이로되 너희가 그것을 버리고 영생을 얻기에 합당하지 않은 자로 자처하기로 우리가 이방인에게로 향하노라 주께서 이같이 우리에게 명하시되 내가 너를 이방의 빛으로 삼아 너로 땅끝까지 구원하게 하리라 하셨느니라 하니.

바울은 자신을 훼방하는 유대교 지도자 무리를 향해 '너희가 하나님의 말씀을 버리고 영생을 얻기에 합당하지 않은 자로 자처한다'고 말했습니다. 우리말 '자처하다'로 번역된 헬라어 동사 '크리노κρίνω'는 '판정하다', '작정하다', '결정하다'라는 의미입니다. 유대교 지도자들이 바울로 하여금 더 이상 하나님의 말씀을 전하지 못하도록 훼방했다는 것은, 그들 자신은 하나님으로부터 영원한 생명을 얻은 사람이 아니라고 스스로 판정하고, 작정하고, 결정하였음을 의미했습니다. 그런 사람들에게 하나님의 말씀을 계속 전한다는 것은 '쇠귀에 경 읽기'처럼 시간 낭비에 지나지 않았습니다. 그래서 바울은 "내가 또 너를 이방의 빛으로 삼아 나의 구원을 베풀어서 땅끝까지 이르게 하리라"는 이사야 49장 6절 말씀을 인용하면서, 이제부터 자신은 이방인에게로 향할 것이라고 천명했습니다. 유대인으로부터, 유대인이 영적으로 멸시하던 이방인에게로 복음 전파의 방향을 바꾸겠다는 선언이었습니다.

사람들은 사도 바울을 가리켜 '이방인을 위한 사도'라고 부릅니다. 오직 복음 전파를 위해 2천 년 전 바울보다 더 이방 세계를 누비고 다닌 사람이 없기 때문입니다. 그런 관점에서 본문을 보면, 이방인에게로 향하리라고 선언한 본문을 기점으로 사도 바울이 이방인을 위한 사도로 전환한 것처럼 여겨집니다. 그러나 성경은 그것이 사실이 아님을 밝혀 주고 있습니다. 바울이 더 이상 유대인 회당에서 설교하지 못하도록 훼방한 유대교 지도자들은 비시디아 안디옥의 귀부인들과 유력자들을 선동하여 바울과 바나바를 그 도시에서 쫓아 버렸습니다. 그 이후의 바울과 바나바의 행적은 본문 51절에서 14장 1절까지의 내용이 밝혀 주고 있습니다.

> 두 사람이 그들을 향하여 발의 티끌을 떨어 버리고 이고니온으로 가거늘 제자들은 기쁨과 성령이 충만하니라 이에 이고니온에서 두 사도가 함께 유대인의 회당에 들어가 말하니 유대와 헬라의 허다한 무리가 믿더라.

비시디아 안디옥에서 쫓겨난 바울과 바나바는 그다음 행선지인 이고니온에서부터 유대인은 상종치도 않고 이방인에게만 복음을 전한 것이 아니었습니다. 이고니온에서도 바울 일행이 가장 먼저 찾아간 곳은 유대인의 거점인 유대인 회당이었습니다. 그곳에서도 유대인을 먼저 찾아간 것이었습니다. 이고니온 이후에도 마찬가지였습니다. 그는 온 지중해 세계를 누비고 다니면서 이방인에게만 복음을 전한 것이 아니었습니다. 물론 이방인에게도 복음을 전했지만, 어느 곳에서든 그는 유대인 회당을 찾아가 자신의 동족인 유대인에게 먼저 복음을 전했습니다.

바울은 본래 교회를 짓밟던 폭도였지 않습니까? 그 폭도를 다메섹 도상에서 핀셋으로 집어내듯 당신의 도구로 불러내신 주님께서는 그를 가리켜 이렇게 말씀하셨습니다.

> 이 사람은 내 이름을 이방인과 임금들과 이스라엘 자손들에게 전하기 위하여 택한 나의 그릇이라(행 9:15).

주님께서 사도 바울을 이방인만을 위한 당신의 도구로 선택하신 것이 아니었습니다. 바울은 임금들을 위한 주님의 도구이기도 했고, 이스라엘 자손들 즉 유대인들을 위한 주님의 도구이기도 했습니다. 이방인들, 임금들, 유대인들이라면 빈부귀천을 막론한 모든 사람을 의미했습니다. 그래서 바울은 빈부귀천을 막론하고 그가 만날 수 있는 모든 유대인과 이방인에게 차별 없이 복음을 증언하였습니다.

따라서 자신을 시기하여 자신이 하나님의 말씀을 전하지 못하도록 훼방하는 비시디아 안디옥의 유대교 지도자 무리에게 '우리가 이방인에게로 향한다'고 한 바울의 선언은, 그러므로 자신은 앞으로 이방인만 상대하겠다는 의미가 아니라, 유대인을 위한 주님의 도구인 동시에 이방인을 위한 주님의 도구이기도 한 자기 정체성에 대한 자기 확인인 셈이었습니다. 이를테면 바울에게 있어서 유대인이 복음 전도의 구심력이었다면 이방인은 원심력이었습니다. 자기 동족인 유대인을 사랑했기에 예수 그리스도 안에서 영적으로 자신과 똑같은 하나님의 자녀가 된 이방인을 사랑할 수밖에 없었고, 이방인을 사랑하기에 자신의 동족인 유대인을 결코 도외시할 수 없었습니다. 그가 자신의 동족인 유대인을 얼마나 사랑했는지는 로마서 9장에 나타나 있는 그의 고백을 통해 생생하게 알 수 있습니다.

> 나는 그리스도 안에서 참말을 하고, 거짓말을 하지 않습니다. 내 양심이 성령을 힘입어서 이것을 증언하여 줍니다. 나에게는 큰 슬픔이 있고, 내 마음에는 끊임없는 고통이 있습니다. 나는, 육신으로 내 동족인 내 겨레

를 위하는 일이면, 내가 저주를 받아서 그리스도에게서 끊어질지라도 달게 받겠습니다. 내 동족은 이스라엘 백성입니다(롬 9:1-4상, 새번역).

사도 바울은 자신의 동족이 구원받을 수만 있다면, 그 대가로 자신이 주님으로부터 저주를 받아 주님의 구원에서 제외된다 할지라도 기꺼이 감수하겠노라고 고백했습니다. 바울은 그 정도로 자신의 동족을 사랑했습니다. 그래서 바울은 가는 곳마다 현지의 유대교 지도자 무리로부터 온갖 박해와 핍박을 받으면서도 유대인들에게 복음 전하기를 멈추지 않았습니다. 그에게 동족 사랑은 절대로 포기할 수 없는 자신의 숭고한 사명이었습니다. 그 이유는 간단했습니다. 하나님께서 자신을 유대인의 혈통을 이어받은 유대인으로 창조하셨기 때문입니다. 만약 하나님께서 바울을 명목상의 로마 시민이 아니라 로마인의 혈통을 이어받은 로마인으로 태어나게 하셨더라면, 바울은 두말할 것도 없이 누구보다도 자신의 동족인 로마인을 먼저 사랑하였을 것입니다.

그러나 바울의 위대성은, 그의 동족 사랑이 동족 사랑으로만 끝나지 않았다는 데 있습니다. 바울은 자기 동족을 사랑하였기에 바로 그 사랑으로 이방인, 즉 인류를 사랑할 수 있었습니다. 바울의 동족 사랑은 인류 사랑의 출발점이자 원동력이었습니다. 바울이 자기 동족을 그토록 사랑하지 않았던들 인류를 그토록 사랑할 수도 없었을 것입니다. 참된 사랑은 한곳에 머묾이 없이 반드시 흘러가기 마련이기 때문입니다. 바울에게 동족 사랑은, 비록 로마제국의 식민 지배를 받기는 하지만 이스라엘 사랑, 곧 자기 나라 사랑과 동의어였습니다.

미국 캔자스시티에 있는 캔자스선교교회의 김영렬 원로장로님은 1938년

생이십니다. 그분이 구술하고 그 교회 최승혁 담임목사님이 정리한 글을 당사자의 허락을 받아 읽어 드리겠습니다.

6·25전쟁이 터진 지 사흘째 되던 1950년 6월 28일 오후 1시에서 2시 사이였던 것으로 기억된다. 그때 나는 중학교에 입학할 나이였다. 우리 집 주소는 서울 용산구 갈월동 7번지 18호로, 당시 채병덕 육군참모총장 공관 바로 윗집이었다. 우리 집 마당에서 내려다보면 채병덕 장군의 공관과 마당이 보였고, 거리는 15미터 정도였던 것으로 기억된다. 채병덕 장군의 공관은 두 채로 이루어져 있었는데 본채에는 채 장군과 가족이 살았고, 별채는 부관과 호위병들 그리고 공관에서 일하는 사병들의 숙소였다. 채 장군의 아내와 나의 어머니는 서로 알고 지내던 사이였다.

그날 나는 나의 할아버지(김관교)와 함께 우리 집 마당에서 채 장군 공관 마당에서 벌어진 상황을 직접 목격하였다. 전투복 차림의 채 장군 부관과 사병 4, 5명이 양식을 실은 트레일러를 연결한 지프에 탑승하여 급히 공관을 떠났다. 그리고 얼마 지나지 않아 그들은 모두 공관으로 되돌아왔다. 아마 한강 다리가 끊어진 것을 확인하고 되돌아온 것 같았다. 부관이 나의 할아버지에게 사병들을 피신시키려 하니, 민간복 다섯 벌을 구해 달라고 부탁했다. 우리 집에 있던 옷 몇 벌과 내 친구(강용익) 어머니가 가져온 옷을 부관에게 전달하였다. 부관은 사병들에게 민간복을 입힌 뒤 빨리 피신하라고 재촉했다. 그리고 트레일러에 실려 있던 양식을 모두 동네 주민들에게 나누어 주었다. 그 후 부관은 별채로 들어가 훈장이 달린 육군 장교 정장을 하고 다시 마당으로 나왔다. 그는 마당에 있던 독일산 셰퍼드 개 두 마리를 권총으로 사살한 뒤에, 그 권총을 자신의 머리에 대고 자살했다.

내 기억으로 부관의 계급은 대위였고, 나이는 30대였다. 부관이 자살하고 채 몇 분이 지나지 않아 민간복을 입고 장총으로 무장한 인민군 빨치산들이 공관을 덮쳤다. 처음에는 5, 6명 정도였는데, 얼마 지나지 않아 더 많은 빨치산들이 도착했다. 먼저 도착한 빨치산들은 죽어 있는 개 두 마리와 자살한 부관을 보고서는 지나가던 짐수레꾼을 불러, 죽은 개들을 줄 테니 부관의 시체를 가지고 가서 처리하라고 명령했다. 그날 이후로 육군참모총장 공관은 인민군 내무서 사무실이 되었다. 그 동네에 국회부의장이던 황성수 박사도 살았는데, 나중에 밝혀진 사실은 그 집 식모가 인민군 스파이였다는 것이었다.

　북한의 기습 남침으로 호위병들과 함께 서둘러 남하한 참모총장의 공관을 뒷정리하던 부관이 미처 자신이 도강할 기회를 놓치고, 비전투병인 사병들을 피신시킨 뒤 훈장이 달린 대한민국 장교 정장을 하고 한강을 바라보며 스스로 목숨을 끊는 장면을, 그의 심정을 상상해 보십시오. 참모총장의 부관이었으니 다른 장교들보다도 더 많은 군사기밀을 알고 있었을 것입니다. 만약 자신이 적군에게 생포되어 고문을 당하다가 군사기밀을 자백이라도 하면 그 피해는 자기 동료와 민족과 조국으로 되돌아올 것이 뻔했습니다. 이미 적군의 수중에 떨어진 수도 서울에서 홀로 남은 참모총장의 부관으로서 그가 동료와 민족 그리고 조국을 위해 마지막으로 할 수 있는 일은, 자신이 아는 기밀을 혼자 간직한 채 대한민국 육군 장교의 존엄성을 지키면서 스스로 생을 마감하는 것뿐이라고 생각하지 않았겠습니까?

　조국과 민족을 위해 자신의 생명을 던진 사람이 어찌 그 젊은 장교뿐이었겠습니까? 오늘은 우리나라와 민족을 지키기 위해 자신의 생명을 바친 순국선열과 전몰장병의 호국정신과 위훈偉勳을 기리는 제55회 현충일입니다. 더욱이 다가오는 6월 25일은 6·25전쟁 발발 60주년이 되는 날이기도 합니다. 지난 세월 동안 이 나라, 이 강산, 이 민족을 지키기 위해 피를 흘리고 생명을 바친 분들의 희생이 없었던들 우리가 오늘날과 같은 번영과 안정을 구가하지는 못할 것입니다. 그렇다면 우리는 오늘 제55회 현충일을 맞아, 동족을 위해서라면 자신이 주님의 저주를 받아 주님의 구원에서 제외될지라도 감수하리라고 고백할 정도로 자기 동족을 사랑한 바울이, 자신의 동족 사랑을 인류 사랑의 출발점으로 승화시켰음을 일깨워 주는 본문 앞에서 우리 자신을 되돌아보지 않을 수 없습니다. 어떻습니까? 우리 자신은 그리스도인으로서 우리 겨레를, 우리나라를 얼마나 사랑하고 있습니까? 평상시에 나라를 사랑하고 겨레를 사랑하는 것은 매사에 법을 준수하는 것으로 나타납니다. 법을 지키지 않고 나라를 사랑하고 겨레를 사랑한다는 것은 공허한 헛구호일 따름입니다. 법을 무시하는 것은 결국 이웃을 해치고 이 사회를 무너뜨리는 결과를 초래하기 때문입니다.

주님께서 제자들에게 명령하셨습니다.

> 그러므로 너희는 가서 모든 민족을 제자로 삼아 아버지와 아들과 성령의 이름으로 세례를 베풀고 내가 너희에게 분부한 모든 것을 가르쳐 지키게 하라(마 28:19-20상).

주님의 이 명령을 좇아 모든 민족, 온 인류를 품는 진정한 주님의 제자가 되기 원하십니까? 그렇다면 바울처럼 먼저 우리나라, 우리 겨레를 사랑하십시다. 자기 가족을 사랑하는 사람만 자기 이웃 자기 겨레를 사랑할 수 있는 것처럼, 자기 겨레 자기 나라를 사랑하는 사람만 남의 나라를 존중하고 다른 민족을 진정으로 사랑할 수 있습니다. 이것이 주님께서 우리에게 처음부터 땅끝의 증인이 되라고 명령하시지 않고, 예루살렘과 온 유대와 사마리아를 거쳐 땅끝까지 이르러 당신의 증인이 되라고 명령하신 이유입니다. 생명의 성장이 과정을 거치듯이, 사랑의 흐름에도 반드시 과정이 있기 때문입니다. 왜 하나님께서 우리를 한국인으로 태어나게 하셔서 한국 땅에서 살게 하셨습니까? 우리로 하여금 한민족과 대한민국을 먼저 사랑하게 하심으로, 그 사랑을 인류 사랑을 위한 출발점으로 승화시켜 주시기 위함입니다.

우리가 세상을 살아가면서 국적이 바뀔 수는 있지만, 하나님께서 우리의 심장에 부어 주신 한국인의 피는 우리의 심장이 멎는 순간까지 결코 바뀌지 않을 것입니다.

오늘 제55회 현충일을 맞이하여 우리로 하여금 겨레 사랑과 나라 사랑에 대해 깊이 생각할 수 있는 시간을 주셔서 감사합니다. 사도 바울은 자신의 동족인 유대인을 사랑했습니다. 유대인들이 몹쓸 방법으로 박해하고 핍박해도 그는 동족을 사랑했습니다. 유대인들이 구원받을 수만 있다면, 자신이 주님의 저주를 받아 주님의 구원에서 제외되는 것도 감수하겠다고 고백할 정도로 그는 동족을 사랑했습니다. 그러나 그의 동족 사랑은 동족 사랑으로만 끝나지 않았습니다. 그의 동족 사랑은 예수 그리스도 안에서 인류 사랑의 출발점으로 승화되었습니다. 그에게 동족 사랑이 구심력이라면 인류 사랑은 원심력이었습니다. 그가 동족을 사랑했기에 그 사랑으로 인류를 사랑했고, 인류를 사랑했기에 인류의 구성원인 자기 동족을 한순간도 도외시할 수 없었습니다. 그래서 그는 동족을 사랑하되 편협한 민족주의자가 아니라, 예수 그리스도의 보편적 사랑으로 인류를 품는 위대한 사도가 되었습니다.

주님, 우리 모두 이 시대의 사도 바울이 되게 해주십시오. 하나님께서 우리를 한국인으로 한국 땅에서 살게 하셨사오매, 우리 모두 예수 그리스도 안에서 먼저 한국인을 사랑하고 대한민국을 사랑하게 해주십시오. 그것이 가능할 수 있도록 매사에 법을 준수하는 그리스도인이 되게 해주십시오. 우리가 오늘날과 같은 번영과 안정을 누릴 수 있게끔, 지난 세월 동안 이 나라와 민족을 지키기 위해 피 흘리고 생명마저 아끼지 않은 순국선열과 전몰장병의 호국정신을 잊지 말게 해주십시오. 우리의 겨레 사랑과 나라 사랑이 예수 그리스도 안에서 인류 사랑의 출발점으로 승화되게 해주십시오. 그리하여 우리로 인해 이 땅에 살아갈 우리의 후손뿐 아니라 지구 반대편에 사는 민족들까지도 주님의 은총과 평안을 더불어 누리게 해주십시오. 아멘.

31. 영생을 주시기로 작정된 자

사도행전 13장 44-52절

그다음 안식일에는 온 시민이 거의 다 하나님의 말씀을 듣고자 하여 모이니 유대인들이 그 무리를 보고 시기가 가득하여 바울이 말한 것을 반박하고 비방하거늘 바울과 바나바가 담대히 말하여 이르되 하나님의 말씀을 마땅히 먼저 너희에게 전할 것이로되 너희가 그것을 버리고 영생을 얻기에 합당하지 않은 자로 자처하기로 우리가 이방인에게로 향하노라 주께서 이같이 우리에게 명하시되 내가 너를 이방의 빛으로 삼아 너로 땅끝까지 구원하게 하리라 하셨느니라 하니 이방인들이 듣고 기뻐하여 하나님의 말씀을 찬송하며 **영생을 주시기로 작정된 자**는 다 믿더라 주의 말씀이 그 지방에 두루 퍼지니라 이에 유대인들이 경건한 귀부인들과 그 시내 유력자들을 선동하여 바울과 바나바를 박해하게 하여 그 지역에서 쫓아내니 두 사람이 그들을 향하여 발의 티끌을 떨어 버리고 이고니온으로 가거늘 제자들은 기쁨과 성령이 충만하니라

버가에서 풍토병에 걸린 사도 바울은 목숨을 걸고 험산준령의 타우루스 산맥을 넘어 비시디아 안디옥으로 갔습니다. 그곳에 당도하자 안식일이 돌

아왔고, 사도 바울은 병약한 몸으로 유대인 회당을 찾아 영원히 썩음을 당하지 않으신 예수 그리스도의 복음을 전했습니다. 사도 바울의 설교를 듣고 감동받은 유대인들과 유대교에 입교한 이방인들은 그다음 안식일에도 설교해 줄 것을 사도 바울에게 요청했습니다. 사도 바울은 그들의 요청을 흔쾌히 받아들였습니다. 그다음 안식일이 되자, 아무도 상상치 못한 일이 벌어졌습니다. 큰 인파가 유대인 회당으로 몰려든 것이었습니다. 사도 바울의 설교를 듣고 감동받은 사람들의 입소문으로, 유대인 회당을 찾아올 수 있는 사람들 대부분이 회당으로 운집한 것이었습니다.

그러나 그 대인파를 보고 사도 바울에 대한 시기심으로 치를 떠는 무리가 있었습니다. 그들은 그동안 유대인 회당에서 설교를 도맡아 온 비시디아 안디옥의 유대교 지도자들과 추종자들이었습니다. 평소 그들이 설교할 때에는 그만한 인파가 모여든 적이 단 한 번도 없었습니다. 그러나 생전 처음 보는 바울의 설교를 듣기 위해 상상치도 못한 인파가 몰려드는 것을 본 그들은, 바울로 인해 자신들의 종교적 권위와 자존심이 크게 손상되었다고 여겼습니다. 바울에 대한 그들의 시기는 시기로 그치지 않고 반박과 비방으로 이어졌습니다. 한마디로 유대인 회당을 장악하고 있는 그들이, 바울이 더 이상 회당에서 설교하지 못하도록 방해하고 나선 것이었습니다.

이에 바울은 그들에게 다음과 같이 말했습니다.

> 바울과 바나바가 담대히 말하여 이르되 하나님의 말씀을 마땅히 먼저 너희에게 전할 것이로되 너희가 그것을 버리고 영생을 얻기에 합당하지 않은 자로 자처하기로(46절 상).

그때 바울은 유대인 회당에서 자신의 말을 하지 않았습니다. 그는 하나님의 말씀을 전했습니다. 그런데도 유대교 지도자들이 하나님의 말씀을 전하지 못하도록 사도 바울을 방해했다는 것은, 그들이 바울을 방해하기 이전에 하나님을 방해하는 사람들이었음을 의미했습니다. 그래서 바울은 그들을 가리켜 '너희가 하나님의 말씀을 버리고 영생을 얻기에 합당하지 않은 자로 자처한다'고 질타했습니다. 영생을 얻은 사람이라면 결코 그런 짓을 할 수 없다는 뜻이었습니다.

영원하다는 것은 시간과 공간을 초월하여 어떤 경우에도 변하지 않는, 참된 것을 일컫습니다. 그러므로 영생, 즉 영원한 생명은 참생명이란 말입니다. 모든 것이 유한한 이 피조 세계에서 영원한 분은 창조주 하나님뿐이시기에 하나님만 영원한 생명, 참생명의 근원이십니다. 따라서 그 하나님의 영원한 생명의 말씀, 참생명의 말씀을 반박하고 비방하고 방해하는 것은, 스스로 영생을 얻기에 합당하지 않은 자로 자처하는 것이라는 바울의 질타는 더없이 적절하였습니다. 그리고 바울의 질타는 다음과 같이 이어졌습니다.

> 바울과 바나바가 담대히 말하여 이르되 하나님의 말씀을 마땅히 먼저 너희에게 전할 것이로되 너희가 그것을 버리고 영생을 얻기에 합당하지 않은 자로 자처하기로 우리가 이방인에게로 향하노라 주께서 이같이 우리에게 명하시되 내가 너를 이방의 빛으로 삼아 너로 땅끝까지 구원하게 하리라 하셨느니라 하니(46-47절).

지난 시간에 살펴본 것처럼 사도 바울은 이사야서 49장 6절 말씀을 인용하면서, 자신은 이제부터 이방인에게로 향할 것이라고 선언했습니다. 그것은 바울이 이제부터 유대인은 상종도 않고 이방인만 상대하겠다는 말이 아니라, 유대인을 위한 주님의 도구인 동시에 이방인을 위한 주님의 도구이기도 한 자기 정체성에 대한 자기 확인이자 자기 선언이라 했습니다.

> 이방인들이 듣고 기뻐하여 하나님의 말씀을 찬송하며 영생을 주시기로 작정된 자는 다 믿더라(48절).

하나님께서 이방인에 대한 구원을 약속하신 이사야서 49장 6절 말씀을 바울이 인용하면서 이제부터 자신이 이방인에게로 향할 것이라고 선언하자, 그 말을 들은 이방인들이 기뻐하며 이방인을 구원하시리라는 하나님의 약속의 말씀을 찬송했습니다. 그 이방인들 속에는 이미 유대교에 입교하여 회당 모임에 정기적으로 참여하고 있는 이방인들 외에도, 바울에 대한 사람들의 입소문을 듣고 바울의 설교를 한번 들어 보기 위해 그날 처음으로 회당을 찾은 이방인들도 포함되어 있었습니다. 그 이방인들이 모두 기뻐하였습니다. 이미 유대교에 입교한 이방인들의 기쁨이 더 컸을 것입니다. 선민의식에 젖어 있던 유대인들은 예외 없이 인종차별주의자들이었습니다. 그들은 자신들과 다른 모든 이방 민족을 정상적인 사람으로 보지 않았습니다. 설령 유대교에 입교했다 할지라도 이방인은 예루살렘성전 안에는 들어갈 수조차 없었습니다. 아무리 유대교에 입교해도 이방인들은 유대인들로부터 차별 대우를 받아야만 했습니다. 따라서 바울로부터 이방인에게도 차별 없는 구원을 약속하신 하나님의 말씀을 들은 이방인들이 하나님의 말씀을 찬송하면서 얼마나 기뻐했을는지는 능히 짐작할 수 있습니다.

이 시간에 우리가 주목하고자 하는 것은, 그 이방인들을 가리켜 "영생을 주시기로 작정된 자는 다 믿더라"는 본문의 증언입니다. 바울은 하나님의 말씀을 반박하고 비방하고 방해하는 유대교 지도자 무리를 향해 '너희가 하나님의 말씀을 버리고 영생을 얻기에 합당하지 않은 자로 자처한다'고 질타했습니다. 반대로 하나님의 말씀을 온전히 받아들이고 하나님의 말씀을 찬송하는 이방인들을 가리켜 본문은 '영생을 주시기로 작정된 자는 믿더라'고 증언하고 있습니다. 바울은 비시디아 안디옥의 유대인 회당에 들어가 그곳에 모인 회중을 한번 둘러보고는 '너희가 하나님의 말씀을 버리고 영생을 얻기에 합당하지 않은 자로 자처하는구나', '너희는 영생을 주시기로 작정된 자구나' 하는 식으로 먼저 단정한 것이 아닙니다. 바울은 먼저 하나님의 말씀을 전했고, 하나님의 말씀에 대한 반응에 따라 결과적으로 유대교 지도자 무리는 영생을 얻기에 합당하지 않은 자로 자처하는 무리로, 그리고 이방인들은 영생을 주시기로 작정된 사람들이라고 평가되었습니다.

유대교 지도자 무리가 어떻게 영생을 얻기에 합당하지 않은 자로 자처했습니까? "나는 예수 그리스도를 믿지 않는다"고 단순히 말로 부정했습니까? 아니었습니다. 그들은 하나님의 말씀을 반박하고 비방하면서 바울이 더 이상 하나님의 말씀을 전하지 못하도록 방해하는 행동으로, 자신들이 영생을 얻기에 합당하지 않은 자로 자처했습니다. 본문의 이방인들은 또 어떻게 영생을 주시기로 작정된 자임을 스스로 드러내었습니까? "나는 예수 그리스도를 믿는다"는 입의 고백만으로였습니까? 그것도 아니었습니다.

주의 말씀이 그 지방에 두루 퍼지니라(49절).

본문의 이방인들이 하나님의 말씀을 믿은 결과로 비시디아 안디옥에 하나님의 말씀이 두루 퍼지게 되었습니다. 그들이 하나님의 말씀을 기뻐하고 찬송하는 것으로 그치지 않고 바울과 더불어 그 말씀의 증인이 되었기 때문입니다. 그들로 인해 하나님의 말씀이 그 지방에 두루 퍼지게 되었다는 것은 그들이 그들에게 임한 하나님의 말씀, 하나님의 영원한 생명, 하나님의 참생명의 통로가 되었음을 의미했습니다. 그것이 그들 자신이 하나님께서 영생을 주시기로 작정된 사람들임을 보여 주는 증거였습니다. 반면에 유대교 지도자 무리가 하나님의 말씀을 반박하고 비방하고 방해했다는 것은 그들에게 임하신 하나님의 말씀, 하나님의 영원한 생명, 하나님의 참생명의 통로가 되기를 거부했음을 뜻합니다. 바로 그것이, 그들 자신이 영생을 얻기에 합당하지 않은 자로 자처하는 것이었습니다. 여기에서 우리는 참으로 중요한 깨달음을 얻게 됩니다. 우리가 정말 예수 그리스도 안에서 영원한 생명을 얻은 하나님의 자녀라면, 예수 그리스도 안에서 구원받은 하나님의 자녀답게 살기 원한다면, 우리는 우리에게 임하신 하나님의 말씀, 다시 말해 하나님의 영원한 생명, 참생명의 통로로 살아야 한다는 것입니다.

독일의 종교학자 요아힘 바흐Joachim Wach는 신앙 경험의 본질적 요소를 네 단어로 정의하였습니다. 첫째, 궁극성ultimacy입니다. 신앙 경험은 궁극적 실재, 즉 하나님을 체험한 인간의 반응이라는 것입니다. 둘째, 전체성totality입니다. 신앙 경험이 하나님을 체험한 인간의 반응이라면, 그 반응은 부분적인 반응이 아니라 인간 삶의 전체에 걸친 전인적인 반응이라는 것입니다. 셋째, 강렬함intensity입니다. 하나님에 대한 경험은 인간이 체험할 수 있는 경험 중에 가장 강렬한 경험이라는 것입니다. 마지막으로, 행동action입니다. 하나님을 체험한 신앙 경험은 반드시 행동으로 드러나기 마련이라는 것입니다.

하나님을 믿는다는 것은 영원히 썩음을 당하지 않으신 예수 그리스도 안에서 하나님의 영원한 생명, 결코 쇠하거나 소멸하지 않는 참생명을 얻는 것입니다. 그 생명은 우리의 한 부분이 아니라 우리의 전체, 다시 말해 우리를 전인적으로 새롭게 하는 생명입니다. 그 생명을 얻는 것은 이 세상 그 어떤 경험과도 견줄 수 없는 가장 강렬한 경험입니다. 언젠가는 썩어져 형체도 없이 사라져 버릴 이 세상에는 그런 생명이 없기 때문입니다. 그렇기에 그 생명은 우리의 일거수일투족을 통해 드러나지 않을 수 없습니다. 그 생명을 얻은 사람은 그 생명의 생명력으로 인하여 그 생명의 통로가 되지 않을 수 없는 것입니다.

그렇다면 하나님의 영원한 생명, 하나님의 참생명의 통로로 살아간다는 것은 구체적으로 무엇을 의미하겠습니까? 강동구 성내동에 있는 '제자들교회' 황교진 집사님의 간증을 직접 들어 봄으로써 그 해답을 찾아보도록 하겠습니다.

> 안녕하십니까? 본래 저의 꿈은 멋진 러브하우스를 짓는 건축가였습니다. 대학에서 건축을 공부하면서 가지고 있던 제일 큰 소망은 밤과 낮이 바뀐 채 고생하시는 어머니의 생활을 정상적으로 돌려 드리는 것이었습니다. 어머니는 동대문 새벽시장에서 20년 넘게 숙녀복 도매상을 해오셨습니다. 밤 10시면 일어나 가게에 나가셔서 다음 날 오후가 돼서야 귀가하신 후, 여러 가지 집안일을 정돈하시고 해가 다 떨어질 시간에 주무시곤 했습니다. 모자간에 마주 앉아 일상의 대화를 나누기 어려웠지만, 어머니께서 열심히 사시는 모습 자체가 제겐 은혜로운 설교였고 사랑의 교과서였습니다.
>
> 제 인생을 송두리째 바꿔 놓은, 잊을 수 없는 그날이 찾아온 건 지금으로부터 13년 전입니다. 오랜 두통을 약으로만 버티시다가 끝내 가게에서 뇌출혈을 일으켜 의식을 잃으신 어머니. 대학원 특차 입학을 해둔 저로서는 하늘이 무너져 내리는 슬픔과 고통이었습니다. 그때 저는 기적이

일어나길 소원했습니다.

"하나님, 이대로 부르시지 마시고 꼭 어머니를 살려만 주시길……."

간절한 기도가 통했는지 어머니는 중환자실에서 3개월, 일반 병실에서 5개월여를 생명의 숨을 놓지 않고 계셨습니다. IMF로 어수선했던 1997년 11월에 의식을 잃으신 어머니는 겨울과 봄을 넘기고 초여름 무렵, 가망 없는 퇴원을 명받고 집으로 모시고 와야 했습니다.

그때부터 저는 '왜?'라는 질문의 기도를 하지 않았습니다. "하나님, 왜 사랑하는 어머니의 뇌출혈이 진행되도록 내버려 두셨나요? 왜 회복 불능의 식물인간 상태로 그냥 두시나요?" 이런 질문은 마음을 우울하고 힘들게 할 뿐이고, 제가 당장 해야 할 일을 찾는 데 전혀 유익이 되지 않았습니다. '왜?'라는 질문을 '어떻게?'로 바꾸었습니다. "하나님께서 살려 주신 어머니의 생명을 제가 어떻게 편하게 간호해 드릴 수 있을까요? 의학적 전문 지식이 없는 제가 어떻게 이 고통을 극복해 나갈 수 있을까요?" 기도 제목을 바꾼 후 바로 기적의 응답을 받았습니다. 하루 24시간을 어머니의 손과 발이 되어 매 시간별 섬세한 계획표를 짜서 그대로 실행했는데 병원에서 치료받으셨을 때보다 혈색과 체온, 혈압 등이 훨씬 좋아지셨습니다. 그러나 간절히 기도했던 어머님의 의식은 회복되지 않았습니다.

그러면서 저는 드라마틱하게 어머님의 의식이 돌아오는 초자연적인 기적보다 더욱 어려운 기적을 경험했습니다. 그것은 상황은 바뀌지 않았지만 제 마음이 바뀌는 기적이었습니다. 14년째 식물인간 상태의 어머님을 위해 애쓰면서, 힘든 광야에서 길을 잃지 않고 지도를 그릴 수 있는 능력을 얻게 된 것입니다. 이를테면 힘든 것들이 덜 힘들게 보이는 것, 용서되지 않는 아버지와 나 자신이 용서되는 것, 남들보다 뒤떨어진 것 같고 사회 부적응자가 될 것 같은 초조함과 불안함이 평안함으로 바뀌는 것, 마음의 여유를 도무지 찾기 어려운 급박한 상황에서 안정감을 찾는 것 등, 이 모든 것이 제게 주신 하나님의 선물입니다.

어찌 보면 눈에 띄지 않아 기적이라고 할 수 없을지도 모르지만, 상황은 그대로인데 관점이 바뀌는 것은 초자연적인 회복만큼이나 어려운 일이라고 생각합니다. 하나님은 어머니의 의식을 회복시켜 주셔서 예전처럼 같이 대화를 나누고 밥을 먹는 일상을 허락하진 않으셨습니다. 저는 매일 어머니를 목욕시켜 드리고 250킬로칼로리 이상의 열량을 계산하여 영양죽을 만들어 드리면서 집에서 모신 8년 동안 하루도 잠을 제대로 자지 못했지만 이전보다 훨씬 건강해졌습니다. 특히 하나님이 함께하시는 제 손길에 편안히 숨 쉬시는 어머니 얼굴을 뵈면 지금도 모든 피로와 절망이 사라집니다.

제겐 어머니를 간호하면서 하루하루의 기록을 글로 남기는 것이 유일한 삶의 활력소였습니다. 하나님을 믿고 기다리며 써온 7년 동안의 신앙고백들은 2004년 여름 《어머니는 소풍 중》이란 제목의 책으로 출간되었습니다. 책이 나오자마자 방송 출연 섭외와 인터뷰 요청이 쇄도했습니다. 저는 화려한 조명에 이끌려 카메라 앞에 자주 서는 것이 하나님이 인도해 주신 삶의 진정성을 해치는 일임을 묵상하며 인간적인 방송들을 거절했습니다. 매체 파워가 큰 방송들을 포기한 후 저자 인세 수입으로는 어머니 치료비에 턱없이 모자라는 일이 벌어졌습니다. 그때 하나님은 다른 길을 예비해 두셨습니다. 7년 넘게 바쁜 백수로 지내며 어머니 간호를 소재로 신앙 에세이만 써온 제게 큰 기업체 홍보팀에서 일할 수 있는 기회가 주어진 것입니다. 그리고 올해에는 제가 어머니를 간호하던 중에 많은 힘을 실어 준 책들을 출간한 홍성사로 옮겨 편집자로 일할 수 있는 기쁨을 얻게 되었습니다. 하나님께서 베풀어 주신 기적은 거기에만 머무르지 않았습니다. 저는 결혼은 절대 못할 줄 알았습니다. 결혼을 하기에는 현실적인 걸림돌이 너무 컸기에 평생 싱글로 살 각오를 하고 있었습니다. 그런데 그 걸림돌이 불가능하리라 여긴 제 결혼의 디딤돌이 되어 주었습니다. 어머니 간호를 돕고 싶다며 다가온 지금의 제 아내는, 제가 어머니를 간호하는 모습을 보고 하나님이 우리 영혼을 다루시는 사랑을 느꼈다고 합니다.

결국 어머니는 의식 없는 식물인간의 모습이시지만, 하나뿐인 아들을 작가로 만들어 주셨고, 원하는 직장에 취직하게끔 훈련시켜 주셨으며, 본질적인 가치를 아는 귀한 아내를 만나게 해주셨습니다. 그리고 아내의 큰 눈을 닮은 건강한 아들도 허락해 주셨습니다. 저는 보이는 건물을 아름답게 짓고자 하는 건축가의 꿈에서, 보이지 않는 사람의 마음을 지어 드리는 영혼의 건축가로 인생의 궤도를 수정했습니다. 이 모든 일들은 의식 없이 누워 계시지만, 아들을 위해 영으로 기도하고 계신 어머니의 사랑 때문입니다.

제 삶을 되돌아보니, 사람들이 불시착했다고 판단한 삭막한 광야에서 하나님이 정하신 새로운 목표로 한 치의 오차도 없이 달려왔음을 알게 되었습니다. 그 길에는 사랑하는 교회 공동체가 있었기에 결코 적막하지 않았습니다. 게다가 오래전부터 가졌던 어머니의 밤과 낮을 정상적으로 돌려 드리고자 했던 소원은 200퍼센트 이상 이루어졌다는 생각이 듭니다. 왜냐하면 어머니는 늘 밤처럼 편안하게 주무시며 마치 잠시 소풍 중이신 것 같은 얼굴로 하루하루 쉬고 계시기 때문입니다. 오늘도 심신이 고단해도 하나님이 주신 일상의 기적, 마음의 기적을 떠올리려고 합니다. 그리고 힘주어 말해 봅니다.

"우리 모자는 아주 어려운 기적의 주인공입니다!"라고요. 감사합니다.

황교진 집사님은 어머님의 간병기를 담은 자신의 책이 세간에 알려진 이후, 쇄도하는 방송 출연 섭외와 인터뷰 요청을 사양했다고 했습니다. 상식적으로 생각하면 방송 출연과 인터뷰가 잦을수록 책 판매량이 늘어나고, 그와 정비례하여 인세 수입이 더 많아져 경제적으로 더 큰 보탬이 되지 않겠습니까? 그럼에도 그분이 사양한 이유가 무엇이겠습니까? 언론사는 황 집사님의 이야기를 인간 승리로 다루려는 반면에, 정작 황 집사님 자신은 그것이 자신의 의지나 능력으로 이루어진 일이 아님을 알고 있었기 때문입니다. 하나님의 영원한 생명, 참생명이 그분을 통해 생명의 역사를 친히 이루신 것이었습니다.

황 집사님에게 하나님의 생명의 통로가 되는 것은 하나님께 '왜'를 묻지 않고 '어떻게'를 묻는 것이었습니다. 만약 황 집사님이 '왜 멀쩡한 내 어머니를 식물인간으로 만들어 내 앞길을 가로막느냐?'고 하나님께 질문 공세만 계속했더라면, 그분은 어머니를 위해 생명의 통로가 되지 못했을 것입니다. 그분은 식물인간이 된 어머니의 생명을 어떻게 편하게 간호해 드릴 수 있는지, 의학적 전문 지식이 없는 자신이 어떻게 식물인간이 된 어머니와 함께 고통을 극복할 수 있는지 알기 위해 기도했습니다. 어머니가 식물인간이 되었다는 상황은 조금도 바뀌지 않았지만 그 절망적인 상황을 거부하거나 회피하는 것이 아니라, 그 절망적인 상황을 있는 일상사로 받아들일 수 있게끔 그 상황을 보는 그의 관점이 바뀐 것입니다.

영원하고 참되신 하나님의 생명을 얻는다는 것은 전인적인 경험이요, 인간이 체험할 수 있는 경험 중에 가장 강렬한 경험이기에, 하나님의 생명은 인간의 관점을 새롭게 합니다. 어떤 절망적인 상황도 생명의 관점으로 인식하고 수용하고 판단하게 해주는 것입니다. 그래서 그 생명의 생명력으로 인해 외적 상황이나 여건에 구애받음이 없이 그 생명의 통로가 될 수 있습니다. 황 집사님이 생명의 관점을 지니고 생명의 통로로 산 결과는 무엇이었습니까? 어머니가 식물인간이라는 상황은 여전히 그대로지만, 그 어머니는 황 집사님을 육체적으로 더욱 건강하게 만들어 주셨습니다. 영적으로는 예전보다 더 성숙한 그리스도인이 되게 해주셨습니다. 황 집사님으로 하여금 작가가 되게 해주셨을 뿐 아니라, 직장도 얻게 해주셨습니다. 그 어머니로 인해 결혼을 포기했던 황 집사님은 인생의 본질을 아는 아내를 얻고 자식을 얻어 행복한 가정을 이루는 가장이 되었습니다. 그 자신이 하나님의 생명의 통로가 되었을 때, 하나님의 생명이 이룬 생명의 기적들이었습니다.

사랑하는 교우 여러분!

하나님의 영원한 생명, 하나님의 참생명이 지금 하나님의 말씀을 통해 우리에게 임하셨습니다. 하나님의 그 생명을 외면함으로, 스스로 그 생명을 얻기에 합당하지 않은 자로 자처하는 어리석음을 더 이상 범하지 마십시다. 그 생명을 얻기에 합당하지 않은 자로 자처하는 사람은 이 세상에서 아무리 화려한 삶을 살아도, 그의 결국은 허망하게 썩어져 형체도 없이 사라져 버릴 것입니다. 우리 모두 예수 그리스도 안에서 영생을 주시기로 작정된 사람들답게, 우리에게 임하신 그 생명을 품고 매사를 생명의 관점으로 인식하고 판단하고 수용함으로 그 생명의 통로로 살아가십시다. 우리가 아무리 보잘것없어도, 우리의 삶 속에는 우리가 상상치도 못한 생명의 기적이 일어날 것입니다. 우리에게 임하신 그 생명은, 영원히 썩음을 당하지 않으시는 하나님의 영원한 생명, 참생명이시기 때문입니다.

비시디아 안디옥을 찾아간 사도 바울은 똑같은 날, 똑같은 장소에서, 똑같은 하나님의 말씀을 전했습니다. 유대교 지도자 무리는 그 하나님의 말씀을 반박하고, 비방하고, 사도 바울이 더 이상 회당에서 하나님의 말씀을 전하지 못하도록 방해함으로, 자신들이 하나님의 영원한 생명을 얻기에 합당하지 않은 자로 스스로 자처하는 어리석음을 범했습니다. 그러나 본문 속 이방인들은 똑같은 하나님의 말씀을 기뻐하며 찬송하였을 뿐 아니라, 그 말씀을 전하는 생명의 통로가 됨으로써, 자신들이 영원한 생명을 주시기로 작정된 사람들임을 스스로 나타내었습니다. 그 두 부류의 사람들 앞에서 우리 자신은 그동안 어떤 삶을 살아왔는지 스스로 되돌아보게 해주셔서 감사합니다.

하나님의 말씀을 통해 하나님의 영원한 생명, 하나님의 참생명이 이미 우리에게 임해 계시는데, 그 생명을 얻기에 합당하지 않은 자로 자처하는 어리석음을 더 이상 범치 않도록 도와주십시오. 말씀과 기도를 통해 언제나 그 생명 속에서, 그 생명을 힘입어 살아가게 해주십시오. 매사를 오직 생명의 관점으로 인식하고 판단하고 수용함으로, 언제 어디서나 그 생명의 통로로 살아가게 해주십시오. 어떤 절망적인 상황 속에서도 '왜'가 아니라, 그 상황 속에서도 '어떻게' 하나님의 생명의 통로로 살아갈 수 있을지를 위해 기도하게 해주십시오. 그와 같은 우리의 삶을 통해 상상할 수 없었던 생명의 기적들이 일어나게 해주셔서, 우리 자신이 영원한 생명을 주시기로 작정된 사람들임을 우리의 삶으로 드러내는 기쁨을 누리게 해주십시오. 아멘.

32. 다 믿더라

사도행전 13장 44-52절

그다음 안식일에는 온 시민이 거의 다 하나님의 말씀을 듣고자 하여 모이니 유대인들이 그 무리를 보고 시기가 가득하여 바울이 말한 것을 반박하고 비방하거늘 바울과 바나바가 담대히 말하여 이르되 하나님의 말씀을 마땅히 먼저 너희에게 전할 것이로되 너희가 그것을 버리고 영생을 얻기에 합당하지 않은 자로 자처하기로 우리가 이방인에게로 향하노라 주께서 이같이 우리에게 명하시되 내가 너를 이방의 빛으로 삼아 너로 땅끝까지 구원하게 하리라 하셨느니라 하니 이방인들이 듣고 기뻐하여 하나님의 말씀을 찬송하며 영생을 주시기로 작정된 자는 **다 믿더라** 주의 말씀이 그 지방에 두루 퍼지니라 이에 유대인들이 경건한 귀부인들과 그 시내 유력자들을 선동하여 바울과 바나바를 박해하게 하여 그 지역에서 쫓아내니 두 사람이 그들을 향하여 발의 티끌을 떨어 버리고 이고니온으로 가거늘 제자들은 기쁨과 성령이 충만하니라

비시디아 안디옥은 사도 바울이 난생처음 찾아간 곳이었습니다. 그리고 그곳에 있는 유대인 회당에서 바울은 딱 한 번 설교했을 뿐이었습니다. 그런

데도 그다음 안식일에 바울의 설교를 듣기 위해 상상치도 못한 대인파가 유대인 회당으로 몰려들었습니다. 그 대인파를 본 유대교 지도자 무리는 바울에 대한 불타는 시기심에 사로잡히고 말았습니다. 생전 처음 보는 바울 한 사람의 설교를 듣기 위해 평소 자신들이 설교할 때와는 비교도 할 수 없는 대인파가 운집함으로 인해, 자신들의 종교적 권위와 자존심이 크게 손상되었다고 여긴 탓이었습니다. 그들은 바울을 시기하는 것으로 그치지 않고 바울의 말을 일일이 반박했고 심지어 바울을 비방하기까지 했습니다. 한마디로 유대교 지도자 무리는 자신들이 장악하고 있는 유대인 회당에서 바울이 더 이상 설교하지 못하도록 바울을 방해하고 나섰습니다.

유대인 회당에서 더 이상 설교할 수 없게 된 바울은, 하나님께서 이방인을 구원하시리라 약속하신 이사야 49장 6절 말씀을 인용하면서 자신은 이제부터 이방인에게로 향할 것이라고 천명했습니다. 바울의 그 말에 그동안 유대인들로부터 종교적인 차별 대우를 받던 이방인들이 기뻐하면서, 이방인인 자신들에게도 차별 없는 구원을 약속하신 하나님의 말씀을 찬송하였습니다. 하나님의 말씀으로 밥 먹고 사는 유대교 지도자 무리가 하나님의 말씀을 전하는 사도 바울을 시기하고 비방하고 방해한 반면, 하나님을 알지 못하던 이방인들이 바울로부터 전해들은 하나님의 말씀을 믿음으로 받아들였다는 것은 하나의 사건이었습니다. 본문은 그 사건을 다음과 같이 마무리 짓고 있습니다.

> 이방인들이 듣고 기뻐하여 하나님의 말씀을 찬송하며 영생을 주시기로 작정된 자는 다 믿더라(48절).

'영생을 주시기로 작정된 자는 다 믿더라.' 여기에서 수동태형 '작정되다'로 번역된 헬라어 동사 'τάσσω'는 '지명하다', '지정하다'라는 의미를 지니고 있습니다. 하나님께서 영생을 주시기로 지명하신 사람들은 다 믿더라는 것입니다. 이것을 역으로 표현하면, 하나님으로부터 영생을 받기로 지명받지 못한 사람들은 믿지 않더라는 말입니다. 여기에서 소위 '예정론'이 대두됩니다.

예정론을 잘못 이해하면 역효과가 일어나게 됩니다. 만약 하나님께서 영생을 주실 사람과 아닌 사람을 미리 다 예정해 두셨다면 구태여 애써 하나님을 믿을 필요가 없지 않겠습니까? 내가 하나님으로부터 영생을 받기로 지명된 사람이라면, 이 세상에서 내 마음대로 살아도 영생을 얻는 데엔 아무 문제가 없지 않겠습니까? 반대로 내가 아무리 교회에 열심히 다니고 헌신적으로 봉사한다 한들, 내가 만약 하나님으로부터 영생을 얻기로 지명받지 못한 사람이라면 결국 나는 영생에서 제외되지 않겠습니까? 그렇다면 신앙생활이 대체 무슨 의미를 지닐 수 있겠으며, 전도해야 할 이유는 또 어디에 있겠습니까? 그러나 그 모든 질문은 예정론을 미래를 내다보는 안경으로 잘못 사용한 데서 파생되는 오해들입니다. 예정론은 미래를 내다보기 위한 안경이 아니라 과거를 돌아보기 위한 안경임을 알면, 그 모든 오해들은 절로 해소되게 됩니다.

아우구스티누스는 '하나님의 구원'과 관련하여 예정론을 설명했습니다. 하나님의 구원을 논하려면 반드시 인간에 대한 이해가 선행되어야 합니다. 인간이 자신의 이성과 지성, 의지와 결단으로 스스로 구원을 얻을 수 있는 능력을 지니고 있느냐는 것입니다. 만약 인간이 자력으로 구원을 얻을 수 있다면 인간에게는 메시아도 필요 없고 하나님의 구원도 불필요하게 됩니다. 인간 스스로 자신을 구원하면 되기 때문입니다. 그러나 태어날 때부터 죄 공장에서 본질적인 죄인으로 태어난 인간에게는 스스로 자신을 구원할 능력이 없습니다. '의인은 없나니 하나도 없다'(롬 3:10)는 말씀처럼, 거룩하신 하나님 앞에서 스스로 의인으로 설 수 있는 인간은 단 한 명도 없습니다. 인간에게 스스로 자신을 구원할 능력이 없다는 것은, 바른길이 무엇인지 선명하게 알면서도 바른길과는 어긋나게 살고 있는 우리 자신이 더 잘 알고 있지 않습니까? 그렇다면 인간이 구원받을 수 있는 길은 단 하나의 길밖에 없습니다. 심판자이신 하나님께서 인간을 심판하시지 않고 인간에게 구원의 은총을 그저 베풀어 주시는 것입니다. 그러나 이 세상에는 하나님으로부터 구원의 은총을 입지 못하는 사람들이 분명히 있습니다. 그래서 구원의 은총을 입은 사람은 구원받은 자신의 삶을 되돌아보면서, 자신이 하나님으로부터 영생을 받기로 지명된 사람임을 확인하며 감사하게 되는 것입니다.

칼뱅은 '교회'와 관련하여 예정론을 설명했습니다. 교회는 예수 그리스도 안에서 하나님의 부르심을 받은 거룩한 사람들의 모임입니다. 그러나 이 세상 모든 사람들이 다 교회에 다니는 것은 아닙니다. 이 세상에는 일평생토록 예배당 안에 발 한 번 넣지 않는 사람들이 더 많습니다. 그러므로 교회에 다니는 그리스도인은 그리스도인으로 살아가는 자신의 삶을 되돌아보며, 하나님께서 영생을 주시기 위해 자신을 지명하여 선택해 주신 것을 깨닫고 감사의 찬양을 드리게 됩니다.

본문의 사도 바울 역시 마찬가지였습니다. 지난 시간에 말씀드린 것처럼 사도 바울은 유대인 회당으로 들어가 그곳에 모인 회중을 한번 둘러본 뒤에 일단의 사람들을 향해 '너희들은 하나님께서 영생을 주시기로 작정하신 자들이 아니구나', 또 다른 무리를 향해 '너희들은 하나님께서 영생을 주시기로 작정하신 자들이구나' 하고 선포한 것이 아니었습니다. 바울은 그곳에서 먼저 하나님의 말씀을 전했고, 하나님의 말씀에 대한 반응에 따라 하나님의 말씀을 방해한 유대교 지도자 무리는 결과적으로 '영생을 주시기로 작정받지 못한 자들'로, 하나님의 말씀을 기뻐하며 찬송한 이방인들은 '영생을 주시기로 작정된 자들'로 평가되었습니다. 다시 말해 '영생을 주시기로 작정된 자는 다 믿더라'라는 본문의 증언은 미래를 향한 예고가 아니라, 결과의 시점에서 그 이전을 되돌아본 데 대한 평가였습니다.

이처럼 하나님의 구원에 관한 한 죄로 인해 타락한 인간의 무능, 무력無力, 무자격과 하나님의 일방적인 은총을 강조하기 위한 예정론은 미래를 내다보기 위한 안경이 아니라, 하나님의 은총 앞에서 과거를 되돌아보기 위한 안경입니다. 이제 모두 그 안경을 쓰고 우리 자신을 되돌아보십시다. 우리가 지금 어떻게 구원받은 그리스도인으로 이 생명의 자리에 앉아 있을 수 있게 되었습니까? 이 세상에 태어난 사람은 으레 예외 없이 그리스도인이 되기에 우리가 이 자리에 앉아 있는 것입니까? 그렇지 않습니다. 이 세상에는 그리스도인보다 그리스도인 아닌 사람이 세 배나 더 많습니다. 우리가 교회 밖 비그리스도인들보다 더욱 의로웠기에, 보다 도덕적이고 윤리적이었기에 이 자리에 앉아 있는 것입니까? 그것도 아닙니다. 우리가 비록 겉으로는 멀쩡하게 앉아 있지만, 우리가 얼마나 흉측한 심보를 지닌 인간인지는 우리 자신이 우리 자신에 대한 증인이지 않습니까? 그런데도 구원에 관한 한 철저하게 무능, 무력, 무자격의 우리가 이 자리에 있을 수 있게 된 까닭은 오직 하나, 하나님께서 창세전부터 우리에게 영생을 주시기로 우리 각자를 지명하여 선택해 주셨기 때문입니다.

> 야곱아 너를 창조하신 여호와께서 지금 말씀하시느니라 이스라엘아 너를 지으신 이가 말씀하시느니라 너는 두려워하지 말라 내가 너를 구속하였고 내가 너를 지명하여 불렀나니 너는 내 것이라(사 43:1).

하나님께서 이와 같은 일방적인 은총으로 우리 각자를 당신의 것으로 지명하여 영원한 생명의 자리로 불러내셨음을 믿는다면, 우리는 본문 속에서 귀중한 깨달음을 얻게 됩니다.

무엇보다 우리 모두 '전도자의 삶'을 살아야 한다는 것입니다. 성경에는 '영생을 주시기로 작정된 자는 다 믿더라'와 같이 하나님의 예정을 시사하는 말씀만 있는 것이 아닙니다. "하나님이 세상을 이처럼 사랑하사 독생자를 주셨으니, 이는 그를 믿는 자마다 멸망하지 않고 영생을 얻게 하려 하심이라"(요 3:16)는 말씀처럼, 만민에게 차별 없는 구원을 약속하신 말씀도 있습니다. 상반되어 보이는 그 두 말씀은 서로 모순을 일으키지 않습니다. 하나님께서 만민을 구원하는 구원자이시기에 내가 그분의 지명을 받을 수 있었고, 나 같은 흉측한 죄인이 하나님의 자녀로 지명받아 구원받았다는 것 자체가 하나님께서 만민을 구원하시는 구원자 되심의 증거입니다. 우리가 외딴섬에서 우리를 지명하여 부르신 하나님의 사랑과 생명을 우리 홀로 깨달아 터득한 것이 아니지 않습니까? 우리가 하나님의 지명을 자각하기까지 우리를 위해 하나님의 통로가 되어 준 분들이 있었기에 오늘 우리가 이 자리에 앉아 있을 수 있게 되었습니다. 그렇다면 이제부터 우리 자신이 하나님께서 지명하신 누군가를 위해 하나님의 사랑과 생명의 통로가 되어야 함은 너무나도 당연한 일이 아니겠습니까? 하나님께서 우리를 먼저 지명하여 불러내신 목적이 거기에 있기 때문입니다. 이와 관련하여서는 지난 시간에 충분히 말씀드렸으므로 더 이상 언급하지 않겠습니다.

오늘 본문을 통해 얻을 수 있는 또 하나의 깨달음은 '겸손'의 참된 의미입니다.

사람의 마음의 교만은 멸망의 선봉이요 겸손은 존귀의 길잡이니라(잠 18:12).

사람도 교만한 사람을 싫어하고 겸손한 사람을 존경합니다. 하물며 하나님께서야 두말해 무엇하겠습니까? 인간의 겸손을 존귀하게 여기시는 하나님께서 인간의 교만을 얼마나 꺼려 하시면 "교만은 멸망의 선봉"이라고 단언하셨겠습니까? 그렇다면 하나님 앞에서 겸손이란 대체 무슨 의미이고, 반대로 교만은 또 무슨 뜻이겠습니까?

하나님께서 당신의 도구로 지명하여 사용하신 사람들에게는 공통점이 있습니다. 노아는 인류의 두 번째 시조로 지명받았습니다. 죄를 범한 아담과 하와의 후예들에 의해 더럽혀진 이 세상을 홍수로 쓸어 버리신 하나님께서는 노아로 하여금 인류의 역사를 새로이 시작하게 하셨습니다. 인류의 두 번째 시조로 선택되었다면 노아는 지도자의 덕목을 완전무결하게 갖춘 사람이었을 것 같습니다. 그러나 사실은 그렇지 않았습니다.

노아는 오백 세 된 후에 셈과 함과 야벳을 낳았더라(창 5:32).

노아는 500세가 되기까지 자식 한 명 없는 사람이었습니다. 노아 당시 가장 큰 재산은 자식이었습니다. 자식이 많은 사람이 복 있는 사람이요 큰 사람으로 간주되던 세상에서 나이 500세에 이르기까지 자식 한 명 없었다면 노아는 박복의 대명사요, 그 시대를 대표하는 지도자가 되기에는 치명적인 결점을 지닌 인간이었습니다. 믿음의 조상으로 지명받은 아브라함 역시 그의 아내 사래가 아이를 낳지 못하는 석녀로 당시 사람들로부터 박복한 사람이라 조롱받았고, 이집트에서는 사람들이 혹 자기 아내를 빼앗기 위해 자신을 죽일까지레 겁을 먹고 아내를 누이라고 속이기도 했던 치사한 인간이었습니다. 출애굽의 지도자로 지명받은 모세는 현실 세계에서는 더 이상 쓸모없는 팔십 노인이었고, 위대한 복음 전도자로 지명받은 바울은 본래 교회를 짓밟던 폭도였습니다. 이처럼 하나님의 도구로 지명받은 사람들의 공통점은, 하나님의 도구로 선택받기에는 그들 모두 예외 없이 무자격자들이었다는 것입니다. 그럼에도 하나님께서 무자격자인 그들을 당신의 도구로 지명하여 선택하셨다는 것은, 인간은 오직 하나님의 은총 속에서만 구원을 얻을 수 있음은 말할 것도 없고, 오직 하나님의 은총 속에서만 하나님의 도구로 쓰임 받을 수 있다는 하나님의 법칙을 일깨워 주고 있습니다. 하나님의 은총을 떠나서는 인간에게는 하나님의 구원도, 하나님의 일도, 절대로 불가능하다는 것입니다.

그렇다면 우리는 이제 겸손의 참된 의미를 알 수 있습니다. 겸손은, 하나님께서 자신에게 일방적으로 베풀어 주신 하나님의 은총에 대한 깨어 있음입니다. 하나님의 은총에 대해 깨어 있다는 것은 하나님의 지명을 받기에는 본래 무능, 무력, 무자격이었던 자기 자신을 잊지 않고 있음을 뜻하므로, 그는 더더욱 낮고 겸손한 마음으로 하나님의 뜻을 좇지 않을 수 없습니다. 그렇듯 자기 자신을 알고 하나님의 은총을 아는 사람에게 하나님께서 더 큰 은총을 베푸시기에, 겸손은 존귀의 길잡이가 됩니다. 노아와 아브라함과 모세 그리고 바울이 각각 인류의 두 번째 시조, 믿음의 조상, 출애굽의 지도자, 위대한 복음 전도자가 된 것은 그들 자신의 능력이나 자격에 의해서가 아니었습니다. 그들에게는 아무 자격도 없었지만, 그들이 자신들을 지명하여 선택해 주신 하나님의 은총에 일평생 겸손하게 깨어 있을 때 하나님께서 친히 그들을 인류의 두 번째 시조로, 믿음의 조상으로, 출애굽의 지도자로, 위대한 복음 전도자로 존귀하게 세워 주셨습니다.

겸손이 하나님의 은총에 대한 깨어 있음이라면, 반대로 교만은 하나님의 은총을 망각하는 것입니다. 하나님의 은총을 입고서도 그 은총을 망각하는 사람은 자신이 구원받은 것은 자신에게 구원받을 만한 자격이 있음이요, 자신이 그럴듯하게 사는 것은 자신에게 그만한 능력이 있다는 착각 속에 빠지게 됩니다. 그것이야말로 하나님과 자신의 관계를 단절하는 미련한 짓입니다. 사무엘상 15장 17절은 이스라엘의 초대 왕이었던 사울이 스스로 자신을 작게 여겼을 때, 다시 말해 그가 겸손했을 때 하나님께서 그를 이스라엘의 왕으로 세우셨다고 증언하고 있습니다. 사울은 이스라엘의 열두 지파 가운데 수적으로 가장 적은 베냐민 지파 소속이었습니다. 내세울 만한 집안 출신이었던 것도 아닙니다. 이스라엘에 왕정이 시작될 때 그는 자신이 왕으로 선택되리라고는 상상치도 못했습니다. 자신에게는 일국의 왕이 될 만한 능력이나 자격이 없음을 알았던 것입니다. 하나님께서는 그 겸손한 사울을 이스라엘의 초대 왕으로 지명하여 선택하셨습니다. 자격 없는 사울이 하나님의 일방적인 은총으로 왕이 된 것이었습니다.

그러나 왕조에 오른 사울은 하나님의 은총을 망각하고 말았습니다. 자신이 이스라엘의 초대 왕이 된 것은 자신에게 원래 왕이 될 만한 자격이 있었기 때문이요, 자신의 왕국이 건재하는 것은 자신의 능력으로 인함이었습니다. 하나님의 은총을 망각한 그런 교만한 마음으로는 하나님과의 관계가 지속될 수 없었습니다. 결국 그의 인생은 그 자신의 왕국과 함께 비참하게 몰락하고 말았습니다. 교만은 멸망의 선봉이라는 하나님의 말씀이 그의 삶 속에서 증명된 셈이었습니다.

이제 우리는 드디어 오늘의 결론에 이르게 됩니다. 겸손이 하나님의 은총에 대한 깨어 있음이라면, 겸손과 믿음은 동의어라는 것입니다. 믿음 역시 하나님의 은총에 대한 깨어 있음이기 때문입니다. '영생을 주시기로 작정된 자는 다 믿더라'—본문은 우리의 믿음보다, 우리를 지명하여 영생을 주시기로 작정하신 하나님의 은총이 선행되었음을 분명하게 밝혀 주고 있습니다. 하나님께서 먼저 베풀어 주신 그 은총에 대해 깨어 있는 사람만 하나님을 온전히 믿을 수 있기에 겸손과 믿음은 구별될 수 없는 것입니다. 하나님의 은총을 잊지 않고 평생 하나님의 은총에 대해 깨어 있는 믿음의 사람이 되기 위해서는 한 가지 방법밖에 없습니다. 자신이 본래 어떤 인간이었는지를 잊지 않는 것입니다. 자신이 어떤 존재였는지를 망각하는 순간 인간은 하나님의 은혜마저 망각할 수밖에 없기 때문입니다.

제가 《믿음의 글들, 나의 고백》이란 책을 출간했을 때, 당시 생존해 계시던 제 어머님은 그 책을 보고 많이 속상해 하셨습니다. 어머님 보시기에는 당신의 아들인 제가 괜찮아 보이고 또 목회도 잘하고 있는데, 제가 책 속에서 저 자신을 형편없는 인간으로 고백한 것이 저를 사랑하시는 어머님의 마음을 상하게 한 것이었습니다. 어머님께서는 제가 설교 시간에 제 허물을 이야기하는 것도 같은 이유로 마음 상해하셨습니다. 세월이 흘러 제 어머님께서는 세상을 떠나셨고, 100주년기념교회가 창립된 이후에는 제 장모님께서 우리 교회에 다니고 계십니다. 언젠가 장모님께서도 제가 설교 시간에 저 자신을 형편없는 인간으로 고백하는 것에 속이 상한다고 하셨다는 이야기를, 제 처를 통해 전해 들었습니다. 장모님 역시 제 어머님과 같은 심정의 발로임은 두말할 나위가 없습니다. 자식을 사랑하는 부모님으로서는 당연한 심정일 것입니다.

그러나 제 어머님과 장모님께서는 제가 한때 방탕했었음을 아신다 해도, 제가 그때 실제로 얼마나 타락한 삶을 살았는지 그 현장을 보신 적은 없었습니다. 한때 제가 도박에 손을 댔다는 사실을 아신다 해도, 제가 전문 도박꾼들과 함께 며칠씩 밤을 새우며 얼마나 큰 도박판을 벌였었는지는 구체적으로 아시지 못합니다. 제가 왜 대마초에 손을 댔는지도 모르십니다. 그러나 저 자신은 제가 얼마나 형편없는 인간이었는지, 얼마나 타락한 죄인이었는지, 얼마나 흉측한 삶을 살았는지 너무도 잘 알고 있습니다. 그런데도 하나님께서는 진창 속에서 허우적거리는 저를 보시고, '재철아, 내가 너를 구속하였고 너를 지명하여 불렀나니 너는 내 것이라'고 저를 지명하여 선택하시고 제게 구원의 은총을 베풀어 주셨습니다. 그래서 저는 제가 어떤 인간이었는지를 결코 잊을 수 없습니다. 제가 어떤 인간이었는지를 잊는다는 것은 하나님께서 진창에 빠진 제게 일방적으로 베풀어 주신 하나님의 은총을 잊는 것이요, 그것은 하나님 앞에서 자멸의 길임을 알기 때문입니다. 앞으로도 제가 어떤 인간이었는지를 잊지 않을 때에만 하나님의 은총에 깨어 있을 수 있고, 그 은총에 겸손한 믿음으로 응답하는 참된 그리스도인으로 제 인생을 마무리할 수 있을 것입니다.

사랑하는 교우 여러분!

이제 우리 모두 우리의 과거를 다시 한 번 되돌아보십시다. 믿음의 눈으로 우리의 과거를 되돌아보면, 하나님께서 나를 지명하여 영생을 주셨기에 내가 하나님을 믿는다고 고백할 수밖에 없지 않습니까? 하나님께서 우리를 지명하여 선택해 주시는 은총을 베풀어 주시지 않았다면, 우리가 지금 이 믿음의 자리에 있을 리는 만무하지 않습니까? 그렇다면 하나님께서 우리를 지명하여 구원의 은총을 베풀어 주실 때 우리가 어떤 인간이었는지를 잊지 마십시다. 우리의 실상이 어떠했었는지 일평생토록 기억하며 살아가십시다. 참된 겸손도, 진정한 믿음도, 하나님의 대역사도, 바로 거기에서부터 시작합니다. 자신이 어떤 인간이었는지를 잊지 않는 사람만 하나님의 은총의 손길에 자신의 일평생을 온전히 맡길 수 있고, 그런 사람의 삶 속에서 하나님의 역사는 이루어집니다.

하나님! 이 세상 사람 아무도 몰라도, 우리는 우리 자신이 얼마나 형편없고 흉측한 인간인지 잘 알고 있습니다. 우리에게는 우리를 구원할 힘도, 능력도 없습니다. 하나님의 구원을 얻을 만한 자격도 없습니다. 그런데도 하나님께서는 우리를 지명하여 선택해 주셨습니다. 예수 그리스도의 보혈로 우리의 죄를 씻어 하나님의 자녀 삼아 주시고, 거룩한 주일을 맞아 이 생명의 자리로 불러 주셨습니다. 그리고 이 시간 우리의 지난 세월을 되돌아보며, 하나님께서 우리에게 영생을 주시기로 작정하셨기에 우리가 하나님을 믿게 되었노라고 고백하게 해주심을 감사드립니다.

사도 바울은 "내가 나 된 것은 하나님의 은혜로 된 것"(고전 15:10)이라고 고백했습니다. 교회를 짓밟던 폭도였던 자신이 주님의 사도로 쓰임 받을 수 있었던 것은 전적으로 하나님의 은총이었다는 고백이었습니다. 바울은 또 "죄인 중에 내가 괴수니라"(딤전 1:15)고 고백했습니다. 이처럼 바울은 자신이 어떤 존재였는지를 일평생 잊지 않음으로, 진흙탕 속에 있던 자신을 지명하여 당신의 도구로 불러내신 하나님의 일방적인 은총에 날마다 깨어 있을 수 있었고, 그 결과 그는 하나님께서 부르시는 그날까지 겸손한 믿음의 사도로 자신의 소명을 다할 수 있었습니다.

우리 모두 사도 바울을 본받아 우리의 코끝에서 호흡이 멎는 그 순간까지, 죄인 중에 괴수였던 우리 자신을 잊지 않음으로, 우리를 지명하여 불러주신 하나님의 은총에 늘 겸손한 마음으로 깨어 있게 해주십시오. 하나님의 그 은총의 손길에 우리 자신을 온전히 내맡기는 참믿음의 그리스도인이 되게 해주십시오. 그리하여 하나님의 은총 속에서 살았던 노아와 아브라함과 모세와 바울을 통해 이루신 하나님의 역사가, 우리의 삶을 통해 이 시대의 역사 속에서도 이루어지게 해주십시오. 아멘.

33. 선동하여 I

사도행전 13장 44-52절

그다음 안식일에는 온 시민이 거의 다 하나님의 말씀을 듣고자 하여 모이니 유대인들이 그 무리를 보고 시기가 가득하여 바울이 말한 것을 반박하고 비방하거늘 바울과 바나바가 담대히 말하여 이르되 하나님의 말씀을 마땅히 먼저 너희에게 전할 것이로되 너희가 그것을 버리고 영생을 얻기에 합당하지 않은 자로 자처하기로 우리가 이방인에게로 향하노라 주께서 이같이 우리에게 명하시되 내가 너를 이방의 빛으로 삼아 너로 땅끝까지 구원하게 하리라 하셨느니라 하니 이방인들이 듣고 기뻐하여 하나님의 말씀을 찬송하며 영생을 주시기로 작정된 자는 다 믿더라 주의 말씀이 그 지방에 두루 퍼지니라 이에 유대인들이 경건한 귀부인들과 그 시내 유력자들을 **선동하여** 바울과 바나바를 박해하게 하여 그 지역에서 쫓아내니 두 사람이 그들을 향하여 발의 티끌을 떨어 버리고 이고니온으로 가거늘 제자들은 기쁨과 성령이 충만하니라

비시디아 안디옥의 유대교 지도자 무리는 생전 처음 보는 바울의 설교를 듣기 위해, 평소 자신들이 설교할 때와는 비교가 불가능한 대인파가 유대

인 회당으로 몰려든 것을 보고 바울에 대한 불타는 시기심에 사로잡히고 말았습니다. 느닷없이 나타난 바울 한 사람으로 인해 자신들의 종교적 권위와 자존심이 크게 손상되었다고 여긴 탓이었습니다. 그들은 바울을 시기하는 것으로 그치지 않고 바울의 말을 일일이 반박하였을 뿐 아니라, 바울을 비방하기까지 했습니다. 한마디로 유대교 지도자 무리는 자신들이 장악하고 있는 유대인 회당에서 바울이 더 이상 설교하지 못하도록 바울을 방해하였습니다.

유대인 회당에서 더 이상 설교할 수 없게 된 바울은, 하나님께서 이방인들을 구원하시리라 약속하신 이사야 49장 6절 말씀을 인용하면서 자신은 이제부터 이방인에게로 향할 것이라 천명했습니다. 그것은 이제부터 유대인은 상종도 하지 않고 이방인만 상대하겠다는 말이 아니라, 유대인을 위한 주님의 도구인 동시에 이방인을 위한 주님의 도구이기도 한 자기 정체성에 대한 자기 확인이자 자기 선언이었습니다. 다시 말해 유대인들이 주류를 이루고 있는 유대인 회당에서 더 이상 복음을 전할 수 없다면, 회당 밖에서 유대인이든 이방인이든 만나는 모든 사람에게 복음을 전하겠다는 선언이었습니다.

바울의 그 말에 그동안 유대인들로부터 종교적인 차별을 당해 오던 이방인들이 기뻐하면서, 이방인인 자신들에게도 차별 없는 구원을 약속하신 하나님의 말씀을 찬송하였습니다. 하나님의 말씀으로 밥 먹고 사는 유대교 지도자 무리가 하나님의 말씀을 전하는 사도 바울을 시기하고 비방하고 방해함으로써 그들 자신이 영생을 주시기로 작정된 사람들이 아님을 스스로 입증하였다면, 하나님을 알지 못하던 이방인들은 하나님의 말씀을 믿음으로 받아들이고 그 말씀을 기뻐하며 찬송함으로써 자신들이 영생을 주시기로 작정된 사람들임을 스스로 입증한 셈이었습니다.

그리고 본문 49절은 다음과 같이 증언하고 있습니다.

주의 말씀이 그 지방에 두루 퍼지니라.

　본문 49절이 앞 구절과 붙어 있어 앞 구절과 본문 49절 사이에 시차가 전혀 없는 것처럼 보입니다. 이를테면 유대인 회당에서 설교하지 못하도록 방해하는 유대교 지도자 무리를 향해 사도 바울이 자신은 이제부터 이방인에게로 향하리라 선언하고, 그 말을 이방인들이 기뻐했기에 그와 동시에 복음이 비시디아 안디옥 전역에 퍼진 것처럼 보입니다. 그러나 그것은 사실이 아닙니다. 사도행전에 나타난 바울의 행적을 토대로 바울의 연대기를 구성하면, 사도행전 13장 4절에서 시작된 바울의 1차 전도 여행은 주후 45년에 시작하여 주후 47년에 끝났습니다. 본문을 포함한 그 여행이 3년에 걸쳐 진행되었던 것입니다. 그러므로 여행 첫해인 주후 45년에 비시디아 안디옥을 방문한 바울은 그곳에서 최소한 수개월 동안 머물렀음을 알 수 있습니다. 즉 더 이상 유대인 회당에서 설교할 수 없게 된 사도 바울이 최소한 수개월 동안 비시디아 안디옥에 계속 머물면서 만나는 사람들에게 복음을 전한 결과 복음이 비시디아 안디옥 전역에 두루 퍼지게 된 것이었습니다.

　4주 전에 말씀드린 것처럼 주전 3세기 헬라제국의 알렉산더 대왕이 죽은 뒤, 그의 휘하 장군이었던 셀레우코스 1세는 중동 세계를 석권하고 자신의 이름을 붙여 셀레우코스 왕조를 세웠습니다. 그리고 그는 자신의 아버지 안티오쿠스를 기념하기 위해 안디옥이란 이름의 도시를 열여섯 개나 건설하였습니다. 본문의 비시디아 안디옥 역시 그 중의 한 도시였습니다. 그러나 주전 25년 로마제국의 황제 아우구스투스의 군대가 비시디아 지역을 장악했을 때, 비시디아 안디옥은 인구만 많았지 도시 자체는 보잘것없었습니다. 아우구스투스 황제는 비시디아 안디옥을 비시디아 지역의 행정 수도로 지정하여 대도시로 확장한 뒤, 자신의 황궁이 있는 로마제국의 수도인 로마의 자매

도시로 삼았습니다. 그래서 사람들은 모든 면에서 수도 로마의 복제판이었던 비시디아 안디옥을 '작은 로마'라고 불렀습니다. 비시디아 안디옥은 아우구스투스 황제가 그 정도로 애착을 지녔던 대표적인 황제의 도시였습니다.

황제의 도시 비시디아 안디옥은 외형상으로는 여전히 황제의 도시였습니다. 그러나 그 황제의 도시에 바울이 나타남으로 인해 그 도시 전역으로 생명의 복음이 스며들었습니다. 맑은 물이 들어 있는 유리컵에 잉크 한 방울을 떨어뜨리면 그 잉크가 소리 없이 물컵 전체로 퍼져 나가듯, 생명의 복음이 바울을 통해 황제의 도시 속으로 소리도 없이 퍼져 나갔습니다. 바울이 그 황제의 도시에 발을 내딛기 전까지는 그 누구도 상상치 못한 일이었습니다. 그래서 언제나 한 사람이 중요합니다. 나 자신이 하나님 앞에 깨어 있는 한 사람이 되는 것이 중요합니다. 하나님께서는 어느 시대 어느 곳에서나 항상 당신 앞에 깨어 있는 한 사람을 통해 역사하시기 때문입니다.

물거품처럼 허망한 욕망을 좇는 황제의 도시, 모든 것이 썩어져 형체도 없이 사라지고 단지 폐허라는 두 글자로만 남게 될 황제의 도시, 죽음으로 치닫는 죽음의 도시인 그 황제의 도시에 생명의 복음이 스며들어 소리도 없이 퍼져 나가고 있다면, 적어도 하나님을 믿는 사람이라면 함께 기뻐하며 복음 전도에 동참함이 마땅할 것입니다. 그러나 유대교 지도자 무리의 반응은 정반대였습니다.

이에 유대인들이 경건한 귀부인들과 그 시내 유력자들을 선동하여 바울과 바나바를 박해하게 하여 그 지역에서 쫓아내니(50절).

생전 처음 보는 바울의 설교를 듣기 위해 평소 자신들이 설교할 때와는 비교도 할 수 없는 대인파가 몰려온 것으로 인해 바울을 시기한 유대교 지도자 무리는, 처음에는 자신들이 장악하고 있는 유대인 회당에서 바울이 더 이상 설교하지 못하게 하는 것만으로 족하다고 생각했습니다. 바울이 유대인 회당에서 설교하지 못하도록 조치하기만 하면 자신들의 종교적 권위나 자존심은 지켜지리라는 판단에서였습니다. 그러나 바울이 유대인 회당에서 더 이상 설교할 수 없게 되었다고 해서 비시디아 안디옥에서 꿀 먹은 벙어리처럼 살거나, 즉각 비시디아 안디옥을 떠나 버린 것이 아니었습니다. 사도 바울은 계속 비시디아 안디옥에 머물면서 만나는 사람에게 복음을 전했고, 그로 인해 복음이 비시디아 안디옥 전역에 소리 없이 퍼져 나갔습니다. 유대인 회당이라는 작고 제한된 공간에서 바울로 하여금 더 이상 설교하지 못하게 한 유대교 지도자 무리의 조치가 오히려 회당 밖 도시 전역에서 바울의 영향력이 더 커지게 하는 역효과를 초래한 셈이었습니다. 유대교 지도자들로서는 결코 용납할 수 없는 결과였습니다.

그러나 황제의 도시인 비시디아 안디옥에서 그들의 종교적 권력이 유대인 회당 밖에까지 미치는 것은 아니었습니다. 그들에게는 회당 밖에서 복음을 전하는 사도 바울을 제재할 권한이 없었습니다. 마침내 그들은 비시디아 안디옥의 경건한 귀부인들과 유력자들을 선동하여 바울과 바나바를 박해하게 하여 아예 그 두 사람을 비시디아 안디옥에서 쫓아내어 버리고 말았습니다. 우리말 '박해'로 번역된 헬라어 '디오그모스'는 신체적인 위해를 포함하는 의미라고 했습니다. 유대교 지도자들이 비시디아 안디옥의 경건한 귀부인들과 유력자들을 얼마나 선동했으면 그들이 바울과 바나바의 신체에 위해를 가하면서까지 그 두 사람을 비시디아 안디옥에서 쫓아내었겠습니까? 유대교 지도자 무리의 입장에서 본다면, 그들은 자신들의 손가락 하나 대지 않고 눈엣가시인 바울과 바나바를 비시디아 안디옥에서 쫓아내려던 자신들의 목적을 이루었습니다. 그러나 그것은 하나님의 관점에서 본다면 돌이킬 수 없는 악행이었습니다. 그들이 그와 같은 한심한 악행을 저지른 이유는 오직 하나, 바울에 대한 시기심이었습니다.

이때 비시디아 안디옥에서 일방적으로 쫓겨난 사도 바울은 후에 '사랑장'으로 불리는 고린도전서 13장에서 사랑을 다음과 같이 정의하였습니다.

사랑은 오래 참고 사랑은 온유하며 시기하지 아니하며 사랑은 자랑하지 아니하며 교만하지 아니하며 무례히 행하지 아니하며 자기의 유익을 구하지 아니하며 성내지 아니하며 악한 것을 생각하지 아니하며 불의를 기뻐하지 아니하며 진리와 함께 기뻐하고 모든 것을 참으며 모든 것을 믿으며 모든 것을 바라며 모든 것을 견디느니라(고전 13:4-7).

사도 바울은 사랑을 정의하면서 '사랑은……이다'는 식의 긍정문 일곱 개와, '사랑은……가 아니다'는 식의 부정문 여덟 개를 사용했습니다. 그 부정문마다에서 '아니다'라는 서술어를 빼면 나머지 단어는 사랑의 반대 개념이 됩니다. 다시 말해 사랑이 선이라면 그것은 선의 반대 개념인 악을 의미합니다.

그 부정문 가운데 첫 번째 부정문은 '사랑은 시기하지 않는다'는 것입니다. 사랑은 어떤 경우에도 시기와 같은 자리에 머물지 않습니다. 사랑과 시기는 서로 반대 개념이기 때문입니다. 사랑이 선인 데 반해 시기는 악입니다.

두 번째 부정문은 '사랑은 자랑하지 않는다'는 것입니다. '자랑하다'라는 의미의 헬라어 '페르페류오마이περπερεύομαι'는 '허풍선'을 뜻하는 '페르페로스 πέρπερος'에서 파생된 단어입니다. 자랑은 자신이 한 일을 과장하는 것입니다. 여기에서 간과하지 말아야 하는 것은 순서입니다. 자랑이 먼저고 그다음이 시기가 아니라, 시기 다음으로 자랑입니다. 인간이 누군가를 시기하면 반드시 그 사람 앞에서 자신이 한 일을 과장하게 됩니다.

세 번째 부정문은 '사랑은 교만하지 않다'는 것입니다. '교만하다'로 번역된 헬라어 '휘시오오φυσιόω'는 '부풀게 하다'라는 의미입니다. 방금 자랑은 자신이 한 일을 과장하는 것이라 했는데, 자신의 업적을 과장하다 보면 아예 자기 자신을 부풀리게 됩니다. 그것이 교만입니다. 교만은 실제의 자기보다 자신을 훨씬 크다고 착각하는 것입니다. 누군가를 시기하면 반드시 그 사람 앞에서 자신의 업적을 과장하면서, 자신을 실제의 자기보다 높은 자리에 앉히는 자기 교만에 빠지게 됩니다.

네 번째 부정문은 '사랑은 무례히 행하지 않는다'는 것입니다. '무례하다'는 의미의 헬라어 '아스케모네오ἀσχημονέω'는 상대방에게 돌아가야 할 존경과 명예를 인정하지 않는 것을 의미합니다. 상대가 그 일을 한 것은 자신이 도와준 까닭이요, 상대가 높은 자리에 앉은 것 역시 자신이 밀어 준 결과라고 착각하는 자기 교만 때문입니다. 사람이 누군가를 시기하면 반드시 그 사람 앞에서 자신의 업적을 과장하면서, 자신을 실제의 자기보다 높은 자리에 앉히는 교만에 빠져 상대에게 돌아가야 할 존경과 명예를 부정해 버리게 됩니다.

다섯 번째 부정문은 '사랑은 자기의 유익을 구하지 않는다'는 것입니다. '자기의 유익'을 구한다면 언뜻 경제적인 유익을 뜻하는 것으로 이해하기 쉽습니다. 그러나 헬라어 원문에는 '자기의 것'이라고 기재되어 있습니다. 자신의 것을 구한다는 것은 자기 기분, 자기 감정, 자기 몫에 집착하는 것입니다. 사람이 누군가를 시기하면 반드시 그 사람 앞에서 자신의 업적을 과장하고, 자신을 실제의 자기보다 높은 자리에 앉히는 자기 교만으로 상대에게 돌아가야 할 존경과 명예를 부정하면서 자기 기분, 자기 감정, 자기 몫에만 집착하게 됩니다.

여섯 번째 부정문은 '사랑은 성내지 않는다'는 것입니다. 여기에서 말하는 '성'은 우리가 일상생활에서 낼 수 있는 성이나 화가 아닙니다. 헬라어 '파록쉬노παροξύνω'는 '발작적인 분노'를 의미합니다. 평상시에는 멀쩡하게 보이다가도 자신의 것이 조금이라도 침해당한다고 여기는 즉시 발작적으로 분노를 발하게 됩니다. 파록쉬노는 본래 '날카롭게 하다'라는 의미의 동사입니다. 자신의 것을 침해하는 사람에게는 언제든 날카로운 흉기가 될 만반의 준비가 갖추어져 있다는 말입니다. 사람이 누군가를 시기하면 반드시 그 사람 앞에서 자신의 업적을 과장하고, 자신을 실제보다 높은 자리에 앉히는 자기 교만으로 상대에게 돌아가야 할 존경과 명예를 부정하고 오직 자기 기분, 자기 감정, 자기 몫에만 집착하면서, 조금이라도 자신의 것이 침해당한다고 여기는 즉각 상대에게 날카로운 흉기가 됩니다.

일곱 번째 부정문은 '사랑은 악한 것을 생각하지 않는다'는 것입니다. 여기에서 '생각하다'에 해당하는 헬라어 '로기조마이λογίζομαι'는 '계산하다', '숙고하다'라는 뜻입니다. 악을 생각한다는 것은 어떻게 악을 행할까 깊이 계산하고 심사숙고한다는 말입니다. 누군가를 시기하면 그 사람 앞에서 반드시 자신의 업적을 과장하고, 자신을 실제의 자기보다 높은 자리에 앉히는 교만으로 상대에게 돌아가야 할 존경과 명예는 부정하고 자기 기분, 자기 감정, 자기 몫에만 집착하면서, 자기의 것이 조금이라도 침해당한다고 여기는 즉각 날카로운 흉기가 되어 어떻게 상대를 해칠까 심사숙고하게 됩니다.

마지막 부정문은 '사랑은 불의를 기뻐하지 않는다'는 것입니다. '불의를 기뻐한다'는 것은 불의를 저지른 뒤에 자기 만족으로 기뻐 어쩔 줄 모르는 상태를 뜻입니다. 누군가를 시기하면 그 사람 앞에서 반드시 자신의 업적을 과장하고, 자신을 실제의 자기보다 높은 자리에 앉히는 교만으로 상대에게 돌아가야 할 존경과 명예는 부정하고 자기 기분, 자기 감정, 자기 몫에만 집착하면서, 자기의 것이 침해당한다고 여기는 즉각 날카로운 흉기가 되어 어떻게 상대를 해칠까 심사숙고하다가, 상대에게 불의를 행한 뒤에 자기 만족으로 기뻐 어쩔 줄 몰라 하는 것이 인간입니다.

중요한 사실은 그 연속적인 악이 모두 시기에서 시작된다는 것입니다. 본문의 유대교 지도자 무리 역시 마찬가지였습니다. 그들이 유대인 회당에서 바울의 설교를 금한 것은 바울에 대한 시기 때문이었습니다. 그리고 그다음 안식일에 회당에 모인 유대교인들 앞에서 자신들이 설교를 금한 사도 바울보다 더 큰 지도자임을 과시하기 위해 얼마나 자신들의 지난 업적을 과장하면서 자신들을 스스로 높이는 자기 교만을 떨었겠습니까? 또 위대한 사도 바울에게 존경과 명예를 돌리기는커녕 사도 바울을 형편없는 인간으로 매도하기 위해 얼마나 폄하했겠습니까? 그러다가 바울이 회당 밖에서 계속 복음을 전함으로 인해 비시디아 안디옥에서 자신들의 입지가 줄어들었다고 생각하는 즉각 그들은 또다시 날카로운 흉기가 되었습니다. 그들은 어떻게 하면 사도 바울이 다시는 비시디아 안디옥에 얼씬도 하지 못하게 할 수 있을까 심사숙고한 뒤에, 그 도시의 경건한 귀부인들과 유력자들을 선동하여 사도 바울에게 신체적 위해를 가하면서까지 바울 일행을 아예 비시디아 안디옥에서 쫓아 버리고 말았습니다. 유대교 지도자 무리가 쫓겨나는 바울 일행의 뒷모습을 보면서 눈엣가시인 바울을 해치웠다면서 기뻐 어쩔 줄 몰라 하는 모습이 눈에 선하게 보이지 않습니까?

그 한심한 인간들은 하나님을 알지 못하는 사람들이 아니었습니다. 그들은 모두 하나님을 믿는다는 사람들이었습니다. 하나님을 믿어도, 누구보다 잘 믿는다고 자처하는 지도자 무리였습니다. 그러나 그것은 먼 나라, 남의 이야기가 아닙니다. 하나님 앞에서 자신이 다른 사람과 자신을 비교해야 하는 상대적인 존재가 아님을 깨닫지 못하면, 하나님 앞에서 자신이 절대적인 존재임을 자각하지 못하면, 하나님을 믿는다는 우리 역시 누군가를 시기하고 선동할 수밖에 없고, 결국 우리 자신과 본문 속의 한심한 유대교 지도자 무리 사이에는 아무런 차이가 있을 수 없다는 중요한 교훈에 대해서는 이미 4주 전에 깊이 생각해 보았습니다.

시기가 선동으로 이어지는 오늘의 본문 속에서 우리가 얻게 되는 또 하나의 중요한 교훈은, 사람을 선동하는 것이 악이라면 누군가에게 선동당하는 것은 무지無知라는 것입니다. 생각해 보십시오. 유대교 지도자 무리가 사람들을 선동하여 그들로 하여금 바울 일행에게 신체적 위해까지 가하면서 바울 일행을 쫓아내게 하려면 바울을 얼마나 거짓 모함했겠습니까? 그들이 바울에 대해 분노하지 않을 수 없도록 바울을 흉악한 인간으로 매도하지 않았겠습니까? 그래서 어떤 형태의 선동이든 상관없이 선동은 무서운 악행입니다. 그 악한 유대교 지도자 무리에 의해 선동당한 사람들이 신체적인 위해를 가하면서까지 비시디아 안디옥에서 쫓아낸 바울은 누구였습니까? 그 도시에서 추방해 마땅한 살인강도나 사기꾼이었습니까? 아니었습니다. 그는 하나님께서 예수 그리스도 안에서 택하신 하나님의 사도였습니다. 그렇다면 유대교 지도자들에게 선동당한 그 사람들은 무엇이 무엇인지 알지도 못하면서 결과적으로 유대교 지도자들의 악행에 가담하고 앞장선 무지한 인간들이었습니다. 그 무지한 인간들이 대체 누구였습니까? 본문은 그들이 비시디아 안디옥의 경건한 귀부인들과 유력자들이었음을 밝혀 주고 있습니다.

그들이 비시디아 안디옥에서는 경건한 귀부인과 유력자로 존경받았을는지 모르지만, 하나님 앞에서는 무지하기 짝이 없는 인간들이었습니다. 하나님의 말씀으로 밥 먹고 사는 유대교 지도자 무리가 거짓 모함으로 사람들을 선동하는 악행을 저지르고, 비시디아 안디옥의 경건한 귀부인들과 유력자들이 유대교 지도자들에게 선동당하여 하나님의 사람을 내쫓는 악행에 앞장설 정도로 무지했다는 것은 얼마나 역설적인 교훈입니까? 하나님을 믿는다고 해서 사람을 선동하는 악행을 범하지 않는 것은 아닙니다. 사회적으로 귀부인이고 유력자라고 해서 누군가에게 선동당하여 결과적으로 악행에 가담하거나 악행을 방조하는 무지를 범치 않는 것이 아닙니다. 다음 시간에 상세하게 생각해 보겠지만, 우리가 아무리 교회에 열심을 다해 다녀도 사소한 문제나 작은 이권 때문에 얼마든지 사람을 선동하는 악행을 저지를 수 있고, 아무리 사회적 지위가 높고 지성이 뛰어나도 누군가에게 쉽게 선동당하는 무지도 얼마든지 범할 수 있습니다. 우리가 하나님의 말씀 앞에서 항상 깨어 있어야 할 이유가 바로 여기에 있습니다.

사랑하는 교우 여러분!

어떤 경우에도 사람을 선동하는 악행도, 사람에게 선동당하는 무지도 범치 않는 지혜로운 그리스도인으로 살아가기 원하십니까? 그렇다면 우리 모두 하나님의 말씀 위에 굳건하게 서십시다. 하나님의 말씀으로 우리의 심령을 채우고, 그 말씀의 힘으로 우리의 영적 내공을 기르십시다. 우리가 예수 그리스도 안에서 말씀의 사람으로 설 때에만 누군가를 선동하는 악행이나 누군가에게 선동당하는 무지를 범하지 않고, 본문의 사도 바울처럼, 온갖 모함 속에서도 죽음과 폐허로 치닫고 있는 이 황제의 도시 속에 생명이 스며들게 하는 참생명의 삶을 살 수 있습니다.

하나님께서는 야고보서 3장 16절을 통하여 "시기와 다툼이 있는 곳에는 혼란과 모든 악한 일이 있음이라"고 말씀하셨습니다. 누군가를 시기하면, 반드시 그 사람 앞에서 자신의 업적을 과장하고, 자신을 실제의 자신보다 높은 자리에 앉히는 교만으로, 상대에게 돌아가야 할 존경과 명예는 부정하고, 자기 기분과 감정 그리고 자기 몫에만 집착하면서, 조금이라도 자신의 것이 침해당한다고 여길 경우 그 즉각 날카로운 흉기가 되어, 어떻게 상대를 해칠까 심사숙고하다가, 상대에게 불의를 행한 뒤엔 자기 만족으로 기뻐 어쩔 줄 몰라 하는 죄를 범할 수밖에 없기 때문입니다. 우리 자신이 하나님에 의해 지음 받은 절대적인 존재임을 잊지 않음으로, 본문의 유대교 지도자 무리와는 달리 참된 사랑의 사람으로 살아가게 해주십시오.

사도 바울이 찾아가기 전의 비시디아 안디옥은 죽음과 폐허로 치닫는 허망한 황제의 도시였을 뿐입니다. 그러나 사도 바울이 그곳에 발을 내디딤으로 그 죽음의 도시 속에 생명이 스며들기 시작했습니다. 우리 모두 죽어 가는 이 세상에 생명을 공급하는, 바로 그 한 사람이 되게 해주십시오.

하나님의 말씀으로 밥 먹고 사는 유대교 지도자 무리는 사도 바울을 쫓아내기 위해 온갖 거짓 모함으로 사람을 선동하는 악행을 범했고, 비시디아 안디옥의 경건한 귀부인들과 유력자들은 유대교 지도자 무리에게 선동당하여 결과적으로 그들의 악행에 가담하는 무지를 범했습니다. 우리 모두 하나님의 말씀 위에 굳게 서서 하나님의 말씀으로 우리의 심령을 채우고 우리의 내공을 기르게 해주셔서, 언제 어디에서나 누군가를 선동하는 악행도, 누군가에게 선동당하는 무지도 범치 않게 해주십시오. 항상 사람을 살리는 생명의 통로가 되어, 우리 자신이 영생을 주시기로 작정된 사람들이라는 사실이 우리의 삶으로 드러나게 해주십시오. 아멘.

34. 선동하여 II

사도행전 13장 44-52절

그다음 안식일에는 온 시민이 거의 다 하나님의 말씀을 듣고자 하여 모이니 유대인들이 그 무리를 보고 시기가 가득하여 바울이 말한 것을 반박하고 비방하거늘 바울과 바나바가 담대히 말하여 이르되 하나님의 말씀을 마땅히 먼저 너희에게 전할 것이로되 너희가 그것을 버리고 영생을 얻기에 합당하지 않은 자로 자처하기로 우리가 이방인에게로 향하노라 주께서 이같이 우리에게 명하시되 내가 너를 이방의 빛으로 삼아 너로 땅끝까지 구원하게 하리라 하셨느니라 하니 이방인들이 듣고 기뻐하여 하나님의 말씀을 찬송하며 영생을 주시기로 작정된 자는 다 믿더라 주의 말씀이 그 지방에 두루 퍼지니라 이에 유대인들이 경건한 귀부인들과 그 시내 유력자들을 **선동하여** 바울과 바나바를 박해하게 하여 그 지역에서 쫓아내니 두 사람이 그들을 향하여 발의 티끌을 떨어 버리고 이고니온으로 가거늘 제자들은 기쁨과 성령이 충만하니라

단순히, 난생처음 보는 사도 바울의 설교를 듣기 위해 평소 자신들이 설교할 때와는 비교할 수 없는 대인파가 몰려들었다는 이유로 바울을 시기한

비시디아 안디옥의 유대교 지도자 무리는, 바울을 반박하고 비방하면서 바울이 더 이상 유대인 회당에서 설교하지 못하도록 방해하였습니다. 그렇다고 사도 바울이 비시디아 안디옥을 떠나 버린 것은 아니었습니다. 유대인 회당에서 더 이상 설교할 수 없게 된 사도 바울은 회당 밖에서 유대인이든 헬라인이든 만나는 사람에게 예수 그리스도의 복음을 전했고, 그 결과 죽음으로 치닫기만 하던 황제의 도시 비시디아 안디옥 전 지역으로 생명의 말씀이 스며들게 되었습니다. 유대인 회당이라는 작고 제한된 공간에서 바울로 하여금 더 이상 설교하지 못하게 한 유대교 지도자 무리의 조치가, 역설적이게도 회당 밖 비시디아 안디옥 전역에서 바울의 영향력을 더 커지게 하는 역효과를 초래한 셈이었습니다. 그것은 유대교 지도자 무리로서는 결코 용납할 수 없는 결과였습니다. 그렇지만 그들의 종교 권력은 유대인 회당에 국한되어 있었습니다. 그들에게는 회당 밖에서 복음을 전하는 사도 바울을 제재할 권한이 없었던 것입니다. 그래서 그들이 무슨 일을 했었는지는 본문 50절이 밝혀 주고 있습니다.

> 이에 유대인들이 경건한 귀부인들과 그 시내 유력자들을 선동하여 바울과 바나바를 박해하게 하여 그 지역에서 쫓아내니.

유대교 지도자 무리는 비시디아 안디옥의 경건한 귀부인들과 유력자들을 선동하여 그들로 하여금 바울과 바나바를 박해하게 하여, 아예 그 두 사람을 비시디아 안디옥에서 쫓아내어 버리고 말았습니다. 본문이 단순히 '귀부인들'이라 하지 않고 '경건한 귀부인들'이라고 불렀음에 미루어, 그 귀부인들이 유대교에 입교했거나 아니면 유대교에 우호적인 여인들이었음을 알 수 있습니다. 2천 년 전 당시 소아시아 반도에 위치해 있던 로마제국의 도시에서는 여자들이 황제에 의해 고위직에 임명되는 경우가 허다했습니다. 따라서 본문이 언급한 귀부인들은 그들 자신들이 고위 관리였을 수도 있고, 고위 관리의 아내였을 수도 있습니다. 그리고 우리말 '유력자들'로 번역된 헬라어 '프로토스πρῶτος'는 지위와 서열, 영향력에서 으뜸이고 최고인 사람을 가리킵니다. 그러므로 본문이 언급한 '경건한 귀부인들과 유력자들'은 비시디아 안디옥에서 최고 지배자 그룹에 속한 사람들이었습니다. 한마디로 말해 사도 바울이나 바나바 정도는 간단하게 쫓아낼 수 있는 권력을 지닌 사람들이었습니다.

주후 45년 사도 바울이 비시디아 안디옥을 찾았을 때 비시디아 안디옥은 인구 10만 명에 달하는 대도시였습니다. 그 대도시의 지배자 그룹에 속한 사람들이라면 어떤 면에서든 다른 사람들보다 뛰어난 사람들임에 틀림없었습니다. 유대교 지도자 무리는 바로 그들을 겨냥하여, 그들을 선동했습니다. 비시디아 안디옥의 지배자들이었던 그들이 알지도 못하는 사도 바울을 쫓아내지 않을 수 없도록 그들을 선동하려면, 유대교 지도자 무리가 사도 바울을 얼마나 거짓으로 모함하고 매도했겠습니까? 그래서 어떤 형태의 선동이든 상관없이 모든 선동은 악행이라고 했습니다. 반면에 유대교 지도자들의 선동으로 비시디아 안디옥의 귀부인들과 유력자들이 박해하고 쫓아내어 버린 사도 바울은 살인강도거나 사기꾼이 아니었습니다. 사도 바울은 하나님께서 예수 그리스도 안에서 선택하신 하나님의 사도였습니다. 마땅히 영접하여 영원한 생명의 가르침을 받아야 할 진리의 스승을 소위 귀부인들과 유력자들이 박해하여 쫓아내어 버린 것입니다. 품위와 지성을 갖추었음이 분명한 그 귀부인들과 유력자들이 그처럼 어처구니없는 짓을 행한 것은, 그들이 유대교 지도자 무리에게 선동당했기 때문이었습니다. 그래서 선동당하는 것은 당사자의 지성이나 지위 혹은 연령을 막론하고 무지의 소치라고 했습니다.

그러나 선동하는 악행과 선동당하는 무지가 비시디아 안디옥에서만 일어난 일이었던 것은 아닙니다.

> 이에 이고니온에서 두 사도가 함께 유대인의 회당에 들어가 말하니 유대와 헬라의 허다한 무리가 믿더라 그러나 순종하지 아니하는 유대인들이 이방인들의 마음을 선동하여 형제들에게 악감을 품게 하거늘(행 14:1-2).

비시디아 안디옥에서 쫓겨난 사도 바울과 바나바는 비시디아 안디옥에서 동남쪽으로 약 180킬로미터 떨어진 이고니온을 찾아가, 그곳에 있는 유대인 회당에서 복음을 전했습니다. 그리고 비시디아 안디옥에서처럼, 사람을 선동하는 악행과 영문도 알지 못한 채 사람에게 선동당하는 무지가 그곳에서도 똑같이 반복되었습니다.

출애굽한 이스라엘 백성이 바란 광야 가데스에 이르렀을 때의 일입니다. 모세는 하나님께서 약속하신 가나안 땅을 미리 살피기 위해 열두 명의 정탐꾼들을 가나안 땅으로 보내었습니다. 40일 만에 가데스로 되돌아온 정탐꾼들 가운데 열 명이 가나안 땅으로 들어가면 안 된다고 이스라엘 백성을 선동했습니다. 가나안 땅의 원주민들은 거인족인지라 그 앞에서 자신들은 메뚜기에 불과하므로 가나안 땅에 들어가면 모두 몰살당할 것이라고 이스라엘 백성을 선동한 것입니다. 역시 정탐꾼이었던 갈렙과 여호수아가 가나안 원주민을 반드시 이길 수 있음을 피력했지만, 이미 열 명의 정탐꾼들에게 선동당한 이스라엘 백성은 도리어 진실을 말하는 갈렙과 여호수아를 돌로 쳐 죽이려고 했습니다. 그리고 그들은 결국 가나안 땅에 입성하지 못한 채 모두 광야에서 죽는 비극을 자초하였습니다. 선동하는 악행과 선동당하는 무지의 결과였습니다.

유대인들은 스스로 하나님의 선민임을 자처하지 않았습니까? 그런데 어떻게 하나님의 선민임을 자처하는 그들이 하나님께서 이 땅에 보내신 하나님의 독생자 예수 그리스도를 십자가에 못박아 죽였습니까? 예루살렘의 유대교 지도자 무리가 유대인들을 선동했고, 선동당한 유대인들이 빌라도 총독에게 예수님을 십자가형에 처하도록 민란을 일으킬 듯 압력을 넣었기 때문입니다. 그 역시 선동하는 악행과 선동당하는 무지의 결과였습니다.

선동과 관련된 이상과 같은 이야기들 속에서 우리는 자칫 선동에 대해 그릇된 편견을 갖기 쉽습니다. 이를테면 선동은 다수와 다수로 이루어진 집단 혹은 대중 사이에서 일어난다는 편견입니다. 바란 광야의 가데스에서 열 명의 정탐꾼들이 이스라엘 백성을 선동했습니다. 다수가 대중을 선동한 것입니다. 예루살렘의 지도자 무리가 유대인들을 선동했습니다. 역시 다수에 의한 대중 선동이었습니다. 본문의 비시디아 안디옥에서는 유대교 지도자 무리가 귀부인들과 유력자들을 선동했습니다. 다수가 특정 집단을 선동한 것입니다. 그리고 이고니온에서는 유대인들이 이방인들을 선동하여 복음을 받아들인 그리스도인들에 대해 악감정을 품게 했습니다. 다수가 다수를 선동한 것입니다. 이처럼 선동은 항상 다수와 다수, 다수와 집단, 다수와 대중 사이에서 일어나는 법이지, 개인 간에는 일어나지 않는 것으로 오해하기 쉽습니다. 또 선동은 정치나 이념 분야에 국한되어 일어나는 것으로 오해하기도 쉽습니다. 그런 편견과 오해는 필히 자신은 선동과 무관하다는 착각을 수반합니다. 그러나 그것은 전혀 사실이 아닙니다.

'선동'이라는 단어의 이미지가 부정적인 것은, 그 단어의 주체가 되는 사람의 의도나 동기가 불순하기 때문입니다. 누군가를 선동하는 것은 그를 정상 궤도에서 이탈케 하는 그릇된 행위입니다. 바른 마음을 지닌 사람이라면 사람을 정상 궤도에서 이탈케 하는 선동을 꾀하지 않습니다. 도리어 정상 궤도에서 이탈한 사람을 정상 궤도로 되돌려 주기 위해 그의 잘못을 일깨워 주면서, 그가 정상 궤도로 되돌아가게끔 충고하거나 권면하거나 조언하거나 훈계하거나 계몽하거나 설득합니다. 억울한 일을 당했을 때에도 진실이 무엇인지 해명하고 변호할 뿐입니다. 그처럼 긍정적인 의미의 단어들과는 정반대의 개념을 지닌 단어가 '선동'입니다. 이처럼 선동이 사람을 정상 궤도에서 이탈하게 하는 악행임을 깨닫는 것은 대단히 중요합니다. 그 사실을 깨달은 사람만, 선동은 다수와 다수 사이에서만 일어나는 것이 아니라 개인 간에도 얼마든지 일어날 수 있음을 자각할 수 있기 때문입니다.

　사탄이 에덴동산의 하와에게 금단의 열매를 먹으라고 유혹했습니다. 그 유혹의 내용이 무엇이었습니까? 금단의 열매를 먹기만 하면 '눈이 밝아져 하나님과 같이 될 것이다'(창 3:5)라는 것이었습니다. 즉, 인간의 궤도를 이탈하여 하나님이 되라는 것이었습니다. 그렇다면 우리가 그동안 사탄의 유혹이라 말해 온 것이 실은 인간을 인간의 궤도에서 벗어나게 하려는 사탄의 선동이었음을 알게 됩니다. 하나님께서는 선악과를 먹으면 반드시 죽는다고 말씀하셨음에도 사탄에게 선동당한 하와는 금단의 열매를 범하고 말았습니다. 그 열매를 금하신 하나님에 대한 무지로 인함이었습니다. 그것은 열 명의 사탄과 열 명의 여자 사이에서 집단적으로 일어난 일이 아니었습니다. 사탄과 하와, 단둘 사이에서 일어난 개인적인 선동이었습니다.

　사탄에게 선동당한 하와는 자신만 금단의 열매를 먹는 것으로 그치지 않았습니다. 그녀는 그 금단의 열매를 자신의 남편 아담에게도 먹였습니다. 이미 정상 궤도를 이탈한 하와가 아담마저 정상 궤도에서 이탈하도록 자기도 모르게 아담을 선동하는 악행을 저지른 것입니다. 그리고 하와의 선동에 아담이 아무 생각도 없이 선동당해 하나님께서 주신 에덴동산을 상실하고, 끝내 죄의 삯인 죽음을 자초한 것 또한 무지의 소치였습니다. 그것 역시 하와 개인과 아담 개인 사이에서 일어난 일이었습니다.

    이처럼 성경은 선동이 정치나 이념 문제에 국한하여 다수와 다수, 다수와 집단, 다수와 대중 사이에서만 일어나는 것이 아니라, 삶의 전반에 걸쳐 개인과 개인 사이에서 더 자주 일어날 수 있음을 일깨워 주고 있습니다. 그뿐 아니라 성경은 사탄과 하와 그리고 하와와 아담 사이에서 개인적으로 일어났던, 선동하는 악행과 선동당하는 무지로부터 인류의 역사가 시작되었음을 증언하고 있습니다. 우리는 바로 그 아담과 하와의 후예입니다. 그러므로 선동은 흔히 우리가 오해하듯 정치판이나 시위판에서만 일어나는 일이 아닙니다. 특정인이나 특정 집단의 전유물인 것도 아닙니다. 우리 자신들이 매일의 삶 속에서 자신도 모르게 선동하는 악행과 선동당하는 무지를 얼마나 자주 범하고 있는지 모릅니다.

    지난 6월 14일 경찰이 무면허 성형업자들과 이들에게 의사 면허를 대여해 준 의사들을 무더기로 적발한 것과 관련하여 모 신문에 게재되었던 기사를 읽어 드리겠습니다.

> 의사 면허 없이 성형외과를 차리거나 성형 시술을 한 무면허 성형업자들과, 이들에게 면허를 대여해 준 의사들이 서울경찰청 광역수사대에 무더기로 적발되었다. 간호조무사 출신이 '바지 원장'을 두고 스스로 수술을 맡은 병원이 있었고, 의사는 놀면서 대신 '돌팔이'에게 시술을 맡긴 병원도 있었다. '성형왕국'에서 어떻게 이런 일이 벌어졌을까?
> 피부 성형 분야의 숨은 실력자로 통했던 신모(53세) 씨는 원래 평범한 주

부였다. 2002년 피부 미용을 배우면 떼돈을 벌 수 있다는 말에 중국 선양瀋陽 미용학교로 가 일주일간 교육받은 게 그가 아는 전부였다. 신씨는 한국에 돌아와 의료업자로 변신했다. '돌팔이'였지만, 손기술이 좋아 양천구 일대 미용실과 화장품 외판원 사이에서 '의사보다 낫다'는 소문이 파다했다. 콜라겐을 주입해 주름살을 없애는 게 주특기였다.

2005년 경기도 부천의 성형외과에서 신씨를 모셨다. 무면허지만 '업계 일인자'라는 명성에 혹한 것이다. 병원은 환자들에겐 '특별 초빙 의사가 오는 날'이라고 홍보했다. 신씨는 그 자리에 점잖게 의사 가운을 입고 등장했다. 그 병원장 박씨는 명문대 출신이었지만, 영업이 신통치 않자 신씨를 영입해 수십 차례 시술을 맡겼다. 자신감을 얻은 신씨는 2008년부터 아예 양천구 신월동 자기 아파트 거실에서 '단독 개업'을 했다. 수술용 침대, 레이저, 주사기 같은 도구를 늘어놓자 환자들이 몰려왔다. 처음엔 목동과 인천 그리고 부천에 사는 단골들이 왔지만, 점점 입소문이 나면서 서울 강동 지역과 경기 일산에서도 환자들이 찾아왔다고 한다.

경찰 수사 결과 신씨가 자기 특기인 콜라겐 시술에 사용한 재료는 윤활제와 유리 용기의 표면을 코팅할 때 사용하는 공업용 실리콘이었다. 자칫하면 피부가 고와지기는커녕 썩거나 구멍이 뚫릴 수 있는 물질이었다. 보통 콜라겐 주사 한 대에 20~30만 원쯤인데 신씨는 가격을 확 낮췄다. 한 병에 50만 원 하는 공업용 실리콘으로 100대 이상의 가짜 콜라겐 주사를 만든 것이다. 신씨의 왕진 시술을 받은 경기도 평택의 가정집에선 난리가 났다. 일가족 5명을 상대로 주름 제거 시술을 했는데, 60대 남성에게서 심각한 부작용이 발생한 것이다. 이에 아랑곳없이 신씨는 환자 600명을 상대로 의료 행위를 해, 최소 5억 원 이상의 부당 이득을 올렸다고 한다.

올해 38세인 김씨는 산부인과 간호조무사였다. 가끔 환자들에게 피부 관리를 해주다 의료 사고가 나는 바람에 병원을 나왔다. '재주 좋다'는 말을 들었던 김씨는 그 길로 경기도 부천 중심가에 성형외과를 차렸다. 의사 면허가 필요해 인터넷 사이트에서 '원장'을 구했다. 현역에서 물러난 K(72세)씨가 월급 700만 원을 받는 조건으로 원장으로 초빙됐다. 수술칼을 잡아 본 지 10년이 넘었지만, 어차피 '노는 원장'이라 그런 건 중요하지 않았다. 모든 상담과 시술은 김씨가 맡았다. 턱 깎고 지방 빼는 복잡한 시술 환자는 다른 병원으로 보냈고, 오로지 주근깨와 점을 빼고 사마귀 제거하는 환자만 받았다. 그런데 이 '특화' 전략이 먹혀들었다. '주근깨 빼는 데 최고'라는 찬사에다 '싹싹하고 친절한 젊은 여의사'라는 칭송이 보태지면서 환자가 몰려들었다. 다른 병원에선 못 빼는 주근깨도 이 병원에서는 한 번에 뺄 수 있다는 소문이 났다. 간호사도 셋이나 됐다. 김씨는 월급 주기 아까운 원장을 자주 교체했다. K원장은 석 달 만에 쫓겨났고, P씨와 S씨 등이 면허를 대주는 '바지 원장'으로 새로 왔다. P씨와 S씨는 산부인과와 비뇨기과 전문의로 병원에서 쉬다 가는 게 주 업무였다고 한다.

양천구와 인천 그리고 부천에서 병원 3개를 운영한 전직 간호사 서모(56세) 씨도 김씨에 못지않았다. 그는 월급 의사를 고용하면서 성형외과 전문의는 2천만 원, 일반 의사에겐 1천만 원을 월급으로 주었다. 경찰은 "경쟁에서 밀린 의사들이 위법인 줄 알면서도 돈 받고 면허를 빌려 주고 있다"고 했다.

희대의 사기극입니다. 돌팔이 성형업자가 사람의 신체에서 가장 중요한 얼굴에 불법 시술을 한다는 것은 정상적인 병원을 찾아야 할 사람의 궤도를 이탈시키는 그릇된 행위라는 의미에서 이 사기극은 곧 선동극입니다. 그 선동극에 등장한 사람들은 돌팔이 성형업자들, 돌팔이 성형업자를 자기 병원에 초빙하여 환자를 끌어모은 성형외과 의사, 돌팔이 성형업자들에게 엄청난 금액의 돈을 받고 의사 면허를 대여해 준 의사들, 돌팔이 성형업자들에 의해 얼굴을 망가뜨린 피해자들입니다. 그러나 그들만으로는 그 선동극이 불가능합니다. 그 선동극에서 가장 중요한 역할을 한 사람들은 따로 있습니다. 무면허 성형업자들로부터 직접 시술을 받거나, 제3자로부터 이야기만 듣고서 '의사보다 낫다', '업계 일인자', '주근깨 빼는 데 최고'라고 돌팔이 성형업자들의 입소문을 낸 수많은 여인들입니다. 그들은 대중을 모아 놓고 그 앞에서 대중 연설을 한 적이 없었습니다. 신문에 광고를 낸 적도 없었습니다. 그들은 서로 개인적으로 만나 피부 이야기를 하다가 '어디에 있는 아무개가 최고'라고 개인적으로 말했을 뿐입니다. 그러나 바로 그것이 결과적으로 직접적이든 혹은 간접적이든 돌팔이 성형업자에게 선동당한 무지요, 본의 아니게 다른 사람을 선동한 악행으로 귀결되었다는 사실이 중요합니다.

  자신도 모르게 쉽게 선동당하는 무지를 범하고 동시에 자신의 뜻과는 무관하게 누군가를 선동하는 악행을 결과적으로 범한 여인들이 없었다면, 돌팔이 성형업자들의 선동극은 결코 가능할 수 없었을 것입니다. 이런 의미에서 그 주부들은 현대판 비시디아 안디옥의 귀부인들과 유력자라고 말할 수 있습니다. 그러나 그들은 실은 우리 개개인의 자화상입니다. 우리는 너무나도 쉽게 누군가에게 선동당하는 무지와 선동하는 악행을 범하면서도, 우리 자신이 선동의 한가운데 서 있다는 사실 자체를 자각하지도 못하고 있습니다. 우리가 이처럼 우리 자신도 모르게 선동당하는 무지와 선동하는 악행의 악순환 속에 있는 한, 우리를 이용하는 사람들의 탈법행위와 불법행위는 더욱 기승을 부릴 것이요, 정상 궤도에서 이탈한 우리의 그릇된 삶으로 인한 온갖 사회적 부작용과 부조리도 근절되지 않을 것입니다. 우리가 하나님을 믿는다면서도 그렇게 살아서야 우리의 삶이 본문 속 비시디아 안디옥의 유대교 지도자 무리, 그리고 귀부인들과 유력자들처럼 머지않아 썩어져 형체도 없이 사라져 버릴 것임은 불을 보듯 뻔한 일입니다.

예수님께서는 이 땅에 계시는 동안 단 한 번도 누구에게 선동당하신 적도 없었고, 누군가를 선동하신 적도 없었습니다. 예수님께서는 생명이시기 때문입니다. 참된 생명은 어떤 경우에도 사람을 정상 궤도에서 이탈시키는 선동을 행하지 않습니다. 생명은 도리어 정상 궤도에서 이탈한 사람을 정상 궤도로 되돌려 주는 힘이요, 능력이기 때문입니다.

사랑하는 교우 여러분!

주님의 그 생명이 이미 우리에게 임해 계심을 아십니까? 주님께서 생명이시기에 선동당하는 무지와 선동하는 악행을 무의미하게 반복하던 우리를 당신의 핏값으로 살리시고 당신의 생명으로 지금 우리를 품고 계시는 것입니다. 우리 모두 하나님의 말씀으로 그 생명을 들이켜고, 기도로 그 생명을 내어 뿜읍시다. 언제 어디서든 그 생명으로 호흡하고, 그 생명을 힘입어 이탈한 인생의 정상 궤도를 회복하십시다. 그때 우리는 비로소 누군가에게 선동당하는 무지와 누군가를 선동하는 악행의 악순환에서 벗어날 수 있습니다. 나아가 본문의 사도 바울처럼 비록 황제의 도시 속에서 우리의 몰골은 보잘것없다 해도, 우리는 인생의 정상 궤도에서 이탈한 사람들을 정상 궤도로 되돌아가게 하는 진정한 그리스도인, 허울뿐인 이 황제의 도시 속으로 생명이 스며들게 하는 참된 생명의 사도가 될 것입니다.

하와는 사탄에게 선동당하는 무지를 범함과 동시에, 자신의 뜻과는 무관하게 남편인 아담을 선동하는 악행을 저지르고 말았습니다. 그 아담과 하와의 후예가 바로 우리 자신입니다. 그런데도 우리는 선동은 정치적이거나 이념적인 목적을 위하여 다수와 다수, 다수와 집단, 다수와 대중 사이에서만 일어나는 일이요, 우리 자신은 선동과는 무관하다는 착각 속에서 살아왔습니다. 그러나 오늘 본문을 통해 우리 자신이 그동안 누군가에게 선동당하는 무지와, 누군가를 선동하는 악행을 되풀이하면서, 우리 자신이 인생의 정상 궤도에서 이탈한 것은 말할 것도 없고, 수많은 사람들을 정상 궤도에서 이탈시키는 허물마저 범해 왔음을 깨닫게 해주셔서 감사합니다. 우리의 이 모든 허물을 회개하오니 하나님의 자비로우심으로 용서해 주십시오.

주님께서 벳새다 벌판에서 오병이어의 표적을 행하시는 것을 목격한 민중들은 그 즉석에서 자신들의 왕이 되어 달라고 주님을 선동했지만, 주님은 결코 선동당하시지 않았습니다. 주님께서는 예루살렘 유대교 지도자 무리의 선동으로 십자가의 죽음을 당하셨지만, 운명하시기까지 당신의 구명을 위해 누구 한 명 선동하시지도 않았습니다. 주님께서 참생명이신 까닭입니다. 주님께서 생명이시기에, 선동당하는 무지와 선동하는 악행으로 주님의 뜻에 위배되는 삶을 살아온 나에게도 생명으로 임해 주시고, 당신의 생명으로 나를 감싸고 계심을 감사드립니다.

이제부터 말씀으로 그 생명을 들이켜고, 기도로 그 생명을 내뿜게 해주십시오. 오직 그 생명으로 호흡하면서, 그 생명을 힘입어 내가 먼저 인생의 정상 궤도를 회복하게 해주십시오. 그리하여 우리 모두 정상 궤도에서 이탈한 사람들을 정상 궤도로 되돌려 주는 진정한 그리스도인, 죽음으로 치닫는 이 황제의 도시 속에 생명이 스며들게 하는 참생명의 사도로 살아가게 해주십시오. 아멘.

35. 기쁨과 성령이 충만하니라 I
100주년기념교회 창립 5주년 기념 주일

사도행전 13장 44-52절
그다음 안식일에는 온 시민이 거의 다 하나님의 말씀을 듣고자 하여 모이니 유대인들이 그 무리를 보고 시기가 가득하여 바울이 말한 것을 반박하고 비방하거늘 바울과 바나바가 담대히 말하여 이르되 하나님의 말씀을 마땅히 먼저 너희에게 전할 것이로되 너희가 그것을 버리고 영생을 얻기에 합당하지 않은 자로 자처하기로 우리가 이방인에게로 향하노라 주께서 이같이 우리에게 명하시되 내가 너를 이방의 빛으로 삼아 너로 땅끝까지 구원하게 하리라 하셨느니라 하니 이방인들이 듣고 기뻐하여 하나님의 말씀을 찬송하며 영생을 주시기로 작정된 자는 다 믿더라 주의 말씀이 그 지방에 두루 퍼지니라 이에 유대인들이 경건한 귀부인들과 그 시내 유력자들을 선동하여 바울과 바나바를 박해하게 하여 그 지역에서 쫓아내니 두 사람이 그들을 향하여 발의 티끌을 떨어 버리고 이고니온으로 가거늘 제자들은 **기쁨과 성령이 충만하니라**

단순히, 난생처음 보는 사도 바울의 설교를 듣기 위해 평소 자신들이 설교할 때와는 비교할 수 없는 대인파가 몰려들었다는 이유로 바울을 시기한 비시디아 안디옥의 유대교 지도자 무리는, 바울을 반박하고 비방하면서 바울이 더 이상 유대인 회당에서 설교할 수 없도록 방해하였습니다. 그러나 사도 바울은 비시디아 안디옥을 떠나지 않고 회당 밖에서 헬라인이든 유대인이든 만나는 사람에게마다 복음을 전했고, 그 결과 죽음으로 치닫기만 하던 황제의 도시 비시디아 안디옥 전역에 생명의 말씀이 스며들게 되었습니다. 유대인 회당이라는 작고 제한된 공간에서 바울로 하여금 더 이상 설교하지 못하게 한 유대교 지도자 무리의 조치가 역설적이게도, 회당 밖 비시디아 안디옥 전역에서 바울의 영향력을 더 커지게 하는 역효과를 초래한 셈이었습니다. 그것은 유대교 지도자 무리로서는 결코 용납할 수 없는 결과였습니다. 그러나 그들의 종교 권력은 유대인 회당에 국한되어 있었습니다. 그들에게는 회당 밖에서 복음을 전하는 사도 바울을 제재할 권한이 없었습니다. 그들은 비시디아 안디옥의 경건한 귀부인들과 유력자들을 선동하여 사도 바울과 바나바를 박해하게 하여, 그 두 사람을 아예 비시디아 안디옥에서 쫓아버리고 말았습니다. 본문 51절이 그 이후의 상황을 밝혀 주고 있습니다.

두 사람이 그들을 향하여 발의 티끌을 떨어 버리고 이고니온으로 가거늘.

'발의 티끌을 떨어 버린다'는 것은 유대인의 풍속을 나타내는 표현으로, 자신은 상대와 더 이상 관계가 없다거나 혹은 상대의 잘못은 자신과는 무관함을 나타내는 행동입니다. 즉 선동하는 악행과 선동당하는 무지로 자신을 쫓아낸 비시디아 안디옥의 유대교 지도자 무리와 경건한 귀부인들 그리고 유력자들은 이제 바울과 바나바 자신들과는 더 이상 상관없는 사람들이요, 자신을 쫓아냄으로 결과적으로 하나님께 대적한 그들의 잘못 또한 자신과 무관하다는 의미였습니다. 그리고 바울과 바나바는 이고니온으로 갔습니다.

제자들은 기쁨과 성령이 충만하니라(52절).

본문에 언급된 '제자들'은 복음을 받아들인 비시디아 안디옥 시민들을 일컫습니다. 그들에게 복음을 전한 사도 바울은 비시디아 안디옥에서 쫓겨났지만, 바울로부터 복음을 받아들인 사람들은 기쁨과 성령이 충만하였습니다. 헬라어 원문에는 '충만하니라'가 미완료형으로 기록되어 있습니다. 한순간 기쁨과 성령이 충만하고 그친 것이 아니라, 그 이후 매일 기쁨과 성령이 충만한 삶을 살았다는 뜻입니다. 본래 비시디아 안디옥은 죽음으로만 치닫던 황제의 도시 아니었습니까? 그 황제의 도시 속에 살고 있던 사람들은 원래 허망한 욕망을 위해 자신들의 생명을 갉아먹으며 하루하루 공동묘지를 향해 내닫던 사람들 아니었습니까? 그들이 예수 그리스도 안에 있는 영원한 생명에 접속되었으니, 새 생명을 누리는 그들의 삶이 얼마나 기쁨과 성령으로 충만했을는지는 능히 짐작할 수 있습니다.

생명이 무엇인지 도무지 알지도 못한 채 오직 죽음으로만 치닫던 그들이 대체 어떻게 그토록 기쁨과 성령이 충만한 삶을 살게 되었습니까? 그것이 저절로 그렇게 된 일이었습니까? 혹은 그들의 의지나 노력의 결과였습니까? 그렇지 않습니다. 그들이 그와 같은 새 생명의 삶을 누릴 수 있었던 이유는 오직 하나, 그들을 위한 바울의 자기 희생과 자기 헌신, 다시 말해 자기 낭비가 있었기 때문입니다.

바울 일행이 구브로 섬의 바보를 출발하여 밤빌리아의 버가에 도착했을 때, 수행원이었던 청년 마가가 전도팀에서 무단이탈해 버렸습니다. 설상가상으로 바울은 그곳에서 풍토병에 걸리고 말았습니다. 그러나 바울은 풍토병에 걸린 몸으로 바나바와 함께 목숨을 걸고 타우루스 산맥을 넘어 버가에서 200여 킬로미터 거리에 있는 비시디아 안디옥으로 갔습니다. 풍토병에 걸린 바울이 수행원도 없이 타우루스 산맥 너머 비시디아 안디옥에 이르는 200여 킬로미터의 거리를 도보로 여행한다는 것은, 병약한 바울 자신이 여행에 필요한 배낭을 직접 메고, 식사 때가 되면 길가에 앉아 자신이 직접 끼니를 해결하고, 밤이 되면 타우루스 산맥 깊은 산속 바위 곁에 잠자리도 자신이 직접 챙겨야 함을 의미했습니다. 풍토병에 걸린 병약한 몸으로는 반드시 피해야 할 길이었지만, 바울은 그 길을 마다하지 않았습니다. 마침내 타우루스 산맥을 넘어 비시디아 안디옥에 당도한 바울은 병원이나 요양원을 찾지 않았습니다. 그가 그곳에 당도하자 안식일이 되었고, 그는 곧장 유대인 회당을 찾아가 여전히 병약한 몸으로 복음을 전했습니다. 사도 바울을 시기한 유대교 지도자 무리가 바울로 하여금 더 이상 회당에서 설교하지 못하게 하자, 바울은 유대교 지도자 무리에게 선동당한 귀부인들과 유력자들에 의해 비시디아 안디옥에서 쫓겨날 때까지 회당 밖에서 만나는 모든 사람들에게 복음을 전했습니다. 돈을 얻거나, 권력을 구하거나, 명예를 취하기 위함이 결코 아니었습니다. 오직 비시디아 안디옥 사람들에게 주님의 사랑과 생명의 통로가 되기 위한 자기 희생과 자기 헌신 곧 자기 낭비였고, 그 결과 바울로부터 복음을 영접한 사람들이 기쁨과 성령이 충만한 새 생명의 삶을 살 수 있었습니다.

사랑의 속성은 희생과 헌신으로 표현되는 낭비라고 했습니다. 사랑하면 사랑하는 사람을 위해 자기 자신을, 자신의 것을 낭비하지 않을 수 없습니다. 부모의 자기 낭비 없이 어찌 자식이 성인이 될 수 있겠습니까? 자식을 위한 낭비를 아까워하거나 주저하는 사람이 있다면 그는 그 자식의 친부모가 아님을 스스로 증명하는 것입니다. 주님께서도 우리를 사랑하셨기에, 죄와 사망의 덫에서 우리를 살려 내시기 위해 당신이 친히 십자가의 제물 되시어 당신 자신을 철저하게 낭비하셨습니다. 그와 같은 주님의 자기 낭비가 없었던들, 우리가 지금처럼 기쁨과 성령이 충만한 새 생명의 삶을 누릴 수는 없을 것입니다.

그러므로 그리스도인은 그 기쁨과 성령 충만의 삶을 자기 홀로 누리려 하지 않고, 그 삶을 주신 주님의 통로가 되어 누군가를 위해 기꺼이 자기 낭비의 삶을 사는 사람이요, 그런 사람들의 모임이 바로 교회입니다. 교회는 낭비의 원천이라는 의미입니다. 본래 낭비는 부정적인 의미의 단어입니다. 낭비의 사전적 의미는 시간이나 재물을 헛되이 사용하는 것입니다. 그러나 사랑의 낭비는 그 반대입니다. 부모가 자식을 위해 자신을 낭비하는 것을 헛된 낭비라 하지 않는 것은, 부모의 자기 낭비를 통해 자식의 생명이 여물기에, 자식을 위한 부모의 자기 낭비는 언젠가는 소멸해 버릴 자기 생명의 가치를 도리어 극대화하는 길이기 때문입니다. 그리스도인이 누군가를 위한 주님의 통로가 되기 위해 자신을 낭비하는 것은, 유한한 자신의 생명을 예수 그리스도 안에 있는 영원에 접속시키는 것을 의미하기에 그보다 더 자신을 영화롭게 하는 길은 없습니다.

사도 바울이 위대한 것은 이 중요한 사실을 바르게 깨닫고 평생 자신의 삶으로 실천했기 때문입니다. 그는 자신을 살리시기 위해 당신을 낭비하신 주님의 사랑에 보답하기 위해 일평생 그 사랑의 통로가 되어 자기 낭비를 멈추지 않았기에, 비시디아 안디옥에서처럼 그가 가는 곳마다 기쁨과 성령이 충만한 그리스도인들과 교회가 세워졌습니다. 그리고 2천 년 전 그때 이미 예수 그리스도의 영원에 접속되어 있던 그는 2천 년이 지난 지금까지도 우리 가운데 영원히 살아 있습니다. 바로 이것이 창립 주일을 맞은 우리에게 하나님께서 본문을 통해 주시는 메시지입니다.

오늘 창립 5주년을 맞아, 5년 전 우리 교회를 창립한 한국기독교100주년기념사업협의회 강병훈 이사장님께서 편지를 보내 주셨습니다. 이 시간 그 내용을 잠시 읽어 드리겠습니다.

100주년기념교회 성도 여러분께

100주년기념교회 설립 5주년을 맞아 주님의 이름으로 성도 여러분께 문안드리며, 오늘의 100주년기념교회를 있게 하시기 위하여 성도 여러분 한 분 한 분의 삶을 주장하신 창조주 우리 하나님께 모든 영광과 찬송을 드립니다.

지난 5년 동안 100주년기념교회는 수많은 난제와 난관에도 불구하고 어느 선교 역사에서 찾아볼 수 없을 정도로 급성장하여, 한국 기독교 선교 100년을 기념하고 선교 200년을 향한 새로운 비전을 제시하는 아름다운 교회의 모습을 보여 주고 있습니다. 특히 설립과 더불어 귀 교회에 주어진 사명, 즉 양화진외국인선교사묘원과 용인에 있는 한국기독교순교자기념관 운영 관리에 온 정성과 헌신으로 한국 기독교의 성지를 바르게 세운 일은 역사에 길이 남을 여러분의 수고와 땀의 결실입니다. 이러한 일들은 오직 하나님의 나라와 그의 의를 구하는 목회자와 성도 여러분의 믿음과 소망 그리고 사랑의 고귀한 열매임을 믿기에 감사와 치하를 다시 한 번 드리는 바입니다.

사랑하는 100주년기념교회 성도 여러분, 100주년기념교회의 지난 5년은 또한 고난의 역사이기도 했습니다. 허위 사실로 인한 음해로 고 정진경 목사님 등 한국 교회의 영적 지도자들이 형사고소를 당하는가 하면,

시기 질투로 인한 힐난과 비방 그리고 권위주의에 도취되어 있는 교단의 교권 남용에 희생물이 되어 이재철 담임목사는 교단을 탈퇴해야만 했습니다. 그러나 아직도 염치없는 이유와 방법으로 100주년기념교회 목회자들의 목회 활동을 방해하는 이들이 많은 사람들의 마음을 아프게 하고 있습니다.

우리가 말씀을 통하여 알거니와, 역사 속의 수많은 의인들은 믿음의 본질적 문제가 아닌 일들로 고난을 당하곤 했지만, 그러나 그것들이 마침내는 의에 이르는 길이었으며 하나님의 영광을 드러내는 길이었습니다. 수많은 교회는 있으나 그리스도가 없는 교회, 수많은 신도는 있으나 그리스도의 영이 없는 신자들이 있음을 통탄하며, 100주년기념교회는 주님이 찾으시고 인정하시는 참교회의 모델이 되기를 소망합니다. 본 협의회는 100주년기념교회의 후견자로서 교회를 섬기는 일에 여러분과 더불어 주님 오시는 날까지 동참할 것이며, 여러분의 어떠한 고난도 함께 지고 갈 것입니다.

사랑하는 성도 여러분, 우리 함께 하나님의 나라와 그의 의를 위하여, 100주년기념교회의 설립 정신을 길이 후세에 전해 주기 위하여, 지혜와 힘을 모아 나갑시다.

우리 주 예수 그리스도의 은혜와 넓고 크신 하나님의 사랑과 오늘도 우리를 인도하시는 성령의 감화하심이, 기도하며 헌신하는 성도 여러분과 100주년기념교회 그리고 이재철 목사님 위에 늘 함께하시기를 기원드립니다.

2010년 7월 10일
재단법인 한국기독교100주년기념사업협의회 이사장 강병훈 강병훈 이사장님께서 밝히신 것처럼, 우리 교회는 한국 기독교의 양대 성지인 양화진외국인선교사묘원과 용인순교자기념관을 관리하면서 한국 교회의 미래를 위한 초석을 깔고 다지기 위해 창립되었습니다. 세상을 섬기면서 어둔 세상에 생명의 빛을 전하는 교회 본연의 사명 외에, 우리에게는 한국 교회를 섬기는 사명이 하나 더 주어진 것입니다.

지난 5년 동안 우리 교회는 양대 성지를 대대적으로 수축했고, 대한민국의 법에 의거하여 성지의 불법행위를 근절하면서 공공질서를 확립하였습니다. 그와 아울러 성도님들의 헌금 지출 내역을 1원 단위까지 전 교인에게 보고하면서 재정을 투명하게 관리하고, 세계에서 유일하게 서열화되고 권력화된 한국 교회 장로·권사제의 병폐를 시정하기 위해 장로·권사 호칭제를 실시하고, 60여 봉사팀 팀장으로 구성된 상임위원회가 교회를 운영하고, 전임 교역자들의 영적 순결과 사명감을 지켜 주기 위해 담임목사를 포함하여 전임 교역자들에게 교회가 사택을 제공하지 않고, 담임목사와 전임 교역자 간의 봉급 차액을 최소화하고, 전임 교역자들이 갑근세를 자진 납부하는 등, 우리에게 주어진 사명을 다하면서 성경에 입각한 교회다운 교회가 되기 위해 최선을 다해 왔습니다. 그러나 그런 모습의 우리 교회를 달가워하지 않거나 불편함을 느낀 개인들과 단체들이, 지난 5년 동안 우리 교회를 주저앉히거나 양화진에서 내몰기 위하여 무던히도 우리를 괴롭혔습니다. 그럼에도 불구하고 우리 교회는 창립 5주년을 맞는 오늘, 이렇듯 아름다운 신앙 공동체로 자리매김하고 있습니다. 먼저는 하나님의 은혜요, 그다음으로는 교우 여러분들의 자기 낭비 덕분입니다.

지난 5년 동안 양화진외국인선교사묘원과 용인순교자기념관을 수축하고 관리하기 위해 소요된 금액은, 양화진을 알리기 위해 마포구청과 협약을 맺어 구청 소유의 대지에 홍보관을 건립하여 구청에 기부채납하는 데 소요된 경비 39억 9,900만 원을 포함하여 총 74억여 원입니다. 우리 교회 명의의 땅 1평 구입하지 않고 모두 한국 교회를 섬기기 위해 투입한 금액입니다. 또 전국에서 양화진을 찾는 참배객들을 위해 매일 수많은 교우님들이 헌신하고 계십니다. 그 결과 오랫동안 방치되었던 양화진외국인선교사묘원과 용인 순교자기념관은 명실상부하게 한국 기독교 최고 성지의 면모를 갖추게 되었고, 우리 교회가 2006년 9월부터 양화진묘원을 무료 안내하기 시작한 이래 지난 3년 10개월 동안 전국에서 양화진을 찾은 18만 5,500여 명의 참배객들이 영적 기쁨과 성령의 터치를 경험하고 돌아갔습니다. 교우님들이 자신의 물질을, 시간을, 삶을, 한국 교회를 위해 낭비하지 않았던들 얻을 수 없는 영적 기쁨이요 성령의 터치였습니다.

지금까지 말씀드린 것이 우리 교회가 한국 교회를 섬기기 위한 첫 번째 과정이었다면, 두 번째 과정은 실추된 한국 교회의 신뢰를 회복하는 데 기여하는 것이었습니다. 오늘날 한국 사회는 교회에 대한 비판을 넘어 아예 교회를 신뢰하지 않습니다. 그동안 한국 교회가 세상이 기대하는 교회의 모습을 보여 주지 못했기 때문일 것입니다. 우리나라 선교 초기 미지의 조선 땅을 찾은 선교사들은 당시 조선의 국법이 포교를 허락하지 않자 교육과 의료와 같은 문화 행위를 통해 조선인의 신뢰를 얻었습니다. 그래서 우리 교회 역시 문화를 통해 세상과 교회의 소통을 촉진하면서 교회의 신뢰를 회복하기 위하여, 몇 년 전부터 양화진음악회와 양화진목요강좌를 개최해 왔습니다. 지난 5월 다섯 번째로 열린 양화진음악회는 세계적인 수준의 연주자들이 참여하면서 확고하게 자리를 잡았을 뿐 아니라, 매번 지역 주민을 포함하여 많은 비기독인들이 참여하여 교회에 대한 비기독인들의 인식을 새롭게 하고 있습니다. 또 우리 교회가 설립한 양화진연구원은 지난해까지 매주 목요일 기독교 분야에 국한하여 목요강좌를 개설했었습니다. 그러나 양화진연구원은 금년 초부터 양화진문화원으로 개편되어 이어령 선생님을 명예원장으로 모시고, 지난 3월 11일부터 사회 각 분야의 대가들을 초청하여 목요일마다 새롭게 목요강좌를 개최하고 있습니다. 지난 4개월 동안 양화진까지 찾아와 목요강좌를 직접 수강한 수많은 분들 외에, 양화진문화원 홈페이지를 통해 목요강좌를 시청한 분들의 수는 전 세계 24개국에서 15만 5,000여 명이나 됩니다.

교회 예배가 아니라, 교회에서 주관하는 문화 강좌에 불과 4개월 동안 그렇듯 많은 사람들이 관심을 나타낸 것은 그동안 한국 교회에서 볼 수 없었던 광경입니다. 양화진문화원의 자체 조사에 의하면, 목요강좌에 참여하는 분들의 25퍼센트가 비기독인으로 나타났습니다. 양화진음악회와 목요강좌에 직접 참여하거나 동영상을 시청하는 분들에게 영적인 기쁨이나 성령의 터치가 없다면, 그 많은 분들이 교회가 주최하는 음악회와 문화 강좌에 그렇게 큰 호응을 나타내지는 않을 것입니다. 이처럼 문화를 통해 교회와 세상의 소통을 촉진하면서 교회의 신뢰를 회복하는 데 기여하고자 하는 우리의 의도가 양화진 동산에서 이렇듯 아름답게 결실되고 있는 것 또한 교우 여러분들의 자기 낭비 덕분임은 물론입니다.

또 우리가 이 세상으로 주님의 사랑과 생명을 흘려 보내는 주님의 통로가 되기 위하여 올해 우리 교회의 표어를 '함께'로 정하고, 국내외 수많은 개인과 단체에 사랑의 손길을 소리 없이 내밀 수 있는 것 또한 교우 여러분의 자기 낭비의 결과임은 두말할 나위가 없습니다. 여러분의 자기 낭비가 없었던들, 우리 교회가 오늘과 같은 모습의 아름다운 신앙 공동체를 이루지는 못했을 것입니다. 이제 앞으로 우리 교회가 한국 교회의 미래를 위해 수행하여야 할 세 번째 과정에 대해서는 다음 시간에 함께 생각해 보도록 하겠습니다.

우리 교회 주보는 A4 용지 한 장에 흑백으로 인쇄되어 있습니다. 강단과 강대상에는 꽃장식도 없고, 예배당 안팎에 화려한 치장을 하지도 않습니다. 주보나 꽃장식 그리고 예배당 치장 등은 교회의 본질이나 영적 수준과는 아무 상관없기에, 교우님들의 귀한 헌금을 불필요하게 낭비하지 않기 위함입니다. 더 정확하게 말씀드리면 불필요한 낭비를 낭비하지 않음으로, 낭비할 것을 낭비할 곳에 더욱 충실하게 낭비하기 위함입니다. 그리스도인이 주님을 위해 자신을 낭비한다는 것은 궁극적으로 주님 앞에서 자신이 없어지는 것을 의미합니다. 그리스도인이 주님을 위해 자신을 낭비하고 없어지는 만큼 주님께서 그를 통해 더 크게 역사하시게 됨으로, 그리스도인의 자기 낭비가 있는 곳에서만 참된 기쁨과 성령이 충만할 수 있습니다.

오늘 창립 5주년을 맞아 전 교인 사진으로 모자이크한 예수님의 초상화를 각 가정에 한 부씩 배포해 드렸습니다. 2008년 창립 3주년에 동일한 사진을 처음으로 배포해 드린 이후, 오늘 배포해 드린 사진은 세 번째이자 마지막 사진입니다. 3년 연속 동일한 형식의 사진을 배포해 드린 데에는 까닭이 있습니다. 그 사진들의 크기와 형태는 동일하지만, 그러나 매 사진 속에 들어 있는 사람의 수는 다 같지 않습니다. 교인 수의 증가에 따라 사진 속에 들어가는 교인의 수도 해마다 늘어났습니다. 올해의 사진 속에는 교인 6,384명의 얼굴이 들어가 있습니다. 동일한 크기의 사진 속에 해마다 더 많은 사람을 넣으려면, 사진 속에 들어가는 사람들의 얼굴 크기가 계속 줄어들 수밖에 없습니다. 그래서 그 세 사진들을 한데 놓고 비교해 보면 중요한 사실을 깨닫게 됩니다. 그 사진 속에 더 많은 사람의 얼굴이 들어갈수록, 바꾸어 말해 그 사진 속에서 우리 각자의 얼굴이 줄어들면 줄어들수록 예수님의 형상이 더 뚜렷하고 더 선명하고 더 진해진다는 것입니다. 동일한 크기의 디지털 화면인 경우에 입자가 100만 개로 이루어진 100만 화소의 화면보다, 그 입자 5분의 1 크기의 입자 500만 개로 이루어진 500만 화소의 화면이 훨씬 더 선명한 영상을 보여 주는 것과 같은 이치입니다. 그러므로 그 사진들은 우리가 주님의 통로가 되기 위해 우리 자신을 낭비하면 할수록, 우리 자신을 낭비하여 우리 자신이 작아지고 없어지면 없어질수록, 주님의 사랑과 생명은 우리의 삶을 통해 더욱 뚜렷하고 더욱 선명하고 더욱 진하게 역사하신다는 교훈을 일깨워 주고 있습니다. 그래서 자기 낭비의 삶을 사는 우리로 인해 이 세상 그 누군가는 말할 것도 없고, 날이 갈수록 주님을 위해 더욱 자신을 낭비하는 우리 역시 우리를 통해 더 크게 역사하시는 주님으로 인해 기쁨과 성령이 충만한 삶을 계속 누리게 되는 것입니다.

사랑하는 교우 여러분!

낭비해선 안 될 곳에 낭비하지 않는 분별력과, 낭비해야 할 곳에 우리 자신을 송두리째 낭비하는 용기를 지니십시다. 주님께서 우리를 통해 날이 갈수록 더욱 뚜렷하고 더욱 선명하고 더욱 진하게 역사하실 수 있도록, 우리 모두 주님을 위한 자기 낭비의 원천이 되십시다. 우리가 황제의 도시 속에서 비록 보잘것없는 존재라 할지라도, 우리는 본문의 사도 바울처럼, 죽음으로 치닫는 이 황제의 도시 속에 기쁨과 성령이 충만하게 하는 진정한 그리스도인, 참된 주님의 교회가 될 것입니다.

주님께서는 보잘것없는 우리를 살리시기 위해 십자가 위에서 당신을 낭비하셨습니다. 당신을 낭비하시되 한 부분만 낭비하신 것이 아니라, 당신의 생명을 송두리째 낭비하셨습니다. 주님의 그 온전한 낭비를 통해 하나님께서 온전히 역사하실 수 있었고, 그 결과 우리로 하여금 하나님의 자녀가 되어 기쁨과 성령이 충만한 삶을 살게 해주셨음을 감사드립니다. 5년 전 이곳 양화진에 100주년기념사업협의회를 통해 100주년기념교회를 세우시고, 온갖 도전 속에서도 100주년기념교회가 이렇듯 건강하고 아름다운 공동체를 이룰 수 있도록 역사해 주셨음을 감사드립니다. 무엇보다도 원근 각처에서 우리를 불러 모으시고, 비천한 우리에게 한국 교회를 섬기는 거룩한 사명을 주시고, 지난 5년 동안 그 사명을 감당할 수 있게끔 넘치는 은혜를 베풀어 주셨음을 감사드립니다.

우리 모두 십자가에서 당신 자신을 온전히 낭비하신 주님을 닮게 해주십시오. 낭비하지 말아야 할 것을 낭비하지 않는 분별력과, 낭비해야 할 곳에 자신을 아낌없이 낭비하는 용기를 주십시오. 날이 갈수록 주님을 위해 우리 자신을 더욱 낭비하는 믿음을 주셔서, 우리를 통해 주님께서 더 뚜렷하고 더 선명하고 더 진하게 역사하시는 기쁨을 누리게 해주십시오.

그리하여 우리를 도구 삼아 양화진외국인선교사묘원과 용인순교자기념관을 통해 이루시려는 하나님의 뜻이 이 시대의 역사 속에서 이루어지고, 실추된 한국 교회의 신뢰가 회복되며, 보다 건실한 한국 교회의 미래를 위한 초석이 다져지게 해주십시오. 본문의 사도 바울처럼, 어디에서나 주님의 사랑과 생명의 통로가 되기 위해 기꺼이 자신을 낭비하는 100주년기념교회로 인해, 빈부귀천과 지역과 인종과 피부색을 막론하고 지구촌 뭇사람들이 기쁨과 성령이 충만한 삶을 살게 해주십시오. 아멘.

36. 기쁨과 성령이 충만하니라 II

사도행전 13장 44-52절

그다음 안식일에는 온 시민이 거의 다 하나님의 말씀을 듣고자 하여 모이니 유대인들이 그 무리를 보고 시기가 가득하여 바울이 말한 것을 반박하고 비방하거늘 바울과 바나바가 담대히 말하여 이르되 하나님의 말씀을 마땅히 먼저 너희에게 전할 것이로되 너희가 그것을 버리고 영생을 얻기에 합당하지 않은 자로 자처하기로 우리가 이방인에게로 향하노라 주께서 이같이 우리에게 명하시되 내가 너를 이방의 빛으로 삼아 너로 땅끝까지 구원하게 하리라 하셨느니라 하니 이방인들이 듣고 기뻐하여 하나님의 말씀을 찬송하며 영생을 주시기로 작정된 자는 다 믿더라 주의 말씀이 그 지방에 두루 퍼지니라 이에 유대인들이 경건한 귀부인들과 그 시내 유력자들을 선동하여 바울과 바나바를 박해하게 하여 그 지역에서 쫓아내니 두 사람이 그들을 향하여 발의 티끌을 떨어 버리고 이고니온으로 가거늘 제자들은 **기쁨과 성령이 충만하니라**

신약성경의 요한복음은 다음과 같이 막이 오르고 있습니다.

태초에 말씀이 계시니라 이 말씀이 하나님과 함께 계셨으니 이 말씀은 곧 하나님이시니라 그가 태초에 하나님과 함께 계셨고 만물이 그로 말미암아 지은 바 되었으니 지은 것이 하나도 그가 없이는 된 것이 없느니라 그 안에 생명이 있었으니 이 생명은 사람들의 빛이라 빛이 어둠에 비치되 어둠이 깨닫지 못하더라 (요 1:1-5).

말씀이 육신이 되어 우리 가운데 거하시매 우리가 그의 영광을 보니 아버지의 독생자의 영광이요 은혜와 진리가 충만하더라 (요 1:14).

요한복음의 첫머리인 이 구절들은 우리가 잘 아는 내용으로서, 하나님께서는 말씀이시요, 말씀이신 하나님께서 당신의 말씀으로 천지를 창조하셨고, 그 말씀이 육신을 입고 이 땅에 오신 분이 예수 그리스도이심을 증언하고 있습니다. 여기에서 '말씀'은 헬라어 '로고스λόγος'를 우리말로 옮긴 것입니다. 한국 개신교 최초의 한글 번역 신약성경은 1887년 만주 봉천에서 출간된 《예수성교전서聖敎全書》인데, 선교사 로스J. Ross가 번역을 주관하였다고 해서 '로스역 성경Ross Version'이라고도 부릅니다. 지금부터 123년 전에 최초로 출간된 《예수성교전서》에는 방금 읽어 드린 요한복음 첫머리의 내용이 다음과 같이 번역되어 있습니다. 요즈음 철자법으로 바꾸어 읽어 드리겠습니다.

처음에 도道가 있되 도가 하나님과 함께하니 도는 곧 하나님이라. 이 도가 처음에 하나님과 함께하매 만물이 말미암아 다 지었으니, 지은 바는 하나도 말미암지 않고 지음이 없느니라. 도에 생명이 있으니 이 생명이 사람의 빛이 되어 빛이 어두운 데 비치되 어두운 데는 알지 못하니라 (요 1:1-5).

대저 도가 육신을 입어 넉넉히 은총과 진리로 우리 사이에 거하여 우리가 그 영화를 본 것이 아버지가 낳은 외아들의 영화와 같으니라 하더라 (요 1:14).

현재 우리가 사용하고 있는 한글 성경은 헬라어 '로고스'를 '말씀'으로 번역한 반면, 최초의 한글 신약성경인《예수셩교전서》는 '로고스'를 '도道', 즉 '길'이라고 번역하였습니다. 하나님께서는 생명의 '도'시며, 그 '도'가 육신을 입고 이 땅에 오시어 그 '도'를 직접 보여 주신 분이 예수 그리스도시라는 것입니다. 저 개인적으로는 헬라어 '로고스'에 관한 한, 현재 통용되고 있는 '말씀'이라는 단어보다 123년 전 최초의 한글 신약성경에 사용된 '도'라는 단어에서 더 깊은 통찰력을 얻습니다. '말씀'이란 단어는 친숙하기는 하지만 차별성이 없는 단어입니다. 이를테면 나보다 연장자나 직책이 높은 사람의 말은 모두 내게 '말씀'이 됩니다. 심지어는 나의 말도 내 자식에게는 '말씀'입니다. 그러나 '도'는 아무에게나, 혹은 아무렇게나 사용되는 단어가 아닙니다. 그것은 철저하게 구별된 단어입니다. '도'라는 말 자체가 그 누가 강요하지 않아도 우리의 흐트러진 마음을 정돈케 해줍니다. 이것은 예로부터 바른 도를 추구해 온 우리 선조들의 삶과 무관하지 않을 것입니다.

하나님이 '도'요, 그 '도'가 육신을 입고 이 땅에 오신 분이 예수 그리스도시라면, 그리스도인은 두말할 것도 없이 모두 구도자요, 도인道人이 되어야 합니다. 어느 길이 바른길인지를 알지 못해 이 길 저 길을 기웃거리는 세속적 의미의 향방 모르는 구도자가 아니라, 태초부터 계신 하나님의 도, 예수 그리스도께서 십자가의 죽음과 부활로 우리에게 보여 주신 그 진리와 생명의 도를 흔들림 없이 좇는 진정한 의미의 구도자, 도인이 곧 그리스도인입니다. 그리스도인이 하나님의 '도'를 좇는 도인임을 깨달으면 우리는 숙연함을 느낌과 동시에 소망을 지니게 됩니다. 나의 삶이 수반되지 않으면 도인이 될 수 없기에 숙연해질 수밖에 없고, 나는 도저히 도인이 될 자격이 없지만 그 '도'로 나를 인도하신 예수 그리스도의 도우심을 힘입어 도인의 삶을 추구할 때 '도'이신 하나님께서 나를 통해 친히 역사하실 것이기에 보잘것없는 나 역시 소망을 지니게 되는 것입니다.

버가에서 풍토병에 걸린 사도 바울은 목숨을 걸고 험산준령의 타우루스 산맥을 넘어 비시디아 안디옥으로 갔습니다. 그는 그곳에 있는 유대인 회당을 찾아 병약한 몸으로 복음을 전했지만, 그를 시기한 유대교 지도자 무리의 방해로 한 주 만에 더 이상 회당에서 설교할 수 없게 되었습니다. 그러나 그는 비시디아 안디옥을 떠나지 않고 회당 밖에서 만나는 모든 사람들에게 복음을 전했고, 그 결과 죽음으로 치닫기만 하던 황제의 도시 비시디아 안디옥 전역에 생명의 말씀이 스며들게 되었습니다. 그러나 유대교 지도자 무리는 그와 같은 바울을 그냥 내버려 두지 않았습니다. 그들은 비시디아 안디옥의 귀부인들과 유력자들을 선동하여 그들로 하여금 바울과 바나바를 박해하게 하여, 그 두 사람을 아예 비시디아 안디옥에서 쫓아 버리고 말았습니다. 그렇다면 풍토병에 걸린 몸으로 그 먼 곳까지 애써 찾아간 바울의 노력은 모두 허사로 끝나 버리고 말았습니까? 아니었습니다.

제자들은 기쁨과 성령이 충만하니라(52절).

비록 사도 바울은 쫓겨났지만, 바울로부터 복음을 전해 받은 비시디아 안디옥의 그리스도인들은 바울이 떠난 뒤에도 기쁨과 성령이 충만한 삶을 살았습니다. 어떻게 그것이 가능할 수 있었습니까? 바울이 예전처럼 교회와 진리를 짓밟던 폭도였다면, 바울이 비시디아 안디옥을 골백번 찾아간들 그런 일은 일어나지 않았을 것입니다. 그것이 가능할 수 있었던 것은, 진리를 짓밟던 폭도였던 바울이 예수 그리스도 안에서 하나님의 '도'를 좇는 도인이 되었기 때문입니다. 바울이 자기 부인과 자기 희생을 통해서 얻을 수 있는 하나님의 '도'를 좇는 도인이 되었을 때, '도'이신 하나님께서 도인이 된 바울을 통해 친히 역사하신 결과였습니다. 그래서 한 사람이 예수 그리스도 안에서 참된 도인 됨의 중요성은 아무리 강조해도 지나침이 없을 것입니다.

우리 교회는 지난 주일로 창립 5주년을 맞았습니다. 한국 선교 100주년을 기념하기 위하여 1981년 20개 교단과 26개 기관 단체에 의해 발족된 한국기독교100주년기념사업협의회는, 5년 전인 2005년 7월 10일 우리 교회를 창립하면서 우리 교회에 두 가지 사명을 부여했습니다. 첫째는, 한국 개신교의 양대 성지인 양화진외국인선교사묘원과 용인순교자기념관을 관리 보존하라는 것입니다. 이 첫 번째 사명 속에는 양대 성지와 관련된 신앙 선조들의 믿음을 계승하는 사명까지 포함되어 있습니다. 두 번째 사명은, 선교 200년을 향한 비전을 함양하라는 것입니다. 다시 말해 선교 200년을 내다보면서 한국 교회의 미래를 위한 초석을 깔고 다지라는 것입니다. 이 두 사명을 한데 묶어 한마디로 표현하면, 지난 시간에 말씀드린 것처럼, 한국 교회를 섬기라는 것입니다. 다른 교회와는 달리 우리 교회에는 세상을 섬기며 세상에 생명을 전하는 교회 본연의 사명 외에, 한국 교회를 섬기는 사명이 하나 더 주어진 것입니다. 이 사명을 완수하기 위한 첫 번째 단계로, 우리는 지난 5년 동안 총 74억여 원을 투입하여 양화진외국인선교사묘원과 용인순교자기념관을 대대적으로 수축하였고, 또 수많은 교우님들의 자원봉사 덕분에 양대 성지는 명실상부하게 한국 개신교 최고 성지의 면모를 갖추게 되었습니다. 한국 교회를 섬기기 위한 두 번째 단계는, 주님의 사랑과 생명을 세상으로 흘려 보내는 통로가 되어, 양화진음악회와 양화진목요강좌를 통해 교회와 세상의 소통을 촉진하면서 실추된 한국 교회의 신뢰를 회복하는 데 기여하는 것이었습니다.

그리고 이 시간은 한국 교회를 섬기기 위한 세 번째 단계를 함께 생각해 보는 시간입니다. 우리가 한국 교회를 섬기기 위해 부름 받은 교회로서 한국 교회의 미래를 위해 깔아야 할 초석이 무엇이겠습니까? 그것은 한국 교회에서 한 명이라도 더 많은 도인이 나오게 하는 것입니다. 오늘날 가는 곳마다 교회와 그리스도인이 없는 곳이 없는 우리 사회에서 교회가 세상을 새롭게 하기보다는 비판의 대상으로 전락한 것은, 교회에 다니는 교인은 많지만 하나님께서 예수 그리스도의 죽음과 부활을 통해 보여 주신 하나님의 '도'를 좇는 도인은 드물기 때문이 아니겠습니까?

'이판사판理判事判'이라는 말이 있습니다. 어떤 일이 뒤죽박죽 엉망이 된 상태나, 막다른 데 이르기까지 서로 뒤엉켜 싸우는 상황을 의미하는 말입니다. 그러나 이판사판은 본래 불교의 이판승理判僧과 사판승事判僧을 가리키는 용어입니다. 사판승은 요즈음 말로 사찰을 운영하는 행정승이고, 이판승은 수도修道에 전념하는 수도승을 일컫습니다. 흔히 불교가 썩었다라고 말하는 것은 사판승들이 썩었다는 말입니다. 우리가 가끔 텔레비전이나 신문에서 볼 수 있는 것처럼 서로 각목을 들고 싸우는 스님들은 모두 사판승들입니다. 그러나 속세에서 사판승들이 아무리 진흙탕 싸움을 벌여도 불교가 건재하는 것은 불교에 이판승들이 있기 때문입니다. 평생을 산을 떠나지 않고 산속에서 불교의 정신을 구현하는 이판승들입니다. 이미 입적한 성철 스님이나 법정 스님과 같은 이판승들은 불교 신자들뿐 아니라 온 국민으로부터 존경과 추앙을 받았습니다. 그와 같은 이판승들이 있기에 일부 사판승들이 세상에서 벌이는 온갖 추태와 허물에도 불구하고 불교의 정신은 굳건하게 지켜지고 있습니다.

가톨릭에도 이판사판이 있습니다. 교황, 추기경, 주교, 주임신부처럼, 가톨릭교회의 운영에 가담하는 신부는 모두 사판입니다. 가톨릭이 부패했다고 말할 때도 주로 사판들의 부패를 의미합니다. 물론 역사상 가톨릭의 수도원도 부패할 때가 있었지만 역사의 큰 흐름에서 볼 때 가톨릭의 이판들이 이판의 자리를 굳게 지켰기에, 성 베드로 대성당을 건축하기 위해 면죄부를 판매하는 것과 같은 사판들의 심각한 부패에도 불구하고 가톨릭교회의 본질이 지켜질 수 있었습니다.

가톨릭의 수도사와 불교의 수도승을 막론하고 이판들에게서 볼 수 있는 공통점은, 이판들에게 침묵 수행은 필수적이라는 것입니다. 이판들은, 진리는 반드시 침묵의 그릇 속에 담겨짐을 아는 것입니다. 가톨릭의 수도사와 불교의 수도승이 수도에 전념한다고 해서 그들이 그들의 경전을 읽지 않는 것은 아닙니다. 가톨릭의 수도사는 성경을, 불교의 수도승은 불경을 누구보다 더 많이 읽습니다. 그들은 경전은 읽는 것만으로는 부족하고, 자신들이 읽은 경전의 내용은 침묵의 과정을 통해서만 자신들의 마음속에 새겨짐을 알고 실천하는 것입니다. 그 침묵의 과정을 거치면서 그들은 가톨릭의 수도사로, 불교의 수도승으로, 그들의 경전이 요구하는 도인이 되어 가는 것입니다. 이처럼 어떤 종교이든 이판과 침묵은 불가분의 관계에 있습니다.

그러나 불행하게도 개신교에는, 16세기 초 종교개혁 당시부터 이판이 없었습니다. 개신교에는 사판밖에 없는 것입니다. 그래서 개신교에는 영혼의 샘물을 공급해 줄 이판, 수도원이나 수도사가 없습니다. 종교개혁가들이 왜 이판을 없애 버렸는지 확인할 수 있는 문헌은 아직까지 찾아볼 수 없습니다. 그래서 저는 좋은 의미로 해석합니다. 종교개혁가들은 이판과 사판은 칼로 무자르듯 구별되는 것이 아니라 그리스도인의 삶 속에 한데 어우러져 있어야 되는 것으로 믿었다고 말입니다. 그러나 종교개혁 이후 지난 500여 년 동안 개신교가 이판을 도외시한 결과, 안타깝게도 개신교인의 삶에서 침묵이 사라져 버리고 말았습니다. 세계 어느 곳을 가든, 인간의 말과 소리로만 요란한 개신교는 마치 속 빈 깡통처럼 영적 경박성에서 탈피하지 못하고 있습니다. 주님의 은혜로 교회에 다니는 그리스도인은 되었지만, 예수 그리스도께서 당신의 죽음과 부활을 통해 몸소 보여 주신 하나님의 '도'를 좇는 도인이 되려 하지는 않는 것입니다. 오늘날 한국 교회가 비판의 대상으로 전락한 것은 이판 없는 사판으로만 가득 찬 한국 교회의 필연적인 결과입니다.

그러므로 한국 교회의 보다 성숙한 미래를 위해 필요한 것은 이판의 회복입니다. 더 구체적으로 말씀드리면, 이 땅의 그리스도인들이 침묵의 훈련을 통해 이판성을 회복하는 도인이 될 수 있도록 돕는 것입니다. 그 구체적인 방안 중의 하나가 '침묵의 수도원 운동'입니다. 그동안 한국 교회가 세운 기도원이나 수련원은 도처에 있습니다. 그러나 기도원이나 수련원은 인간이 하나님을 향해 자기 소리를 발하기 위한 장소이지, 하나님의 말씀을 듣기 위해 입을 다물고 하나님께 귀 기울이는 침묵의 공간은 아닙니다. 인간이 하나님을 향해 자신의 소리를 발하는 것은 대단히 중요합니다. 인간이 하나님께 자신의 소리를 발하는 것으로부터 하나님과 인간의 관계가 시작됩니다. 그러나 인간이 하나님을 향해 자신의 소리만 발하려 하면, 자신의 소리를 발하면 발할수록 인간의 영성은 옅어지게 됩니다. 영성의 깊이는 언제나 침묵의 시간과 정비례합니다. 따라서 침묵의 수도원 운동을 통해 하루든, 이틀이든, 한 달이든, 혹은 1년이든, 본인이 원하는 만큼의 침묵의 훈련을 통해 이판성을 회복하는 도인이 늘어날 때, '도'이신 하나님께서는 그 도인들을 도구 삼아 한국 교회와 이 사회를 새롭게 하실 것입니다.

침묵의 수도원 운동과 아울러 선교 200년을 향한 비전을 함양하기 위하여, 다시 말해 한국 교회의 미래를 위하여 다져야 할 또 하나의 초석은 '전도인을 양성'하는 것입니다. 2010년 1월 30일 현재 한국 교회가 파송한 선교사 현황을 보면 아시아 34개국에 1만 2,485명, 유럽 40개국에 2,068명, 아메리카 대륙 25개국에 3,167명, 아프리카와 중동 58개국에 2,055명, 남태평양 11개국에 760명, 기타 1,595명을 합쳐, 총 169개국에 2만 2,130명의 선교사를 파송하였습니다. 한국은 미국에 이어 두 번째로 많은 선교사를 파송한 선교 대국입니다. 그러나 한국과 미국의 그리스도인 수를 따진다면, 한국은 그리스도인 한 명당 세계에서 가장 많은 선교사를 파송한 선교 1위의 나라입니다. 그래서 한국 교회는 이 통계를 자랑하고 또 이 통계에 자부심을 지니고 있습니다. 하지만 선교의 내용과 질이 그 화려한 외적 숫자에 걸맞은 것은 아닙니다. 물론 선교지에서 훌륭하게 선교 사역을 감당하는 훌륭한 선교사들도 많지만, 선교 사역을 제대로 감당하지 못하거나 선교지에서 물의를 일으키는 선교사는 그보다 훨씬 더 많습니다. 오대양 육대주에서 문제없는 선교지가 없습니다. 거기에는 여러 가지 이유가 있을 수 있으나 가장 큰 이유는 한국의 개신교인들이 선교를 너무나도 가볍게 여기는 것입니다.

이미 말씀드린 적이 있는 것처럼 저 개인적으로는 선교라는 용어는 성경에 적합한 용어가 아니라는 생각입니다. 선교는 포교, 즉 종교를 널리 퍼뜨리는 것입니다. 따라서 선교 하면 기독교의 제도나 형식, 교리를 널리 퍼뜨리는 것으로 생각하기 쉽습니다. 그것을 퍼뜨리는 사람이 어떤 삶을 사느냐는 상관없이 그것을 효율적으로 퍼뜨리기만 하면 유능한 선교사로 간주되기도 합니다. 그러나 그리스도인이 전해야 하는 것은 인간에 의해 만들어진 제도나 형식이 아니요, 인간에 의해 가톨릭교회, 동방교회, 개신교회, 영국성공회 등으로 분열된 특정 종파나 교파의 교리도 아닙니다. 그리스도인이 전해야 하는 것은 예수 그리스도께서 십자가의 죽음과 부활을 통해 보여 주신 그 '도', 하나님의 생명의 '도', 하나님의 사랑의 '도', 하나님의 진리의 '도'입니다. 그러므로 그 '도'를 전하는 사람은 선교사가 아니라 전도인이 되어야 합니다. 자신이 먼저 그 '도'를 좇는 도인이 된 뒤에 사람들에게 자신의 삶으로 그 '도'를 실천해 보이는 것입니다.

이 사실을 깨달으면 한국 교회가 흔히 사용하고 있는 단기 선교란 용어도 성경적 표현이 아님을 알게 됩니다. 그리스도인에게 단기 봉사는 있을 수 있지만 진정한 의미에서 단기 선교는 불가능한 것은, 단기간 내에 본인 자신이 도인이 되는 길은 있을 수 없기 때문입니다. 요즈음 그리스도인들은 사도 바울을 가리켜 선교사라고 부릅니다. 그러나 엄밀한 의미에서 사도 바울은 선교사가 아니었습니다. 그는 단 한 번도 인간의 만들어진 '교敎'를 퍼뜨리려 한 적이 없었습니다. 성경에 의하면, 사도 바울이 목숨을 걸고 지중해 세계를 누비고 다닌 것은 하나님께서 예수 그리스도 안에서 보여 주신 하나님의 '도'를 전하기 위함이었습니다. 그는 선교사가 아니라 전도인이었던 것입니다.

그러므로 한국 교회는 한국 교회의 미래를 위해, 주님께서 사랑하라 명령하신 인류의 미래를 위해, 지금부터 선교사가 아니라 어디에서든 하나님의 '도'를 좇는 도인으로 살면서 그 '도'를 자신의 삶으로 전하는 전도인을 양성해야 합니다. 그렇지 않을 경우 한국 교회는 선교사 몇 명을 파송했다는 허황한 숫자놀음에서 벗어나지 못할 것이요, 사판으로만 가득 찬 한국 교회는 세상을 살리는 사도행전적 교회가 되기도 어려울 것입니다.

지금까지 말씀드린 것처럼 한국 교회의 미래를 위하여 그리스도인 개개인으로 하여금 침묵의 훈련을 통해 이판성을 회복하는 도인이 되게 하고, 또 하나님의 '도'를 자신의 삶으로 전하는 전도인을 양성하는 것이 이 시대 한국 교회에 던져진 화두라면, 그것은 곧 한국 교회를 섬기기 위해 창립된 우리 교회의 사명이기도 합니다. 앞으로 우리 교회는 이 땅의 그리스도인들이 이 판성을 회복하는 도인이 될 수 있게끔 돕기 위한 침묵의 수도원 운동과, 지구 반대편에서도 도인으로 살아가는 전도인을 양성하는 일에 기여할 수 있어야 하겠습니다. 그것은 우리가 한국 교회를 섬기는 사명을 다하기 위한 세 번째 단계의 큰 방향일 뿐, 그것이 언제 어떻게 어떤 모습으로 구현될 수 있을지는 지금으로서는 아무것도 알 수 없습니다. 그러나 그것이 우리 교회가 나아가야 할 바른 방향이라면, 그것이 한국 교회의 미래를 위해 하나님께서 우리를 통해 이루기 원하시는 하나님의 섭리라면, 지난 5년 동안 우리로 하여금 맡겨 주신 사명을 감당할 수 있도록 인도해 주신 하나님께서 앞으로도 당신의 방법으로 우리를 친히 인도해 주실 것을 믿고 있습니다.

지금 이 순간 중요한 것은 한국 교회를 섬기라는 사명을 부여받은 100주년기념교회를 이루고 있는 우리 자신이 먼저 도인이 되고, 하나님의 '도'를 전하는 전도인이 되는 것입니다. 비시디아 안디옥에서 쫓겨나는 사도 바울의 심정을 생각해 보십시오. 몸은 비록 그곳에서 쫓겨나지만, 자신이 그곳에 있었음으로 인해 그곳의 많은 사람들이 기쁨과 성령이 충만한 삶을 살게 되었음을 확인하면서 그곳을 떠나는 그의 마음 역시 기쁨으로 새처럼 날아오르지 않았겠습니까? 그래서 비시디아 안디옥의 그리스도인들이 기쁨과 성령이 충만했다는 본문 52절의 증언은 곧, 사도 바울이 기쁨과 성령으로 충만했다는 의미이기도 합니다. 그것이 가능할 수 있었던 것은 진리를 짓밟고 등졌던 그가, 이미 우리가 알고 있는 것처럼 최소한 16년에 걸친 이판의 훈련을 통해 예수 그리스도 안에서 도인이 되었고, 또 전도인이 되었기 때문이었습니다.

사랑하는 교우 여러분!

하나님의 말씀을 읽는 것으로만 만족하는 독서인이 아니라, 자신이 읽은 말씀 속에서 하나님의 말씀을 듣기 위해, 이 시대를 위한 하나님의 뜻을 분별하기 위해, 하나님 앞에서 침묵할 줄 아는 이판이 되십시다. 하나님의 일을 하려 하기 전에 예수 그리스도 안에서 하나님께서 보여 주신 생명과 진리의 '도'를 좇는 도인이 되고, 그 '도'를 삶으로 보여 주는 전도인이 되십시다. 그때 우리의 삶은 날마다 기쁨과 성령이 충만할 것이요, 우리는 우리에게 맡겨 주신 사명을 다할 수 있게 될 것입니다. '도'이신 하나님께서 도인이 된 우리의 삶을 통해 친히 역사하실 것이기 때문입니다.

> 하나님께서는 생명의 '도'요, 진리의 '도'요, 사랑의 '도'요, 빛의 '도'이십니다. 하나님의 독생자이신 예수님께서는 이 땅에 오셔서 당신의 삶으로 그 '도'를 친히 보여 주셨습니다. 그 '도'를 보여 주실 뿐 아니라 십자가의 죽음과 부활로, 그 '도'에 이르는 통로가 되어 주셨습니다. 누구든지 예수님 안에 있기만 하면, 예수님께서 그로 하여금 그 '도'를 좇고 걷는 도인이 되게끔 친히 인도해 주시는 구원자가 되어 주신 것입니다.
>
> 하지만 그동안 나는 도인이 되려 하기보다는, 예수님의 능력을 이용만 하는 이용꾼으로 살아왔습니다. 그래서 매 주일 교회를 다니지만 나의 삶 속에서는 말할 것도 없고, 나로 인해 그 누구의 삶 속에서도 생명의 역사가 일어나지는 못했습니다. 나의 무지와 허물을 회개하오니, 용서해 주십시오.
>
> 이제 우리 모두 하나님의 말씀을 읽는 것으로만 만족하는 독서인이 아니라, 그 말씀을 통해 말씀하시는 하나님께 귀 기울이는 침묵의 이판이 되게

해주십시오. 하나님의 일을 하려 하기 전에 먼저 주님 안에서 하나님의 '도'를 좇는 도인이 되고, 그 '도'를 우리의 삶으로 전하는 전도인이 되게 해주십시오. 우리 모두 하나님께서 우리에게 부여하신 사명, 한국 교회의 미래를 위해 한 사람이라도 더 많은 도인이 나오게끔 충성을 다하는 이 시대의 사도 바울이 되게 해주십시오. 그리하여 예수 그리스도 안에서 사판으로 가득 찬 한국 교회를 새롭게 하고, 이 어둔 세상을 밝히는 이판으로 살아가는 기쁨을 날마다 누리게 해주십시오. 아멘.

부록

성탄 축하 예배 **임마누엘**

2009년 12월 25일

신년 0시 예배 **함께**

2010년 1월 1일

2009년 12월 25일

임마누엘 성탄 축하 예배

마태복음 1장 18-25절
예수 그리스도의 나심은 이러하니라 그의 어머니 마리아가 요셉과 약혼하고 동거하기 전에 성령으로 잉태된 것이 나타났더니 그의 남편 요셉은 의로운 사람이라 그를 드러내지 아니하고 가만히 끊고자 하여 이 일을 생각할 때에 주의 사자가 현몽하여 이르되 다윗의 자손 요셉아 네 아내 마리아 데려오기를 무서워하지 말라 그에게 잉태된 자는 성령으로 된 것이라 아들을 낳으리니 이름을 예수라 하라 이는 그가 자기 백성을 그들의 죄에서 구원할 자이심이라 하니라 이 모든 일이 된 것은 주께서 선지자로 하신 말씀을 이루려 하심이니 이르시되 보라 처녀가 잉태하여 아들을 낳을 것이요 그의 이름은 **임마누엘**이라 하리라 하셨으니 이를 번역한즉 하나님이 우리와 함께 계시다 함이라 요셉이 잠에서 깨어 일어나 주의 사자의 분부대로 행하여 그의 아내를 데려왔으나 아들을 낳기까지 동침하지 아니하더니 낳으매 이름을 예수라 하니라

먼저 성탄의 은총과 평강이 여러분과 여러분의 가정과 일터에 충만하시길 축원드립니다.

오늘의 본문은 예수님의 잉태와 관련된 증언입니다.

예수 그리스도의 나심은 이러하니라 그의 어머니 마리아가 요셉과 약혼하고 동거하기 전에 성령으로 잉태된 것이 나타났더니(18절).

갈릴리 빈민촌 나사렛에 마리아라는 처녀가 있었습니다. 마리아는 요셉의 약혼녀였습니다. 어느 날 마리아가 잉태하였습니다. 약혼자 요셉과 동거하여 요셉의 아이를 잉태한 것이 아니었습니다. 요셉과는 아무 상관없이 마리아가 혼자 잉태한 것이었습니다. 마리아의 약혼자 요셉이 그 상황을 받아들일 수 있을 리 만무했습니다. 마리아의 임신을 불륜의 결과로 받아들인 요셉은 마리아와 파혼하기로 마음을 굳혔습니다. 그러나 요셉은 의로운 사람이었습니다. 그는 임신한 마리아와 파혼은 하되, 사람들에게 드러내지 않고 조용히 파혼하려 하였습니다. 임신한 마리아와 파혼하는 것은 기정사실이지만, 한때 자신이 사랑한 마리아에게 파혼 이외의 불필요한 상처를 주지 않기 위함이었습니다. 요셉은 마리아에게 상처를 주지 않고서도 어떻게 마리아와 조용히 파혼할 수 있을까, 그 방법을 찾기 위해 골몰하던 중에 꿈을 꾸게 되었습니다.

그의 남편 요셉은 의로운 사람이라 그를 드러내지 아니하고 가만히 끊고자 하여 이 일을 생각할 때에 주의 사자가 현몽하여 이르되 다윗의 자손 요셉아 네 아내 마리아 데려오기를 무서워하지 말라 그에게 잉태된 자는 성령으로 된 것이라 아들을 낳으리니 이름을 예수라 하라 이는 그가 자기 백성을 그들의 죄에서 구원할 자이심이라 하니라(19-21절).

요셉의 꿈에 나타난 천사가 마리아는 불륜을 저지른 것이 아니라, 성령님의 능력으로 인간을 죄에서 구원해 주실 예수님을 잉태하였음을 요셉에게 밝혀 주었습니다. 처녀가 아이를 낳는, 인류 역사 이래 최초이자 최후의 유일무이한 초월적 사건이었습니다. 이 경우 우리라면 어떻게 하겠습니까? 자신의 약혼자가 자신도 모르게 임신을 했습니다. 그런데 꿈에 천사가 나타나, "네 약혼자는 불륜을 저지른 것이 아니라 성령의 능력으로 하나님의 아이를 임신하였으니 의심하지 말고 네 약혼자를 받아들여라" 한다면, 우리는 간단하게 "개꿈이야" 하고 그 꿈을 무시하면서 우리 뜻대로 행하지 않겠습니까? 그러나 요셉은 달랐습니다.

> 요셉이 잠에서 깨어 일어나 주의 사자의 분부대로 행하여 그의 아내를 데려왔으나 아들을 낳기까지 동침하지 아니하더니 낳으매 이름을 예수라 하니라(24-25절).

요셉은 꿈에 나타난 천사의 말을 곧이곧대로 믿고, 임신한 마리아를 의심 없이 받아들였습니다. 그리고 때가 차서 마리아가 아들을 낳자, 요셉은 꿈속에서 천사가 지시했던 대로 태어난 아이의 이름을 예수라 지었습니다.

약 30여 년 전, 현재 예능교회의 전신인 연예인교회가 태동되던 시기의 일입니다. 당시 하용조 전도사님의 인도로 코미디언 구봉서 선생님의 댁에서 오늘의 본문에 대한 성경공부가 있었습니다. 그런데 참석자 중의 한 분이 하용조 전도사님께 집요하게 질문 공세를 펼쳤습니다. 어떻게 처녀가 혼자 아이를 낳을 수 있느냐, 아무리 성령의 능력으로라지만 상식적으로 그게 가능한 일이냐, 또 약혼자가 자기 몰래 아이를 배었는데 요셉이 그 부정한 여인을 태 속의 아이와 함께 그냥 받아 주었다니 그것이 현실적으로 있을 수 있는 일이냐는 등, 그분의 계속되는 질문 공세로 인해 성경공부가 더 이상 진척될 수가 없었습니다. 참다 못한 구봉서 선생님이 그분에게 이렇게 말했답니다.

"아니, 제 서방이 괜찮다는데, 왜 네가 난리야?"

정말 촌철살인과도 같은 지적입니다. 요셉이 살던 시기와 공간으로부터 2천 년이 지난 지구 반대편의, 요셉과는 아무 상관이 없는 사람조차도 받아들일 수 없는 상황을 당사자인 요셉은 오직 믿음으로 받아들였습니다. 그것이 과연 요셉 개인의 의지나 결단만으로 가능할 수 있는 일이었겠습니까? 처녀 마리아가 성령님의 능력으로 예수님을 잉태한 것이 하나님의 섭리가 아니었다면, 요셉이 임신한 마리아를 태 속의 아이와 함께 의심 없이 받아들이는 일이 과연 현실 속에서 가능할 수 있었겠습니까? 그뿐이 아닙니다.

아기 예수를 낳은 마리아가 남편 요셉과 함께 유대인의 관습에 따라 정결 예식을 치르기 위해 아기 예수를 품고 예루살렘성전을 찾았습니다. 마침 그곳에 있던 선지자 시므온이 아기 예수가 누구인지 알아보았습니다. 그리고 아기 예수의 어머니인 마리아에게 "칼이 네 마음을 찌르듯하리니"(눅 2:35)라고 말했습니다. 여기서 우리말 '칼'에 해당하는 헬라어 '롬프하이아 ρομφαία'는 군인이 전쟁에서 사용하는 큰 칼을 뜻합니다. 따라서 시므온의 말은, 예수로 인해 마리아의 마음이 큰 칼로 난도질을 당하는 것 같은 고통을 당하리란 의미였습니다. 한마디로 마리아는 앞으로 예수 때문에 '마테르 돌로로사 mater dolorosa', 즉 '슬픔의 어머니'가 되리란 말이었습니다. 예수의 어린 시절, 마리아는 자신의 태로 낳은 예수로 인해 행복했을 것입니다. 그러나 예수님이 공생애를 시작하신 뒤부터 마리아의 마음은 편할 날이 없었을 것입니다. 자신의 태로 낳은 아들이 유대교 지도자들의 모함과 살해 위협에 시달리는 것을 거의 매일 목격해야 했기 때문입니다. 그러던 마리아의 마음이 드디어 큰 칼로 난도질을 당하는 것 같은 고통의 순간을 맞아야만 했습니다.

요한복음 19장 25절은 예수님이 십자가에 못박혀 돌아가신 고난의 현장에 어머니 마리아가 입회하고 있었음을 밝혀 주고 있습니다. 로마 군인들의 채찍질에 예수님의 등과 가슴의 살점이 떨어져 나가며 온몸이 피투성이가 됩니다. 예수님의 손과 발이 십자가에 못박힐 때, 마치 도마 위의 생선이 튀어 오르는 것처럼, 로마 군인이 망치를 내리칠 때마다 예수님의 온몸이 고통으로 튀어 오릅니다. 마침내 예수님은 고통 속에서 숨을 거두고, 로마 군인이 예수님의 허리를 창으로 찔러 이미 운명한 예수님의 몸에서 마지막 피와 물 한 방울까지 다 쏟아집니다. 마리아의 목전에서 그 끔찍한 죽음의 고통을 당한 예수님은 다른 사람이 아닙니다. 마리아 자신의 태로 낳은 아들입니다. 자신의 젖을 물리고, 자신의 품으로 키운 아들입니다. 그 마리아에게 어찌 모성 본능이 없었겠습니까? 기차가 달려오는 철길에서 아무것도 모른 채 놀고 있는 자식을 밀쳐 내고 자신이 기차에 치어 죽는 것이, 동서고금을 막론하고 모든 어머니의 모성 본능이지 않습니까? 그렇다면 마리아도 자신의 눈앞에서 죽어 가는 아들을 살려야만 하지 않겠습니까? 왜 살리고 싶지 않았겠습니까?

유대교 지도자들이 로마 총독 빌라도에게 압력을 넣어 예수님을 십자가의 죽음으로 몰아넣은 죄명은, 예수님이 하나님의 아들을 참칭한다는 것이었습니다. 이를테면 신성모독죄였습니다. 개의 새끼는 개요 사람의 자식은 사람인 것처럼, 나사렛 예수가 스스로 하나님의 아들이라 칭한 것은 빈민 출신의 예수 자신이 곧 하나님이라는 의미였기 때문입니다. 예수님이 하나님의 아들이라 했기에 살점이 떨어져 나가도록 채찍질을 당하여 온몸이 피투

475

성이가 되었고, 하나님의 아들이라 했기에 십자가에 못박혔고, 하나님의 아들이라 했기에 운명한 뒤에도 시신이 창에 찔리는 수모를 당해야만 했습니다. 그 끔찍한 광경은 모두 마리아의 눈앞에서 벌어진 일이었습니다. 마리아는 예수님을 낳은 생모였습니다. 마리아는 모성 본능을 지닌 예수님의 어머니였습니다. 따라서 마리아의 한마디면 예수님의 고통은 중단될 수도 있었습니다. "예수는 하나님의 아들이 아닙니다. 예수는 내 아들입니다." 그래도 예수가 스스로 하나님의 아들이라 계속 고집한다면, "여러분, 내 아들 예수는 정신병자입니다. 예수의 아비는 아무개 남자이지 하나님이 아닙니다. 어찌 내 몸으로 낳은 내 자식이 하나님의 아들일 수 있겠습니까? 제발 이 미친 자식을 불쌍히 여겨 주십시오" 하고 마리아가 외치기만 하면, 예수는 죽음의 고통을 피할 수도 있었습니다.

그러나 마리아는 모성 본능을 억누르면서까지, 큰 칼로 마음을 난도질당하는 고통을 참으면서까지 예수님의 고난을 지켜 보기만 했습니다. 마리아가 비록 예수님을 자신의 태로 낳기는 했지만, 자신의 젖을 물리고 자신의 품으로 예수님을 키우기는 했지만, 그러나 예수님이 실은 자기 아들인 것은 아니었기 때문입니다. 자신의 태에서 태어난 예수님이 성령님에 의해 잉태된 하나님의 아들임을, 이 세상 사람 아무도 몰라도 마리아만은 분명하게 알고 있었습니다. 그러므로 예수님이 하늘에서 뚝 떨어진 것이 아니라 예수님에게 육신의 생모가 있었고, 그 생모가 자신의 아들이 신성모독죄로 처형당하는 죽음의 현장에서 "예수는 하나님의 아들이 아니라 내 아들"이라고 소리치지 않았다는 것보다, 예수님이 하나님의 아들 되심의 더 좋은 증거는 있을 수 없습니다. 그래서 본문 22-23절이 다음과 같이 증언하고 있습니다.

이 모든 일이 된 것은 주께서 선지자로 하신 말씀을 이루려 하심이니 이르시되 보라 처녀가 잉태하여 아들을 낳을 것이요 그의 이름은 임마누엘이라 하리라 하셨으니 이를 번역한즉 하나님이 우리와 함께 계시다 함이라.

2천 년 전 처녀 마리아의 몸을 통해 인간의 몸을 입고 이 땅에 오신 예수님께서는 우리와 함께하시기 위해 오신 성자 하나님, 곧 임마누엘 하나님이셨습니다. 하나님께서 우리와 함께하시기 위해 비천한 인간의 몸을 입으시고 우리 가운데 오신 분, 그분이 바로 2천 년 전 베들레헴의 외양간 구유에서 태어나신 예수님이셨습니다.

이 세상의 모든 종교는 인간이 신을 찾아 나서는 끝없는 여정입니다. 그래서 인간은 끝이 보이지 않는 아득한 구도求道의 길을 걸어가야만 합니다. 그러나 임마누엘 하나님이신 예수님께서는 당신이 직접 인간의 몸을 입으시고 인간의 역사 속으로 들어와 주셨습니다. 그리고 우리의 죗값을 대신 치르시기 위해 십자가의 제물이 되심으로 땅에서 하늘로, 사망에서 생명으로, 찰나에서 영원으로, 어둠에서 빛으로, 심판에서 구원으로 이어지는 영원한 길이 되어 주셨습니다. 그래서 우리는 그분 안에서 그 길을 좇아 새로운 삶, 영원한 생명의 삶을 살게 되었습니다.

예수님께서는 임마누엘 하나님이시지 않습니까? 그렇다면 하늘에서 땅으로 그냥 직접 강림하시면 간단할 일을, 왜 구차하게 마리아의 몸을 통해 잉태되시는 번거로운 과정을 거치신 것입니까? 임마누엘 하나님이신 예수님께서 인간인 마리아, 그것도 가진 것 없고 배운 것 없는 갈릴리의 빈민 마리아의 몸속에 잉태되심으로, 당신이 모든 인간 속에 생명으로 임하시는 생명의 구주이심을 친히 보여 주시기 위함이었습니다. 주님께서 비천한 마리아의 몸속에서 잉태되셨기에, 보잘것없는 우리 속에도 오늘 생명의 구주로 임하셔서, 2천 년 전 당신이 십자가의 죽음과 부활로 닦으신 그 하늘의 길, 그 생명의 길, 그 영원한 길, 그 빛의 길, 그 구원의 길 위로 우리를 인도해주고 계십니다. 그 길의 영원한 의미와 가치를 알고 있는 우리이기에 우리의 구주이신 주님의 성탄을 기리는 오늘, 우리에게 만 개의 입이 있다 한들 주님의 성탄을 온전히 찬양하기에는 여전히 역부족일 것입니다.

아시다시피 저는 지난달에 두바이한인교회 창립 30주년 기념 집회에 다녀왔습니다. 현재 쿠웨이트에서 근무하고 있는, 저와 이름이 같은 이재철 집사님 내외분도 일부러 두바이까지 찾아와 집회에 참석하였습니다. 오랜만에 객지에서 만난 이 집사님이 쿠웨이트에서 겪은 경험담을 들려주었습니다. 이 집사님이 오랫동안 거래해 오던 쿠웨이트인 친구와 식사를 하게 되었습니다. 그 쿠웨이트인은 물론 이슬람교 신자였습니다. 평소 격의 없이 지내 온 터라 이 집사님이 그분에게, 하루에 다섯 번씩 기도하면서 매사에 이슬람교의 율법을 행하려는 것이 힘들지 않느냐고 물었습니다. 물론 힘들고 피하고 싶을 때가 많다고 그분이 대답했습니다. 그런데도 왜 억지로 그렇게 하느냐고 다시 묻자, 천국에 이를 수 있도록 조금이라도 신의 은택을 입기 위함이라는 답이 되돌아왔습니다. 이 집사님이 "그렇게 해서 당신이 죽으면 당신은 어디로 가느냐?"고 또 물었습니다. 놀랍게도 그분은, 자신은 지옥에 갈 것이 분명하다고 말했습니다. 이유인즉, 자신이 아무리 율법을 행하려 해도 짓는 죄가 더 많기 때문이라고 했습니다. 신실한 이슬람 신자라는 그 쿠웨이트인의 대답 속에서 저는, 인간의 죗값을 대신 치러 주는 구원자가 없는 종교의 한계를 엿볼 수 있습니다. 구원자 없이 율법만 무서운 곳에는 구원은 없고, 도리어 죄인만 양산될 뿐입니다.

두바이에서 일정을 마친 저는 아내와 함께 사우디아라비아의 수도 리야드로 갔습니다. 이슬람 세계의 자유항 역할을 하기에 서방 세계 도시와 구별되지 않는 두바이와는 달리, 이슬람의 종주국인 사우디아라비아는 모든 면에서 완전무결하게 달랐습니다. 리야드 공항에 도착하여 비행기에서 내리면서부터 아내는, 우리에게는 '차도르chador'라 알려진 검은 천으로 만들어진 겉옷 '아바야abaya'를 입어야만 했습니다. 외국인 여자라 해도 이슬람 율법에 따라 아바야로 자신의 몸을 가리지 않으면, 종교경찰인 '무타와mutawa'의 회초리질을 피할 수 없기 때문이었습니다. 리야드 어디를 가도 길에서는 혼자 다니는 여자를 볼 수 없었습니다. 여자 혼자는 다니지 못한다는 율법 때문이었습니다. 여자는 운전을 할 수도 없었습니다. 여자는 장사를 해서도 안 되기에, 여자의 속옷을 파는 가게의 점원도 남자였습니다. 식당이나 커피숍에도 여자는 혼자 들어갈 수 없었습니다. 홀에는 남자들만 앉을 수 있었습니다. 여자는 가족과 동행했을 때 반드시 가족과 함께 출입구가 별도인 '패밀리섹션family section'으로 들어가야만 했습니다.

저는 아내와 함께 스타벅스의 패밀리섹션으로 들어가 보았습니다. 남자들이 앉는 홀과는 완전 별개인 그 공간마저도, 다른 가족들과 마주치지 않도록 테이블마다 커튼으로 가리게 되어 있었습니다. 하루에 다섯 번씩 기도할 것을 알리는 스피커 소리는 정해진 시간이 되면 어김없이 온 거리를 뒤덮었습니다. 그 시간이면 누구든지 하던 일을 멈추고 메카를 향해 엎드려 기도해야만 했습니다. 그 모든 것이 율법을 지키기 위함이었습니다. 한마디로 그곳은 율법으로 인해 인간의 삶이 실종된 율법만의 천국, 다시 말해 모든 인간이 율법의 노예로 살아가는 율법의 감옥이었습니다. 구원받았기에 율법을 좇는 것이 아니라, 구원받기 위해 율법을 좇아야만 했습니다. 신의 은혜로 구원을 얻는 것이 아니라, 신을 향한 자신의 공로로 구원을 받아야만 했습니다. 구원자의 도움으로 신에게 나아가는 것이 아니라, 자신의 힘으로 신께 이르러야만 했습니다.

그곳에 있는 3박 4일 동안 이재철 집사님의 쿠웨이트인 친구가 했다는 말이 귀에서 떠나지 않았습니다. 천국에 이를 수 있도록 조금이라도 신의 은택을 입기 위해 하루에 다섯 번씩 기도하고 율법을 행하지만, 지은 죄가 많아 자신은 지옥에 갈 것이 분명하다고 토로하던 그 이슬람 신자의 말이었습니다. 인간인 우리가 인간을 너무나도 잘 알고 있지 않습니까? 죄성을 가진 인간이 어찌 스스로 율법을 통한 자신의 공로로 신에게 이를 수가 있겠습니까? 그래서 사우디아라비아에서 체류하는 3박 4일은, 더러운 죄인인 내 속에 임하셔서 영원한 생명과 구원의 길로 나를 인도해 주신 나의 구원자 예수님께 깊이 감사드리는 감격의 날들이기도 했습니다. 예수님께서 나의 죗값을 대신 치르시기 위해 십자가에서 흘리신 보혈로 하나님께 이르는 길을 닦아 주시고 그 구원의 길로 나를 인도해 주시지 않았던들, 나 역시 나의 힘으로 하나님께 이르기 위해 율법의 멍에 아래에서 신음하고 있을 것이 분명했습니다. 내가 오직 하나님의 은혜로 구원받은 그리스도인으로 살 수 있다는 것, 죄와 사망과 율법의 심판으로 나를 해방시켜 주신 구원자가 내게 있다는 것이 얼마나 큰 은총이요 선물인지, 리야드에서의 3박 4일 동안 새삼스럽게 깨달을 수 있었습니다.

사랑하는 교우 여러분!

우리에게는 구원자가 있습니다. 우리가 우리의 죄를 인식하기도 전에, 죄의 삯은 사망이라는 우리의 죗값을 대신 치르기 위해 십자가의 제물로 돌아가신 구원자가 계십니다. 우리가 그분을 알기도 전에, 죽음을 깨뜨리고 부활하시어 우리가 하나님께 이를 수 있도록 우리를 위해 영원한 생명과 구원의 길을 닦아 주신 구원자가 계십니다. 우리가 도움을 요청하기도 전에 우리 속에 임하셔서, 당신이 닦으신 그 영원한 생명과 구원의 길로 우리를 인도해 주신 구원자가 계십니다. 그분은 우리를 위해 십자가 위에서 이미 구원을 이루셨고, 우리를 구원하셨고, 우리를 죄와 사망과 율법의 심판으로부터 해방시켜 주셨습니다. 그리고 우리가 그 영원한 생명과 구원의 길을 계속 걷게끔 당신의 말씀과 진리의 빛으로 우리를 돕고 계십니다. 그분은 지금 우리와 함께하고 계신 예수 그리스도이십니다. 그분이 우리에게 먼저 구원의 손길을 내밀지 않으셨던들, 우리가 죄와 사망과 율법의 심판으로부터 자유하는 그리스도인으로 이 자리에 앉아 있을 턱이 없습니다. 우리가 우리의 온 중심을 다해 그분을 믿고 그분의 말씀을 좇는 것은 구원을 얻고자 함이 아니라, 그분께서 이미 구원을 주셨기에, 더 이상 자신의 생명을 허망하게 갉아먹지 않고 구원받은 그리스도인답게 참된 생명의 삶을 살기 위함입니다.

오늘은 그분이 2천 년 전 우리를 위해, 마리아의 몸을 통해 인간의 역사 속으로 임하신 날을 기념하는 성탄절입니다. 그렇다면 그분으로 인해 죄와 사망과 율법의 심판으로부터 해방된 우리가 어떻게 그분의 성탄을 축하할 수 있겠습니까? 우리 속에 임해 계신 그분께서 명실공히 우리의 주인이실 수 있게끔 우리 자신을 온전히 그분께 맡기는 것입니다. 그분의 인도하심을 좇아 그분의 길 위에서 그분의 사랑과 생명을 세상으로 흘려 보내는 그분의 통로가 되는 것입니다. 그때 우리가 아무리 보잘것없는 존재라 할지라도 우리의 삶을 통해 그분의 생명과 사랑과 능력의 말씀이 육신을 입게 될 것이요, 우리의 매일매일은 이 어둔 세상을 밝히는 소망의 성탄절이 될 것입니다. 지금 우리 가운데 계시는 그분은, 언제나 우리와 함께하시기 위해 우리의 삶 속에 임하신, 천지를 창조하신 전능하신 임마누엘 하나님이시기 때문입니다.

임마누엘 하나님께서 인간의 역사 속으로 들어오셔서, 우리 개개인의 삶에 먼저 임해 주셔서 감사합니다. 하나님께서 십자가 위에서 우리의 죗값을 치르심으로, 우리를 먼저 구원해 주셔서 감사합니다. 하나님 앞에서 보잘것없고, 더욱이 그 어떤 공로도 없는 우리의 구원자가 먼저 되어 주셔서 감사합니다. 죄와 사망과 율법의 심판으로부터 우리를 먼저 해방시켜 주셔서 감사합니다. 하나님께서 십자가의 보혈로 닦으신 그 생명의 길, 그 구원의 길, 그 영원한 길, 그 빛의 길로 우리를 친히 인도해 주셔서 감사합니다.

오늘, 임마누엘 하나님께서 마리아의 몸을 통해 인간의 역사 속으로 들어오신 날을 기념하는 성탄절을 맞아, 우리 속에 이미 임해 계신 주님께 우리 자신을 온전히 내어 드립니다. 우리의 손과 발을 주님께 드립니다. 우리의 눈과 귀를 주님께 드립니다. 우리의 마음과 영혼을 주님께 드립니다. 우리의 삶이, 주님의 사랑과 생명을 세상으로 흘려 보내는 주님의 통로가 되게 해주십시오. 우리의 일거수일투족을 통하여, 주님의 사랑과 생명과 능력의 말씀이 육신을 입게 해주십시오. 주님 안에서 그렇게 살아가는 우리의 삶이 매일 이 세상을 밝히고 맑히는 소망의 성탄절이 되게 해주십시오. 언제나 우리와 함께해 주시기 위해 우리에게 임해 계신 임마누엘 하나님이신 예수님의 이름으로 기도드립니다. 아멘.

2010년 1월 1일

함께 신년 0시 예배

로마서 12장 15절

즐거워하는 자들과 **함께** 즐거워하고 우는 자들과 **함께** 울라

또다시 새해를 맞았습니다. 교우님들의 가정과 일터에 하나님의 은총과 평강이 가득하시기를 축원드립니다. 우리가 그 어떤 노력을 기울이지 않았음에도, 하나님께서는 여전히 우리의 심장이 뛰게 해주시고, 이렇듯 또다시 한 해를 우리에게 맡겨 주셨습니다. 하나님께서 부족한 우리를 믿으시고 우리 각자의 삶을 통해, 우리 교회를 통해, 이 시대의 역사 속에 이루기 원하시는 하나님의 뜻과 계획이 있기 때문일 것입니다.

2005년 7월 10일에 창립된 우리 교회는, 이듬해인 2006년 교회의 첫 표어를 로마서 12장 1절에 근거하여 '몸을 산 제물로'라고 정하였습니다.

그러므로 형제들아 내가 하나님의 모든 자비하심으로 너희를 권하노니

너희 몸을 하나님이 기뻐하시는 거룩한 산 제물로 드리라 이는 너희가 드릴 영적 예배니라(롬 12:1).

하나님께서는 이 땅에 100주년기념교회를 새로이 세우시고, 한국 개신교의 출발점인 양화진외국인선교사묘원과 한국 개신교의 종착점인 용인순교자기념관을 관리 보존하고, 신앙 선조의 믿음을 계승하면서, 선교 200년을 향한 비전을 함양하라는 거룩한 소명을 우리에게 맡겨 주셨습니다. 그 벅찬 소명을 감당하기 위해서는 무엇보다도 우리 자신을 하나님께 산 제물로 드리는 것이 중요했습니다. 우리가 하나님 앞에서 하나님의 뜻을 위해 먼저 스스로 죽는 제물이 되지 않고서는, 어떤 상황 속에서든 그 거룩한 소명을 바르게 감당할 수는 없기 때문이었습니다.

2007년도 교회 표어는 역대하 3장 17절의 '야긴과 보아스'였습니다.

그 두 기둥을 성전 앞에 세웠으니 왼쪽에 하나요 오른쪽에 하나라 오른쪽 것은 야긴이라 부르고 왼쪽 것은 보아스라 불렀더라(대하 3:17).

예루살렘성전을 건축한 솔로몬은 성전 앞에 두 기둥을 세우고 각각 '야긴'과 '보아스'라고 불렀습니다. 야긴은 '하나님께서 세우신다'는 의미요, 보아스는 '하나님께 능력이 있다'는 뜻이었습니다. 아무리 성전을 웅장하게 건축해도, 하나님께서 그 집을 당신의 성전으로 세워 주시지 않으면 그것은 단순한 인간의 집에 불과할 뿐입니다. 오직 하나님만 우리의 가정과 일터, 교회와 사회를 바르게 세워 주실 능력을 갖고 계십니다. 그러므로 '야긴과 보아스'란 표어는, 우리가 우리에게 주어진 소명을 감당하기 위해 먼저 우리의 몸을 하나님께 산 제물로 드린다고 할지라도, 우리의 몸을 산 제물로 드리는 우리의 공로로 우리의 소명을 감당할 수 있는 것이 아니라, 하나님께서 우리의 야긴과 보아스가 되어 주실 때에만 우리가 비로소 그 소명을 감당할 수 있다는 우리의 고백이었습니다.

2008년도 표어는 예레미야 29장 11절에 기인한 '미래와 희망'이었습니다.

> 여호와의 말씀이니라 너희를 향한 나의 생각을 내가 아나니 평안이요 재앙이 아니니라 너희에게 미래와 희망을 주는 것이니라(렘 29:11).

하나님께서 우리에게 부여하신 소명을 우리가 감당한다고 해서, 우리 앞에 화사한 봄날만 있는 것은 아니었습니다. 오히려 먹구름 끼고, 비바람 눈보라 몰아치는 날들이 더 많았습니다. 하나님께서 우리에게 부여하신 소명이 누구든 편안하고 손쉽게 감당할 수 있는 소명이라면, 하나님께서 굳이 100주년기념교회라는 또 하나의 교회를 세우시지는 않았을 것입니다. 그 소명이 혹독한 비바람 눈보라 속에서 감당해야 할 소명이기에 하나님께서는 우리를 필요로 하셨습니다. 그래서 우리에게 몰아치는 비바람과 눈보라는 재앙이 아니었습니다. 그것은 도리어 우리의 소명감과 정체성을 더욱 공고히 해주는 하나님의 은총의 손길이요, 하나님께서 우리에게 주시려는 새로운 미래와 희망을 향한 징검다리였습니다.

그 연장선상에서 2009년의 표어는 스가랴 4장 6절에서 따온 '오직 나의 영으로'였습니다.

> 만군의 여호와께서 말씀하시되 이는 힘으로 되지 아니하며 능력으로 되지 아니하고 오직 나의 영으로 되느니라(슥 4:6 하).

우리는 우리의 힘이나 능력으로는 우리 머리에 돋아나는 흰 머리카락 한 올, 이마에 패는 주름 하나 막을 수 없는 미약한 존재에 지나지 않습니다. 그러나 천지를 창조하신 하나님의 영이신 성령님께서 모든 외풍과 외압으로부터 우리를 지켜 주시고, 우리가 우리에게 부여된 소명을 바르게 감당할 수 있도록 우리를 인도해 주시고, 또 책임져 주셨습니다.

이처럼 지난 4년 5개월 동안 하나님께서는 당신의 말씀으로 우리를 가다듬어 주시면서, 당신의 뜻을 위해 친히 세우신 100주년기념교회가 이 시대의 역사 속에 교회다운 교회로 견고히 뿌리내릴 수 있게끔 필요한 은총을 아낌없이 부어 주셨습니다. 그리고 우리가 이제 양화진에서 눈을 들어 동서남북을 바라보며, 하나님의 사랑과 생명을 세상으로 흘려 보내는 하나님의 통로가 되게끔 우리를 키워 주셨습니다. 하나님의 사랑과 생명을 세상으로 흘려 보내는 통로가 된다는 것은, 우리가 하나님을 믿는 그리스도인으로서 함께해야 할 사람들과 희로애락을 함께하는 것을 의미합니다. 그래서 올해의 표어는 로마서 12장 15절에 근거한 '함께'입니다.

> 즐거워하는 자들과 함께 즐거워하고 우는 자들과 함께 울라.

우리가 함께해야 할 사람들과 희로애락을 함께하는 것은 선택 사항이 아닙니다. 그것은 하나님의 명령입니다. 율법사가 예수님께 가장 큰 계명이 무엇이냐고 물었을 때, 예수님께서는 '하나님 사랑'과 '이웃 사랑', 즉 '사람 사랑'이라고 대답하시지 않았습니까? 그것이 성경의 핵심입니다. '하나님 사랑'과 '사람 사랑'이라는 두 기둥 위에 성경이란 집이 지어진 것입니다. 그러므로 우리가 하나님을 사랑하는 진정한 증거는 예배당에서 예배드리고 예물을 바치는 것이 아니라, 하나님께서 사랑하시기 원하는 사람들을 사랑하는 것입니다. 그 사람들과 함께 우리의 삶을 나누는 것입니다.

우리는 '성숙자반'을 통해, 그리스도인의 삶을 영어 알파벳 한 글자로 표현하면 대문자 'X'가 됨을 배웠습니다. 'X'는 두 사선이 어긋 만나는 모양인데, 두 사선이 만나는 점을 중심으로 윗부분의 길이와 아랫부분의 길이가 정확하게 일치할 경우에만 'X'가 됩니다. 윗부분보다 아랫부분이 짧거나 반대로 아랫부분보다 윗부분이 짧으면, 그것은 정상적인 'X'일 수 없습니다. 그리스도인의 삶도 이와 같습니다. 내가 진정으로 하나님을 사랑한다면, 아니 내가 하나님의 사랑을 입었음을 진정으로 깨달았다면, 그 사랑의 길이만큼 그 사랑은 사람 사랑으로 이어져야 합니다. 내 삶 속에서 '하나님 사랑'과 '사람 사랑'이 정확한 비율로 조화와 균형을 이루어야 한다는 말입니다. '사람 사랑'으로 이어지지 않는 '하나님 사랑'은 인간의 자기 착각일 뿐, 그것은 예수님을 통해 당신을 계시해 주신 하나님을 향한 사랑일 수는 없습니다.

영어로는 그리스도가 'Christ'로 표기되어, 첫 글자가 영어 알파벳 'C'로 시작됩니다. 그러나 신약성경을 기록한 헬라어로는 그리스도를 '크리스토스 Χριστός'라 하는데, 그 단어의 첫 글자는 'Χ'입니다. 우리가 성경공부할 때 그리스도를 약자로 'X'라 표기하는 이유가 여기에 있습니다. 예수 그리스도는 완벽한 'X'의 전형이셨습니다. 그분은 하나님 아버지를 사랑하셨기에, 하나님 아버지를 사랑하는 만큼 사람을 사랑하셨습니다. 그래서 사람과 함께 희로애락을 함께하시기 위해 사람의 몸으로 이 땅에 오셨습니다. 그분은 사람을 사랑하시되, 하나님의 명령에 순종하여 사람의 죄를 대속하기 위해 당신 자신이 십자가의 제물로 돌아가시기까지 사람을 사랑하셨습니다. 그분 안에서 '하나님 사랑'과 '사람 사랑'의 'X'가 완벽하게 구현되었습니다. 우리는 그분의 십자가 보혈로 구원을 얻어, 그분을 우리의 주인으로 모시고 그분을 좇는 '크리스티아노스χριστιανός', 즉 그리스도인입니다. 그러므로 우리 역시 'X'의 전형이신 그분을 본받아 'X'의 삶을 추구해야 함은 두말할 나위도 없습니다. 하나님께서 그동안 우리에게 주체할 수 없을 정도로 큰 은총을 베풀어 주시고, 우리를 이처럼 건실하게 키워 주신 것은, 이제 하나님의 때가 이르매 우리로 하여금 'X'의 균형과 조화를 이루게 해주시기 위함이었습니다.

지난 4년 5개월 동안 우리는 양화진외국인선교사묘원과 용인순교자기념관을 통해 한국 교회와 한국 그리스도인들을 섬기기 위해 우리의 신명을 다 바쳐 왔습니다. 그것이 'X'의 가운데 교차점 아래 두 사선인 '사람 사랑' 중 하나의 사선에 해당했다면, 이제는 '사람 사랑'의 나머지 또 하나의 사선을 실행해야 할 때입니다. 그것은 이미 말씀드린 것처럼, 교회 밖 세상 사람들에게 하나님의 사랑과 생명을 흘려 보내는 하나님의 통로가 되는 것입니다. 다시 말해 우리가 함께해야 할 사람들과 희로애락을 함께 나누는 것입니다. 그것이 교회 본연의 사명이요, 주님께서 당신의 몸 된 교회를 이 땅에 세우신 목적입니다. 교회는 하나님의 사랑과 생명의 종착역이 아니라, 그 사랑과 생명의 통로가 될 때에만 교회다움을 지킬 수 있습니다.

그러므로 우리 모두 2010년을 기점으로, 하나님의 사랑과 생명을 세상으로 흘려 보내는 하나님의 온전한 통로가 되기 위해 우리의 허리띠를 다시 한 번 동여야 하겠습니다. 하나님의 사랑과 생명이 흘러가야 할 곳으로 흘러가게 하기 위해, 우리가 함께해야 할 사람들과 희로애락을 함께하기 위해 우리의 최선을 다해야 하겠습니다. 그동안 양화진과 관련된 역사자료 발굴과 보존 및 전달을 위한 기관이었던 양화진연구원을 양화진문화원으로 확장 개편하여, 양화진의 정신을 문화를 통해 세상에 전하면서 세상을 새롭게 하는 봉사도 시작하려 합니다. 이 일을 위하여 감사하게도 한국 문화계의 원로이신 이어령 교수님이 양화진문화원 명예원장을 맡으셔서 큰 방향과 틀을 직접 지도해 주시기로 했습니다.

　우리가 우리의 노력과 우리의 힘만으로 함께해야 할 사람들과 희로애락을 함께하려 애쓴다면, 우리는 세상의 자선기관이나 구호단체와 구별되지 않을 것입니다. 우리가 하나님의 사랑과 생명의 통로가 되고, 함께해야 할 사람들과 함께해야 할 이유는 오직 하나, 그것이 하나님의 뜻이고, 또 우리가 하나님의 그 뜻을 이룰 수 있도록 주님께서 친히 우리와 함께하고 계시기 때문입니다. 죽음을 깨뜨리고 부활하신 주님께서 승천하시기 전, 마태복음 28장 20절을 통해 이렇게 약속하시지 않았습니까?

　　볼지어다 내가 세상 끝 날까지 너희와 항상 함께 있으리라.

　우리가 아무리 보잘것없는 존재라도, 우리가 아무리 하찮은 인간이라도, 주님께서는 당신의 핏값으로 사신 우리와 언제나 함께하고 계십니다. 우리가 주님을 본받아 살 수 있도록, 우리가 주님처럼 'X'의 삶을 추구할 수 있도록, 우리의 삶이 'X'의 조화와 균형을 이룰 수 있도록 우리를 도우시고 또 바르게 인도해 주시기 위함입니다. 이처럼 우리는 우리와 함께하고 계신 주님 안에서 하나님의 사랑과 생명을 세상으로 흘려 보내는 하나님의 통로가 되고, 함께해야 할 사람과 희로애락을 함께하기에, 사랑을 빙자하여 불의나 거짓과 타협할 수도 없고, 이 사람과 함께한다는 명분으로 저 사람을 해칠 수도 없습니다. 우리의 '사람 사랑'의 토대는 '하나님 사랑'이기에, 우리는 누구보다도 정의로워야 합니다. 하나님의 정의 위에 선 사람만 사람을 바르게 사랑할 수 있습니다.

　우리가 하나님의 사랑과 생명을 세상으로 흘려 보내는 하나님의 통로가 되고, 함께해야 할 사람과 희로애락을 함께하기 위해서는, 우리의 것 중 무엇을 희생하지 않으면 안 됩니다. 희생 없이 누군가를 사랑하고, 희생 없이 하나님의 사랑과 생명을 흘려 보내는 하나님의 통로가 되겠다는 것은, 뒷동산에 오르는 수고도 꺼려 하는 사람이 에베레스트 산을 정복하겠다는 것만큼이나 부질없는 짓입니다. 사랑의 텃밭은 희생입니다. 사랑은 희생을 먹고 피는 꽃입니다. 그러나 그 희생보다 더 값진 것은 없습니다. 그것은, 세상 끝 날까지 우리와 항상 함께하리라 약속하신 주님께서 정말 우리와 함께하고 계심을, 우리의 삶으로 직접 확인할 수 있는 가장 확실한 길입니다. 내가 나의 무언가를 희생하면서 하나님의 사랑과 생명을 흘려 보내는 하나님의 통로가 됨으로 누군가의 인생이 새로워지고, 내가 누군가와 주님 안에서 희로애락을 함께 나누기 위해 나를 희생함으로 무너진 그의 가정이 수축修築된다면, 그것이야말로 주님께서 나와 함께하고 계시다는 가장 확고한 증거 아니겠습니까? 그래서 사람을 사랑하는 사람이 또 다른 사람도 사랑하는 법입니다. 그 사람은, 자신의 무언가를 희생하면서 사람을 사랑할수록 자기 속에서 주님께서 더 크게 역사하심을 알기 때문입니다.

사랑하는 교우 여러분!

우리를 믿으시고 우리에게 또다시 한 해를 맡겨 주신 하나님께 감사드리며, 우리 모두 2010년을 우리의 삶 속에서 'X'의 조화와 균형을 이루기 시작하는 원년으로 삼으십시다. 우리 모두 함께해야 할 가족공동체와 희로애락을 함께 나누십시다. 함께해야 할 일터공동체와 희로애락을 함께 나누십시다. 함께해야 할 신앙공동체와 희로애락을 함께 나누십시다. 함께해야 할 민족공동체와 희로애락을 함께 나누십시다. 함께해야 할 인류공동체와 희로애락을 함께 나누십시다. 하나님의 사랑과 생명이 우리의 삶을 통해 이 세상 구석구석까지 흘러가게 하십시다. 그 사랑의 삶을 위해 하나님의 정의 위에 굳게 서서, 우리의 것을 기꺼이 희생하십시다. 그때 우리는 '하나님 사랑'과 '사람 사랑'의 'X'를 우리의 삶으로 구현하는 품격 있는 그리스도인이 될 것이요, 주님께서는 보잘것없는 우리를 통해 뭇사람을 살리시고, 또 반드시 이 시대를 새롭게 하실 것입니다. 바로 그 일을 위해 주님께서 지금 우리와 함께하고 계십니다.

지난 4년 5개월 동안 말씀으로 우리를 인도해 주시고, 온갖 비바람 눈보라 속에서 우리를 강건한 그리스도인으로 단련시켜 주시고, 맡겨 주신 소명을 감당하고도 남을 만큼 우리 교회를 이 시대의 역사 속에 견고하게 뿌리내리게 해주시고 또 키워 주신 주님! 하찮은 우리에게 그동안 베풀어 주신 은혜만도 고마운데, 우리를 믿으시고 또다시 한 해를 맡겨 주심을 감사드립니다.

이제 우리 모두 주님 안에서 하나님 사랑과 사람 사랑, 'X'의 조화와 균형을 이루어 가게 해주십시오. 2010년을 원년으로 삼아 우리 모두 하나님의 사랑과 생명을 세상으로 흘려 보내는 통로, 함께해야 할 사람들과 희로애락을 함께하는 품격 있는 그리스도인이 되게 해주십시오. 우리에게 함께해야 할 사람들을 알아볼 수 있는 통찰력을 주시고, 그들과 함께 우리의 삶을 나누기 위해 우리의 것을 기꺼이 희생할 수 있는 믿음과 용기를 주십시오. 그와 같은 우리의 삶을 통해, 주님께서 항상 우리와 함께하심을 확인하는 벅찬 감격과 기쁨을 누리게 해주십시오. 그리하여 2010년이 우리 모두에게 진정 새해가 되게 하시고, 우리로 인해 우리의 가정과 일터, 교회와 세상이 새로워지는 2010년이 되게 해주십시오. 아멘.